Wissenschaftliche Untersuchungen
zum Neuen Testament · 2. Reihe

Begründet von Joachim Jeremias und Otto Michel
Herausgegeben von
Martin Hengel und Otfried Hofius

9

Werke als Zeichen

Untersuchungen zur Bedeutung
der menschlichen Taten im Frühjudentum,
Neuen Testament und Frühchristentum

von

Roman Heiligenthal

J.C.B. Mohr (Paul Siebeck) Tübingen 1983

CIP-Kurztitelaufnahme der Deutschen Bibliothek

Heiligenthal, Roman:
Werke als Zeichen: Unters. zur Bedeutung d. menschl. Taten
im Frühjudentum, Neuen Testament u. Frühchristentum /
von Roman Heiligenthal. – Tübingen: Mohr, 1983.
  (Wissenschaftliche Untersuchungen zum Neuen Testament: Reihe 2; 9)
  ISBN 3-16-144733-6

NE: Wissenschaftliche Untersuchungen zum Neuen Testament / 2

Printed in Germany. Offsetdruck Gulde-Druck GmbH, Tübingen. Einband Heinrich
Koch, Großbuchbinderei Tübingen.

MEINEN ELTERN

Vorwort

Die vorliegende Untersuchung geht auf eine im Sommer 1981 abgeschlossene
und von der Theologischen Fakultät der Ruprecht-Karl Universität zu Heidelberg angenommene Dissertation zurück. Das Kapitel über die Bedeutung
der "Gesetzeswerke" im Galaterbrief habe ich neu erarbeitet; die Untersuchung selbst wurde vollständig überarbeitet.
Der Analyse liegt die These zugrunde, daß Werke im Neuen Testament vor
allem Zeichencharakter besitzen: sie offenbaren das Innere des Menschen
gegenüber anderen Menschen und vor Gott. In dieser Funktion werden sie
im Neuen Testament positiver beurteilt als eine tief in protestantischer
Tradition verwurzelte Ablehnung von "Werkgerechtigkeit" vermuten läßt.
Zu danken habe ich in erster Linie meinem Lehrer, Herrn Prof. Klaus Berger/
Heidelberg, der diese Untersuchung angeregt hat und mich während der oft
steinigen Jahre des Schreibens in jeder denkbaren Hinsicht unterstützte.
Ohne seinen Einsatz wäre es mir nicht möglich gewesen, diese Untersuchung
anzufertigen. Dem Korreferent, Herrn Prof. Gerd Theißen/Heidelberg, habe
ich ebenfalls für wichtige Anregungen zu danken. Seine Vorschläge hinsichtlich der Gliederung und soziologischer Fragestellungen habe ich gerne aufgenommen. Meinem Freund, Herrn Vikar Axel von Dobbeler, danke ich für die
zahlreichen Gespräche und das Lesen des ersten Entwurfs. Die mühevolle
Arbeit des Korrekturlesens und des Anfertigens der Register nahm stud.
theol. Gerd Schroer auf sich, auch ihm sei herzlich gedankt.
Die Studienstiftung des Deutschen Volkes hat den Gang der Arbeit in
finanzieller Hinsicht tatkräftig unterstützt; die Evangelische Kirche
im Rheinland förderte ihre Drucklegung mit einem beträchtlichen Zuschuß.
Die Herren Professoren Martin Hengel und Otfried Hofius hatten die Freund-
lichkeit, die Arbeit in die WUNT aufzunehmen.

Ev.-Theol. Stift an der
Universität Bonn, im Sommer 1983   Roman Heiligenthal

Inhaltsverzeichnis

Einleitende Bemerkungen..................................... XI

TEIL A

Beobachtungen zum Zeichencharakter der menschlichen
Werke im pagan-griechischen Schrifttum...................... 1

I.   Die Werke als sichtbare Zeichen der inneren
      Eigenschaften des Menschen........................... 1

      Exkurs: Zum Verhältnis von Epict Diss IV 11,5ff
             zu Mk 7,14-23................................ 6

II.   Werke als Zeichen: ein Element pagan-griechischer
      Literaturgattungen................................... 8

      1. Die Schilderung der Taten als Mittel der
         Charakterzeichnung............................... 8
      2. Zum Verhältnis von ἔργον und λόγος in pagan-
         griechischen Texten.............................. 14
      3. Auflistung wichtiger Wortverbindungen von
         ἔργον in pagan-griechischen Texten.............. 21
      4. Zusammenfassende Beurteilung.................... 24

TEIL B

Die Funktion der Werke in der Gemeinde..................... 26

I.   Beim Zusammenleben von Armen und Reichen:
      Jak 2,14-26.. 26

      1. Das Verhältnis von Jak 2,14-26 zum Kontext....... 27

      2. Glaube und Werke in Jak 2,14-26.................. 33

      3. Zum soziologischen Hintergrund von Jak 2,14-26... 42

      Exkurs: Bekenntnis und sozialer Ausgleich in
             hellenistischen Ortsgemeinden.............. 47

      4. Jakobus und Paulus............................... 49

II.   Bei der Beurteilung fremder und eigener Autori-
      täten.. 52

      1. Ἔργον als Unterscheidungskriterium von 'rich-
         tigen' und 'falschen' Lehrern: Mt 7,15-23........ 52
      2. Die Werke als Zeichen für das Auseinandertreten
         von richtiger Lehre und falscher Praxis:
         Mt 23,1-12....................................... 59

III.   Bei der Beurteilung von Rechtgläubigkeit und
      Häresie (Past)....................................... 65

IV.   Bei der Beurteilung der eigenen Herkunft: die
      Werke der Väter...................................... 72

      1. Die Werke der Väter im jüdischen Schrifttum...... 72

      2. Die jüdische Kritik an der Heilswirksamkeit
         der Vätertaten................................... 75
      3. Die Werke der Vorfahren als Vorbild für das
         Handeln der Nachkommen........................... 78

4. Die Rezeption des Exemplums 'Werke der Väter'
   in religiösen Texten............................   83
5. Die 'Werke Abrahams' in Joh 8,31-47..............   84
6. Die Rezeption des Topos 'Nachahmen der Väterwerke' in Joh 10,31-38 und 5,19f................   87

TEIL C

Die Funktion der Werke gegenüber der Umwelt.................   93

I.   Werke als "Anpassung": Röm 13,1-7....................   93

1. Zum Problemhorizont einer Exegese von
   Röm 13,1-7...   93
2. Analyse von Stil und Argumentationstechnik
   in Röm 13,1-7......................................   96
3. Zum pagan-hellenistischen Hintergrund von
   Röm 13,3f: Lob und Tadel durch die übergeordneten Instanzen.................................   104
4. Die paulinische Rezeption der Tradition von
   Lob und Tadel durch übergeordnete Instanzen......   107
5. Zur theologischen Deutung des situationsbezogenen Charakters von Röm 13,1-7................   110

II.   Werke als "Werbung" im Dienste frühchristlicher
         Missionspropaganda...................................   114

1. Die vorbildhafte Tat in Mt 5,13-16..............   115
2. Die vorbildhafte Tat in 1Petr 2,12..............   123

III.   Werke als "Abgrenzung": zur Funktion der 'Gesetzes-
         werke' im Galaterbrief...............................   127

1. Die Ebene der Konkretheit der paulinischen
   Rede von den ἔργα νόμου im Galaterbrief..........   128
2. 'Gesetzeswerke' als Zeichen der Gruppenzugehörigkeit.....................................   133

TEIL D

Die Funktion der Werke im Verhältnis des Menschen zu Gott...   135

I.   Die Werke als äußeres Zeichen der Legitimation
         im Johannesevangelium.................................   135

1. Ἔργον als das Gesandtenwerk des göttlichen
   Boten...   135
2. Ἔργον als Bezeichnung von 'Wundertat'...........   139

II.   Werke und Vergeltung...................................   143

1. Die Vergeltung nach den Werken in der LXX und
   den anderen griechischen Übersetzungen des AT....   143

Exkurs: Ἔργον in Aussagen über den Zusammenhang
        von Tat und Ergehen in den griechischen
        Übersetzungen des AT......................   144

a. Das Wortfeld 'Gott vergilt nach den Taten'....   148

b. Zur kontextuellen Verwendung des Wortfeldes
   'Gott vergilt nach den Taten...................   151

c. Zum Zusammenhang von göttlicher Tatvergeltung
   und Ethik...   159

d. Der göttliche Zorn als Reaktion auf die
   menschliche Tat............................ 160
e. Zusammenfassung.............................. 163

2. Das Gericht nach den Werken im Rahmen der
   Bekehrungspredigt in Röm 2,1-11.................. 165

   a. Einleitendes zu Adressaten und Forschungs-
      geschichte von Röm 2,1-11.................... 165
   b. Einleitende Analyse von Röm 2,6-11........... 170

   c. Zur Traditionsgeschichte von Röm 2,6-11...... 171

      α. Zur formelhaften Wendung ὃς ἀποδώσει
         ἑκάστῳ κατὰ τὰ ἔργα αὐτοῦ in Röm 2,6...... 172
      β. Zur nichteschatologischen Interpretation
         der göttlichen Vergeltung als Gericht nach
         den Werken................................ 175
      γ. Zur Eschatologisierung von Vergeltungs-
         aussagen, die nicht mit Gerichtstermino-
         logie verschränkt sind.................... 176
      δ. Zur eschatologischen Interpretation der
         göttlichen Tatvergeltung als Gericht nach
         den Werken................................ 180

   d. Umkehr und Gericht in Röm 2,1-11............. 182

   e. Zusammenfassende theologische Wertung:
      das Gericht nach den menschlichen Werken
      im theologischen Denken des Paulus........... 185

3. Das Gericht nach den Werken in seiner Gültigkeit für den Christen........................... 198

   a. Exegese von 2Kor 5,2-10. Die Interpretation
      der Gegenwart aus der Sicht des erwarteten
      Gerichts nach den Werken..................... 198
   b. Exegese von Gal 5,19-26. Das Handeln des
      Christen in der pneumatischen Wirklichkeit... 201
   c. Exegese von 1Kor 3,5-17. Die endzeitliche
      Prüfung des apostolischen Werks.............. 207
   d. Exegese von Joh 3,16-21. Die ethische Applika-
      tion der johanneischen Sendungslehre......... 217

4. Zur Bedeutung der Werke innerhalb apokalyptischer Gerichtsszenarien....................... 234

   a. Die Vorstellung vom Buch der Taten.......... 237

   b. Die Vorstellung vom Schatz an Werken im
      Himmel....................................... 239
   c. Das Überbringen der Werke zu Gott........... 241
   d. Die Bedeutung der hypostasierten Werke für
      die Seele der Verstorbenen................... 244
   e. Die Begleitung der Seele durch ihre Taten..... 246

   f. Zur Prüfung der menschlichen Taten in apo-
      kalyptischen Gerichtsszenarien............... 247

   Exkurs: Das Gericht nach den Werken ohne Ansehen
           der Person in der ägyptischen Religion... 248

   g. Das Motiv der Gerichtswaage in jüdisch-
      christlichen Gerichtsszenarien............... 257
   h. Die Prüfung der menschlichen Tat durch Feuer.. 260

      i. Das Verhör der Seele im eschatologischen
         Gericht...................................... 262

   5. Das pagan-griechische Motiv gegenseitiger
      Vergeltung der Wohltaten......................... 264

     a. Der Einfluß des Motivs gegenseitiger Ver-
       geltung der Wohltaten auf das jüdisch-
       hellenistische Schrifttum..................... 268
     b. Formen der Theologisierung pagan-griechischer
       Vergeltungsaussagen........................... 272

III. Werke und Gnade: die Werke des Gesetzes in der
     paulinischen Rechtfertigungslehre am Beispiel
     von Röm 2,12-4,8................................. 279

   1. Einleitende Bemerkungen........................ 279

   2. Die paulinische Sicht der ἔργα auf dem Hinter-
     grund des Verhältnisses von Erwähltheit und
     Gerechtigkeit vor Christus (Röm 2,12-3,20)....... 281

     a. Röm 2,14-16.................................. 282

     b. Röm 2,17-3,8................................. 284

   3. Die paulinische Sicht der ἔργα angesichts der
     Rechtfertigung aus Gnade in Christus (Röm 3,21-
     4,8).. 288

     a. Zum traditionsgeschichtlichen Hintergrund
       des Gegensatzes Werke-Gnade bei Paulus........ 290
     b. Die Aufnahme und Interpretation des Gegen-
       satzes von göttlicher Gnade und menschlichen
       Werken in Röm 3,20-4,8........................ 296

TEIL E

Zusammenfassende Wertung der Ergebnisse.................... 312

TEIL F

I.   Anhang mit Texten zur ägyptischen Vorstellung
     des Jenseitsgerichts............................. 316
II.   Quellen- und Literaturverzeichnis.................. 328
III.   Autorenverzeichnis................................. 353
IV.   Verzeichnis der Stellen............................ 356

Einleitende Bemerkungen

Am Beispiel eines Vergleichs verschiedener Auslegungsversuche
von Röm 2 läßt sich m.E. die Notwendigkeit einer umfassenden
Untersuchung über den biblischen Werkbegriff recht gut verdeutlichen.
In der Literatur finden sich u.a. vier unterschiedliche Interpretationsmodelle immer wieder:
1. Röm 2 stelle einen unüberwundenen jüdischen Rest dar.
2. Röm 2 sei hypothetisch zu verstehen.
3. Röm 2 zeige, daß die allgemeine Schuldverhaftung des Menschen die notwendige Vorbedingung für den paulinischen Recht-
fertigungsgedanken sei.
4. Röm 2 zeige, daß Paulus sich in die Situation des uner-
lösten Menschen versetze, die erst vom Evangelium aus adäquat
erfaßt werden könne.
Eine der Ursachen für die am Beispiel von Röm 2 aufgezeigten
Schwierigkeiten, die biblischen Aussagen über die menschlichen
Taten sachgerecht zu verstehen, liegt m.E. in dem Fehlen einer
grundlegenden monographischen Untersuchung über die Bedeutung
der Werke des Menschen begründet. Eine solche Untersuchung
sollte es vermeiden, das menschliche Tatverhalten vorschnell
ausschließlich auf dem Hintergrund paulinischer Rechtfertigungsaussagen zu interpretieren. Bei der Gliederung des Stoffes
lassen wir uns von sachlich-thematischen Gesichtspunkten leiten. Auf diese Weise wird m.E. bereits aus der Stoffanordnung
ersichtlich, daß eine monokausale Interpretation der Bedeutung
der menschlichen Taten der Sache nicht entspricht.
Es erscheint uns notwendig, zwischen den Werken in ihrer sozialen Funktion als Zeichen für andere Menschen und in ihrer theologischen Bedeutung vor Gott zu differenzieren. Während der
Mensch beim Urteil über andere Menschen auf deren "Werke" angewiesen ist, kann bereits nach alttestamentlich-jüdischem
Glauben Gott die Gedanken und Intentionen der Menschen durchschauen. Gott weiß und sieht alles; er offenbart das Verborgene und kennt das menschliche Herz. Diese Kenntnis der Allwissenheit Gottes hat nun wieder Folgen für das menschliche
Zusammenleben: sie kann auf das ethische Verhalten der Christen
normverschärfend wirken. So stehen soziale und theologische Relevanz der Taten nicht unverbunden nebeneinander. Die frühen

christlichen Gemeinden waren sich bewußt, daß es letztlich
Gott allein ist, der in seinem richterlichen und gnadenvollen
Handeln die menschlichen Werke endgültig beurteilt.

Der Untersuchung vorangestellt wurde ein Abschnitt über den
empirischen Wert der Handlungen als sichtbare 'Zeichen' in
Literaturgattungen des paganen Griechentums. Die Notwendigkeit
hierfür ergibt sich aus dem Wissen, daß sich sprachliche Strukturen nicht auf den christlich-jüdischen Bereich eingrenzen
lassen. Der pagane Bereich kann Hinweise auf einen möglichen
Zeichencharakter der menschlichen Werke im NT geben.

Wir richten hierbei zuerst den Blick auf das frühchristliche
Gemeindeleben und sehen dort, daß sich das Verhältnis der einzelnen Christen zu ihrer Ortsgemeinde und zu der sie umgebenden
paganen Umwelt wesentlich an den Handlungen bestimmt. Im Rahmen
dieses ersten inhaltlichen Schwerpunktes versuchen wir, das
Verhältnis von Paulus und Jakobus im Lichte der Gemeindesituation der Jakobus-Christen neu zu beleuchten.

Mit den Sachthemen "Werke und Vergeltung", "Werke und Gericht"
sowie "Werke und Gnade" wird ein zweiter inhaltlicher Schwerpunkt gesetzt: das in den Taten begründete Verhältnis des Menschen zu Gott. In diesem Abschnitt macht die Sache sowohl
eine ausführliche traditions- und überlieferungsgeschichtliche
als auch eine intensive religionsgeschichtliche Arbeit notwendig. Im Gespräch mit bisherigen Interpretationen erhoffen
wir uns von diesem Teil der Untersuchung einige neue Aspekte
für die Beurteilung des Verhältnisses von 'Gericht nach den
Werken' und 'Rechtfertigung' bei Paulus.

Auch wird eine ausführliche Darstellung der Gerichtsvorstellungen in der frühjüdischen und frühchristlichen Literatur
geboten, da in diesem breiten Vorstellungsbereich die menschlichen Taten eine konstitutive Rolle spielen.

Neuere exegetische Methoden werden dort angewendet, wo sie uns
von der Sache her hilfreich erscheinen. Wer nach der Pragmatik
von Textzusammenhängen fragen möchte, kann sich soziologischen
Ansätzen nicht verschließen. Auch erfolgen Teile der Untersuchung in vorsichtiger Anlehnung an moderne Textlinguistik.
Dies heißt besonders, daß statt der begriffsgeschichtlichen
Methode mehr Wert auf die Beachtung fester Wortverbindungen
gelegt werden soll. Solche Wortverbindungen lassen sich nicht
aufgrund von "Sachzugehörigkeit" a priori festlegen, sondern

ergeben sich aus mit Hilfe der Konkordanz durchgeführten Kon-
textanalysen. Die Feststellung von regelmäßigen Wortverbindungen ermöglicht es grundsätzlich, Parallelen zu einem Text
zu finden, damit das Individuelle vom mehr Regelhaften zu
scheiden und so einen intertextuellen Vergleich zu ermöglichen.
In einem Fall (Röm 13,1-7) bietet sich eine ausführliche Stilanalyse des Textes zur Erhebung seiner Aussageintention an.
Doch bemühen wir uns in der ganzen Untersuchung darum, metho-
dische Einseitigkeiten und Überspitzungen zu vermeiden. Neuere
exegetische Zugangsweisen können ergänzend und weiterführend
zu den bewährten historisch-kritischen Methoden hinzutreten;
man sollte sie aber nicht verabsolutieren. Insbesondere stehen alle literaturwissenschaftlichen Methoden in der großen
Gefahr, die historische Dimension zu verlieren. Es gilt die
historische Individualität biblischer Texte zu wahren. Von
daher kommt neben der soziologischen Fragestellung dem religionsgeschichtlichen Vergleich Bedeutung zu. Ziel eines solchen Vergleiches sollte es sein, die Individualität christlicher Texte mit Hilfe nicht-apologetischer Mittel darzustellen. Die ältere religionsgeschichtliche Erforschung des
NT versuchte mit Hilfe des religionsgeschichtlichen Vergleichs
ein christliches Proprium zu isolieren. Die dort postulierte
Trennung von "heidnischer" Form und christlichem Inhalt erscheint uns deshalb nicht haltbar, weil religiöse Erfahrung
nie anders als im Horizont bewußter Traditionen geschieht.
Das trifft besonders für einen sowohl im Judentum als auch im
paganen Griechentum so wichtigen Begriff wie ἔργον zu.
Von diesen Überlegungen her wird es verständlich, daß wir den
Quellen des jüdisch-hellenistischen und frühchristlich-außer-
kanonischen Bereichs große Beachtung schenken. Beim Vergleich
von außerchristlichen mit neutestamentlichen Texten sollte
man im Blick haben, daß das Christliche häufig weniger in der
Neuheit der Ideen liegt als darin, daß diese von einem neuen
Zentrum her verstanden werden.
Die Untersuchung will sich als theologische Exegese verstehen.
Deshalb sei auf die folgenden hermeneutischen Gesichtspunkte
ausdrücklich hingewiesen:
Hermeneutik kann sich auf drei Stufen vollziehen: Die historische Individualität eines Textes sollte ermittelt werden.

Die geschichtlich vermittelte übliche Auslegung des Textes
könnte von daher als ein Resultat von dessen Wirkungsgeschichte
verstanden werden. Um eine solche Untersuchung wie die vorliegende auch für die heutige Situation fruchtbar zu machen,
könnte der Leser als einen dritten Schritt den Text auf Fort-
setzbarkeiten hin befragen. Hieraus folgt, daß der Text nicht
in geschichtliche Unmittelbarkeit aufgelöst werden kann, sondern daß seine Wirkung in der Gesamtheit dessen, was uns erreicht besteht. Das Eigentliche bzw. die Sache eines Textes
ergibt sich immer aus der konkreten geschichtlichen Erfahrungs-
wirklichkeit, dem Interesse, das der jeweilige Rezipient besitzt. Die Sache des Autors ist deshalb nicht unbedingt auch
die Sache des Rezipienten. Man kann also nicht von ewigen
Textwahrheiten ohne Berücksichtigung der jeweiligen Rezipien-
tenkreise sprechen.

Diese letzten Anmerkungen gehen über das hinaus, was die Untersuchung leisten kann. Sie versteht sich zuerst einmal als
einen ersten Versuch, die biblische Rede von den menschlichen
Taten in ihrer jeweiligen konkreten Situation zu erfassen.
Wenn sie damit zu theologischem Weiterdenken anregen könnte,
hätte sie ihren Zweck mehr als erfüllt.

Auf einen abgeschlossenen forschungsgeschichtlichen Teil verzichten wir. Die Forschungsgeschichte findet in den einzelnen
Abschnitten der Arbeit die notwendige Berücksichtigung.
Diese Vorgehensweise kann dazu verhelfen, die Untersuchung
in einem erträglichen Umfang zu halten.

TEIL A: Beobachtungen zum Zeichencharakter der menschlichen Werke im pagan-griechischen Schrifttum

I. Die Werke als sichtbare Zeichen der inneren Eigenschaften des Menschen

Das Erkenntnisprinzip, daß die menschlichen Handlungen Zeichen sowohl der Gesamtwirksamkeit (ἐνέργεια) als auch der inneren Eigenschaften des Menschen sind, gehört zu den bestimmenden Grundlinien ethischen Denkens im paganen Griechentum und beeinflußte in nicht unerheblichem Maß auch die Bewertung der menschlichen Taten im Neuen Testament.
Bevor wir auf das Verhältnis von ἔργον und ἦθος bei Aristoteles und in der Stoa eingehen, nehmen wir Bezug auf eine 'allgemeine Erfahrungsregel', die in zahlreichen pagan-griechischen Gattungen nachweisbar ist:
Der Rückschluß von den wahrnehmbaren Einzelhandlungen auf den Charakter eines Menschen, wie er etwa von Matthäus in 7,20 mit Bezug auf die "falschen Propheten" angewendet wird, kann mit der Erfahrungsregel beschrieben werden, daß man einen Menschen nur 'aus seinen Werken' erkennen bzw. beurteilen kann. Dieses auf die Empirie des Sichtbaren angelegte Erkenntnisprinzip formuliert Aristoteles allgemeingültig:[1] "..., τὸ δ'ἀληθὲς ἐν τοῖς πρακτοῖς ἐκ τῶν ἔργων καὶ τοῦ βίου κρίνεται, ἐν τούτοις γὰρ τὸ κύριον. σκοπεῖν δὴ τὰ προειρημένα χρὴ ἐπὶ τὰ ἔργα καὶ τὸν βίον φέροντας,..." (Aristot EthNic 1179a 19-21). Was die Ethik betrifft, kann Erkenntnis der Wahrheit nach dieser Aussage nur aus den Handlungen gewonnen werden. Der allgemeine Grundsatz, daß in den Werken die Eigenschaften sichtbar werden, beschränkt sich nicht allein auf die aristotelische Ethik, sondern findet sich etwa auch in der Historiographie[2] und in der Rhetorik[3].

---

1 Die Zugehörigkeit der Aussage zum Genus epideiktikon unterstreicht deren lehrhaften Charakter.

2 Xenoph Ag 1,6; Xenophon stellt dann im 2.Teil des 'Agesilaos' einen Katalog von Eigenschaften seines Helden zusammen und ordnet jeder Eigenschaft die entsprechende Tat zu. Vgl.: Dihle, Studien, 60.

3 Isocr 9,65

Auch in der kynisch-stoischen Diatribe wendet man diesen
Grundsatz bei der Zeichnung des idealen Königsbildes an:
Das Ethos eines Herrschers wird nur an seinen Werken deutlich.[4] Besonders kennzeichnend für die Anwendung dieses auf
Erfahrung beruhenden Erkenntnisprinzips sind Wendungen wie
'ἐκ τῶν ἔργων κρίνειν'[5] oder 'ἐκ τῶν ἔργων γιγνώσκειν'[6].
Abgesehen von aristotelischen Spitzensätzen und der Relativierung der Erfahrungsregel in der stoischen Lehrtradition,
auf die wir beide noch kommen, bestimmt sich das Verhältnis
des ἦθος zu den menschlichen Handlungen zumeist so, daß entweder die Taten aus dem ἦθος entspringen[7] oder aber ein Licht
auf den Charakter des betreffenden Menschen werfen.[8] In beiden Fällen kommt den Werken zeichenhafte Funktion zu: Sie
sind Mittel zur Beurteilung des ἦθος.[9]

---

4   Dio Chrys Or 2,26: "Auch in der Philosophie braucht ein König es
     nicht zur Vollendung zu bringen; es genügt, wenn er sich ehrlich und
     schlicht mit ihr beschäftigt, da er schon durch seine Werke sein
     freundliches, mildes und gerechtes, dabei aber stolzes und männliches
     Wesen beweist (ἐνδεικνύμενον αὐτοῖς τοῖς ἔργοις φιλάνθρωπον ἦθος)."

5   Aristot EthEud 1228a; Xenoph Cyrop II 2,21

6   Xenoph Hist Z 1 VII 1,10

7   Plut Mor 56B: "σπέρμα γὰρ τῶν πράξεων οὖσαν τὴν διάθεσιν καὶ τὸ
     ἦθος..."

8   Xenoph Ag I,6: "Denn ich glaube, daß von seinen Taten (ἀπο τῶν ἔρ-
     γων) das beste Licht auf seinen Charakter (τρόπος) geworfen wird."

9   Auch in der älteren Stoa gilt dieses Prinzip: Für Zenon ist das
     ἦθος ein Quell des Lebens, aus dem alle Handlungen fließen; so:
     Pohlenz, Stoa I, 128. Kleanthes konnte formulieren: "Wer eine Be-
     gierde in sich zuläßt, wird bei passender Gelegenheit auch die Tat
     (πρᾶξις) tun" (Frgm. 573); vgl. 4Makk 7,9.
     Die Struktur ist hier deutlich: Die Ursache des Werks liegt im In-
     neren; die Tat selbst ist lediglich Filiation ihrer inneren Ursache.
     In unserem konkreten Fall entstammt die Tat der ἐπιθυμία und ist von
     daher negativ qualifiziert. Mit der Handlung tritt nur eine bereits
     vorhandene Disposition ans Tageslicht. Hier deutet sich bereits die
     für spätere stoische Lehre charakteristische Höherbewertung der in-
     neren Einstellung gegenüber der faktischen Tat an. Theißen konnte zei-
     gen, daß dieser Argumentationsstruktur ein Moment der Normverschärfung
     inhärent ist, da es nicht auf die faktische Tat, sondern auf die in-
     nere Motivation ankomme (Theißen, Soziologie, 75). Beispiele für diese
     Struktur lassen sich auch in frühchristlichen Texten finden. In 1Klem
     28,1 wird innerhalb einer abschließenden Paränese dazu aufgerufen, von
     den "schmutzigen Begierden nach schlechten Werken abzulassen (ἀπολί-
     πωμεν φαύλων ἔργων μιαρᾶς ἐπιθυμίας)". Die Taten werden auch hier auf-
     grund der inneren Einstellung des Täters bewertet; μιαρός korreliert
     mit φαῦλος. Verschärft wird das motivierende und appellierende Element

Aristoteles formuliert in seiner Lehre vom ἦθος, wie sie in der Nikomachischen Ethik entfaltet vorliegt,[10] die Erfahrungsregel pointiert aus. Er führt in Bezug auf die ethischen Tugenden[11] das empirische Erkenntnisprinzip bis zur letzten Konsequenz durch: So konnte Dihle nachweisen, daß Aristoteles das menschliche Werk nicht nur als nach außen tretendes sichtbares Zeichen einer Tugend darstellen kann, sondern daß er die Tugend selbst erst durch die tugendhaften Handlungen konstituiert sehen kann. Wir zitieren die diesbezügliche Passage bei Dihle:[12] "Aristoteles geht sehr viel weiter (sc. als die oben genannte allgemeine Erfahrungsregel). Die ethische Tugend wird durch Gewöhnung erworben (1103 17 u.a.)[13]. Damit gehört die ἠθικὴ ἀρετή nicht zu τὰ φύσει ὄντα, denn diese lassen sich nicht durch ἔθος beeinflussen, so wie man einen Stein, der φύσει nach unten fällt, nicht durch Gewöhnung den Fall nach oben beibringen kann (1103a 19ff). Gewöhnung bedeutet hier jedoch ständiges Handeln im Sinne der betreffenden Tugend. Durch Handeln also entsteht die betreffende Tugend überhaupt erst (1104a pass.). Aristoteles weist ausdrücklich und ausführlich die Auffassung zurück, nach der man, um tugendhaft handeln zu können, die Tugend bereits besitzen müsse (1105a 17 - 1105b 18)." Indem Aristoteles in

---

dieser Struktur noch durch den direkt folgenden Hinweis auf die zukünftigen Gerichte, von denen nur der verschont bleibe, der von schmutzigen Begierden ablasse. Bereits die Begierde nach einem schlechten Werk wird in der 2.Vision des Pastor Hermae (I 2,4) als Sünde gewertet. Wiederum wird die Aussage verschärft. Diesmal durch den Hinweis auf den christlichen Lebenswandel, den Hermas als eine Art Typos des Christen bereits vorbildhaft führt. Bereits die ἐπιθυμία πονηρά und nicht das noch garnicht getätigte ἔργον πονηρόν gereicht dem Christen zur Sünde. Die bereits in der frühen Stoa nachweisbare Zuordnung von ἐπιθυμία und ἔργον wird als ein Mittel zur Darstellung frühchristlicher Sündenlehre verwendet. Eine Vulgarisierung und Popularisierung ethischer Sätze ermöglichte diese strukturelle Kontinuität (vgl. Dihle, Ethik, 666f). Hinter dieser Entwicklung steht ein Prozeß des Zurücktretens der Theorie zugunsten einer dem 'common sense' angepaßten, leicht faßbaren ethischen Aussage unter Beibehaltung der Aussagestruktur. Dieser Prozeß wird besonders in der hellenistischen Popularphilosophie und Rhetorik faßbar. Ein derartiges Phänomen machte sich auch das frühe Christentum dienstbar, indem es ethische Sätze und Argumentationsformen übernahm und mit einem neuen, diesmal christlichen theoretischen Unterbau versah.

10   Vgl. Dihle, Studien, 60-64

11   Die dianoetischen Tugenden beruhen bei Aristoteles auf Belehrung und bleiben für den Beobachter im Hintergrund.

dieser Weise die ethische Tugend fast ausschließlich von
den Handlungen her bestimmt, leugnet er das Vorhandensein
von Tugenden, die sich nicht in Werken manifestieren.[14]
Diese extreme Sicht des Verhältnisses von ἦθος und menschlicher Tat spielt bei der Beurteilung des Verhältnisses
von Glaube und Werken in Jak 2,17f eine nicht unwesentliche
Rolle.[15]

Grundsätzlich stehen auch in der stoischen Lehrtradition
Tugend und tugendhafte Tat in enger Beziehung. Beide können sie als ἀγαθόν bezeichnet werden.[16] Es läßt sich aber
zeigen, daß der Stoiker der Tat an sich die Beweiskraft und
den Zeichencharakter absprechen kann, womit sich ein prin-
zipieller Unterschied zu der bisherigen Bewertung der Werke
ergibt:

Die Rückführung der sittlich guten Tat (κατόρθωμα) auf das
Innere des Menschen ist für die stoische Lehre von den guten
Handlungen bestimmend. Man betrachtet den Menschen auf
ethischem Gebiet als eine autarke Persönlichkeit; eine mögliche Fremdbestimmung seiner Taten wird zwar nicht geleugnet,
aber doch als unerheblich abgetan. Diese in der Stoa besonders betonte Unabhängigkeit des einzelnen Menschen auf
ethischem Gebiet hat ihren philosophiegeschichtlichen Hintergrund in der grundsätzlich individualistischen Ausrichtung
griechisch-hellenistischer Ethik überhaupt, die seit der Auf-
lösung der Polis-Ordnungen immer bestimmender wurde.[17]

---

12 Dihle, Studien, 60

13 Die Stellenangaben innerhalb des Zitats beziehen sich auf die Eth Nic.

14 Vgl. Dihle, Studien, 61. Eine vergleichbare Ansicht vertritt bereits
    der Sokratiker Antisthenes (455-360 v.Chr.) nach dem Referat des
    Diogenes Laertius (VI,11): "τὴν τ'ἀρετὴν τῶν ἔργων εἶναι, μήτε
    λόγων πλείστων δεομένην μήτε μαθημάτων."

15 Zum Verhältnis von πρᾶξις und ἦθος in der aristotelischen Tragödien-
    lehre: Horn, Begründung. Zu vergleichen ist noch Aristot Eth Nic
    1111b 6: Dort betont Aristoteles, daß nur die προαίρεσις ein besserer
    Prüfstein der Charaktere ist als die Werke (πρᾶξεις).

16 Die Diskussion über das 'Gute' in der stoischen Ethik wurde ausführ-
    lich geführt zwischen Graeser, Diskussion und Reiner, Weisheit bzw.
    Diskussion. Vgl. vArnim, Fragmenta III 75; 76; 97a.

17 Vgl. Dihle, Ethik, 652f.

Da es den Stoikern allein auf die 'Gesinnung', auf die rechte
geistige Einstellung zu den Dingen und Werten, auf eine ver-
nunftgemäße Gesamthaltung ankam,[18] konnten die einzelnen Handlungen als 'Widerspiegelungen' der inneren, vernunftgemäßen
Gesamthaltung (ἀρετή) des Menschen angesehen werden.[19] Hieraus
erklärt sich die grundsätzlich neutrale Haltung der stoischen
Lehrtradition gegenüber der Einzeltat als solcher.[20] Nur aufgrund der inneren Gesinnung eines Menschen kann eine Handlung
nach stoischer Auffassung als gut oder schlecht beurteilt werden. Pohlenz weist darauf hin, daß "wenn jemand sein Leben für
die Rettung des Nächsten einsetzt,... es für die sittliche Bewertung seines Handelns gleichgültig (sc. ist), ob die Rettung
gelingt oder nicht."[21] Der Handlung an sich kommt kein Beweischarakter über die moralische Qualität des Täters zu. In einem
fiktiven Schulgespräch beantwortet Epiktet die Frage nach den
Bewertungskriterien für eine Handlung: "Ist denn jede Handlung
gut? Keineswegs, sondern was man an richtigen Anschauungen
(δόγματα) tut, ist gut; was man hingegen an verkehrten Anschauungen tut, ist verkehrt. Lobe und tadle niemandes Handlung
(ἔργον), bis du die Anschauung kennst, die ihn bei seinem Tun
leitet. Eine Anschauung läßt sich aus dem äußeren Schein nicht
leicht beurteilen."[22]
Innere Einstellung und äußeres Verhalten können inkongruent
sein. Die Tat kann so jeden Beweischarakter verlieren. Direkte
Parallelen zu dieser stoischen Anschauung finden sich in frühchristlichen Schriften nicht. Dies mag darin seinen Grund haben, daß missionierende bzw. sich mit ihrer Umwelt apologetisch
auseinandersetzende Gemeinden der Tat als Vorbild- und Bei-
spielhandlung besonders großen Wert zumessen.

---

18 Vgl. Pohlenz, Stoa I, 127
19 Vgl. Pohlenz, Stoa I, 128
20 Dies zeigt sich u.a. auch an der stoischen Unterscheidung der κατ-
    ορθώματα von den καθήκοντα; vgl. Dihle, Ethik, 655.
21 Pohlenz, Stoa I, 128
22 Epict Diss IV 8,3; vgl. Philo Cher 16

Diese stoischen Spitzensätze beschreiben den dem aristotelischen Denken entgegengesetzten Eckpunkt: Die Tat ermöglicht keinen direkten Rückschluß auf das Ethos. Doch sind
dies Spitzensätze. In der Regel wendet auch die stoische
Lehrtradition das Prinzip des Rückschlusses von der 'äußeren'
Tat auf das 'innere' Sein an und zwar ausschließlich in der
Weise, daß die Handlungen aus den Anschauungen entspringen.[23]
Epiktet verdeutlicht dies in dem folgenden Katalog (Diss IV
11,5-8):

"Unreinheit einer Seele läßt sich nicht so leicht feststellen wie leibliche, sondern bei der Seele läßt sich nur das vorstellen, wodurch sie
sich der Außenwelt als schmutzig in ihren Werken zeigt (ῥυπᾶν πρὸς τὰ
ἔργα τὰ αὐτῆς). Ihre Werke sind (ἔργα δὲ ψυχῆς), einen Trieb oder eine
Abneigung spüren, begehren, ablehnen, Anstalten zu etwas machen, etwas
ausführen, Beifall zu etwas geben...".

Die in diesem Katalog aufgezählten Handlungen können als die
erkennbaren Erscheinungsformen, Zeichen, des sonst nicht
wahrnehmbaren Seelenzustandes angesehen werden. Deutlich
tritt hier als Erkenntnisprinzip der Rückschluß vom Äußeren
auf das Innere hervor.

E x k u r s : Zum Verhältnis von Epict Diss IV 11,5ff zu Mk 7,14-23
Inneres und Äußeres stehen bei Epiktet in einem solchen Verhältnis, daß
nur die mit dem Oberbegriff ἔργον zusammengefaßten sichtbaren Einzelaffekte den Betrachter auf den Zustand der Seele rückschließen lassen.
Die Unreinheit der Seele läßt sich an den nach außen dringenden 'schmutzigen Werken' aufweisen. Der Ursprung der Affekte liegt nach stoischer
Tradition in den richtigen oder falschen Anschauungen (δόγματα, 11,8).
Die Reinigung von diesen falschen Anschauungen kann im Sinne Epiktets
nur durch Belehrung, das heißt, durch den Unterricht in guten Anschauungen
vollbracht werden.
Mit dem Interesse einer Ethisierung der jüdischen Reinheits- (Speise-) Gebote könnte diese stoische Lehrtradition auch in Mk 7,14ff aufgenommen
worden sein: Der Abschnitt Mk 7,14-23 gliedert sich in zwei Teile. In
eine an das Volk gerichtete Belehrungsrede,[24] der eine mit V.17 einge-
leitete Jüngerbelehrung folgt.[25] 7,17-23 lesen sich als eine theoretische

---

23 Vgl. Anm. 9

24 Die Imperative ἀκούσατε und σύνετε (V.14) weisen auf eine Belehrungs-
    rede.

25 Daß es sich gattungsmäßig um eine 'Jüngerbelehrung' handelt, wird durch
    den in V.18a folgenden 'Jüngertadel' unterstrichen; vgl. Gnilka, Evan-
    gelium, 285.

Ausführung zu dem in V.15 vorgegebenen und dem Stichwort κοινόω zugeordneten Gegensatz zwischen εἰσπορεύομαι und ἐκπορεύομαι. Die Gliederung der
Szene bestimmt sich durch ihren klaren Aufbau: Die an dem Gegensatz von
Außen und Innen orientierten Aussagen Vv.18+20 und Vv.19+21 stehen sich
jeweils antithetisch gegenüber. Diesen formalen Aufbau unterbricht V.19b:
καθαρίζων πάντα τὰ βρώματα weist auf die Diskussion über die Einhaltung
von Reinheitsgeboten bei Speisen zurück (7,1ff) und markiert damit die
kontextbedingte Intention des Verfassers bzw. Redaktors. Beendet wird
diese Lehrrede in V.23 mit einer den Sachverhalt zusammenfassenden, abschließenden Conclusio.

Die folgenden Beobachtungen legen die Annahme einer nahen Verwandtschaft
zwischen der Markus- und der Epiktetstelle nahe:

1. Reinheit und Unreinheit haben in beiden Texten im Inneren des Menschen
ihren Ursprung und sind gegen eine von außen herantretende Verunreinigung
abgegrenzt. Epiktet macht dies durch den Gegensatz von σῶμα und ψυχή, Markus durch den Gegensatz von κοιλία und καρδία deutlich.[26]

2. Die ursächlich im menschlichen Inneren beheimatete Unreinheit ist in
beiden Texten nur an ihren nach außen tretenden Zeichen erkennbar. Den
ἔργα τῆς ψυχῆς entspricht bei Markus ἔσωθεν γὰρ ἐκ τῆς καρδίας; beide Verfasser konkretisieren die nach außen tretenden Zeichen durch einen Katalog
von Einzelhandlungen.

3. Das Stichwort πονηρός , in beiden Katalogen qualifiziert es den Katalog
negativ, dient einer Ethisierung der κάθαρσις. Beide Texte grenzen ihr
Verständnis von Reinheit gegen ein äußerliches, rein körperliches ab.

4. Es handelt sich bei beiden Texten um eine Jüngerbelehrung.

Jedoch fehlt bei Markus der spezifisch stoische Unterbau der Argumentation: Die Rückführung der äußeren Handlungen auf die inneren Anschauungen,
an denen sich für den Stoiker letztlich alles entscheidet. Doch ändert
dies nichts an den gleichbleibenden Grundstrukturen der Argumentation:
Beide Texte verstehen menschliche Reinheit bzw. Unreinheit nicht kultisch-
sakral, sondern ethisch. Beide betonen, daß das Innere nur an äußeren
Zeichen (Werken) zu erkennen ist.[27]

---

26 Die ψυχή kann vulgär in nachklassischer Zeit als der "handgreiflich
    nicht zu fassende Wesenskern des Menschen,... Träger seines Denkens,
    Wollens und Fühlens..." (Dihle, Seele, 613) angesehen werden. Sie ent-
    spricht damit der καρδία im biblischen Sprachgebrauch.

27 Bei Mk sind die 'Affekte' innerhalb des Katalogs durch eine 'soziale
    Reihe' ersetzt, die als "jüdisch-hellenistische Form eines Lasterkata-
    logs mit Nähe zum Dekalog" (Berger, Gesetzesauslegung, 392) verstanden
    werden kann. Klostermann, Markusevangelium, 71, irrt, wenn er den mk
    Lasterkatalog als einen sekundären Kommentar wertet.

Aufgrund dieser Argumente ist es wahrscheinlich, daß in Mk 7,14-23
eine aus der hellenistischen Philosophie stammende Argumentationsform
übernommen worden ist. Auch bei Markus hat der Rückschluß von den
äußeren Zeichen auf die innere Verfaßtheit des Menschen in der Auseinandersetzung mit der Praxis jüdischer Reinheitsgebote eine wesentliche
Rolle gespielt.

II. Werke als Zeichen: ein Element pagan-griechischer Literaturgattungen

Im ersten Teil dieses Abschnittes haben wir versucht herauszuarbeiten, daß die menschlichen Werke im paganen Griechentum
als Zeichen der inneren Eigenschaften verstanden werden konnten. Wir wenden uns Texten zu, in denen die menschlichen
Handlungen als beweiskräftige Zeichen ein wesentliches Element darstellen.

1. Die Schilderung der Taten als Mittel der Charakterzeichnung
    Die enge Verklammerung von Tugend und tugendhafter Tat wird
bei Aristoteles besonders in seiner theoretischen Begründung
des Enkomions deutlich: Zentrum der Lobrede ist die ἀρετή, die
fest mit dem Lob verbunden ist: "ἔτι δ'οἱ ἔπαινοι τῆς ἀρετῆς
διὰ τὰ ἔργα."[28] Grundlage des Lobens sind auch hier nicht die
dianoetischen, sondern die ethischen Tugenden,[29] denn nur
diese sind an den ἔργα und πράξεις erkennbar. Sie sind ein
σημεῖον ἀρετῆς und deshalb lobenswert, weil τὰ δ'ἔργα σημεῖα
τῆς ἕξεως εἰσίν.[30]
Unter Verwendung des Terminus σημεῖον wird die beweiskräftige
Funktion der menschlichen Taten auch in der Historiographie[31]
und ohne direkten Bezug auf die Tugend in Gerichtsreden[32] der
Charakterzeichnung dienstbar gemacht.
Im Rahmen dieser Untersuchung kommt der Funktion des menschlichen Werkes als eines 'Zeichens zum Beweis' deshalb Bedeutung zu, weil auch Johannes eine partielle Synonymität von
ἔργον und σημεῖον kennt, die auch auf diesem Hintergrund mit-

---

28 Aristot Eth Eud B I 1219b 8; vgl. die weiteren Belege bei Buchheit,
    Untersuchungen, 134 Anm. 2.
29 So: Buchheit, Untersuchungen, 136f.

verstanden werden können.

Die beweiskräftige Funktion der menschlichen Handlungen innerhalb von Tugend-Enkomien[33] stützt sich nicht ausschließlich
auf die theoretischen Aussagen über die Lobrede bei Aristoteles,[34] sondern wird schon bei Isokrates theoretisch erörtert[35]
und praktisch angewendet.[36] Die Schilderung der Taten als Beleg für die Tugenden wird zu einem festen Topos in Enkomien[37]
und verwandten Gattungen,[38] denen alle ein biographisches Interesse gemeinsam ist.[39] Von daher wird der Rückschluß von den

---

30 Aristot Rhet 1367b 26-31; vgl. Eth Nic 1101b 14-16; Eth Nic 1101b 31-
    34; Quintil III 7,10-18. Auch in der späteren enkomiastischen Litera-
    tur wird die Wichtigkeit der Taten für die Lobrede immer wieder be-
    tont; vgl. die Stellenangaben bei Soffel, Reden, 259; sowie Burgess,
    Literatur, 123.

31 Polyb VI 39,10: "..., σημεῖα ποιούμενοι καὶ μαρτύρια τῆς ἑαυτῶν
    ἀρετῆς."

32 Andoc II,25: "Ὥσπερ δὲ τῆς τότε ἁμαρτίας τὰ ἀπὸ τῶν ἔργων σημεῖα
    ἔφατε χρῆναι πιστότατα ποιούμενοι κακόν με ἡγεῖσθαι, οὕτω καὶ ἐπὶ
    τῇ νῦν εὐνοίᾳ μὴ ζητεῖτε ἑτέραν βάσανον ἢ τὰ ἀπὸ τῶν νυνὶ ἔργων σημεῖα
    ὑμῖν γιγνόμενα"; vgl. Quintil V 9,9.

33 Vgl. Breitenstein, Beobachtungen, 148 Anm. 2.

34 Die theoretischen Aussagen von Aristoteles können jedoch für die
    Gattung Enkomion als grundlegend angesehen werden, da er die Bedeu-
    tung der Handlungen für diese Gattung im Rahmen der Rhetorik gültig
    bestimmt, wie dies durch Struthers, Encomia, mit Nachdruck betont wird:
    "The writer (sc. der Verfasser der Lobrede auf Claudius Claudian) must
    bear in mind a principle which Aristotle insists: that inasmuch as the
    purpose of an encomium is to portray of the character of the person
    praised, the author must examine the principles actuating the πράξεις
    and show an underlining moral purpose" (51).

35 Isocr 5,142

36 Bei Isokrates finden sich zwei verschiedene Formen des Enkomions: Die
    eine geht von der Beschreibung der Taten aus und schließt von diesen
    auf die zugrunde liegenden Tugenden (16,25-41; vgl. Quintil III 7,15).
    Die andere teilt die Charakterschilderung bereits nach Tugenden ein
    und rühmt die Taten lediglich mit der Begründung, daß es leichter sei,
    aus ihnen die Tugenden zu erkennen (9,33; vgl. Kroll, Rhetorik, 1129f).

37 Payr, Enkomion, 336

38 So etwa in Leichenreden; vgl. Buchheit, Untersuchungen, 75; oder in
    Ehreninschriften zum Zwecke der summarischen Motivierung; vgl. Ger-
    lach, Ehreninschriften, 59.

39 Vgl. Payr, Enkomion, 336

Handlungen auf die tugend- oder lasterhafte Gesamthaltung[40]
zu einem typischen Beweisverfahren innerhalb des Genus epideiktikon, wobei der Hinweis auf die Taten zumeist ein Wert-
urteil untermauern soll. Die Werke sind der Beweis für das
empirisch nicht Faßbare. Sprachliches Indiz, das auf die Verwendung der Taten zum Beweis hinweisen kann, sind Verbindungen von ἔργον/πρᾶξις mit δείκνυμι und stammverwandten Begriffen.[41]

In Enkomien sind die Werke zumeist Beweis für den tugendhaften Lebenswandel des zu Lobenden. In Pflichten- und besonders Fürstenspiegeln sind sie Beweise, die zur Ausübung
eines Amtes legitimieren: Auf diesem Hintergrund treten in
der hellenistischen Königsideologie die Vorstellungen vom
'Adel durch Tugend' und vom 'Adel durch Geburt' in einen
Gegensatz, der u.a. von Philo zum Zwecke der Proselytenmission aufgegriffen werden konnte.[42]

---

40 Nach seinem eigenen Zeugnis betont schon Aristoteles (Rhet 1388b 34),
    daß die Aussagen über das Verhältnis von Tugend und tugendhaften Hand-
    lungen auch auf die Untugenden übertragbar sind; vgl. Dihle, Studien,
    61.

41 An Einzelgattungen des Genus epideiktikon lassen sich für die Ver-
    bindung von Werk (ἔργον/πρᾶξις) und δείκνυμι/Komposita u.a. nach-
    weisen: Ätiologie (Ael Arist Or 168 C); Ekphrasis (Xenoph Cyrop II
    2,30); Synkrisis (Xenoph Cyrop VII 5,64); Königsspiegel (Dio Chrys
    Or 1,22f; 2,26) und Thaumasta (Epict Diss I 29,35).
    Daneben kann in symbouleutischer Funktion zum Beweis durch die Tat
    aufgefordert werden: Jul Ep 27 (381A), ebenso auch in Gerichtsreden:
    Xenoph Mem D IV 4,1 und IV 4,10 als Apologie.

42 Die idealen Eigenschaften des Herrschers haben sich in den Taten zu
    bewähren; sie werden ausschließlich in den Handlungen offenbar.
    Diese Struktur liegt etwa in Dio Chrys Or 1,22f vor:
    "Er (sc. der König) kann nicht nur Vater seiner Bürger und Unter-
    tanen genannt werden, man kann dies auch durch Taten aufzeigen
    (τοῖς ἔργοις τοῦτο ἐπιδείκνυσθαι). (23) Denn er ist davon überzeugt,
    daß er nicht um seiner selbst willen, sondern um aller Menschen
    willen König ist...".
    Nicht der Titel oder das Amt rechtfertigt bereits den Anspruch,
    König zu sein, sondern allein die in Taten aufzeigbare Menschen-
    freundlichkeit. Typisch ist hier die Verbindung von ἔργον und ἐπι-
    δείκνυμι, sowie die Opposition , in die die Tat des Menschen tritt:
    Hier das Wort bzw. der Titel, der für sich allein einen Herrschenden
    nicht zum idealen König qualifiziert; dort die allein entscheidende
    Tat.
    Ging es in 1,22f um den allgemeinen Gegensatz zwischen Anspruch und
    guten Werken (zum Gegensatz von Anspruch und Tat vgl.: Berger, Abra-
    ham II, 337), so wird in dem folgenden Königsspiegel der Gegensatz von
    Macht und guten Werken herausgestellt (Dio Chrys Or 4,64f):
    "Weißt du (sc. der König) nicht, daß es ein Zeichen von Furcht ist,

Den menschlichen Handlungen kommt jedoch nicht nur Beweischarakter bei der Bewertung von sittlichen Eigenschaften zu,
sondern sie können auch als Beweis normgemäßen Verhaltens

wenn ein Mensch Waffen (ὅπλα) trägt? Ein furchtsamer Mensch aber
kann genausowenig König werden wie ein Sklave. Bei diesen Worten
hätte Alexander den Speer beinahe aus der Hand gleiten lassen. (65)
Diogenes aber wollte ihn damit nur veranlassen, sich mehr auf gute
Taten und Rechtlichkeit zu verlassen als auf Waffen (εὐεργεσία
πιστεύειν καὶ τῷ δίκαιον παρέχειν αὐτόν, ἀλλὰ μὴ τοῖς ὅπλοις)."
Die Legitimation des Königs erfolgt auch hier ausschließlich aufgrund
von guten Taten (vgl. Spr 20,28; Dan 4,27 LXX). Deutlich bilden
Machtmißbrauch und Willkür des Tyrannen den negativen Hintergrund
der Darstellung (vgl. die katalogartige Aufzählung der 'Werke des
Tyrannen' in Dio Chrys Or 47,24). Die formale Struktur bleibt trotz
inhaltlicher Akkzentverschiebungen im Vergleich zu dem ersten Beispiel erhalten. Eine direkte Parallele zu diesem Text findet sich im
Aristeasbrief. Dies kann deshalb nicht verwundern, weil der Aristeasbrief u.a. auch als eine Art Kompendium hellenistischer Vulgärethik
angesehen werden kann und in vielen Zügen der Fürstenspiegelliteratur
ähnelt (Dihle, Ethik, 697). Ebenso wie bei Dion Chrysostomos liegt das
Aussagegewicht auf dem Gegensatz zwischen Waffen (ὅπλον) und Wohltaten (χάρις):
"Hocherfreut applaudierte er (sc. der König) und fragte den nächsten
(sc. der anwesenden Männer), wie er nach einer Niederlage wieder den
selben Rang einnehmen könne. Der aber sagte: Du kannst gar nicht unter-
liegen, denn du hast bei allen Menschen Wohltaten ausgesät, die Zu-
neigung sprießen lassen; diese überwindet die gewaltigsten Waffen und
gewährt größte Sicherheit" (Arist 230).
Philo nahm den Gegensatz zwischen Waffen und guten Werken bzw. Tugenden in Virt 218 innerhalb eines Fürstenspiegels ebenfalls auf, modi-
fizierte ihn jedoch dadurch, daß er Gott als den Urheber der königlichen Tugenden nennt (vgl. Philo Praem 97: dort deutet Philo entgegen seiner biblischen Vorlage den eschatologischen Krieg der Frommen mit ihren Feinden in der Weise ethisierend um, daß die Frommen
durch Tugenden siegen und mit Wohltaten herrschen werden; vgl.
Fischer, Eschatologie, 201f). Damit verankert er die letzte Legitimation des Königs bei Gott. Ferner überträgt er das Bild des Königs
auf Abraham und stellt diesen als Vorbild aller Proselyten hin (zu
vergleichen wäre noch Arist 194, wo die Nutzlosigkeit der Waffen für
den Herrschenden betont wird).
Wie stark das Bild des idealen Herrschers durch seine Fähigkeit,
gute Taten zu tun, geprägt ist, zeigt Dio Chrys 2,26. Dion bewertet
dort das Ideal der philosophischen Bildung geringer als die guten
Taten. Wie schon bei Philo enthält dieser Fürstenspiegel eine weitere
theologische Legitimation des Königtums dadurch, daß betont wird, der
menschenfreundliche Herrscher gleiche in seinem Wesen den Göttern:
Der König freue sich dann am meisten, "wenn er anderen Gutes tun kann
(μάλιστα δὴ χαίροντα εὐεργεσίαις), was dem Wesen der Götter ja am
nächsten kommt."
In diesem Text zeichnet sich deutlich der Einfluß orientalischer
Königsideologie ab. Die einfache Struktur -eine Person wird in ihrem
Stand dadurch legitimiert, daß sie die entsprechenden Taten voll-
bringt- kann, wie es sich hier bereits andeutet, so erweitert werden,
daß das Tun guter Werke eine besondere Beziehung zum Göttlichen konstituiert. Ein König kann dann auf das besondere Wohlwollen der
Götter rechnen, wenn er sich als Wohltäter erweist:

Verwendung finden. Die Werke sind dann nicht mehr Zeichen innerer Eigenschaften, sondern Merkmale, an denen das Verhalten des Einzelnen zu den Regeln der Gemeinschaft überprüfbar wird. Neben der Bedeutung der Taten als beweiskräftige Zeichen in Gerichtsreden, in denen gegenüber der Verwendung von ἔργον/πρᾶξις in Gattungen des Genus epideiktikon terminologische Unterschiede festzustellen sind,[43] gilt dies besonders für das Verhältnis der Taten zum νόμος. Wie die Tugend kann auch das Gesetz Bezugspunkt der Handlungen sein. Die Werke geschehen dann nicht κατ᾿ἀρετήν,[44] sondern κατὰ τὸν νόμον[45]. Die einzelnen Handlungen werden in diesem Fall[46]

"Den tapferen und menschenfreundlichen König aber, der seinen Untertanen wohlwill, die Tugend ehrt und sich bemüht, nicht schlechter als die Guten dazustehen, die Ungerechten zwingt umzukehren, den Schwachen beisteht - solch einen König bewundert wegen seiner hohen Tugend Zeus und läßt ihn in der Regel ein hohes Alter erreichen..." (Dio Chrys Or 2,77).
An allen diesen Texten kann gezeigt werden, daß die Erfahrungsregel, die von der Funktion der Werke als Beweis ausgeht, zu einem wichtigen Element in der hellenistischen Königsideologie geworden ist. Nur die vollbrachten Wohltaten sind für einen König Zeichen seines Amtes und gleichzeitig letzte göttliche Bestätigung seiner Herrschaft. Philo interpretiert diese Tradition in charakteristischer Weise um: Er löst den Gedanken des 'Adels durch Tugend' von seiner Fixierung auf das Königtum und überträgt ihn unter Beibehaltung der göttlichen Legitimation auf Abraham, der ihm als der Stammvater der Proselyten gilt. Damit werden die vorbildhaften guten Werke zu einem Element der Proselytenmission; ein Gedanke der auch im Neuen Testament eine Rolle spielt (Mt 5,13-16; 1Petr 2,12).

43 Charakteristisch für die Gerichtssprache sind die folgenden Wortverbindungen:
ἔργον – σημεῖον
ἔργον – πεῖρα
ἔργον – ἐλέγχω
ἔργον – μαρτυρέω
ἔργον – μάρτυς
ἔργον – δηλόω

44 Diog Laert VII,94

45 Xenoph EqMag I,24 (S u. MSS)

46 In dieser Weise bestimmt Zenon nach dem Bericht des Diogenes Laertius (VII,83) die Funktion der Gesetze als Festsetzung des Zweckes der Handlungen:
"ὅπως διέταξαν οἱ νόμοι ἐπὶ τοῖς ἔργοις,..."

in ihrer Wertigkeit durch das Gesetz bestimmt. Für unsere
Untersuchung ist dabei wichtig, daß der Zeichencharakter der
Werke grundsätzlich auch dann beibehalten wird, wenn die Taten
nicht mehr in direkter Beziehung zur Tugend stehen, sondern
auf den νόμος bezogen sind: Die Werke können damit zum Maßstab
und Kriterium für gesetzeskonformes Verhalten werden,[47] wobei
in der Regel das Gesetz auch den Zweck der Handlungen bestimmt. Diese Relation bleibt grundsätzlich auch für das Verhältnis von Werken und Gesetz in der paulinischen Theologie
bestimmend. Damit sollte das Verhältnis von Gesetz und Tat
nicht so sehr unter dem Aspekt des Leistungsgedankens beschrieben werden. Im Vordergrund steht vielmehr der Gedanke
der Normausgerichtetheit der Handlungen.

Zum Schluß dieses Abschnittes sollte noch auf eine weitere
Gattung hingewiesen werden, die auf den ersten Blick nicht
zum Thema dieser Untersuchung zu gehören scheint, da in ihr
nicht die menschlichen Werke, sondern die göttlichen Taten
bzw. Tugenden thematisiert werden: der Hymnus.[48] Der Hymnus
preist die göttlichen Taten deshalb, weil er sie unter die
Göttertugenden einzuordnen vermag.[49] Daneben kann die hym-
nisch besungene göttliche Macht mit δύναμις bezeichnet werden,[50] wobei in einigen Fällen die ἀρετή in der Weise mit der
göttlichen δύναμις identifiziert werden kann, daß sie deren
eigentlichen Inhalt beschreibt.[51] Zumeist ist bei der Schilderung der göttlichen Handlungen an Wundertaten gedacht.[52]

---

47 Werke, die gegen eine Gesetzesnorm verstoßen, können durch πονηρός
    bzw. αἰσχρος qualifiziert werden (Xenoph Cyrop I 2,2).

48 Zum Verhältnis von göttlicher Tat und göttlicher Tugend: Ali, Areta-
    logoi, 13.

49 Vgl. Amann, Zeusrede, 8f.

50 So Keyßner, Gottesvorstellung, 48.

51 Aristot 2.4.5 D (zitiert nach Keyßner, Gottesvorstellung, 49):
    "σεῦ δ᾽ἕνεχ᾽οὐκ Διὸς Ἡρακλέης Λήδας τε κόροι πολλ᾽ἀνέτλασαν ἔργοις
    σὰν ἀγρεύοντες δύναμιν."

52 Vgl. die zahlreichen Belegstellen bei Keyßner, Gottesvorstellung, 50.
    Terminologisch unterscheidet der Hymnus nicht zwischen den ἔργα und
    den ἀρεταί, beide Begriffe meinen die Leistungen und nicht die Ei-
    genschaften, die diesen zugrunde liegen: Keyßner, Gottesvorstellung,
    50 und Ali, Aretalogoi, 13.

Auch dem Lobpreis der göttlichen Taten im Hymnus liegt, wie
die häufige Verbindung von ἔργον mit δείκνυμι/Komposita belegt, die oben beschriebene allgemeine Erfahrungsregel zugrunde: δύναμις und ἀρετή offenbaren sich in den Taten des
Gottes.[53]

Für die neutestamentliche Exegese, besonders für die des
Johannesevangeliums, ist in diesem Zusammenhang wichtig, daß
Gott prinzipiell seine Macht auf Menschen übertragen kann.[54]
Die Taten der Jünger zeugen dann nicht von ihren eigenen Ei-
genschaften und Fähigkeiten, sondern von ihrer göttlichen
Beauftragung und Vollmacht.

2. Zum Verhältnis von ἔργον und λόγος in pagan-griechischen Texten

Die Bedeutung, die den Werken wegen ihres Zeichencharakters
im Griechentum zugemessen wurde, wird besonders dann deutlich,
wenn die Handlungen den Worten gegenübergestellt werden. Dabei
gilt grundsätzlich, daß die Worte niedriger eingeschätzt werden als die Taten: Sie sind nur Schatten[55] oder Abbilder[56] der
Werke. Wenn Worte und Taten in einen ausdrücklichen Gegensatz
treten, dann soll damit zumeist unterstrichen werden, daß die
Handlungen das einzige zuverlässige Kriterium der Beurteilung
sind. Nach dem bisher Ausgeführten verwundert es nicht, wenn
dies besonders in Prosopographien und Enkomien betont wird.
Die folgende Stelle bei Dion Chrysostomos (Or 70,3) kann uns
ein gutes Beispiel für eine solche Verwendung des Gegensatzes
von Wort und Tat geben:

"Denn es wäre verkehrt, mehr aus Worten (ἀπὸ τῶν λόγων), die
er sagt, als aus seinen Taten (ἀπὸ τῶν ἔργων) Rückschlüsse
auf sein Leben zu ziehen und darauf sein Wissen zu stützen."

---

53 Menandr (S.444 Sp): "ὅτι οἱ μὲν ἐπιδείκνυνται τὰς αὐτῶν ἀρετάς."
    Aristot 45,15 K (S.88 D): "ἐκ τῶν ἔργων ἐπιφαίνεται καὶ δείκνυται."
    Weitere Belegstellen bei Keyßner, Gottesvorstellung, 51.

54 Vgl. Keyßner, Gottesvorstellung, 55.70f.

55 Diogn Laert IX,37; Philo Mut 243; Som II 302.

56 Diogn Laert I,58: "Von ihm (sc. Solon) rührt auch der Spruch her,
    die Rede sei ein Bild der Taten (ἔλεγε δὲ τὸν μὲν λόγον εἴδωλον
    εἶναι τῶν ἔργων), und der König sei der an Macht Stärkste."

Bei der Beschreibung und Würdigung einer Person sollen nur
die Taten und nicht die Worte Berücksichtigung finden. Deshalb
hat etwa für Diogenes Laertius die Leidenschaftlichkeit, die
sich in Worten artikuliert, ein geringeres Gewicht als die
Gutherzigkeit, die sich in den Taten beweist.[57] Negative Ur-
teile über einen Menschen haben nur dann einen Wert, wenn
sie sich nicht auf Worte, sondern auf Taten stützen,[58] ebenso
wie auch ein Lob sich nur durch Werke und nicht durch Worte
rechtfertigen läßt.[59]
Der Vorwurf, daß Worte und Taten nicht übereinstimmen, zielt
in seiner Kritik meistens auf heuchlerisches Verhalten. Bereits Aesop kritisiert in der Anwendung der Fabel vom Fuchs
und dem Holzfäller[60] Menschen, die tugendhaft reden und schänd-
lich handeln:
"Τούτῳ τῷ λόγῳ χρήσαιτο ἄν τις ἐκείνους τοὺς ἀνθρώπους τοὺς
χρηστὰ μὲν σαφῶς ἐπαγγελλομένους, δι'ἔργων δὲ φαῦλα δρῶντας."
Mit dem Gegensatz von Reden und Tun wird hier noch der Widerspruch von Wirklichkeit und Anspruch im Leben einzelner Menschen kritisiert,[61] doch kann mit ihm auch das Verhalten von
ganzen Gruppen benannt werden: Epiktet etwa verwendet an
einer Stelle die Opposition von λόγος und ἔργον dazu, um die
auch in christlichen Gemeinden häufig akute Problematik man-
gelnder Einheit von Bekenntnis und Ethik (vgl. Mt 23,1-12;
Jak 2,1ff) zu beschreiben: Als ὑπόκρισις (Diss II 9,20) kennzeichnet er eine Situation in seiner eigenen Schülerschaft:
Dort folgen dem Selbstbekenntnis nicht die geforderten Taten
(Diss II 9,21):[62] "οὕτως καὶ ἡμεῖς παραβαπτισταί, λόγῳ μὲν
'Ιουδαῖοι, ἔργῳ δ'ἄλλο τι,...".

---

57 Diogn Laert II,136.

58 Diogn Laert VII,171.

59 Xenoph Cyrop II 2,30; Xenoph Ag XI,9. Daß auch die Worte und nicht
    nur die Taten Aufschluß über das ἦθος geben können, wird als Sonder-
    fall ausdrücklich betont: Plut Comp.Dem/Cic. 1; vgl. Dihle, Studien,
    62. Dio Cass 44,3b,3: "Welches Wort könnte größer sein als die Größe
    der Taten?"

60 Fab 22 (Ch 34).

61 Jos Ap II 241; vgl. Jos Ap II 12.

62 Wilckens, ὑποκρίνομαι, 561 Anm.18, betont richtig, daß ὑπόκρισις
    hier nicht im Sinne von 'trügerischer Aktion', sondern von 'Vor-
    täuschung' verstanden werden sollte.

Den Sinn dieser bekannten Passage erfaßt Oldfather:[63]
"True Jews (i.e. Christians) are a very marked class of men
because of the rigorous consistency between their faith and
their practice. But there are some who for one reason or an-
other (possibly in order to avail themselves of the charity
which the Christians dispensed to the poor, as Schweighäuser
suggests,- like the so-called 'rice-Christians') profess a
faith which they do not practice. It is this class, then,
which Epictetus has in mind when he bitterly calls himself
and his pupils 'counterfeit baptists'."

An anderer Stelle verwendet Epiktet ebenfalls eine 'fiktive
Selbstanklage', um die Haltung des wahren Philosophen mit dem
Verhalten der eigenen Gruppe zu kontrastieren: Er charakterisiert die Stoiker als diejenigen, die über das Gute reden,
das Schändliche aber tun.[64]

Die Gattung 'fiktive Selbstanklage' gibt in beiden Fällen
einen Hinweis auf soziologische Implikationen der Aussage:
Es geht um Motivation durch Selbstkritik, wobei grundsätzlich
das Ideal der Einheitlichkeit von Anschauungen und praktischer Lebensführung vorausgesetzt ist. Verwendet wird hierzu
ein typischer Topos der Philosophenkritik: Der Vorwurf, daß
Worte und Taten auseinandertreten.[65]

Wichtig für die Beurteilung, ob die im Neuen Testament durch
den Gegensatz von Wort und Tat beschriebenen Gruppen als direkte 'Gegner' anzusehen sind,[66] ist, daß es sich hier um

---

63 Epictetus Bd.1 with an English translation by W.A. Oldfather,
    London 1967, 272 Anm.1.

64 Epict Diss III 7,17: "ἡμῶν τῶν λεγομένων Στωικῶν, καὶ αὐτοὶ γὰρ
    ἄλλα λέγομεν, ἄλλα δὲ ποιοῦμεν."
    In einer rhetorischen Frage beschreibt Dion Chrysostomos (Or 70,6)
    das der kynisch-stoischen Ethik zugrundeliegende Verständnis der
    Philosophie: "In allem also hälst du das Wort, wenn es nur gesprochen
    wird, ohne von einer Tat begleitet zu sein, für ungültig und un-
    glaubwürdig? Aber die Tat allein, auch wenn ihr kein Wort voraus-
    geht, für glaubwürdig und wahr?"

65 So auch Ael Arist Or 267: "οὐδὲ ὥσπερ τῶν φασκόντων ἔστιν ἰδεῖν
    ἐνίους λέγοντας μὲν οὕτω περὶ τούτων ἔργῳ δὲ ὑποπίπτοντας καὶ συγ-
    χωροῦντας ἀεὶ τούτοις οὓς ἂν αἴσθωνται δυνατωτέρους,..."

66 So werden etwa in Mt 23,1-12 die Pharisäer und Schriftgelehrten
    durch den Vorwurf der Heuchelei (V.3) charakterisiert, ohne daß
    dabei eine direkte Auseinandersetzung der mt Gemeinde mit der
    Synagoge vorausgesetzt sein muß. Vgl. zu diesem Text den Abschnitt
    B II.2 in dieser Untersuchung.

einen Topos handelt, der mehr der Motivation der eigenen
Gruppe als der Kritik an einer außenstehenden gilt.
In diesem Zusammenhang sind Texte zu vergleichen, in denen
Heuchelei mit sinnähnlichen Oppositionen beschrieben wird:
So wirft Josephus Johannes von Gischala Hinterhältigkeit vor:
"ὑποκριτὴς φιλανθρωπίας καὶ δι'ἐλπίδα κέρδους φονικώτατος,
ἀεὶ μὲν ἐπιθυμήσας μεγάλων, τρέων δὲ τὰς ἐλπίδας ἐκ τῶν τα-
πεινῶν κακουργημάτων,..."[67]
Bei Philo werden die Sophisten als solche bezeichnet, die das
Gegenteil von dem sagen, was sie denken und tun.[68] Weil ihre
innere Einstellung nicht mit der nach außen getragenen Meinung
übereinstimmt, wirft Philo den Sophisten Heuchelei vor.[69]

Auch innerhalb des Genus dikanikon wird der Gegensatz von
Worten und Taten in auffälliger Weise verwendet. In den Gerichtsreden fällt besonders auf, daß der Gegensatz von 'glauben' und 'nicht glauben' den Rahmen abstecken kann, in den die
Opposition von Wort und Werk gestellt ist:
Polemisch klagt der Rhetor Antiphon (um 480 v.Chr.) diejenigen an, für die der Grundsatz, die Worte an den Handlungen
zu überprüfen, kein alleiniges Kriterium der Wahrheitsfindung
darstellt. Er klagt die an, die das Gegenteil tun, nämlich
durch Worte die Taten als unglaubwürdig hinzustellen beabsichtigen:[70]
"οἵτινες ἄπερ αὐτοὶ σφᾶς αὐτούς οὐκ ἔπεισαν,
ταῦθ'ὑμᾶς ἀξιοῦσι πεῖσαι, καὶ ἃ αὐτοὶ ἔργῳ ἀπεδίκασαν,
ταῦτα ὑμᾶς κελεύουσι καταδικάσαι.
καὶ οἱ μὲν ἄλλοι ἄνθρωποι τοῖς ἔργοις τοὺς λόγους ἐξελέγχουσιν,
οὗτοι δὲ τοῖς λόγοις ζητοῦσι τὰ ἔργα ἄπιστα καταστῆσαι."
Der Gegensatz von Wort und Werk steht hier innerhalb einer von
Gerichtsterminologie[71] durchsetzten, stark antithetischen
und polemischen Rede. Es sollen Kriterien der Glaub- bzw. Un-
glaubwürdigkeit (Stichwort: ἄπιστος) mittels der Opposition

---

67 Jos Bell 2,587.

68 Philo Det 72f.

69 Es handelt sich in Det 69-95 um eine allegorische Auslegung von Gen
    4,10. In Det 72-74 ist Kain Typos aller Sophisten, die das Gegenteil
    von dem sagen, was sie denken und tun. Sie schaden mit dieser Ein-
    stellung zwar sich selbst, nicht aber der Tugend.

70 Antiphon V 42.

von Wort und Werk entwickelt werden. An anderer Stelle[72]
wiederholt Antiphon als Resumée einer Verteidigungsrede vor
Gericht die Polemik gegen die, die versuchen, durch Worte
Taten als unglaubwürdig hinzustellen.
In all diesen Fällen bezeichnet ἔργον im Gegensatz zu λόγος
das Augenscheinliche. Die Tat gilt als der alleinige Gegenstand der richterlichen Untersuchung, was durch die Verbindung von ἐλέγχω und ἔργον in beiden Antiphonstellen unterstrichen wird.[73] Falls diese Belege tatsächlich auf Antiphon
zurückgehen und damit sehr alt sind, hat sich die Verwendung
des Gegensatzes von Worten und Taten in der Diskussion über
glaubwürdige Kriterien der Urteilsfindung und Beweisführung
bis in die kynisch-stoische Diatribe fast unverändert durch-
gehalten. Denn die Stichworte πιστός und ἄπιστος finden sich
im gleichen Zusammenhang in Verbindung mit der Opposition von
Wort und Tat auch bei Dion Chrysostomos, wobei es auch hier um
die Frage nach gültigen Kriterien der Glaubwürdigkeit geht.[74]
Im Rahmen dieser Untersuchung werden wir der Frage nachgehen
müssen, inwieweit die jüdisch-christliche Vorstellung des
Gerichtes nach den Werken von der pagan-griechischen Gerichtsterminologie beeinflußt ist,und ob sich von daher eine analoge
Beurteilung der Funktion der menschlichen Werke ergeben kann.

---

71 Vgl. Anm. 43.

72 Antiphon V 82: "Ἐπίσταμαι δὲ καὶ τάδε, ὦ ἄνδρες; ὅτι εἰ μὲν ἐμοῦ
    κατεμαρτύρουν οἱ μάρτυρες, ὥς τι ἀνόσιον γεγένηται ἐμοῦ παρόντος
    ἐν πλοίῳ ἢ ἱεροῖς, αὐτοῖς γε τούτοις ἰσχυροτάτοις ἂν ἐχρῶντο, καὶ
    πίστιν τῆς αἰτίας ταύτην σαφεστάτην ἀπέφαινον, τὰ σημεῖα τὰ ἀπὸ τῶν
    θεῶν. νῦν δὲ τῶν τε σημείον ἐναντίων τοῖς τούτων λόγοις γιγνομένων,
    τῶν τε μαρτύρων ἃ μὲν ἐγὼ λέγω μαρτυρούντων ἀληθῆ εἶναι, ἃ δ᾽οὗτοι
    κατηγοροῦσι ψευδῆ, τοῖς μὲν μαρτυροῦσιν ἀπιστεῖν ὑμᾶς κελεύουσι,
    τοῖς δὲ λόγοις οὓς αὐτοὶ λέγουσι πιστεύειν ὑμᾶς φασὶ χρῆναι. Καὶ
    οἱ μὲν ἄλλοι ἄνθρωποι τοῖς ἔργοις τοὺς λόγους ἐλέγχουσιν, οὗτοι δὲ
    τοῖς λόγοις τὰ ἔργα ζητοῦσιν ἄπιστα καθιστάναι." Vgl. auch Antiphon
    II δ 8 und Demosth 19,211.

73 Die Tat als Gegenstand der Prüfung findet sich u.a. noch in den
    folgenden Texten: Aristot Eth Nic 1179a; Xenoph Cyrop II 2,18.

74 Or 70,6 (Text in Anm. 64).
    Nach Xenoph Mem D IV 4,10 verteidigt sich Sokrates mit den folgenden
    Worten:
    "Wenn ich auch nicht mit Worten kundtue, so war die Antwort dann
    doch durch mein Tun. Oder scheint dir nicht das Handeln ein besserer
    Beweis zu sein als die Darlegung in Worten (ἢ οὐ δοκεῖ σοι ἀξιοτεκ-
    μαρτότερον τοῦ λόγου τὸ ἔργον εἶναι)."

In vornehmlich paränetischen Texten kommt der Zuordnung von
Wort und Tat eine weitere typische Funktion zu:
Die Spannung zwischen Überzeugung und tatsächlichem Tun kann
durch ermahnende Worte, die zur Tat hinführen sollen, gelöst
werden. Es geht um die Umsetzung der eigenen Überzeugung in
die Tat, wozu Worte eines Außenstehenden anstoßen und helfen
können. In einer Einleitung zu einem paränetischen Diskurs
über die Habsucht sollen die Worte des Dion Chrysostomos dazu
anhalten, die der Überzeugung gemäße Tat auch wirklich zu tun
(Or 17,2):
"Da ich aber beobachte, daß uns weniger die Unwissenheit über
gut und schlecht zu schaffen macht als die Tatsache, daß wir
nicht aus den Erwägungen die Konsequenzen ziehen und unserer
persönlichen Überzeugung folgen, halte ich es für außerordentlich nützlich, immer wieder daran zu erinnern und mit Worten
dazu aufzufordern, in seinem Werk das Gute und Rechte zu be-
folgen (καὶ διὰ τοῦ λόγου παρακαλεῖν πρὸς τὸ πείθεσθαι καὶ
φυλάττειν ἔργῳ τὸ προσῆκον)."
Isokrates[75] erläutert eine wichtige Funktion der Rede in der
Rhetorik mit Hilfe des folgenden Grundsatzes: "Denn nichts,
was mit Intelligenz getan werden muß, kann ohne vorhergehende
Hilfe der Rede getan werden, ἀλλὰ καὶ τῶν ἔργων καὶ τῶν δια-
νοημάτων ἁπάντων ἡγεμόνα λόγον ὄντα, καὶ μάλιστα χρωμένους
αὐτῷ τοὺς πλεῖστον νοῦν ἔχοντας."
Auch Platon kann betonen, daß das, was in Worten dargelegt
worden ist, in der Tat befolgt werden muß.[76]
Das Folgeverhältnis von Wort und Tat kann sich auf dem Hintergrund einer spezifischen Lehrer- Schülersituation in der
Mahnung konkretisieren, daß sich das Gelernte in der Tat zu
beweisen habe.[77] Die Überzeugungskraft der Worte beweist sich
mit dem Umsetzen in die Tat. Die Lehre erfüllt nur dann ihren
Sinn, wenn sie zu Taten führt.[78] So unterstreicht etwa Plu-

---

75 Isocr Or XV 257.

76 Plat Leg XII 966 b.

77 Epict Diss I 29,35: "Wenn du das Bisherige nicht so gelernt hast, daß
    du es durch die Tat zeigen kannst, wozu hast du es denn gelernt?" Um
    die überzeugende Kraft der Taten zu betonen, kann sowohl der Gegensatz
    von Wort und Tat (Xenoph Cyrop III 3,39; Mem G III 11,10) als auch die
    Zuordnung von Worten und Taten (Xenoph Cyrop II 4,10) verwendet werden.

78 Vgl. Epict Diss I 29,56.

tarch in einem fiktiven Lehrgespräch seine Überzeugung mit
einem historischen Beispiel (Mor 779 B):

"Und bestimmt erlangen die Lehren der Philosophen, wenn sie
tief eingegraben sind in die Seelen der Herrscher und Staats-
männer, die Kraft von Gesetzen. Und darum segelte Plato nach
Sizilien, in der Hoffnung, daß seine Lehren Gesetze und Taten
hervorbringen würden in der Regierung des Dionysios (ἐλπίζων
τὰ δόγματα νόμους καὶ τὰ ἔργα ποιήσειν ἐν τοῖς Διονυσίου
πράγμασιν)."

Die Lehre muß sich in der Tat bewähren. Dem Dogma soll der
Nomos und das Werk folgen. So weist die Abfolge von Wort und
Tat letztlich auch auf die notwendige Zusammengehörigkeit von
Theorie und Praxis, von Lehre und deren praktischer Umsetzung.
Auch in späteren Schriften des Neuen Testaments, etwa den
Pastoralbriefen, spielt das Verhältnis von Lehre und Werk eine
nicht unerhebliche Rolle (Vgl. B II.2; III).

Neben der häufigen Opposition von Taten und Worten können die
beiden Begriffe immer dann gleichwertig nebeneinander treten,
wenn das gesamte menschliche Wirken unter positiven oder negativen Gesichtspunkten angesprochen werden soll. In diesem Zusammenhang wird das Wortpaar ἔργον/λόγος zu einer festen Verbindung innerhalb paränetischer Kontexte,[79] eine auch im
Neuen Testament häufig auftretende Verwendungsform.[80]

Daneben unterstreicht die formelhafte Wendung ἔργῳ καὶ λόγῳ
ganz allgemein in unterschiedlichen Literaturgattungen die
Einheit menschlicher Aktivität:

Die häufige Erweiterung des einfachen ἔργῳ[81] durch λόγῳ kann
stilistisch als Periphrase[82] beschrieben werden, deren Stil-
wert in ihrer verstärkenden Wirkung zu sehen ist: Mit dieser
Wendung soll die Gesamtheit der nach außen dringenden menschlichen Aktivität betont werden.[83] Die grundsätzlich ethische

---

79 Vgl. Dalfen, Untersuchungen, 59, mit zahlreichen Belegen.

80 Röm 15,8; 2Kor 10,11; Kol 3,17; 1Joh 3,18; die Formel δυνατὸς ἐν ἔργῳ
    καὶ λόγῳ (Lk 24,19; Apg 7,22) dient dem Ausweis prophetischer Mächtig-
    keit (vgl. Heiligenthal, ἔργον, 128).

81 Xenoph Cyrop V 3,19.

82 Vgl. Zmijewski, Stil, 65.

83 λόγῳ καὶ ἔργῳ: Xenoph Mem B II 3,7; Cyrop IV 1,2; VI 3,27; Diogn Laert
    I 50; Cebes 2,2. λόγοις καὶ ἔργοις: Xenop Hier VII,2; 4Makk 16,14.
    διὰ τῶν λόγων καὶ διὰ τῶν ἔργων: Jul Ep 29 (445 D).
    καὶ λόγῳ καὶ δι᾿ ἔργων: Jos Ant 17,47; 19,63.

Ausrichtung dieser formelhaften Wendung unterstreicht die
Ersetzung von ἔργον durch ἀρετή bei Philostrat, der als Brief-
abschluß schreibt (Ep 69):[84] "νῦν δὲ μόνον ὑμᾶς ἐπαινεῖν και-
ρὸς ἄνδρας τε τοὺς ἡγουμένους ὑμῶν, ὡς πολὺ κρείττους τῶν παρ'
ἑτέροις ἀρετῇ καὶ λόγῳ, καὶ μᾶλλον τῶν παρ'οἷς γεγένηνται."
Einen Sonderfall haben wir in unserem Zusammenhang vor uns,
wenn die enge Verbindung von Wort und Tat durch die τύχη
aufgesprengt wird. Denn in diesem Fall ist der Mensch lediglich Herr über seine Worte; Herr über seine Taten ist der
Zufall. Da in der Empirie der Alltäglichkeiten der Zufall
eine große Rolle spielt, wird dann gefolgert, daß der Mensch
nicht aufgrund seiner (zufallsbedingten) Taten beurteilt werden dürfe. Beispiele finden sich u.a. bei Plutarch[85] und bei
Philo.[86]

3. Auflistung wichtiger Wortverbindungen von ἔργον in pagan-griechischen Texten

ἔργον ἀγαθόν: eine besonders in der stoischen Philosophie beheimatete Wortverbindung. Sie bezeichnet die tugendhafte Tat,
die zusammen mit der Tugend selbst zu den ἀγαθά gehört.[87]
ἔργον - ἀρετή: Die häufig mit ἀγαθός[88] oder καλός[89] qualifizierten Handlungen können als die empirisch wahrnehmbaren
Zeichen der Tugendhaftigkeit angesehen werden. Diese Struktur
findet sich besonders in der Enkomien-Literatur.[90] Während
die Stoiker und u.a. auch der Sokratiker Xenophon die Tugend

---

84 Vgl. Diogn Laert VI 82: "Xeniades rühmte dessen (sc. Monimus) hervor-
    ragende Tüchtigkeit (ἀρετή), wie sie sich in Worten und Taten bewähr-
    te (καὶ τῶν ἔργων καὶ τῶν λόγων)."

85 Mor 172 C-D.

86 All III 210; Det 104; Abr 6; SpecLeg I 246.

87 Diogn Laert VII 94 (vArnim Fragmenta III 76); Sextus adv. math. XI,22
    (vArnim Fragmenta III 75). Zenon rechnet sowohl die Tugend als auch
    die tugendhafte Tat zu den seelischen Gütern: Diogn Laert VII 95.

88 Xenoph Cyrop VIII 2,26; Mem G III 9,5.

89 Xenoph Mem B II 1,32; Cyrop VIII 2,26.

90 Aristot Rhet 1367b 26-31; Eth Eud B I 1219 b 8; vgl. Anm. 28.

als die Grundlage aller tugendhaften Taten ansehen,[91] kann
Aristoteles in seiner Lehre vom Ethos umgekehrt annehmen, daß
die Handlungen die Tugend erst konstituieren.[92] Auch können
Taten als Mittel zur Einübung tugendhaften Verhaltens angesehen werden.[93]

ἔργα τῆς ἀρετῆς: In dieser Wendung bezeichnet ἔργον entweder
die Zugehörigkeit zur Tugend, was den Täter besonders auszeichnet[94],oder aber es soll die Filiation der Handlung aus
der Tugend hervorgehoben werden.

ἔργον - ἀσκέω: Gemeint ist hier im ethischen Sinn und in ausschließlich positiver Bedeutung: 'eine tugendhafte Tat ein-
üben'.[95] Diese Verbindung findet sich als Erziehungsratschlag
häufig in symbouleutischen Literaturgattungen.[96]

ἐκ τῶν ἔργων γιγνώσκειν: Grundlage dieser Wortverbindung ist
die allgemeine Erfahrungsregel, daß an den menschlichen Handlungen dessen Eigenschaften sichtbar werden.[97]

ἔργον - δείκνυμι/Komposita: Derartige Wortverbindungen sind
typisches Kennzeichen für den Rückschluß von Außen und Innen:
Sie heben die Beweisfunktion menschlicher Werke besonders in
Literaturgattungen des Genus epideiktikon hervor.[98]

ἔργον - συμβαίνω: Diese Verbindung signalisiert in der stoischen Tugendlehre die enge Zusammengehörigkeit von Tugend und
tugendhafter Tat.[99]

ἔργον - διδάσκω: Hier wird die vorbildhafte Funktion, die Taten haben können, unterstrichen; häufig innerhalb des Genus
symbouleutikon.[100]

---

91   Xenop Mem G III 9,5.
92   Xenoph Cyrop VIII 2,26; Xenoph RespLac X,4; Diogn Laert VI 70.
93   Jul Ep 3 (404 A); Xenoph Cyrop I 5,8; Dio Chrys Or 3,11.
94   Diogn Laert VI 70.
95   Xenoph Mem B II 1,20; A I 2,19; Diogn Laert VI 70.
96   Xenoph Cyrop VIII 2,26 (Fürstenspiegel); Ag XI 9 (Enkomion).
97   Xenoph Hist Z 1 VII 1,10.
98   Vgl. Anm. 41+42.
99   vArnim, Fragmenta III 75.76.
100 Xenoph Cyrop III 3,39; Jul Ep 55 (423 B).

ἔργον - ἐλέγχω/σκοπέω: Diese Wortverbindungen entstammen der Gerichtssprache, wobei den Handlungen bei der Beweiserhebung hohe Bedeutung zukommt.[101]

ἔργον καλόν: allgemeine Bezeichnung für die positiv gewertete Handlung.[102] Zur Qualifizierung einer tugendhaften Tat kann neben καλός ἀγαθός treten.[103] Soll eine Tat negativ bestimmt werden, so werden in der Regel die folgenden Adjektive verwendet: πονηρός, φαῦλος und κακός.[104]

ἐκ τῶν ἔργων κρίνω: Mit dieser Wortverbindung wird wiederum auf die allgemeine Erfahrungsregel hingewiesen. Die Handlungen sind Kriterium der Beurteilung des Menschen.[105]

ἔργῳ καὶ λόγῳ: eine formelhafte Wendung, die die menschliche Gesamtwirksamkeit anspricht.[106] Diese Wortverbindung kann in paränetischen Texten motivatorische Funktion haben.[107]

ἔργον contra λόγος: Der Gegensatz von Wort und Tat hat in Enkomien und Prosopographien die Funktion, die Tat als einziges Kriterium der Beurteilung eines Menschen hervorzuheben.[108] In Gerichtsreden dient die Opposition dazu, die Werke als beweiskräftiges Element der Glaubwürdigkeit herauszustellen.[109] Bei Beschreibungen des Verhaltens von Personen oder Gruppen signalisiert der Gegensatz von Wort und Tat das Auseinandertreten von Anspruch und Wirklichkeit. Typische Gattungen

---

101 Antiphon II δ 8; V 84; Xenoph Cyrop II 2,18.

102 Dio Chrys Or 3,52; Theocr Idyll 17,6; Diogn Laert VII 100;
     Polyb 18 41,6-9; Xenoph Mem B II 1,32
     Xenoph Mem B II 6,35; Xenoph Mem G III 5,3;
     Xenoph Hist ST 4 VI 4,22; Xenoph Ag XI,10; Diogn Laert III 30.

103 Xenoph Cyrop I 5,11; VIII 2,26;
     Xenoph Mem B II 1,20; G III 9,5.

104 ClemAlex Strom IV,6 (vArnim, Fragmenta III 114);
     Xenoph Cyrop I 2,2; Sext Emp math XI,40.

105 Aristot Eth Nic 1179a 18-21; Eth Eud 1228a;
     Xenoph Cyrop II 2,21.

106 Vgl. Anm. 83.

107 Vgl. Anm. 79.

108 Dio Chrys Or 70,3.

109 Vgl. Anm. 70-74.

sind hierfür z.B. Anklagen bzw. (fiktive) Selbstanklagen.[110]

ἔργον - μαρτυπέω/μάρτυς/πεῖρα: Diese Wortverbindungen unterstreichen als typische Termini der Gerichtssprache die Beweis-
kräftigkeit der Handlungen.[111]

ἔργον - νόμος: Werke als Zeichen des normgemäßen, gesell-
schaftlich sanktionierten Handelns.[112]

ἔργον - πρᾶξις: Für die Bedeutung 'Tat' bzw. 'Handlung' besteht partielle Synonymität zwischen ἔργον und πρᾶξις.[113]
In der stoischen Tugendlehre ist πρᾶξις einziger Begriff für
'Tat'.[114] Πρᾶξεις wird zum Namen einer eigenständigen Litera-
turgattung.[115]

ἔργον - σημεῖον: Diese Wortverbindung unterstreicht die beweiskräftige Funktion der Handlungen in Enkomien,[116] historio-
graphischen Texten[117] und Gerichtsreden.[118]

ἔργον - τελεῖον: Hiermit wird die Gesamtwirksamkeit eines
Menschen als vollständig auf die Tugend ausgerichtet beschrieben.[119]

4. Zusammenfassende Beurteilung

Im ersten Abschnitt unserer Untersuchung haben wir versucht,
den Zeichencharakter, den die menschlichen Werke in pagan-
griechischen Texten haben können, herauszuarbeiten. In Enkomien und biographischen Texten sind die Werke Mittel der
Charakterzeichnung; sie offenbaren die inneren Eigenschaften
des Menschen. In Gerichtsreden dienen sie vornehmlich der Be-

---

110 Epict Diss II 9,21; vgl. Anm. 64f.

111 Antiphon V 84; Demosth 9,62; 57,25; Polyb VI 39,10.

112 Vgl. Anm. 45-47. Taten, die gegen das Gesetz verstoßen, können mit
     πονηρός bzw. αἰσχρός qualifiziert werden (Xenoph Cyrop I 2,2).

113 Polyb X 21,8; Aristot Rhet 1367 B 26-31; Eth Nic 1101 B 12.

114 So etwa: Diogn Laert VII 100; vArnim, Fragmenta III 75.76.97a.114.

115 Vgl. Wendland, Literaturformen, 249 Anm. 2.

116 Aristot Rhet 1367 B 26-31.

117 Polyb VI 39,10.

118 Andoc II,25.

119 Plut Stoic 1046e (vArnim, Fragmenta III 299).

urteilung des Menschen. Ob nun die Handlungen der Charakterzeichnung oder der Beurteilung dienen, es steht in beiden
Fällen der Erkenntniswert der Taten im Gegensatz zu deren
Leistungscharakter im Vordergrund. Werke werden nicht in
erster Linie als Leistungsausweis, sondern als ein Erkenntnis-
und Beurteilungsmittel verstanden.

Den pagan-hellenistischen Hintergrund werden wir mitzubeden-
ken haben, wenn wir nun in die Exegese neutestamentlicher
Texte einsteigen werden.

TEIL B: Die Funktion der Werke in der Gemeinde

Mit dem Eintritt des Christentums in die mediterrane Kultur-
welt und der damit verbundenen Gründung zahlreicher hellenistischer Ortsgemeinden mußte sich der christliche Glaube
in einer veränderten historisch-soziologischen Situation
neu bewähren. Die neuen Gemeinden waren grundsätzlich für
Menschen aller sozialen Schichten offen. Ein festes Lehramt,
ein verbindlicher Kanon und eine kirchliche Hierarchie waren
noch nicht ausgebildet. Der Mangel an verbindlicher äußerer
Autorität verlangte nach empirisch greifbaren Zeichen des
gemeinsamen Bekenntnisses. Anhand von exemplarischen Texten
aus unterschiedlichen Gemeindesituationen wollen wir in dem
folgenden Abschnitt zu zeigen versuchen, wie man mit Hilfe
der Ethik den Versuch unternahm, eine überprüfbare Grundlage
des gemeinsamen Glaubens zu schaffen.

I. Beim Zusammenleben von Armen und Reichen: Jak 2,14-26

"Keine andere Schrift des Neuen Testaments ist so sehr von
ethischen Fragen beherrscht wie der Jakobusbrief. Das hat
es dem Brief in der Kirche nicht leicht gemacht. Anfangs
stieß er wegen seines Rigorismus auf Schwierigkeiten.
Später haben die Probleme, die eine von der Reformation herkommende Exegese mit dem Brief gehabt hat, und die auf seinem
theologischen Gegensatz zu Paulus und dessen Rechtfertigungslehre beruhen, die Ethik des Jakobus oft zu Unrecht in den
Schatten gestellt. Der Brief ist ganz und gar paränetisch
ausgerichtet und protestiert rigoros gegen ein quietistisches,
bloß verbal oder kognitiv-theoretisch ausgerichtetes Christentum, das die praktische Verwirklichung im Alltag christlichen
Lebens vernachlässigen zu können meint und dadurch zu einem
Pseudochristentum erstarrt."[1] Aus diesen einleitenden Bemerkungen Schrages zum Jakobusbrief ergeben sich für uns die maß-
gebenden Fragestellungen: Da die Begriffe ἔργον und πίστις in
2,14-26 nicht erstmals auftauchen,[2] soll zuerst danach gefragt
werden, ob diese Perikope bereits im Kontext argumentativ vor-

---

1 Schrage, Ethik, 266.
2 Πίστις findet sich bereits in 1,3.6; 2,1.5; ἔργον in 1,4.25.

bereitet ist. Hieran schließt sich der Versuch einer Exegese
von 2,14-26 an. Von ihr erwarten wir bereits eine erste Antwort auf die Frage, wie Jakobus das Verhältnis von Glauben und
Werken bestimmt. Eine Diskussion des soziologischen Hintergrunds wird sich anschließen. Wir lassen uns dabei von der
Frage leiten, in welcher konkreten Situation das Verhältnis
von Glauben und Werken zu einem theologischen Problem werden
konnte. In diesem Zusammenhang ist besonders auch nach dem
literarischen Charakter des Jakobusbriefes gefragt. Abschlies-
send werden wir dann auf das Verhältnis von Jakobus zu Paulus
eingehen und dabei versuchen, dieses unter Berücksichtigung der
der gewonnenen Ergebnisse zu diskutieren.

1. Das Verhältnis von Jak 2,14-26 zum Kontext

Die sicher nicht nur durch die spezifische Problemstellung der
Reformation[3] verursachte Annahme, daß es sich bei der Diatribe
in 2,14-26 um die sachliche Mitte des Jakobusbriefes handele,[4]
gibt jedoch keinen Anlaß, die Eingebundenheit der Argumentation in den Kontext zu bestreiten.[5] Die in 2,14-26 sinntragenden Stichworte ἔργον und πίστις werden nicht unvorbereitet neu
eingeführt, sondern prägen bereits sachlich wichtige Züge der
vorhergehenden Argumentation:

---

3 Die verschiedenen Äußerungen Luthers über den Jakobusbrief sind bei
   Eichholz, Jakobus, 10ff., gesammelt.

4 Vgl.: Schrage, Briefe, 29; Mußner, Jakobusbrief, 128.

5 Dibelius, Jakobus, 184, spricht dem Text jeden Zusammenhang mit dem
   Vorhergehenden ab, um dann das σῶσαι (V. 14b) auf das bereits in
   V.13 erwähnte Endgericht zu beziehen (ebda 188). Schrage, Briefe, 29,
   nimmt zu diesem Problem eine vermittelnde Stellung ein, indem er
   eine formale Vorbereitung der Argumentation durch den vorangehenden
   Abschnitt zwar annimmt, jedoch einen Sachzusammenhang bestreitet, da
   sich 2,14ff. viel besser an 1,19-27 anschließen würden. Lindemann,
   Paulus, 244, und vor ihm bereits Lührmann, Glaube, 81, sehen den
   engen Zusammenhang von V.13 und V.14 in der Sache, ohne aber auf den
   weiteren Kontext einzugehen. Die etwas problematische Unterscheidung
   von 'grundsätzlichen' und 'speziellen' Paränesen durch Walker, Werke,
   156, ist deshalb lehrreich, weil sie den Blick für thematische Schwer-
   punkte innerhalb des Jakobusbriefes öffnet.
   Die Notwendigkeit Jak 2,14-26 im Kontext zu lesen, betont neuerdings
   nachdrücklich Burchard, Jakobus, 26-30.

In 1,2-4 bringt Jakobus in einer thesenartigen Einleitung
eine erste Verhältnisbestimmung von Glaube und Werk.[6] Die
πειρασμοί, in denen sich der Glaube zu bewähren hat (V. 2f.),
bilden als Thema des Abschnittes 1,2-12 hierfür den gedanklichen Hintergrund. Jakobus argumentiert   in 1,3f. in der
Form eines Kettenschlusses,[7] wobei πίστις das Anfangsglied
und ἔργον τέλειον das Endglied der Filiationsreihe bilden.
Damit nimmt Jakobus in 1,3f. die frühchristliche Konzeption,
daß die Liebe eine Folge des Glaubens sei,[8] in der Weise auf,
daß er die ἀγάπη am Ende des Kettenschlusses durch das ἔργον
τέλειον ersetzt. Mit dieser Modifikation eines traditionellen
Schemas signalisiert Jakobus bereits zu Beginn seines Briefes
den hohen Stellenwert, den die Zuordnung von πίστις und ἔργον
in seiner theologischen Konzeption einnimmt. Die These in
1,2-4 zielt auf das 'Vollkommen-Sein' der Christen ohne Mangel (V.4; vgl. 3,2), wobei sich die Bewährung des Glaubens
in dem Besitz des 'vollkommenen Werkes' ausdrückt. Als Ergebnis können wir festhalten: In 1,3f. wird bereits zu Anfang
des Briefes eine Verhältnisbestimmung von Glaube und Werk in
der Weise vorgenommen, daß das ἔργον die πίστις näher beschreibt: Der standhafte Glaube bewirkt letztendlich ein voll-
kommenes Werk.[9] Da ἔργον τέλειον ἀγάπη ersetzt hat und damit
ein traditionelles Schema verändert worden ist, können wir
damit rechnen, daß Jakobus an dieser Stelle zu Beginn des
Briefes bewußt Glaube und Werk in einen Zusammenhang bringen

---

6 Auch Lührmann, Glaube, 79, betont, daß hier der Zusammenhang von
   Glaube und Werk bereits vorausgesetzt ist: "Schon hier ist also ein
   Zusammenhang von Glaube und Werk vorausgesetzt. Glaube ist nicht etwas,
   was in sich selbst besteht, sondern muß sich in den Versuchungen bewähren, ist auch nicht selbst Ziel, sondern verwirklicht sich erst
   durch Bewährung."

7 Vgl. Dibelius, Jakobus, 103-105 und Berger, Exegese, 50f.

8 Berger, Exegese, 50, führt für diese Tradition folgende Belege an:
   2Petr 1,5; Herm vis III 8,7; 1Tim 1,5; Arist 229; Ign Eph 14,1f.

9 Die Kommentare betonen in diesem Zusammenhang den sachlich richtigen
   Gedanken, daß sich der Glaube in den Versuchungen zu bewähren habe:
   Schrage, Briefe, 15; Mußner, Jakobusbrief, 65.
   Die stoische Tugendlehre versteht inhaltlich unter dem 'vollkommenen
   Werk' die rechte Ausführung aller Tugenden. So Plut Mor 1046F (De
   Stoic rep 27):
   "οὔτε γὰρ ἄνδρα φησὶ τέλειον εἶναι τὸν μὴ πάσας ἔχοντα τὰς ἀρετὰς οὔτε
   πρᾶξιν τελείαν, ἥτις οὐ κατὰ πάσας πράττεται τὰς ἀρετάς."

wollte. Das Werk ist hierbei eindeutig (Kettenschluß!) eine
Filiation des Glaubens; das Werk geht aus dem Glauben hervor.

Die Verse 1,21-27 thematisieren durch die Aufnahme des
Gegensatzes von 'hören' und 'tun' das Verhältnis von Rede und
Tat so, daß dem Reden Gottes das Tun des Menschen entsprechen
soll:[10] Auf das durch Gott ergangene Wort[11] (V.21) soll der
Mensch nicht als Hörer, sondern als Täter reagieren (V.22).[12]
Im einzelnen wird dies folgendermaßen begründet:
V.21 hebt einleitend die rettende Funktion (σῶσαι) des von
Gott gegebenen Wortes hervor, wobei Jakobus mit dem Begriff
σῴζειν, wie auch sonst, auf die Rettung im Gericht anspielt
(vgl. 2,14). Es erscheint uns jedoch kurzschlüssig, in V.21
sogleich den Gedanken einer Rechtfertigung aus Glauben oder
aus Werken einzutragen, wie es etwa Mußner macht: "Für das Ge-
samturteil über die Theologie des Jak ist es von großer Bedeutung, hier zu ersehen, daß er nicht bloß den 'Werken', sondern dem 'Wort' rettende Kraft zuschreibt."[13] Mußner sieht
nicht, daß das Wort nur dann rettet, wenn der Mensch ihm richtig begegnet: als Täter und nicht als Hörer (V.22). Jakobus
versucht zu zeigen, wie das rettende Wort vom Menschen aufgenommen werden soll (1,22-24): Hörer und Täter des Wortes stehen
sich so gegenüber, daß die Zusammengehörigkeit von Hören und
Tun deutlich betont ist. In diesem Punkt stimmen wir mit
Mußner überein: "Der Vergleich (sc. Vv.23b-24) soll den V.22
begründen (γάρ), d.h., er soll begründen, warum das bloße
Hören des Wortes ohne eine Umsetzung in die Tat fruchtlose
Selbsttäuschung ist."[14]
In Aufnahme der 'Spiegel'-Metaphorik aus V.24[15] wird mit V.25
die Zusammengehörigkeit von Hören und Tun näher qualifiziert,
indem zwei wichtige theologische Innovationen in den bis-

---

10 Vgl. Berger, Bibelkunde, 458.

11 Das Wort wird, wie die Aufnahme von V.23 in V.25 zeigt, mit dem Gesetz
    identifiziert. Damit ist die von einigen Textzeugen für V.22 vertre-
    tene Lesart 'Täter des Gesetzes' sachlich durchaus angemessen. Das Ge-
    setz schließt für Jakobus das Ritualgesetz nicht mit ein; es ist auf
    die ethischen Bestandteile der Tora reduziert; vgl. Walker, Werke, 157.

12 Dibelius, Jakobus, 144, sieht in 1,21-25 "das Hauptstück des ganzen
    Abschnittes".

13 Mußner, Jakobusbrief, 103.

14 Mußner, Jakobusbrief, 105.

herigen Gedankengang eingetragen werden:

1. Das 'Wort' aus den Vv.21.22.23 wird nun als das 'vollkommene Gesetz der Freiheit'[16] näher interpretiert (vgl. Gal 6,2;
1Kor 9,21).

2. Das in der Sprache des Jakobus unspezifische ποιητής wird
mit Hilfe des Theologumenons ἔργον zu der Wendung ποιητής
ἔργου ergänzt.

Ein Makarismus beendet die Argumentation in V.25: "οὗτος
μακάριος ἐν τῇ ποιήσει αὐτοῦ ἔσται." Nur der, der das Wort
(bzw. das Gesetz der Freiheit) auch tut, wird dessen soteriologische Kraft spüren. Somit können wir festhalten: Was nach
1,2-4 für die πίστις gilt, gilt hier nun auch für das Wort:
Wort und Tat stehen in einem direkten Verhältnis. Nur derjenige kann durch das göttliche Wort gerettet werden, der auf
dieses mit seinem Tun gewillt ist zu antworten.

Die abschließenden den Tatcharakter des Gottesdienstes unter-
streichenden Vv.26f. betonen, was Jakobus inhaltlich unter den
Werken versteht: "Waisen und Witwen in ihrer Trübsal besuchen"
(V.27). Witwen und Waisen gehören neben den in 2,2ff. genann-
ten Armen zu den traditionellen Empfängern von 'Werken der
Barmherzigkeit'.[17]

Der folgende Abschnitt 2,1-13 schließt inhaltlich eng an das
Vorhergehende an: Ab V.2 wird das Verhalten gegenüber der
dritten in 1,27 noch nicht genannten traditionellen Zielgruppe von barmherzigen Werken, den Armen, thematisiert.
Auch hier geht es wieder sowohl um das Reden (2,3.7) als auch
um das Tun (V.12: "Οὕτως λαλεῖτε καὶ ποιεῖτε..."). Die Vv.
2,1-13 bereiten das Thema Glaube und Werke (2,14-26) inhaltlich in mehrfacher Hinsicht direkt vor:

1. Mit Hilfe des Stichwortes προσωπολημψία (V.1 und in verbaler Form V.9) interpretiert Jakobus das Verhältnis von
Glaube und Gesetz.

2. In V.13 betont Jakobus noch einmal, was er inhaltlich unter
den Werken versteht, nämlich 'Werke der Barmherzigkeit' (vgl.
1,26f.).

---

15 Vers 25 nimmt mit παρακύψας das Bild vom Spiegel wieder auf.

16 Vgl. Burchard, Jakobus, 29+Anm.12.

17 Wir verweisen für diesen Themenbereich auf den parallel zu dieser Un-
    tersuchung erscheinenden Aufsatz des Verfassers "Werke der Barmherzig-

3. Unter Aufnahme des Gedankens aus 1,21 lenkt Jakobus in den
Vv.12f. den Blick auf den soteriologischen Aspekt der Werke:
Nur der, die barmherzige Taten tut, wird im eschatologischen
Gericht bestehen können.

ad 1: Jakobus fordert in 2,1 die Gläubigen dazu auf, den Glauben μὴ ἐν προσοπολημψίαις ἔχειν und betont in 2,9, daß derjenige, der die Person ansieht, Sünde tut und das Gesetz übertritt. Wie Lev 19,15 zeigt, gehört die Unparteilichkeit gegenüber Hoch- und Niedriggestellten zu den sozial ausgerichteten
Forderungen des Gesetzes, wobei analog zu Jak 2,8 das Gebot
der Nächstenliebe in unmittelbarer Nähe der Mahnung zur Unparteilichkeit zu finden ist (Lev 19,18).[18] Es liegt die Vermutung nahe, daß sich Jakobus in 2,8f. auf eine auf Lev 19,13-
18 zurückgehende Auslegungstradition bezieht, in der die
Forderungen nach Unparteilichkeit und sozialem Tatverhalten
miteinander verbunden sind.[19] Indem nun Glaube und Gesetz das-
selbe fordern, sind sie im Jakobusbrief zumindest funktional
identisch.[20]

---

keit oder Almosen?" (Novum Testamentum 1983), in dem auch auf die
Frage nach den Empfängern von barmherzigen Taten eingegangen wird.

18 Zu Lev 19,13-18 und zur Rezeption der Stelle: Berger, Gesetzesauslegung, 90-99.384f.

19 Diese Auslegungstradition dürfte nahe mit der von Berger, Gesetzesauslegung, 362-395, gattungsmäßig als 'soziale Reihe' bestimmten Auslegungstradition verwandt sein. Für diese Annahme sprechen besonders
zwei Hinweise: Die soziale Reihe in Mt 19,18f. konnte ebenfalls durch
Lev 19,18 ergänzt werden und zweitens werden als typische Bezugsgruppe sozialer Reihen die Armen genannt, wofür Berger, Gesetzesauslegung zahlreiche Belege nennt (384 Anm.1).

20 Burchard, Jakobus, 29f., notiert ebenfalls funktionale Identität
von Glaube und Gesetz in Jak 2,1-13. Er bestreitet jedoch, daß
Glaube und Gesetz "zwei Seiten derselben Sache und wenigstens auf
irgendeine Weise eins wären." In der Tat läßt sich bei Jakobus
nicht direkt nachweisen, daß Glaube und Gesetz keine zwei unterschiedlichen Instanzen sind. Bemerkenswert bleibt jedoch, daß sich
in 1,21-25 eine Gleichstellung von Wort und Gesetz eindeutig nachweisen lassen konnte.
Hoppe, Hintergrund, 99, hat diese Verbindung zu 1,21 erkannt und
sieht von daher in der Bindung des Gesetzes an das Wort bzw. an
die Person Christi eine der synoptischen Gesetzesauslegung analoge Neuauslegung des Gesetzes bei Jakobus, welche das Liebes-
gebot als "die Zusammenfassung des ganzen Gesetzes darstellt."

ad 2: Mit der Forderung nach einem Besuchsdienst für Witwen und Waisen erwähnt Jakobus in 1,27 ein traditionelles Werk der Barmherzigkeit (vgl. Anm. 17). Diese inhaltliche Fixierung der Werke ist Jakobus so wichtig, daß er sie in dem folgenden Abschnitt 2,1-13 noch dreimal mit unterschiedlichen Mitteln zur Sprache bringt: In 2,2-7 nennt er mit den Armen eine weitere Zielgruppe für barmherzige Taten. Zweitens nimmt er in 2,8-11 eine der 'sozialen Reihe' nah verwandte Auslegungstradition alttestamentlicher Sozialgebote auf, die traditionell regelmäßig auf die Schwachen bezogen ist (vgl. Anm. 19). Zum dritten erklärt Jakobus das ποιεῖν ἔλεος zum einzig im eschatologischen Gericht relevanten Tatbestand (2,13).[21]

ad 3: Mit Blickrichtung auf das eschatologische Gericht wird in 1,21 betont, daß das Wort rettet. Die Auslegung von 1,21-25 hat ergeben, daß für den Menschen die soteriologische Dimension des Wortes nur dann wirksam wird, wenn dieser mit seinem Tun dem göttlichen Anruf antwortet. Der enge Zusammenhang von Wort und Tat wird in 2,12 durch das Begriffspaar λαλεῖν und ποιεῖν wiederaufgenommen. Auch hier ist das Reden und Handeln wie in 1,25 das Hören und Tun ebenfalls an das 'Gesetz der Freiheit' gebunden (V.12b). Wenn es für Jakobus zutrifft, daß Gesetz und Glaube funktional identisch sind (vgl. ad 1), dann würde der Glaube Reden und Tun beinhalten. War das Werk in einer ersten Verhältnisbestimmung von Glaube und Werk (1,2-4) noch formal als eine Filiation des Glaubens gesehen, so definiert Jakobus hier Glaube als ein Zusammenwirken von Wort und Tat. Diese Zusammengehörigkeit findet in der Forderung nach barmherzigen Werken ihren Ausdruck (2,13). Das Gericht wird nur der bestehen, der diese Werke auch tut.

Zusammenfassung: Mit der Analyse von 1,1-2,13 hofften wir zeigen zu können, daß Jakobus die Diskussion über das Verhältnis von Glauben und Werken nicht erst in 2,14ff. unvermittelt eröffnet. Vielmehr haben sich hierfür bereits aus dem vorausgehenden Kontext einige wichtige Gesichtspunkte ergeben: Glaube und Werk stehen für Jakobus von Anfang an in einer direkten Beziehung. Nur der Glaube führt den Menschen zu einem

---

21 In 2,12f handelt es sich um eine deutliche Verschärfung des Gerichtsgedankens, da Jakobus betont, daß das göttliche Erbarmen nur dem zukommen wird, der selbst Erbarmen geübt hat. Damit erscheint die göttliche Gnade für den Unwürdigen ausgeschlossen. Anders: Philo Imm 75f.

ἔργον τέλειον (1,2-4). Er ist die Grundlage aus der das Werk
entspringt. Die funktionale Identität von Gesetz und Glaube
bewirkt, daß die Forderung des Gesetzes nach einer Einheit von
Wort und Tat im menschlichen Handeln (2,12) auch als eine
Forderung des Glaubens mitangesehen werden kann.

Inhaltlich sind die Werke bereits in 1,2-2,12 klar bestimmt:
Sie sind Werke des 'Gesetzes der Freiheit' (1,25) und damit
auch die vom Glauben geforderten Taten. Sie sind 'Werke der
Barmherzigkeit', vornehmlich auf die Schwachen bezogen, und
sie sind gerichtsrelevant, weil das 'Gesetz der Freiheit' die
Grundlage des göttlichen Richterspruches bildet (2,12).

2. Glaube und Werke in Jak 2,14-26

Auf dem Hintergrund des von Jakobus in 1,2-2,13 mehrmals
nachdrücklich betonten Zusammenhangs von Glaube und Werken
erweist sich die in der folgenden Diatribe[22] vorgenommene Auf-
gliederung der beiden Begriffe im Verständnis des Verfassers
als von vorneherein anachronistisch.[23] Jakobus geht es auch in

---

22 Den diatribischen Charakter von 2,14-26 hat die Forschung mehrmals
    eindeutig nachgewiesen: Mußner, Jakobusbrief, 29f., stellte die von
    Jakobus verwendeten diatribischen Stilmittel übersichtlich zusammen;
    vgl. dazu: Bultmann, Stil, 10ff. Den Einfluß der Diatribe auf die
    jüdisch-hellenistische Synagogenpredigt hat nachgewiesen: Thyen,
    Stil, 40ff., der sich positv zu der recht gekünstelten Beweisführung
    von Meyer, Rätsel, äußert, nach der Jakobusbrief als ein allegori-
    sches Schreiben von Jakob an seine zwölf Söhne zu verstehen sei
    (Thyen, Stil, 14-16). An diatribischen Elementen fallen in 2,14-26
    besonders auf: 1. Die Frage nach dem Nutzen (V.14); die Wendungen
    δεῖξόν μοι (V.18) und καλῶς ποιεῖς (V.19), sowie der Tadel des ἄνθρωπος
    κενός in Vers 20.

23 Einen Kausalzusammenhang von Glaube und Werk betonen u.a. Preisker,
    Eigenwert, 233; Lohse, Glaube, 3-5; Eichholz, Glaube, 38-44; Viel-
    hauer, Geschichte, 574-576; Mußner, Jakobusbrief, 146-150; Hoppe,
    Hintergrund, 103 und Lindemann, Paulus, 244. Unter Rückgriff auf
    Thesen Baurs kehrt Walker die positve Zuordnung von Glaube und Werk
    einfach um: "... der Glaube hängt am Werk; das Werk macht den Glauben"
    (Walker, Werke, 164). Walker übersieht, daß Jakobus das Werk bereits
    in 1,2-4 mittels eines Kettenschlusses als Filiation des Glaubens dar-
    stellt. Baur, Vorlesungen, 279, sprach von einem "leeren, nichtigen
    Glauben" bei Jakobus.
    Burchard, Jakobus, bes. 31, vertritt die These, daß Glaube und Werke
    nicht voneinander abhängen. Er sieht in Glaube und Werk zwei vonein-
    ander unabhängige Charismen. Burchard kommt zu dieser These aufgrund
    der richtigen Bewertung der Werke als Werke des Gesetzes bei Jakobus,
    wobei er aber der funktionalen Identität von Gesetz und Glaube nicht
    den Stellenwert beimißt, wie wir dies tun. Burchard wendet sich mit
    seiner These gegen jedweden kausalen Zusammenhang von Glauben und
    Werken (ebda, 32).

dem folgenden Abschnitt um die enge Zusammengehörigkeit von
Glaube und Werken und zwar in dem Sinne, daß der Glaube durch
die Werke im mitmenschlichen Bereich aufweisbar wird. Zwei
Gedanken nimmt Jakobus hierzu aus dem Kontext auf: Zum ersten,
daß der Glaube nur in einem bestimmten Verhalten zum Mitmenschen deutlich werden kann, und zweitens, daß Wort und Tat eine
notwendige Einheit bilden müssen. Das dem sozialen Bereich ent-
nommene Beispiel in 2,15f enthält beide Gedanken. Es führt zu
der These, daß Reden ohne Tun wie Glaube ohne Werke sei.[24]
Wie das Reden ohne Tun eschatologische Folgen haben wird
(2,12f.), so wird auch ein Glaube ohne Werke im Gericht Konsequenzen haben: "Kann etwa der Glaube ihn retten?" (2,14b).
Ebenfalls weist   die rhetorische Frage nach dem Nutzen[25] auf
das Gericht: "Τί τὸ ὄφελος" kommt dabei ana- und kataphorische
Funktion zu: Der Rückbezug auf das Gericht hat darin seinen
Sinn, daß ein Glaube ohne Werke in einem Gericht, das ja gerade
barmherzige Werke fordert, nutzlos wäre.[26] Damit führt die einleitende Frage nach dem Nutzen ein Argument ein, daß Jakobus
bereits widerlegt hat.[27] Den vorausweisenden Charakter der Frage unterstreicht deren Aufnahme in 2,16: Die Frage läßt auch
an den Nutzen für den Nächsten denken.[28] Sachlich besteht keine
Alternative, denn das Gericht fragt ja gerade auch nach dem
Verhalten gegenüber dem Mitmenschen. Gemeint ist also:
Ein Glauben ohne Werke nützt -wie Reden ohne Tun-[29] weder dem

---

24 So auch Berger, Bibelkunde, 459. Ward, works, 285, sieht in Glaube
    und Werk lediglich eine "linguistic and dialectical convenience"
    gegenüber den Begriffen 'Sagen' und 'Tun'.

25 Vgl. Epict Diss I 2,22; 4,16; 6,33; III 24,51.

26 Auch Lindemann, Paulus, 244, nimmt unter Hinweis auf 2,14b ('retten')
    einen direkten Bezug auf das Gericht nach den Werken an.

27 Vgl. Burchard, Jakobus, 28.

28 Walker, Werke, 165, argumentiert einseitig vom eschatologischen
    Nutzen aus und verneint jedweden sozialen Bezug.

29 Das Wissen darum, daß sich das Verhältnis zu Gott nicht durch das
    Wort allein, sondern auch durch die Tat konstituiert, bleibt nicht
    auf neutestamentliche Aussagen beschränkt: "Εἴτ᾽ἀντὶ τῶν ἄλλων
    ἁπασῶν διαχύσεων ἐκείνην ἀντείσαγε, τὴν ἀπὸ τοῦ παρακολουθεῖν, ὅτι
    πείθῃ τῷ θεῷ ὅτι οὐ λόγῳ, ἀλλ᾽ἔργῳ τὰ τοῦ καλοῦ καὶ ἀγαθοῦ ἐκτελεῖς"
    (Epict Diss III 24,110). Damit betont Epiktet auch, daß das mensch-
    liche Handeln nicht in der eigenen Autonomie, sondern in dem Gehorsam
    gegenüber Gott begründet liege.

Nächsten noch dem Glaubenden im Gericht;[30] Glaube ohne Werke
ist tot (2,17).

Gegen diese These folgen in 2,18-20 zwei Einwände: In dem
ersten (V.18) wird die Behauptung aufgestellt, Glaube und
Werke seien wie trennbare Charismen, die aufgrund ihres individuellen Charakters durchaus auf verschiedene Menschen verteilt
sein könnten: "Du hast Glauben, ich habe Werke" (V.18a).[31]
Der Einwand bezieht sich auf eine individuelle Charismenlehre,
wie sie besonders im Corpus Paulinum vertreten wird.[32]

Dieser erste Einwand wird in 2,18b durch Jakobus zurückgewiesen,[33] wobei eine in der hellenistischen Rhetorik gebräuchliche Beweisführung angewendet wird:[34] "Zeige mir (δεῖξόν μοι)
deinen Glauben ohne die Werke (χωρὶς τῶν ἔργων), und ich will
dir aus meinen Werken den Glauben zeigen (κἀγώ σοι δείξω ἐκ
τῶν ἔργων μου τὴν πίστιν). Jakobus antwortet mit seiner Vorstellung vom Glauben, die ihren Hintergrund in einem häufig
in der kynisch-stoischen Diatribe verwendeten Tugendbegriff
hat; einem Tugendbegriff, nach dem die Tugend Sein und Tat
umfassen muß. Die Verbindung von ἔργον und δείκνυμι[35] weist
auf dieses umfassende Verständnis von Tugend hin: Die Werke
sind der nach außen tretende Teil der Tugend; sie sind die
        wahrnehmbaren Zeichen, die allein auf den Besitz
einer Tugend rückschließen lassen: In Königsspiegeln[36] zeigt
die Tat und nicht der Titel, ob ein Herrscher εὐεργέτης genannt werden kann. Erst in den Taten werden sich sowohl die

---

30 Nach Jakobus kommt dem Glauben durchaus soteriologische Qualität zu;
    gegen Walker, Werke, 166, der, wie seine Auslegung der Vv.15f. zeigt,
    das Beispiel nicht auf 2,14 beziehen will.

31 Zu dem viel diskutierten Problem, wer in 2,18a mit τις gemeint sein
    könnte, vgl. die ausführliche Diskussion bei Dibelius, Jakobus, 190-
    195, und bei Hoppe, Hintergrund, 101-103, der ausführlich die sogn.
    'Sekundantenhypothese' widerlegt, sowie die beiden neuen Versuche von
    Burchard, Jakobus, 35-37, und Neitzel, crux, 286-293.

32 Röm 12,4ff.; 1Kor 12-14; 1Tim 4,14 (Charisma des Amtsträgers).

33 Vgl. Hoppe, Hintergrund, 103, der ebenfalls in 2,18a einen Einwand
    sieht, auf den der Verfasser in 2,18b antwortet.

34 Gemeint ist der Rückschluß von der empirisch faßbaren Tat auf die
    innere Haltung (vgl. Teil A).

35 Für δείκνυμι können auch stehen: ἐνδείκνυμι und ἐπιδείκνυμι. Vgl. etwa
    Jos Vita 299, wo die Handschriften PR ἐπιδεικνυμένων statt δεικνυ-
    μένων lesen.

36 Dio Chrys Or 1,22; 2,26.

Tapferkeit[37] als auch die Tugend[38] zeigen. Auf das Wesen
(φύσις) eines Menschen kann nicht aufgrund seiner Standeszu-
gehörigkeit, sondern nur aufgrund seiner Werke rückgeschlossen
werden.[39]

Auf einen solchen Tugendbegriff bezieht sich Jakobus, wenn er
die individuelle "Charismenlehre" des Einwenders zurückweist.
Er versteht die πίστις als eine Sein und Tat umfassende Tugend, die von den Menschen nur an den Werken erkannt werden
kann.[40]

Wie spätere Texte zeigen, hat das Aufzeigen der Werke als einzig rele-
vantes Kriterium der Beurteilung in christlichen Gerichtsszenarien nach-
gewirkt: Auch im göttlichen Gericht nach den Werken werden die Menschen
dazu aufgefordert, ihre Taten zu zeigen. Diese Aufforderung durch den
himmlischen Richter, seine Werke zu zeigen, wird dann zu einem festen
Element innerhalb der Vorstellung vom eschatologischen Verhör der Seele:
Nach dem Erscheinen des Richters zum Gericht befiehlt dieser: "Ostendite
opera vestra et mercedem accipite (δείξατε τὰ ἔργα ὑμῶν καὶ λάβετε τὸν
μισθόν)."[41] Im äth Abba Eliah (ed. Leslau) wird betont, daß nur die guten
Taten als himmlischer Reichtum verweisbar seien,[42] und auch in einer
Paränese aus der Epistula Christi (ed. Bittner) werden die Menschen daran
erinnert, daß sie am Tage des Gerichts Werke vorweisen müssen.[43] Hier
überall geht es um das Vorzeigen. Unter Umständen denkt bereits Jakobus
diesen Gedanken mit und unterstreicht damit die Aussage in 2,13: Im Gericht erweist sich der Glaube ausschließlich am Vorzeigen der Werke.

Mit 2,19 folgt ein zweiter Einwand gegen die These des Jako-

---

37 Jos Bell 3,25: "πολλὰ κατὰ τὴν φυγὴν εὐτολμίας ἐπιδειξάμενος ἔργα,..."

38 Epict Diss I 4,10: "οὐ θέλεις δεῖξαι αὐτῷ τὸ ἔργον τῆς ἀρετῆς".

39 Philo Omn Prob Lib 102 mit direktem Bezug auf stoische Traditionen:
    "Auch als Syleus ihn (sc. den Sklaven Herakles) gekauft hatte und er
    aufs Feld geschickt wurde, διέδειξεν ἔργοις τὸ τῆς φύσεως ἀδούλωτον."

40 Vgl. Hoppe, Hintergrund, 104: "...; denn Glaube ist nur da wirklicher,
    d.h. aber erfüllter und vollkommener Glaube, wo er zur Einheit mit
    den Werken gekommen ist, sich aus den Werken heraus erweisen läßt."
    Hoppe sieht jedoch m.E. nicht scharf genug, daß die Tat für Jakobus
    fester Bestandteil des Glaubens ist.

41 Griech. Ephraem (ed. Assemani) II, 216; 254; 378 (Seitenangaben).

42 "What shall we have in Heaven, we who did no good deeds upon earth?
    Nothing will redeem us when we arrive before God, the just, the pure,
    the gentle, and the merciful" (Leslau, 48).

43 Ep. Christi 2,28.

bus, daß der Glaube ohne Werke tot sei (2,17): Glaube beinhal-
te doch lediglich das Bekenntnis zu dem einen Gott (2,19a).
Gegen diesen Einwand bleibt zuerst einmal festzuhalten: Jakobus bestreitet die Legitimität des monotheistischen Bekenntnisses nicht: "καλῶς ποιεῖς", entgegnet er seinem fiktiven
Gesprä chspartner (2,19b).

Das Bekenntnis zu dem einen Gott ist Grundbekenntnis des Diasporajuden-
tums im Kampf um den Monotheismus[44] und findet sich u.a. bei Philo[45] und
bei Josephus[46]. Bultmann[47] machte bereits den Wandel des Glaubens zum
monotheistischen Bekenntnis auf dem Hintergrund der Missionspropaganda
des hellenistischen Judentums verständlich. Dieser Wandel kam dann auch
begrifflich in der Verbindung von monotheistischem Bekenntnis und Glaube
bei Herm (m) I,1 zum Ausdruck: "Πρῶτον πάντων πίστευσον, ὅτι εἷς ἐστιν
ὁ θεός, ..."

Doch für Jakobus reicht dieses lediglich am monotheistischen
Bekenntnis orientierte Glaubensverständnis nicht aus, denn
nach seiner Meinung glauben dies auch die Dämonen, und dennoch
zittern sie (2,19c). Jakobus greift hier auf eine Vorstellung
jüdischer Volksfrömmigkeit zurück,[48] die sich besonders in den
sogn. Zauberpapyri findet.[49] Doch warum zittern die Dämonen?
Etwa weil sie in der Endzeit dem Untergang verfallen werden,[50]
oder weil sie schwächliche Wesen sind, die zitternd ihrer
eigenen Verurteilung entgegengehen?[51] Zittern sie, weil sie
ständig an Gott denken müssen, der sie jederzeit vernichten
kann,[52] oder hat Windisch recht,[53] der das Zittern als Reaktion

---

44 So Hoppe, Hintergrund, 105; vgl. Dibelius, Die Christianisierung
    einer hellenistischen Formel: NJKA 18 (1915), 224-236; auch Peter-
    son, Theos, 195-299.

45 Philo SpecLeg I 67.

46 Jos Ant 8,343.350; 5,97; Ap II 193.

47 Bultmann, Glaube, 200.

48 Belege bei Spitta, Jakobus, 80, und Dibelius, Jakobusbrief, 197,
    sowie: Förster, Art. δαίμων: ThWNT II (1935) 1-21.

49 Zauberpapyri 3,227; 42541f. (δαίμονες... φρίσσουσί σε).

50 Dibelius, Jakobusbrief, 197.

51 Bieder, Existenz, 100.

52 Mußner, Jakobusbrief, 139.

53 Windisch, Katholische Briefe, z.St.

des Dämonischen auf das Hören der heiligen Formel im Rahmen
eines Exorzismus verstehen will? Einen Hinweis, welche Vorstellung der Volksglauben mit dem Zittern der Dämonen verbunden
haben könnte, gibt eine Stelle aus der äth. Epistle of Pelagia
(ed. Goodspeed), die wahrscheinlich mit den Paulusakten nahe
verwandt ist[54] und so einen recht guten Beleg für volksreli-
giöse Vorstellungen bietet. Wir zitieren den Text nach der
einzig vorhandenen Übersetzung von Goodspeed: "But I say unto
you, if ye believe that the Lord is God and do not his will,
your faith is vain; and what doth it profit to believe, if ye
do not the will of him in whom ye have believed? Behold see,
the demons also believe that God is Lord and do not his will.
According therefore as they do not do his will and do not keep
the commandment of God, they are vain."[55] Es folgt eine Aufzählung von Geboten aus dem sozialen Bereich, die der Glaubende tun soll. Auch hier wird ein vergeblicher, nichtiger
Glaube mit dem Glauben der Dämonen verglichen. Obwohl in diesem Text explizit nicht vom 'Zittern der Dämonen' die Rede ist
liegt zweifelsfrei die selbe Tradition wie bei Jakobus vor. Der
Grund, warum die Dämonen zittern, wird hier mitgeteilt: Sie
sind trotz ihres Glaubens an Gott wertlos, weil sie dessen Gebot nicht tun. Sie glauben zwar, daß der Herr Gott ist, aber
sie ziehen daraus nicht die Konsequenz: Sie tun nicht den
Willen Gottes, der sich nach der Epistle of Pelagia in sozial
ausgerichteten Geboten äußert. Falls Jakobus genauso assoziiert
wie der Verfasser der apokryphen Epistel, wird deutlich, warum
er dem zweiten Einwand mit dem Hinweis auf die Dämonen begegnen
kann: Die Dämonen könnten für Jakobus Typos für das Auseinandertreten von Glauben und Werken sein.
Mit 2,20 schließt Jakobus das fiktive Gespräch, in dem er zwei
Einwände gegen sein Glaubensverständnis zurückweist, mit einem
Wortspiel ab: Er nimmt die These aus 2,17 auf, ersetzt aber
νεκρός durch ἀργός. Der Glaube ist deshalb tot, weil er ohne
Werke, ἀ-εργος, ist.[56]

---

54 Vgl. Schmidt, Acta Pauli, XIX-XXI.

55 Die Übersetzung von Goodspeed ist wiedergegeben bei Schmidt, Acta Pau-
    li, XXI-XXV. Die zitierte Stelle findet sich dort auf S. XXIIIf.

56 Anders Burchard, Jakobus, 40, der 2,20 asyndetisch verstehen will.

In dem folgenden Midrasch (2,21-24) versucht Jakobus sein
Verständnis der πίστις mit Hilfe der Tradition zu belegen
und abzusichern. Hierbei geht es ihm gerade nicht um die
Frage, ob Abraham aus Glauben oder aus Werken gerechtfertigt
worden ist. Dies wäre, wie die bisherige Diskussion gezeigt
hat, für Jakobus eine anachronistische Alternative. Vielmehr
soll durch die Aufnahme eines Stranges der Abrahamtradition
bewiesen werden, daß Abraham aufgrund eines in Werken wirksam
werdenden Glaubens gerechtfertigt worden ist.[57] Jakobus knüpft
dabei an jene Abrahamtradition an, die den Glauben als Bewährung in der Versuchung versteht, und die sich beispielsweise in 1Makk 2,52 findet:" Ἀβρααμ οὐχὶ ἐν πειρασμῷ εὑρέθη
πιστός, καὶ ἐλογίσθη αὐτῷ εἰς δικαιοσύνην." Wichtig ist, daß
nach dieser Tradition die Bewährung des Glaubens als eines
der Werke der Väter (τὰ ἔργα τῶν πατέρων)[58] angesehen wird.[59]
Jakobus übernimmt die traditionelle Verbindung von Gen 22,9-12
(2,21) und Gen 15,6 (2,23) in dem Sinne, daß er Gen 15,6 als
eine Prophezeiung auffaßt, worauf die Einleitung des Schriftzitates mit καὶ ἐπληρώθη ἡ γραφὴ ἡ λέγουσα hinweist: Die bereits verheißene Anrechnung des Glaubens zur Gerechtigkeit
ging mit der als Werk verstandenen Bewährung des Glaubens
durch die Versuchung in Erfüllung. Damit hat Jakobus das Ziel
des Schriftbeweises erreicht: Glaube und Werk sind wie Verheißung und Erfüllung unlösbar aufeinander bezogen. Die Bewährung Abrahams in der Versuchung dient Jakobus als Beispiel
für die Zusammengehörigkeit von Glaube und Werken. Daß er auch
hier inhaltlich vornehmlich an barmherzige Werke denkt, geht
aus dem zweiten, der Tradition entnommenen Beispiel hervor:
Rahab wurde deshalb gerechtgesprochen, weil sie Gastfreund-

---

57 Die folgende Diskussion der Rezeption der Abrahamtradition im Jak ist
    im wesentlichen an den Thesen Bergers orientiert; vgl. Berger, Abraham,
    374; ders., Exegese, 181f.

58 So auch Vg.Jdt 8,23: Nach dem Zitat von Gen 22,1 (8,22) folgt: "Sic
    Isaac, sic Jacob, sic Moyses, et omnes qui placuerunt Deo, per multas
    tribulationes transierunt fideles." Vgl. Lat.Jub 19,9.

59 Eine Opposition Glaube - Werke ist der jüdischen Tradition fremd;
    vielmehr werden Glaube und Werke parallel gebraucht, so z.B. 4Esr 7,24.
    34f.; 9,7f.; 13,23; syrApkBar 54,21; äthHen 46,7; AntBibl 25,6; äth
    Abba Eliah (ed. Leslau) 47.
    Abrahams Glaube wird meist als Bestehen in der Versuchung (Isaaks
    Opferung) verstanden: Philo Abr 169f.; Jub 17,18; 19,8f.; u.ö. Daß
    dieser Glaube als ein Werk verstanden wurde, zeigt 1Makk 2,51f.

schaft gewährte.[60]

In 2,22.24 formuliert Jakobus das theoretisch, was er mit Hilf
der Schriftzitate aus der Tradition beweisen will, wobei er
in 2,22a.b den Mittelpunkt und das Ziel des historischen Beispiels anspricht.[61] In diesem Vers werden zwei Aussagen über
das Verhältnis von Glauben und Werken gemacht, die "in stilist
ischer Korrespondenz zueinander stehen":[62]

V.22a: ἡ πίστις συνήργει τοῖς ἔργοις αὐτοῦ

V.22b: ἐκ τῶν ἔργων ἡ πίστις ἐτελειώθη

Nach V.22b soll der Glaube aus den Werken vollendet werden.
Hierbei geht es Jakobus weder um ein 'Herunterspielen des
Glaubens'[63] noch um eine 'lebendige und überzeugende Synthese
von Glauben und Werken',[64] sondern um ein Verständnis des
Glaubens als Tugend, die wesenhaft Sein und Tat umschließt.
Τελειόω, vollenden, "im Sinne der Überwindung eines unvoll-
kommenen Zustandes durch einen einwandfreien",[65] kann in der
Darstellung der stoischen Tugendlehre durch Diogenes Laertius
die Einheit von Tugendbegriff und Tatausführung beschreiben:[66]
Diogenes nennt die vier Kardinaltugenden und fährt dann fort:
"ἐν γὰρ τοῖσδε (sc. die Tugenden) τὰς καλὰς πράξεις συντε-
λεῖσθαι."[67] Diogenes verwendet das sinnähnliche Kompositum
συντελέω, was die Kohärenz von Tugend und tugendhafter Tat
noch unterstreicht.[68] Glaube und Taten müssen zusammenwirken

---

60 Ähnlich, Ward, Works, 288-290.

61 Hoppe, Hintergrund, 114.

62 Dibelius, Jakobusbrief, 200.

63 Burchard, Jakobus, 42.

64 Mußner, Jakobusbrief, 142.

65 Bauer, Wörterbuch, 1602.

66 Freilich ist hier die Problemstellung eine andere:
    Es geht Diogenes Laertius um die Vollendung der guten Taten durch
    tugendhafte Gesinnung. Beiden Argumentationen liegt jedoch der
    gleiche umfassende Tugendbegriff zugrunde.

67 DiognLaert VII 100.

68 Um das Zusammenfließen von Tugend und tugendhafter Tat in der Stoa
    weiß auch Origenes, der über Kelsus sagt, daß dieser ἑωράκει ὅτι
    τὸ κυρίως συμφέρον ἀρετή ἐστι καὶ ἡ κατ'ἀρετὴν πρᾶξις; Orig Cels
    VIII,62 (M 788 C).

(2,22a),[69] da die Tugend ohne ihre Ausführung in der Tat nur
eine halbe genannt werden kann.[70] Auch der Stoiker Musonius
(30-100 n.Chr.) lehrt einen Tugendbegriff, der von dem Zusammenwirken von Tat und Tugend (hier die Vernunft) ausgeht:
"συνεργεῖ μὲν γὰρ καὶ τῇ πράξει ὁ λόγος."[71] Auf dem Hintergrund dieser Aussagen wird nochmals deutlich, warum für Jakobus der Glaube nur in den Werken aufweisbar ist (2,18),warum
für ihn die Werke nicht mehr und nicht weniger als die nach
außen tretenden Zeichen des Glaubens sind: Sie sind Bestandteil des als Tugend verstandenen Glaubens und lassen, weil
sie empirisch wahrnehmbar sind, auf den Besitz des Glaubens
rückschließen. Wie Abraham der ihm verheißene Glauben erst
dann angerechnet wurde, als er ihn durch die Tat (die bestandene Versuchung) bestätigte, erweist sich für Jakobus der
Glaube erst dann nicht als tot (2,17), wenn er in barmherzigen
Werken sichtbar und greifbar wird. Darum reicht das Bekenntnis
allein nicht aus (2,19), nur in der Einheit von Bekenntnis und
Ethik erweist der Christ nach diesem Verständnis seinen Glauben.
Hieraus ergibt sich, daß die Formulierung ἐξ ἔργων... οὐκ
ἐκ πίστεως μόνον (2,24) nicht im Sinne eines Gegeneinanderausspielens von Werken und Glauben verstanden werden sollte.
Denn zum einen meint Jakobus mit den ἔργα immer nur die Werke,
die als Bestandteil des Glaubens wie Zeichen nach außen treten (vgl. bereits 1,2-4!), zum anderen ist πίστις μόνον ihm
nur eine hypothetische, in sich widersinnige Größe.
Werk und Glaube verhalten sich wie Leib und Seele. Sie sind
lebensnotwendige Bestandteile des Menschen. Fehlt eines von
beiden, dann ist der Mensch nicht 'vollständig' und muß sterben (2,26).[72]

---

69 Es lassen sich zahlreiche Belege dafür anführen, daß συνεργέω das
    Zusammenwirken gleichrangiger Größen meint, so daß der Übersetzungsvorschlag Bauers, Wörterbuch, 1559 ('hilfreich zur Seite stehen') uns
    als nicht zwingend erscheint: TestXII Rub 3,6; Gad 4,5; 4,7a.b.

70 Auch Philo, VitMos I 318, bezeichnet die Tugend, die nicht in der Tat
    zur Audführung kam, als eine halbe: "..., ἡμίσειαν ἀρετῆς τὴν χωρὶς
    ἔργου προθυμίαν αὐτὸ μόνον ἐπιδειξαμένων,...".

71 Muson (ed. Hense) frgm 5 (p. 21,22f.); vgl. Polyb 32,11.14; Plut
    Amat 23 (II 769d).

72 Vergleichspunkt ist hier die lebensnotwendige Vollständigkeit, nicht
    etwa das Raster Äußeres/Inneres. Durch die Stellung des Vergleichs am

3. Zum soziologischen Hintergrund von Jak 2,14-26

Bedingt durch den literarischen Charakter des Jakobusbriefe
müssen wir einige grundsätzliche Anmerkungen zur Legitimität
der Fragestellung voranstellen. Von den durch Theißen[73] aufgestellten allgemeinen methodischen Grundsätzen einer soziologischen Interpretation neutestamentlicher Texte, auf die sich
der folgende Versuch größtenteils stützt, sollen an dieser
Stelle zwei ausdrücklich genannt werden: Zum einen ist die
soziologische Fragestellung keine umfassende Interpretations-
methode, besonders auch deshalb, weil "die soziologische Auswertung eines Textes... von der Interpretation seiner Aussage-
absicht deutlich zu trennen (sc. ist)".[74] Zweitens muß man die
urchristliche Literatur grundsätzlich als Literatur religiöser
Gruppen ansehen und muß, was als eine zentrale Einsicht der
Formgeschichte gelten kann, "im Zusammenhang mit deren Leben
verstanden werden".[75] Deshalb kann auch der Jakobusbrief nicht
als eine bloße Sammlung religiös-sittlicher Mahnungen ohne
wesentlichen inhaltlichen Zusammenhang angesehen werden.[76] Wäre
dies der Fall, würde er sozusagen außerhalb von Raum und Zeit
schweben, da er keine klar faßbaren Verhältnisse voraussetzen
würde.[77] Obwohl Jakobus in seinen Paränesen ausgiebig vor-
christliches oder gemeinchristliches Material verwendet,[78] was
einen Rückschluß auf eine konkrete Situation problematisch
machen kann,[79] und obwohl die Epistel nicht an eine bestimmte
Gemeinde gerichtet ist, sondern "katholischen" Charakter hat[80],

---

Schluß der Argumentation wird das Wesentliche nochmals hervorgehoben.

73 Die diesbezüglichen Arbeiten sind gesammelt in: Theißen, Untersuchungen.

74 Theißen, Einordnung, 19; vgl. ders., Integration, 37.

75 Theißen, Einordnung, 13.

76 Gegen Dibelius, Jakobusbrief.

77 Soucek, Probleme, 461.

78 So wies z.B. Dibelius, Jakobusbrief, 58-66, nach, daß Jakobus auf ein
    'traditionelles Armenpathos' zurückgreift.

79 Vgl. Berger, Exegese, 239.

80 Aufgrund von Jak 1,1 gehen wir in Übereinstimmung mit den meisten
    Forschern davon aus, daß der Jakobusbrief nicht an eine bestimmte
    Gemeinde gerichtet ist, sondern sich an eine Vielzahl von Gemeinden
    wendet, was aber nicht heißt, daß diese untereinander nicht ver-
    gleichbar wären. Zur Literatur: Burchard, Gemeinde, 315 Anm.2.

steht sie in einer konkreten kirchlichen Situation.[81] Wir
sehen in den beharrlich vorgetragenen Mahnungen zu innerge-
meindlichem sozialen Ausgleich,[82] in den auf das Sozialverhalten der Christen bezogenen Beispielen[83] zwar keine Widerspiegelungen von Konfliktfällen in einer bestimmten Gemeinde,
jedoch eine idealtypische Zeichnung der Wirklichkeit vieler
hellenistischer Ortsgemeinden zur Zeit der Abfassung des Jakobusbriefes.[84] Da die Epistel nicht an eine bestimmte Gemeinde
in einer konkreten Konfliktsituation gerichtet ist, muß sie
relativ feste, vergleichbare Gemeindestrukturen mit 'typischen'
Konfliktpunkten voraussetzen, da sonst ihre Paränesen ins
Leere gehen würden. Kann man von solch vergleichbaren Gemeindestrukturen überhaupt sprechen?
Mit dem Beginn der planmäßigen Mission des Mittelmeerraumes
und der damit verbundenen Gründung zahlreicher hellenistischer
Ortsgemeinden änderten sich die sozialen und historischen
Grundlagen einer christlichen Ethik einschneidend:[85] Auffäl-
liges Zeichen dieser veränderten Situation ist das Zurücktreten der Jesusüberlieferung - auch bei Jakobus.[86] "Ihre Radika-
lität war bei der Lösung der praktischen Gemeindeprobleme
nicht zu gebrauchen."[87] Worin aber bestanden die Probleme die-

---

81 Dies wurde von Soucek, Probleme, mit Nachdruck betont.

82 Typisch für diesen Grundzug des Jakobusbriefes ist die Betonung
    der 'barmherzigen Werke': Jak 1,27; 2,13; 2,15f.

83 Vgl. Jak 2,2-3; 4,13-17.

84 Wir halten die Spätdatierung der Epistel (80-130 n.Chr.) durch
    Dibelius, Jakobusbrief, 67-69, für hinreichend begründet. Anders:
    Mußner, Jakobusbrief, 19.

85 Vgl. Wendland, Ethik, 45, der besonders die durch den Übergang
    des Evangeliums in die hellenistische Welt verursachte neue histori-
    sche Situation betont:
    "Der Unterschied der hellenistischen Gemeinden von der judenchrist-
    lichen ist sehr groß; er ist schon mit der neuen geschichtlichen
    Situation gegeben."

86 Vgl. Burchard, Gemeinde, 320f.

87 Theißen, Einordnung, 19; vgl. ders., Legitimation, 210 Anm.5:
    "Das Fehlen der synoptischen Überlieferung in der Briefliteratur
    ist m.E. auch durch eine soziologische Überlieferungsschwelle be-
    dingt, die die Verbreitung der in Palästina entstandenen Traditionen
    in die städtische Mittelmeerwelt erschwerte."

ser sich durch 'Liebespatriarchalismus'[88] als bestimmendes
ethisches Verhaltensmuster auszeichnenden Gemeinden, die Jakobus mit seiner Epistel erreichen will?[89]

Auf dem Hintergrund einer kirchlichen Situation, die besonders
durch ein problematisches Verhältnis von Armen und Reichen in
den einzelnen Gemeinden geprägt scheint, wendet sich der Verfasser des Jakobusbriefes gegen einen Glauben, der nicht in
Werken aufweisbar ist (2,14-26). Dafür daß das Verhältnis von
Armen und Reichen für die Situation der Jakobusgemeinden mitbestimmend ist, finden sich zahlreiche Indizien: Obwohl Weisheit von Jakobus sicher im theologischen Sinn verstanden wird,
schließt dies nicht aus, daß die Weisen auch im alltäglichen
Sinn reich an Bildung sind.[90] Trifft dies zu, dann finden sich
unter den Jakobuschristen Menschen mit unterschiedlicher Bildung: Es gibt Leute, die Mangel an Weisheit haben (1,5) und
solche, die Weisheit besitzen (3,13-18). Bezeichnend für den
von Jakobus geforderten sozialen Ausgleich ist es, daß die
'Weisen' in die soziale Pflicht genommen werden: Weisheit muß
in einem 'guten Wandel', der sich besonders in Barmherzigkeit
zeigt (3,17), aufweisbar sein (3,13). Die soziale Verpflichtung der Reichen drückt sich in der Mahnung zum Tun von Liebeswerken an den Armen aus (2,15f.). Die durch Handel zu Geld
Gekommenen sollen nicht vergessen, Gutes zu tun (4,13.17).
Daß es aufgrund der sozialen Unterschiede zu Konflikten in
den Gemeinden kommen konnte, zeigen mehrere Bemerkungen:
Wer 'gemäß den Lüsten Verschwendung treibt' (4,3) und sich
damit jenseits der Gemeinschaftsnormen bewegt, muß dafür auch
Geld haben. Es scheint Fälle gegeben zu haben, wo reiche Gemeindeglieder Glaubensbrüder in Prozesse verstrickten (2,6;

---

88 Wir setzen bei der Verwendung des Terminus 'Liebespatriarchalismus'
    die Untersuchungen von Theißen voraus; vgl. Theißen, Soziologie, 106-
    111, und ders., Schichtung, 268f: "Dieser Liebespatriarchalismus nimmt
    die sozialen Unterschiede als gegeben hin, mildert sie jedoch durch
    Verpflichtung zur Rücksichtnahme und Liebe, eine Verpflichtung, die
    gerade gegenüber dem sozial Stärkeren geltend gemacht wird, während
    vom sozial Schwächeren Unterordnung, Treue und Achtung verlangt wer-
    den. Aus welchen geistesgeschichtlichen Quellen sich auch immer dies
    Ethos speist: Mit diesem Ethos bewältigte ein großer Teil des helle-
    nistischen Urchristentums die Aufgabe, die sozialen Beziehungen einer
    Gemeinschaft zu gestalten, die einerseits von ihren Gliedern ein hohes
    Maß an Solidarität und Brüderlichkeit verlangte und andererseits aber
    sehr verschiedene Schichten umfaßte."

89 Eine Unterscheidung zwischen 'judenchristlichen' und 'heidenchrist-

vgl. 1Kor 6,1ff. und Theißen, Schichtung, 258). Das christliche Solidarprinzip des 'Nicht-Ansehens-der-Person' scheint
in den Gemeinden mancherorts nicht beachtet worden zu sein
(2,1-5). Diese knappe Analyse der soziologischen Struktur der
Jakobusgemeinden setzt voraus, daß die Paränesen nicht an
Außenstehende gerichtet sind. Diese Binnenstruktur der Mahnungen ist von Burchard ausführlich herausgearbeitet worden.[91]
Das Ideal des 'Nicht-Ansehens-der Person' (2,1), aufgrund
dessen sich die christlichen Gemeinden im Gegensatz zu anderen Religionsgemeinschaften für Angehörige aller Schichten
öffneten,[92] führte offensichtlich zu einem Konflikt, der sich
an den notwendigen Konsequenzen des (neuerworbenen)[93] Glaubens
entzündete und der den Verfasser des Jakobusbriefes zu einer
Verhältnisbestimmung von Glauben und Werken provozierte. Es
scheint zu einem Widerspruch zwischen Anspruch und Wirklichkeit im alltäglichen praktischen Lebensvollzug der Christen
gekommen zu sein, der nur aus der veränderten historisch-
soziologischen Situation der christlichen Gemeinden verständlich wird: Die Anhänger des christlichen Glaubens sind nun
nicht mehr Glieder einer jüdischen Erneuerungsbewegung, deren
radikale Ethik zu 'sozial-abweichendem Verhalten'[94] ihrer
Sympathisanten führte, sondern ortsansässige Bürger aus unterschiedlichen sozialen Schichten, die ihren Glauben mit beruf-
lichen[95] und familiären[96] Pflichten vereinbaren mußten. Es

---

lichen' Adressatengemeinden wie sie Mußner, Jakobusbrief, 22, vornimmt, erscheint uns auf diesem Hintergrund nicht angemessen.

90 Vgl. Theißen, Schichtung, 259, der auf dieses Phänomen für die Gemeinde in Korinth aufmerksam gemacht hat.

91 Burchard, Gemeinde; davor bereits Soucek, Probleme.

92 So etwa Gülzow, Gegebenheiten, 197. Er sieht in der prinzipiellen
Offenheit der christlichen Gemeinden für Menschen aus allen sozialen
Schichten besonders einen missionarischen Vorteil gegenüber dem
Judentum, der sich bei der Abwerbung von Gottesfürchtigen auswirkte.

93 Vgl. Burchard, Gemeinde, 326; ders., Jakobus, 33.

94 So Theißen, Legitimation, 202; vgl. ders., Wanderradikalismus, wo
das soziale Verhalten der 'Jesusbewegung' genauer untersucht wird.

95 Jak 4,13; 5,4.

96 Jak 1,27; 2,15.

ging in diesen Gemeinden nicht mehr um die Nachfolge unter
Aufgabe aller Besitztümer (Mt 19,21par), sondern um den Eintritt in die christliche Gemeinde ohne Ansehen der Besitzver-
hältnisse.[97]

Das Zusammenleben von Armen und Reichen in einer Gemeinschaft
konnte aber nur dann gelingen, wenn für einen 'sozialen Ausgleich'[98] gesorgt war: Die Jakobusgemeinden waren durch soziale Unterschiede gekennzeichnet und deshalb auf ein durch-
führbares Modell des sozialen Ausgleichs angewiesen. Hierfür
bot sich, weil der patriarchalischen Sozialstruktur der hellenistischen Ortsgemeinden angemessen,[99] die Tradition der
'barmherzigen Werke' an. So erklärt sich, daß die Forderung
nach Caritas einen durchgängigen Zug des Jakobusbriefes darstellt.[100] Die Reichen sollen ihren Glauben dadurch zum Ausdruck bringen, daß sie durch 'Werke der Barmherzigkeit' für
ihre bedürftigen Glaubensbrüder sorgen. "Das ethische Material-
prinzip des Jakobusbriefes heißt (sc. deshalb) Brüderlich-
keit."[101] Funktioniert dieser Liebespatriarchalismus nicht
mehr, was wir für die Jakobusgemeinden wohl voraussetzen
müssen, dann ist auch die gemeinsame ideologische Grundlage
des christlichen Zusammenlebens, der Glaube, in Frage gestellt. Denn die Einheit von Bekenntnis und Ethik, die empirisch greifbare Aufweisbarkeit des Glaubens in den auf das
Sozialverhalten bezogenen Werken, ist nichts anderes als die
theologisch-theoretische Begründung der Forderung nach sozialem Ausgleich. In 2,14-26 argumentiert Jakobus vehement gegen
eine Verhaltensweise, die diese Grundlage des Zusammenlebens
in den hellenistischen Ortsgemeinden an der Wurzel gefährdet.
Die Annahme, daß Jakobus hier 'Gegner' bekämpfe oder sich mit

---

97 So Jak 2,1-5.

98 Theißen nennt in Anschluß an Hengel diesen Tatbestand 'effektiven
    Ausgleich'; Soziologie, 108. Typisch für den 'ideologischen
    Charakter dieser Forderung ist 1,9f.: Der Reiche soll sich auf
    das Niveau des Armen begeben.

99 Es handelt sich hierbei ursprünglich um ein Modell orientalischer
    Armenpflege, welches mit dem Wandel der politischen und sozialen
    Strukturen auf den Westen des Kaiserreiches übertragbar wurde;
    Bolkestein, Wohltätigkeit.

100 Jak 1,27; 2,15f; 2,13; 3,17.

101 Burchard, Gemeinde, 322.

einem wie auch immer gearteten Paulinismus auseinandersetze,
scheint diesem Sachverhalt nicht angemessen.[102]

Wir wollen nun kurz versuchen, die Erträge der Exegese von
2,14-26 und der Analyse des soziologischen Hintergrunds des
Jakobusbriefes zusammenzusehen. Dabei ergibt sich das folgende Bild: Jakobus reagiert auf eine typische (vgl. den
folgenden Exkurs) Konfliktsituation seiner Adressatengemeinden
mit systematisch-theologischen Argumenten. Er antwortet auf
eine Störung des 'sozialen Ausgleichs' zwischen armen und
reichen Gemeindegliedern mit der ekklesiologisch begründeten
Forderung nach einem in Werken aufweisbaren Glauben: Ihm liegt
alles an der Verpflichtung der Gemeinden zu brüderlichem Verhalten.

E x k u r s: Bekenntnis und sozialer Ausgleich in hellenistischen
             Gemeinden

Anhand einiger Belege versuchen wir zu zeigen, daß sich Jakobus mit seiner
Forderung nach sozialem Ausgleich einem typischen Problem frühchristlicher
Gemeinden stellte. Direkt zu vergleichen sind dabei zwei Belege, auf die
wir im Rahmen dieser Untersuchung noch ausführlich eingehen werden:
Mt 7,21 und Tit 1,16. Beide Stellen bringen im Kontext innergemeindlicher
Streitigkeiten das Argument, daß das Bekenntnis zu Gott und das Tatverhalten der Gemeindeglieder unbedingt zusammengehören.
In einem dem Jakobusbrief zeitlich nahestehenden Beleg bei Ignatius
erscheint ebenfalls die Reduzierung des Glaubens ausschließlich auf
das Bekenntnis als ein brennendes Gemeindeproblem. Ignatius wehrt sich
mit einem Glaubensverständnis, das der Werke als sichtbare Zeichen bedarf, denn die Reduktion des Glaubens auf den Bekenntnisakt allein konnte
die Verpflichtung zu sozialem Ausgleich in den stark geschichteten Gemeinden zurücktreten lassen. Ignatius schreibt an die Epheser:
"Man erkennt den Baum an seiner Frucht; so werden die, die sich als Anhänger Christi bekennen, an ihrem Tun ersichtlich werden (δι'ὧν πράσσουσιν
ὀφθήσονται). Denn jetzt kommt es nicht auf das Bekenntnis an, sondern ob

---

102   Vgl. Burchard, Gemeinde, 319; Berger, Gegner, 378. Wir meinen, daß
      es sich um eine innergemeindliche Auseinandersetzung handelt.
      Einen möglichen Hinweis, gegen wen wessen Verhalten Jakobus argumen-
      tiert, kann vielleicht 2,19 geben: Er nennt dort diejenigen, die nur
      bekennen und nicht dementsprechend handeln, bezeichnenderweise nicht
      beim Namen, sondern spricht von 'Dämonen'. Scheut sich Jakobus
      etwa vor der Kritik an kirchlichen Autoritäten und weicht deshalb
      auf übergeordnete Instanzen aus? Vgl. Berger, Exegese, 239.

einer in der Wirkkraft des Glaubens (ἐν δυνάμει πίστεως; vgl. Gal 5,6:
πίστις δι᾽ἀγάπης ἐνεργουμένη) erfunden wird bis ans Ende" (14,2). Eine
direkte Parallele im außerkanonischen Schrifttum findet sich auch in PsCle
Recg V 34,5-35,2: Auch hier wird die Einheit von Bekenntnis und Ethik betont, wobei der Glaube von der reinen Gottesverehrung ('colere Deum')
unterschieden und mit den 'opera mandatorum' verbunden ist. In 35,2 wird
abschließend betont hervorgehoben, daß der Glaube an Gott ('credentes
Deum') durch gute Werke ('per opera bona') geschieht und darauf ausgerichtet ist, das Erbe des zukünftigen Reiches zu ermöglichen. Die ganze
Paränese ist auf das innergemeindliche Verhalten bezogen. Ebenso wie bei
Jakobus beinhaltet der Glaube nicht nur das Gottesbekenntnis, sondern
auch die Werke als aufweisbare Zeichen dieses Glaubens.
Eine analoge Gemeindesituation liegt dann zugrunde, wenn mehrmals betont wird, daß beim Übertritt zum Christentum die Taufe allein nicht
ausreicht, sondern durch das Tun guter Werke bestätigt werden muß (PsClem
Recg VI 8,3-7 und unter ausdrücklichem Bezug auf Jak 2,14-26: äth Schenute-Apk 6,1-7, wobei hier die Beziehung zwischen Glauben und Werken mit
folgendem Vergleich beschrieben wird: "Der Mann gleicht einem Stricke,
der Glaube gleicht dem Feuer und die guten Werke gleichen dem Öle. Hast
du jemals eine Lampe gesehen, die ohne Öl leuchtet?").
In den frühchristlichen Gemeinden ist man sich auch der Tatsache bewußt,
daß, wenn der Glaube ohne Werke zum Regelfall im Gemeindeleben wird, dies
nach außen auf die Umwelt negativ wirken muß: Die Folgen des Auseinander-
tretens von Bekenntnis und Ethik sieht der 2Klem in der Gotteslästerung
der Heiden: "Denn die Heiden, wenn sie aus unserem Munde die Sprüche
Gottes hören, bewundern sie sie als schön und groß; darauf aber, wenn sie
erfahren, daß unsere Werke nicht würdig sind der Worte, die wir sprechen,
wenden sie sich von da zur Lästerung und sagen, daß es Fabel und Trug sei"
(13f.).
Beweist sich der Glaube in Werken, so hat dies Auswirkungen auf die
Mission: "..., ἐπιδεικνυμένην γὰρ πίστιν ἀπαγγελεῖ δίκαιος ἐνεργῶς. ὁ
δὲ ὄντως δίκαιος ἐκ πίστεως πίστιν ἔχει ἐνεργῆ, πίστιν αὐξάνουσαν, πίστιν
πεπληροφορημένην, πίστιν φωτίζουσαν ἐν τοῖς καλοῖς ἔργοις,..." (PsClem
DeVirg I 2,2). Die Bedeutung für die Mission zeigt deutlich die Aufnahme
des Topos 'Der Glaube leuchtet in Werken', vgl. Mt 5,16 und Berger, Exegese, 124f.

Aus diesen Ergebnissen könnten sich auch Konsequenzen für die
Beurteilung des Verhältnisses von Jakobus zu Paulus ergeben:

4. Jakobus und Paulus

Die Forschung rechnet bei der Diskussion von Jak 2,14-26 in der Regel damit,[103] daß eine direkte oder indirekte Auseinandersetzung mit der paulinischen Rechtfertigungslehre stattfindet. Je nachdem, wie man den Jakobusbrief chronologisch einordnet, wird ein recht unterschiedliches Bild des Verhältnisses von Jakobus zu Paulus gezeichnet: Einige Forscher[104] datieren die Epistel in die Zeit des vorliterarischen Frühpaulinismus und sehen in 2,14-26 ein frühes Zeugnis judenchristlichen Antipaulinismus.[105] Datiert man den Brief jedoch in die nachpaulinische Zeit,[106] dann kann sich Jakobus in 2,14-26 entweder mit einem weiterwirkenden Paulinismus[107] oder aber mit einem vulgär verkürzten[108] bzw. häretischen[109] Derivat der paulinischen Rechtfertigungslehre auseinandergesetzt haben. Alle diese Standpunkte stützen sich im Grunde auf zwei Beobachtungen: einmal erscheint die Opposition Glaube/Werke ohne die theologische und sprachliche Vorarbeit des Paulus nicht erklärbar,[110] zum anderen meint man die spezifische Verwendung des Abrahambeispiels durch Jakobus traditionsgeschichtlich von Paulus herleiten zu müssen.[111]

Neben der grundsätzlichen Schwierigkeit auf implizitem Weg neutestamentliche Aussagen nach 'Gegnern' bzw. 'Frontstellungen'

---

103 Anders: Walker, Werke, 191f: Windisch, Briefe, 21; Berger, Exegese, 181f.

104 Kittel, Ort, 71-105; Goguel, Jésus, 406 u.a.

105 Mußner, Jakobusbrief, 8.18f.

106 So die meisten Forscher seit Harnack, Chronologie, 486; Vielhauer, Geschichte, 580, wendet sich gegen den Versuch einer genauen Datierung des Jakobusbriefes, betont aber, daß er erhebliche Zeit nach der Wirksamkeit des Paulus abgefaßt worden sein muß.

107 So zuletzt wieder Lindemann, Paulus, 249f.

108 Bultmann, Theologie, 484; Dibelius, Jakobus, 221; Dassmann, Stachel, 111; u.v.a.

109 Schammberger, Einheitlichkeit, rechnet mit gnostisierenden Paulinisten, gegen die sich Jakobus zur Wehr setzt.

110 Vgl. Burchard, Jakobus, 43f. Anm.77.

111 Anders: Berger, Abraham, 374.

zu befragen,[112] lassen sich einige inhaltliche Argumente anführen, die gegen eine von Jakobus explizit geführte Auseinandersetzung mit paulinischem Gedankengut sprechen:
Eine grundsätzliche Alternative von Glauben und Werken ist
dem theologischen Denken des Paulus ebenso fremd wie dem Denken des Jakobus. So verwendet Paulus diesen Gegensaatz in einem kleinen Teil seines Schriftums (Gal 2+3; Röm 3+4).

Er führt dort die soteriologische Diskussion über die Ablösung
der 'Gesetzeswerke'[113] durch den 'Glauben an Jesus Christus'
als Weg zum Heil (vgl. den diesbezüglichen Abschnitt in dieser
Untersuchung). Eine Werkfeindlichkeit im Sinne Bultmanns besteht sonst bei Paulus nicht.[114] Jakobus hingegen führt die
in seinem Denken anachronistische Alternative von Glauben und
Werken nicht im Rahmen einer soteriologischen, sondern einer
ekklesiologischen Diskussion ein. Er kritisiert eine soziologisch erklärbare Verhaltensweise, die in seinen Adressatengemeinden zu einer einseitigen Betonung des reinen Bekenntnis-
aktes und zu einer Vernachlässigung der Verpflichtung zu brüderlichem Verhalten mittels barmherziger Werke geführt hat.
Mit Hilfe des Gegensatzes von Glauben und Werken problemati-
siert er diese Verhaltensweise auf systematisch-theologischer
Ebene.[115]. Jakobus bekämpft eine bestimmte christliche Haltung, während Paulus eine grundsätzliche Diskussion um den
Heilsweg führt. Paulus verwendet den Begriff ἔργον in Röm 3
mehr funktional als Modus der Zugehörigkeit zum Gesetz (vgl.
den diesbezüglichen Abschnitt dieser Untersuchung), Jakobus
spricht von den ἔργα als den empirisch faßbaren Zeichen des
Glaubens. Damit besteht, was den Gegensatz von Glauben und
Werken betrifft, keine funktionale Identität, die die Annahme rechtfertigt, daß sich Jakobus mit paulinischem Denken
kritisch oder weiterführend auseinandersetzt.

---

112 Vgl. Berger, Gegner, bes. 378.382.

113 Bezeichnenderweise fehlt bei Jakobus die Wendung ἔργα νόμου.

114 So rechnet Paulus in Röm 2,6-11 mit einem Gericht nach den Werken.
     Auch fordert er, daß der Glaube in Liebe wirksam wird (Gal 5,6),
     und betont, daß der Glaube in Werken fruchtbar werde (Gal 5,19ff.);
     vgl. Dassmann, Stachel, 113f.

115 Vgl. Berger, Gegner, 378.

Führt Jakobus aber nicht doch durch die Aufnahme des Abrahambeispiels eine ausdrückliche Auseinandersetzung mit der paulinischen Rechtfertigungslehre?[116] Diese These setzt eine
traditionsgeschichtliche Abhängigkeit voraus.[117] Es besteht
jedoch ebenso die belegbare Möglichkeit, daß Jakobus und Paulus unabhängig voneinander auf die Abrahamtradition zurückgegriffen haben. Es würde sich dann nicht um eine Abhängigkeit,
sondern um den gleichen Vorgang der Übernahme des Abrahambeispiels handeln:
Paulus hat in Röm 4 die zur Rechtfertigungsproblematik[118]
führende Abrahamstradition aufgenommen, um seine These von
der Ablösung des alten Heilsweges des Gesetzes durch den
neuen Weg des Glaubens an Jesus Christus zu stützen, während
Jakobus die Abrahamtradition dazu benutzte, um seine These
vom Erweis der Glaubens durch die zeichenhaften Werke beispielhaft zu untermauern. Für diesen Zweck könnte Jakobus
in 1Makk 2,52[119] eine wesentlich bessere Vorlage als Röm 4
gefunden haben: "Αβρααμ οὐχὶ ἐν πειρασμῷ εὑρέθη πιστός, καὶ
ἐλογίσθη αὐτῷ εἰς δικαιοσύνην."
In der Jakobusstelle als auch in 1Makk geht es um die Versuchung Abrahams,[120] wobei auch in 1Makk das Bestehen der
Versuchung durch Abraham als 'Werk' verstanden wird (1Makk
2,51).
Es geht beiden Stellen um den Erweis des Gläubigseins, um die
Bewährung des Glaubens, wobei Abraham jeweils paradigmatische
Funktion hat: In 1Makk ist er selbst Beispiel für diejenigen,
die Glauben besitzen und ihn in der Versuchung bewähren, während im Jakobusbrief die Bewährung Abrahams paradigmatisch die
Zusammengehörigkeit von Glauben und Werken erweisen soll. In
dieser Funktion ist 1Makk 2,52 offensichtlich eine bessere

---

116 Vgl. Dibelius, Jakobus, 206-214, sowie die bezüglich einer Abhängig-
     keit von Paulus zurückhaltende Darstellung von Hoppe, Hintergrund.

117 Anders Luck, Jakobusbrief, der lediglich betont, daß Paulus grund-
     sätzlich im gleichen Traditionsstrom wie Jakobus stehe, 176f.
     Schrenk, δικαιόω, 223, sieht in der synagogalen Tradition den ge-
     meinsamen Hintergrund von Röm 4 und Jak 2,21ff.

118 Die Verbindung von πίστις und δικαιόω ist im Judentum überhaupt
     nur im Abrahambeispiel und in Hab 2,2 angelegt.

119 So bereits Berger, Abraham, 374.

120 Bei Jakobus implizit, indem er Isaak, der in Gen 15,6 nicht vor-
     kommt, erwähnt.

Vorlage für Jakobus als Röm 4.

Auf diese Weise ist es möglich, die Verwendung der Abrahamtradition durch Jakobus ohne die Annahme einer Abhängigkeit
von Paulus zu erklären, wie man sich diese auch immer vorstellt. Der Gegensatz von Glauben und Werken erweist sich
damit als ein untaugliches Mittel, einen Widerspruch zwischen
Paulus und Jakobus zu konstruieren. Jak 2,14-26 ist eher auf
dem Hintergrund einer Gemeindepraxis zu lesen, die den Verfasser des Jakobusbriefes nötigte, die Zusammengehörigkeit
von Bekenntnis und Ethik seinen Adressaten einzuschärfen.

II. Die Funktion der Werke in der Gemeinde: bei der Beur-
     teilung fremder und eigener Autoritäten

1. ῎Εργον als Unterscheidungskriterium von 'richtigen' und
     'falschen' Lehrern: Mt 7,15-23

Mit der Erfüllung der Forderung nach einer 'besseren Gerechtigkeit', die Jesus autoritativ gebietet, wächst auch der
Lehre aus der Sicht des Matthäus eine größere Bedeutung zu
als etwa noch bei Markus. Die rechte Auslegung der Thora
als verbindender Klammer zwischen Altem Testament und christlicher Gemeinde wird ihm gerade auch in Auseinandersetzung
mit dem Judentum zu einem entscheidenden Anliegen. Auf diesem
Hintergrund läßt sich anhand von Mt 7,15-23 beispielhaft
zeigen, daß die Taten der Beurteilung christlicher Lehrautorität dienen können. Da es in den frühchristlichen Gemeinden
noch keine institutionell abgesicherte Lehrautorität gab,
wurden die Werke der Lehrer zu einem unverzichtbaren Kriterium
ihrer Beurteilung.

Gemeinsam mit den Abschnitten 7,13f. ('schmaler und breiter
Weg') und 7,24-29 ('Gleichnis vom Haus auf dem Felsen/auf dem
Sand') bildet die Warnung vor den falschen Propheten den
Abschluß der Bergpredigt. Thema dieses Abschnittes ist die
Gegenüberstellung von Jesus als dem wahren und den Pseudopro-
pheten als den falschen Lehrern. Diesen beiden Typen von
Lehrern entsprechen die beiden Wege, von denen der breite ins
Verderben und der schmale zum Leben führt (7,13f.). Während
7,13 durch den hervorgehobenen Imperativ εἰσέλθατε nach der
Goldenen Regel deutlich neu einsetzt, wird in 7,15 die Im-
perativform durch προσέχετε aufgenommen. Mit dieser formalen

Parallelisierung wird ein klarer Anschluß erreicht; es erfolgt kein Personenwechsel, der auf einen Wechsel der Argumentationsebene schließen lassen könnte. 7,24 bezieht sich mit
ἀκούει μου τοὺς λόγους τούτους auf das vorhergehende Jesus-
wort (7,21ff.) und nimmt mit ποιέω ein sinntragendes Leitwort
des Abschnittes über die falschen Propheten wieder auf.
Durch die Betonung der Zusammengehörigkeit von Wort und Tat
ist die Bedeutung der Taten für den ganzen Abschnitt nochmals
hervorgehoben. Dem richtigen Lehrer soll man nicht nur durch
Zuhören, sondern auch durch Taten folgen, während die falschen
Lehrer ausschließlich an ihren Werken zu erkennen seien.[121]
Der Abschnitt über die falschen Propheten selbst ist deutlich
gegliedert:
Der einleitende Vers 15 hat programmatischen Charakter. Er
nennt das Thema, die falschen Propheten, und die Intention des
folgenden Gedankenganges. Es geht um das Verhältnis von äus-
serem Anspruch und innerem Sein, das in der Opposition von
ἐν ἐνδύμασι und ἔσωθεν thematisiert ist, wobei durch die Ver-
schiebung der Begriffsebene von der bildlichen auf die ab-
strakte Ausdrucksform innerhalb des Gegensatzes die Aussage
besonders akzentuiert wird.
In einer rekursiven, in sich abgeschlossenen Argumentation
wird in 7,16-20 das Thema aus V.15 mit Hilfe des Bildes vom
Baum und seiner Frucht breit entfaltet. Das in V.16a und in
V.20 abschließend wiederholte Erkenntnisprinzip ἀπὸ τῶν καρπῶν ἐπιγνώσεσθε wird in einer Abfolge von Verhältnisbestim-
mungen in den Vv. 16b-19 ausführlich erläutert:

---

121 Durch die enge Verbindung des Gleichnisses vom Hausbau mit den
     vorausgehenden Versen schließt nicht nur das Gleichnis allein,
     sondern der ganze Abschnitt 7,13-29 die Bergpredigt ab.

V.15 <u>προσέχετε</u>   ἀπὸ τῶν ψευδοπροφητῶν
                                        ἐν ἐνδύμασιν   ἔσωθεν

V.16a <u>ἐπιγνώσεσθε</u>   ἀπὸ τῶν καρπῶν

V.16b μήτε   ἀπὸ ἀκανθῶν   σταφυλάς
       +Genuswechsel   ἀπὸ τριβόλων   σῦκα

V.17   οὕτως   ποιεῖ πᾶν δένδρον ἀγαθὸν   καρποὺς καλούς
                 ποιεῖ σαπρὸν δένδρον   καρποὺς πονηρούς

V.18   οὐ δύναται ποιέω δένδρον ἀγαθὸν   καρποὺς πονηρούς
                   ποιέω δένδρον σαπρὸν   καρποὺς καλούς

V.19   μὴ ποιέω πᾶν δένδρον   καρποὺς καλούς
                                                 εἰς πῦρ βάλλεται

V.20   ἄρα
       <u>ἐπιγνώσεσθε</u>   ἀπὸ τῶν καρπῶν

Die graphische Darstellung des Gedankenganges verdeutlicht
gut die innere Struktur des Abschnittes:
Dreimal wird in einer jeweils doppelgliedrigen Aussage (7,16b.
17.18) mit Hilfe des Bildes vom Baum und seiner Frucht (V.17f.
das in 7,16a.20 aufgestellte Prinzip verdeutlicht. Die Taten
sind einziges Kriterium für die Beurteilung der 'falschen Propheten'. Der ethische Charakter der Aussage wird durch das
Hinzutreten von καλός/ἀγαθός/πονηρός (V.17) unterstrichen,
ebenso auch durch das ab 7,17 durchgängige Leitwort ποιέω.
Die der in 7,16a.20 aufgenommenen Erfahrungsregel entsprechende positive Verhältnisbestimmung ("ein guter Baum bringt gute
Früchte") steht -eingerahmt von den Negativbestimmungen in
7,16b.18- hervorgehoben in V.17a. V.19 wiederholt in einer
eingliedrigen Aussage die negative Verhältnisbestimmung und
erweitert sie durch den Hinweis auf die Vernichtung durch
Feuer, womit bereits in der relativ geschlossenen Argumentation 7,15-20 der Verweis auf die eschatologische Konsequenz
in den Vv.21-23 gegeben ist.
7,20 führt abschließend durch die Wiederaufnahme der Erfahrungsregel aus V.16a den Gedankengang zurück auf die ursprüngliche Ebene. Damit kommt der Argumentation rekursiver
Charakter zu, womit Matthäus innerhalb einer dem hellenistisch-
frühchristlichen Schrifttum gemeinsamen Formtradition steht
(vgl. Röm 8,18ff.).

Mit der Wendung ἀπο τῶν καρπῶν γιγνώσκειν (7,16a.20) nimmt
Matthäus in dem Abschnitt 7,15-20 die im paganen Griechentum
weitverbreitete 'allgemeine Erfahrungsregel' (vgl. Teil A) an

intentional entscheidender Stelle auf.[122] Auch eine sprachliche Analogie zu pagan-griechischen Fassungen der Erfahrungsregel ist nicht zu übersehen.[123]

Matthäus verwendet die formelhafte Wendung dazu, den Christen
bei innergemeindlichen Auseinandersetzungen Maßstäbe zur Beurteilung ihrer Lehrer an die Hand zu geben.[124] Diejenigen,
deren selbst erhobener Anspruch nicht mit ihren Taten übereinstimmt, sollen nach Mt 7 mit Hilfe des Kriteriums ἀπὸ τῶν
καρπῶν γιγνώσκειν durch die Gemeindeglieder identifiziert
werden können. Καρπός bezeichnet in diesem Zusammenhang nicht
wie im alttestamentlichen Sprachgebrauch die Folgen einer
Handlungsweise (vgl. Jes 3,10; Jer 17,10; 21,14; Hos 10,13;
Spr 1,31; 31,16), sondern die von außen wahrnehmbaren Taten
selbst, die Zeichen einer bestimmten inneren Grundhaltung
bzw. Disposition sind.

Im Matthäusevangelium ist καρπός als Synonym für (gute) Tat besonders in
Aussagen, die sich auf das eschatologische Gericht nach den Werken beziehen, relativ häufig: 3,1-12; 12,33; 13,24ff. und 21,43.

In der ApkPls (syr) findet sich ebenfalls ein Beleg dafür, daß innerhalb
eines Gerichtskontextes ἔργον durch καρπός im Sinne von 'guter Tat' ersetzt werden kann (S. 19): Es geht dort um das himmlische Verhör der Seele,
in dem sie nach ihren Früchten (=guten Werken) gefragt wird.

Im außerkanonischen Schrifttum häufiger bezeichnet jedoch im alttestament-

---

122 Die nach der Analyse des Gedankenganges für die redaktionelle
     Intention entscheidenden Vv.15f. und 20 entstammen nicht der
     synoptischen Tradition; dies betonte schon Bultmann, Geschichte,
     99, der den Stellenwert von 7,16a als "Übergangsbildung" aller-
     dings unterschätzte.

123 Vgl. Xenoph Hist Z 1 VII 1,10: ἐκ τῶν ἔργων ἔξεστι γιγνώσκειν.

124 Daß es sich bei den Pseudopropheten um enthusiastische Antino-
     misten handeln soll (Bacon, Studies, 348; Barth, Untersuchungen,
     68f.70) kann nicht aus dem Text selbst hergeleitet werden. So
     betont Strecker, Weg, 137f: "Die Warnung vor den falschen Pro-
     pheten ist nur eine Mahnung neben anderen, sie geht sachlich auch
     nicht über die üblichen, ähnlich unkonkreten Anweisungen zur Iden-
     tifizierung der Irrlehre in der altchristlichen Literatur hinaus."
     Auch Berger, Exegese, 122, betont den allgemeinen, unkonkreten
     Charakter der Mahnung und äußert sich zum Problem enthusiastischer
     Gruppen bei Matthäus abschließend: "Von enthusiastischen Gruppen
     kann ich im MtEv nichts finden. Das Problem von 7,21-23 ist... ge-
     nereller Art und schon at.lich. Im Zweifelsfall ist immer eine weni-
     ger auf bestimmte Gruppen historisch fixierende Lösung vorzuziehen"
     (ebda 123f. Vgl. auch ders., Gegner).

lichen Sinn καρπός die in der Endzeit relevant werdenden Folgen einer
einer guten Tat: Nach ÄthGorApk, S.82, erhält die Seele im endzeitlichen
Gericht die Frucht ihrer guten Taten zur Belohnung. Im TgPsJ zu Gen 4,8
wird betont, daß das Gericht gemäß den ·Früchten der guten Taten ergehen
wird. Auf diesem eschatologischen Hintergrund ist auch die Wendung ἐν
παντὶ ἔργῳ ἀγαθῷ καρποφοροῦντες aus Kol 1,10 zu verstehen.
In späteren Texten ist eine synonyme Verwendung von ἔργον und καρπός zu
beobachten: Const Ap II 34,27f; grEphr (ed. Assemani), S.197.
Für den in Mt 7 spezifischen Gebrauch von καρπός als   wahrnehm-
bares Zeichen einer inneren Einstellung sind Genitivverbindungen mit
Abstrakta typisch: Dabei ist etwa zu denken an Wendungen wie καρπὸς δικαιοσύνης (Jak 3,18; Const Ap IV 9,1f; grPlsApk, ed. Tischendorf, S.46);
aber auch an καρπός πίστεως (IgnEph 14,2; Polyc 1,2; MartyrSabas 8,2, ed.
Krüger, S.123).
Das Kriterium, nach dem sich die Christen in Gemeindeauseinan-
dersetzungen bei der Beurteilung ihrer Führer richten sollen,
sind deren Früchte, d.h. deren Taten, die von einer möglichen
Einheit oder Diskongruenz der inneren Einstellung und der
Handlungen zeugen. Unter Aufnahme des Fruchtbildes findet sich
die Betonung der strengen Entsprechung von innerem Sein und
Tatverhalten auch in der koptPetrApk, wobei wichtig ist, daß
es sich auch funktional um eine direkte Parallele zu Mt 7
handelt (75-76):
"Denn das Böse kann keine gute Frucht bringen. Denn jeder einzelne -von
welchem Ort er auch immer stammt- bringt das hervor, was ihm (dem Ort)
gleicht. Denn weder stammen alle Seelen aus der Wahrheit noch aus der
Unsterblichkeit... Jedoch, solange die Stunde nicht im Kommen ist, wird
sie (sc. die unsterbliche Seele) der sterblichen zwar ähnlich sehen, aber
ihre Natur nicht offenbaren,...
Denn weder sammelt man Feigen von Disteln oder von Dornen -wenn man klug
ist- noch Weintrauben von Stachelsträuchern. Jene (Frucht) entsteht nämlich immer an dem (Gewächs), zu dem sie gehört. Wenn sie zu dem, das nicht
gut ist, gehört, wird sie ihr (der sterblichen Seele) zum Verderben und
zum Tod...".
Das Fruchtbild wird hier unter teilweise wörtlichen Anklängen
an die synoptische Überlieferung aufgenommen. Der einleitende
Vers "Denn das Böse kann keine Frucht bringen" zeigt, daß es
hier ebenfalls um die Entsprechung von innerem Sein und äußerer
Tat geht. Doch ist die Erkennbarkeit der Taten im Gegensatz zu
Mt 7 auf einen eschatologischen Zeitpunkt verschoben ("... so-

lange die Stunde nicht im Kommen ist...")。 Doch ist für
unseren Zusammenhang von Bedeutung, daß der Kontext die Stelle
in gleicher Funktion erscheinen läßt wie Mt 7: Auch hier geht
es um Beurteilungskriterien bei theologischen Auseinandersetzungen. Nach koptPetrApk 74 sind die angesprochen, die
"die Wahrheit lästern und eine böse Lehre verkündigen".
Die Vermutung, daß es sich in Mt 7,16ff. um eine gebräuchliche
Argumentationsstruktur handelt, mit der Anweisungen für das
Verhalten bei theologischen Disputen gegeben werden, kann
durch einen Beleg aus den Const Ap weiter untermauert werden
(VI 13,6): Dort ist die Wendung ἀπὸ τῶν καρπῶν ἐπιγιγνώσκειν
auf die Warnung vor den ψευδόχριστοι und ψευδοπροφῆται bezogen, wobei ein direkter literarischer Einfluß von Mt 7
wegen des Fehlens des ausgeführten Bildes vom Baum und der
Frucht nicht sicher angenommen werden kann.

In den Apostolischen Vätern findet sich die Verbindung von ἔργον und
γιγνώσκειν innerhalb einer Offenbarungsrede in Herm (m) 6,2. Der Apoka-
lyptiker erhält die Mitteilung, daß in jedem Menschen zwei Engel wohnen,
ein Engel der Gerechtigkeit und ein Engel der Bosheit. Den Engel der
Gerechtigkeit erkennt man nur an seinen Werken; dazu wird der Seher aufgefordert. Die sich im menschlichen Inneren abspielende Auseinandersetzung
zwischen Gut und Böse tritt nur in den Werken an das Tageslicht und wird
nur durch sie greifbar. Ganz ähnlich predigt auch der 2. Klemensbrief in
Aufnahme eines Verses aus dem Ägypterevangelium über das Verhältnis von
Äußerem und Innerem (12,4): "Und, 'das Auswendige wie das Inwendige' be-
sagt dies: Wenn nun dein Körper erscheint, so soll auch deine Seele offenbar sein in guten Werken (δῆλος ἔστω ἐν τοῖς καλοῖς ἔργοις)." Es handelt
sich hier um eine an den Einzelnen gerichtete eschatologische Mahnung.
Wir wollen noch auf eine Stelle aus dem Jakobusbrief eingehen, die für
die anthropologische Diskussion des Verhältnisses von Außen und Innen
recht interessant ist: Jak 3,13ff. Nach V.13b zeigt sich die Weisheit
eines Menschen in seinem Wandel und in seinen Werken. Dabei weist δείκνυμι
auf die pagan-griechische Erfahrungsregel als möglichen traditionsgeschichtlichen Hintergrund (vgl. Teil A). Interessant ist, daß die Jakobusstelle erstaunliche Übereinstimmungen mit Mt 7 aufweist: Nicht nur, daß
sich das Innere ('Weisheit') in den Taten zeigt, weist auf Mt 7, sondern
auch die Aufnahme des Fruchtbildes im unmittelbaren Kontext (3,11f.18).
Außerdem sind auch im Jakobusbrief die Lehrer der Gemeinde angesprochen
(3,1). Allerdings will Jakobus damit nicht 'richtige' von 'falschen'
Lehrern unterscheiden. Es geht ihm nicht um Abgrenzung, sondern um die

Mahnung, das Lehramt richtig auszufüllen.[125]

Das Verhältnis von Außen und Innen wird von Jakobus in zweifacher Weise angesprochen: Einerseits zeigt sich die Weisheit in guten Werken, besonders in Friedsamkeit. Andererseits haben die Streitigkeiten und Kämpfe im Leben der Gemeinde ihren Ursprung in den Begierden des Menschen (4,1). So kann festgehalten werden, daß auch im Jakobusbrief das Verhältnis von Außen und Innen der Gemeindeparänese dienstbar gemacht wird. Matthäus spricht von den Gefahren, die der Gemeinde durch falsche Propheten drohen. Jakobus ermahnt die 'rechten' Lehrer der Gemeinde zu weisem Verhalten und warnt vor Streitigkeiten und Kämpfen innerhalb der Gemeinde.

Unter Aufnahme des auf die Erfahrungsregel weisenden ἐνδείκνυμι und mit Hilfe des Gegensatzes von Wort und Tat rezipiert 1Klem 38,2 den Gedanken aus Jak 3,13: "Der Weise soll seine Weisheit nicht in Worten, sondern in Taten zeigen." Im Folgenden wird das paulinische Bild der Gemeinde als eines Leibes aufgenommen, was auch hier den Bezug der Paränese auf die frühchristliche Gemeindewirklichkeit verdeutlicht.

Zusammenfassend können wir das Ergebnis der Analyse von Mt 7,15ff. dahingehend umreißen, daß Matthäus mit Hilfe des deutlich betonten Grundsatzes ἀπὸ τῶν καρπῶν γιγνώσκειν seinen Gemeinden eine Richtlinie für das Verhalten bei innergemeindlichen Auseinandersetzungen geben wollte. Hintergrund der Argumentation ist das in der pagan-griechischen Erfahrungsregel formulierte Erkenntnisprinzip, daß die Tat eines Menschen den Rückschluß auf dessen Gesinnung (ἀρετή) bzw. auf dessen inneres Sein zuläßt.   So geht Matthäus davon aus, daß nur die Taten eine Beurteilung von kirchlichen Autoritäten zulassen. Wenn Christen darüber entscheiden sollen, wer nun in der Gemeinde als 'richtiger' und wer als 'falscher' Prophet angesehen werden muß, empfiehlt es sich für sie, auch die Taten mit zu einem Kriterium ihrer Urteilsfindung werden zu lassen.

---

125   Gegen Dibelius, Jakobusbrief, 250f., der die Ansicht vertritt, daß 3,13-18 nicht wie 3,1ff. auf die Lehrer zu beziehen sei. Gegen diese These sprechen u.a. die folgenden Argumente: 1. Mußner, Jakobusbrief, 168, weist darauf hin, daß im frühen Judentum der Lehrer und der Weise fast identisch sind. 2. Auch in 3,1-12 geht es, wie die Beispiele aus der Natur (Vv.11f.) zeigen, darum, daß das nach außen tretende Sprachverhalten der Gemeindeglieder auf den 'inneren' Menschen rückschließen läßt. 3. In beiden Abschnitten geht es um die Ambivalenz, nämlich einmal um die der Zunge und das andere Mal um die der Weisheit.

2. Die Werke als Zeichen für das Auseinandertreten von
   richtiger Lehre und falscher Praxis: Mt 23,1-12

Für die Ordnung innerhalb der frühchristlichen Gemeinden
außerordentlich wichtig ist es, daß die Einheit von Lehre
und Praxis im Gemeindeleben nicht gefährdet wird, denn sie
gewährleistet sowohl die Glaubwürdigkeit gegenüber Außenstehenden als auch die notwendige Orientierung der Gläubigen
im internen Zusammenleben.
In Kap. 23 spricht Matthäus eine Gemeindesituation an, die
offensichtlich dadurch gekennzeichnet ist, daß Gemeindelehrer
diese Einheit durch ihr Verhalten gefährden (23,11f.).[126] Der
Gemeindefrieden scheint durch die 'Titelsucht' (23,8) einzelner Gemeindeglieder nachhaltig gestört,[127] und auch die Vorwürfe gegen die Pharisäer scheinen in aktueller Transparenz
den Blick auf die Situation der matthäischen Gemeinden zuzu-
lassen. Wie in den Adressatengemeinden des Jakobusbriefes
geht auch hier der Konflikt nicht von Lehrstreitigkeiten, sondern von einem falschen Tatverhalten einzelner Gemeindeglieder
aus. In einer für die Kompositionstechnik des Matthäus typischen Rede[128] wird unter Aufnahme antipharisäischen Materials[129]
dieser Konflikt mit dem Gegensatz von Wort und Tat angezeigt
(23,3). Im einzelnen gliedert sich der den sogenannten Weherufen an die Pharisäer vorangestellte Abschnitt 23,1-12
folgendermaßen:
Vers 1:   Einleitende Anrede; im Gegensatz zu V.13 sind
noch nicht die Schriftgelehrten und Pharisäer, sondern die
μαθηταί und die ὄχλοι angesprochen. Der Vers ist wahrscheinlich der matthäischen Redaktion zuzurechnen[130] und zeigt,
daß hier Gemeindeglieder und nicht Gegner angesprochen sind.[131]

---

126   23,11f. gehören der matthäischen Redaktion an und beinhalten zu-
      sammen mit 23,8-10 die Aussage, auf die der ganze Abschnitt hin-
      zielt (Pesch, Aussagen, 290).

127   Vgl. Berger, Bibelkunde, 260.

128   Vgl. Haenchen, Matthäus, 29f.

129   Pesch vermutet, daß Matthäus Material einer judenchristlichen
      Gruppe verwendet hat, die nach dem Jahre 70 damit begann, ihre
      rabbinischen Führer zu kritisieren; Pesch, Aussagen, 287f.

130   Pesch, Aussagen, 287.

131   Gegen Haenchen, Matthäus, 30.

Verse 2-7: Antipharisäisches Material,[132] in welchem der
Gegensatz von guter Lehre und schlechter Praxis in zweifacher
Weise angesprochen wird. Die Aufforderung, der Lehre zu folgen, dabei aber das Tun der Schriftgelehrten nicht nachzuahmen
(V.3a), wird durch die Opposition von Wort und Tat (V.3b)
thematisiert;[133] Vers 4 führt diesen Gegensatz bildhaft weiter
aus.[134] Neben der Diskrepanz von Wort (= Lehre) und Tat wird
in 23,5-7 dazu noch die Art und Weise der Praxis kritisiert.
Die Werke als Zeichen der inneren Eigenschaften spiegeln nicht
die fromme Gesinnung wider. Sie werden lediglich um des äus-
seren Augenscheins vollbracht.[135]

Verse 8-10: In Aufnahme einer alten christlichen Gemeinde-
ordnung[136] wird die besondere Autoritätsstruktur der frühchristlichen Gemeinden dargestellt.

Verse 11-12: Eine in regelartigen Sätzen formulierte allgemeine Anwendung des bisher Gesagten auf die konkrete Situation
der matthäischen Gemeinden. Die der Redaktion zugehörigen
Verse[137] sprechen durch ihren allgemeinen und regelartigen
Charakter den Leser direkt an: Niedrigkeit ist die wahre
Vorbedingung für Hoheit. Die antipharisäischen Passagen erhalten durch den zusammenfassenden Charakter der Vv.11-12
nur beispielhaften Wert.

---

132 Strecker, Weg, 16, nimmt unter Bezug auf Haenchen, Matthäus, 40, an,
     daß es sich hier um Material handele, das Matthäus bereits in dem
     von ihm verwendeten Exemplar der Logienquelle vorgefunden habe. Er
     stützt seine Ansicht besonders mit dem Hinweis auf nicht ausgleich-
     bare Spannungen innerhalb der Gesamtkomposition des Evangeliums:
     Stammte Mt 23,2-7 von Matthäus selbst, so läge eine abschwächende
     Interpretation von Mt 16,11f. vor. Zu befürworten ist auf jeden
     Fall Streckers Ansicht, daß es sich in 23,2-7 um traditionelles
     Material handelt und von daher dem Verhältnis von Redaktion und
     Tradition bei der Bestimmung der Aussageintention Bedeutung bei-
     zumessen ist.

133 Es fällt auf, daß hier die Tatsache der 'Heuchelei' zwar sachlich
     angesprochen wird, jedoch erst in 23,13 das Stichwort ὑπόκρισις
     genannt wird.

134 Dieser Vers, der ursprünglich aus der Logienquelle gestammt haben
     könnte (Heinrichs, Komposition, 43-45), transponiert den Gedanken
     aus 23,2f. in die dem Gesetz kritisch gegenüberstehende Sprache des
     hellenistischen Raums (Pesch, Aussagen, 288).

135 23,5b-7a gehören derselben judenchristlichen Traditionsstufe an
     wie 23,2-3 (Pesch, Aussagen, 288).

136 Trilling, Israel, 132.

137 Pesch, Aussagen, 289.

Aus der Gliederung des Abschnittes ist bereits deutlich geworden, daß es sich nicht um eine Auseinandersetzung der
matthäischen Gemeinden mit dem Pharisäismus oder dem Rabbinat
handeln kann,[138] was redaktionsgeschichtliche Analysen der
Perikope noch unterstreichen.[139]

Die Verse 1-12 haben den Charakter eines aktualisierenden Vor-
spannes zu den Weherufen über die Schriftgelehrten und Pharisäer (23,13-36), obwohl bereits auch in 23,1-12 antipharisäisches Material verwendet worden ist.[140] Die Sätze in den Versen 1 und 8-10 und besonders auch die abschließende ermahnende
Anwendung in 23,1f. sprechen die christliche Gemeinde an und
rahmen aktualisierend die judenchristlicher Tradition entstammenden gegen das Fehlverhalten pharisäischer Lehrer gerichteten Verse 2-7.

Mit Hilfe eines negativen Beispiels, dem Verhalten einiger
Schriftgelehrter, wird die Gemeinde zu einer Frömmigkeit
gemahnt, die brüderliches Verhalten über Autoritätsstrukturen setzt. Für diesen Zweck erwies es sich bei der Komposition der Rede als hilfreich, daß die Kritik an Amtsträgern
mit dem Vorwurf, daß Lehre und Praxis sich nicht decken, traditionell auf 'Heuchelei' zielt.

Frankemölle[141] hat herausarbeiten können, daß es in unserem Abschnitt
nicht um die Substitution des Gesetzes durch die Person Jesu geht.
Vielmehr soll gemäß der theologischen Konzeption des Matthäus das
Gesetz in seiner Ursprünglichkeit wiederhergestellt werden.

Über den auch in 23,1-12 verwendeten Gegensatz von Wort und
Tat, der -wie bereits dargestellt- auch in pagan-griechischen
Texten eine große Rolle spielt, ist das Notwendige in dieser
Untersuchung bereits gesagt worden. So kann sich die tradi-
tionsgeschichtliche Analyse auf den spezifischen Zusammenhang

---

138 Barth, Untersuchungen, 70, nimmt z.B. eine doppelte Frontstellung
     des Matthäus an: Zum einen der Gegensatz zu den sogenannten 'Anti-
     nomisten' und zum anderen derjenige zum Pharisäismus und zum Rabbinat.
     Die redaktionellen Vv.11f. zeigen aber deutlich, daß Matthäus einen
     internen Gemeindekonflikt lösen will. Er hat die Gefährdungen und
     Versuchungen, denen christliche Amtsträger ausgesetzt sind, im Auge.

139 Vgl. die redaktionsgeschichtliche Analyse von Pesch, Aussagen.

140 Vgl. Pesch, Aussagen, 289.

141 Frankemölle, Jahwebund, 295.

konzentrieren, in dem die Opposition von Wort und Tat an
dieser Stelle verwendet wird:

Das durch den Gegensatz von ἔργον und λόγος signalisierte
Auseinandertreten von Anspruch und Wirklichkeit wird in der
von Matthäus aufgenommenen judenchristlichen Tradition zur
Kritik an einer Gruppe verwendet, zur Kritik an Schriftgelehrten und Pharisäern. Auf dem Hintergrund pagan-griechischer Traditionen (vgl. Teil A) kann in analoger Weise bereits
im jüdisch-hellenistischen Schrifttum der Widerspruch von
Anspruch und Wirklichkeit der Polemik gegenüber bestimmten
Gruppen dienstbar gemacht werden:

So werden die γραμματικοί von Josephus deshalb attakiert,
weil ihre lügnerischen Worte durch die Wirklichkeit entlarvt
werden:[142] "τοιαύτη μέν τις ἡ θαυμαστὴ τοῦ γραμματικοῦ φράσις,
τὸ δὲ ψεῦσμα λόγων οὐ δεόμενον, ἀλλ᾽ ἐκ τῶν ἔργων περιφανές."
Bei Philo können die Sophisten als solche beschrieben werden,
die anders denken, als sie sagen (ἐνθυμήματα contra λόγοι),
die andere Gedanken haben, als sie in Worten äußern (βουλή
contra λόγος).[143] Nützlich ist in diesem Zusammenhang auch der
erneute (vgl. Teil A) Hinweis auf die Polemik Epiktets gegen
die sogenannten 'Reischristen', die sich aus Opportunismus
zum Christsein bekennen und deren heuchlerisches Verhalten
durch das Auseinandertreten von Wort und Tat sichtbar wird.
Die Heuchelei äußert sich nach Epiktet darin, daß dem Selbstbekenntnis nicht auch die geforderten Taten folgen.[144]

Überhaupt kann der Begriff ὑποκριτής pauschal dazu verwendet werden,
um theologische Gegner zu disqualifizieren: So werden in den Pastoralbriefen und im Hirten des Hermas die Irrlehrer allgemein als ὑποκριταί
bezeichnet.[145] Den Juden kann von den Christen pauschal Heuchelei vorgeworfen werden (Did 8,1), wie auch umgekehrt die Christen von den Juden
als Heuchler bezeichnet werden können (Gen r 48,6 z 18,1).

Matthäus wendet in 23,13 eine Tradition auf die christlichen
Gemeinden an,[146] die das Auseinandertreten von Lehre und Praxis

---

142 Jos Ap II,12.

143 Philo Det 72f.

144 Epict Diss II 9,20f.

145 Vgl. Wilckens, ὑποκρίνομαι, 568f.

146 Pesch zu 23,13 (Aussagen, 291): "Der erste Wehespruch (23,13) verrät
     zunächst Polemik maßgeblicher Männer des Judentums gegen die Ausbrei-
     tung christlicher Gruppen innerhalb des Synagogenverbandes, sodann
     aber auch eine apologetische und kämpferische Reaktion der Christen.
     Eine matthäische Anwendung dieses Textes auf die spätere christliche

als Heuchelei interpretiert. Ὑπόκρισις bezeichnet damit den
Widerspruch zwischen äußerem Anschein und innerem Mangel an
wahrer Gerechtigkeit, wie in 23,18 unter Aufnahme des Gedankens
aus 23,3 noch einmal ausdrücklich betont wird:
"οὕτως καὶ ὑμεῖς ἔξωθεν μὲν φαίνεσθε τοῖς ἀνθρώποις δίκαιοι,
ἔσωθεν δέ ἐστε μεστοὶ ὑποκρίσεως καὶ ἀνομίας."
Wilckens hat in diesem Zusammenhang mit Recht darauf hingewiesen, daß der Vorwurf der Heuchelei für die theologische
Polemik des ersten Evangeliums charakteristisch ist.[147]
Eine interessante, wenn auch schwer einzuordnende Parallele
zu Mt 23,3 findet sich in der Visio Beati Esdrae 46 (Handschrift V): "Et dixerunt angeli: Isti sunt legis doctores,
qui baptismum commiscuerunt et legem Domini, quia verbis
docebant, opere non implebant, et in hoc iudicantur."[148]
In der sonst mit der Visio Esdrae eng verwandten Höllenschil-
derung innerhalb der Apk Esdrae (V,5-VI,5/6) hat diese Schilderung der Höllenstrafen für die Lehrer des Gesetzes in V.45f.
keine Parallele. Die Erwähnung der Taufe weist darauf hin, daß
es sich um einen christlichen Zusatz handeln könnte.[149] Aufgrund dieser spärlichen Hinweise kann nicht entschieden werden, ob es sich um einen literarisch von Matthäus abhängigen
Einschub handelt, wogegen der völlig unterschiedliche Kontext
sprechen könnte. Für eine Abhängigkeit von Matthäus spricht
allerdings die Erwähnung des Kindermordes in Bethlehem (V.38)
aus dem matthäischen Sondergut in der Herodesszene der Visio
Esdrae. Wahrscheinlich ist diese christliche Apokalypse vom
Neuen Testament jedoch nur in einem weiteren Sinne, aber nicht
literarisch abhängig.
Es bleibt festzuhalten, daß auch in der Visio Esdrae die Ge-
setzeslehrer dadurch disqualifiziert werden, daß ihre Lehre

Kirche ist schon deshalb nicht auszuschließen, weil das Bild von
den Schlüsseln zum Himmelreich an 16,19 erinnert."

147 Wilckens, ὑποκρίνομαι, 566f.

148 Die von Wahl erstmals herausgegebene längere Handschrift L aus der
Bibliothek des Linzer Priesterseminars gibt V.46 ohne den für uns
entscheidenden Gegensatz von Wort und Tat wieder. Die Frage, welche
der beiden Textrezensionen die ursprünglichere ist, wird von Wahl
ausdrücklich offengelassen (21).

149 Ein weiterer eindeutig christlicher Zusatz in der Visio Beati
Esdrae ist die Herodes-Szene (37-39).

nicht mit ihren Werken übereinstimmt. Inhaltlich wird dies mit
dem Hinweis auf die Befleckung der Taufe und des Gesetzes konkretisiert und durch den Kontext (Höllenstrafen) in einen endzeitlichen Verantwortungszusammenhang gestellt. Auf ähnliche
Weise werden bei Cyrill von Jerusalem[150] diejenigen als Heuchler bezeichnet, deren Lehre nicht mit dem eigenen Handeln
übereinstimmt: "ὑποκριτὰς δέ φησι τοὺς τὰ ὀρθὰ μὲν διδάσκειν
πειρωμένους, δι᾽ ὧν δὲ ποιοῦσιν καταβλάπτοντας πλείω τοὺς
μαθητευομένους." Explizit wird die Lehre als richtig bezeichnet; es ist allein die Tat, die zum Heuchler macht.

Ein weiterer später Beleg dafür, daß der aus dem paganen Griechentum stammende Gegensatz von Wort und Tat zur Kennzeichnung
des Widerspruchs von Anschein und Wirklichkeit durch das Stichwort ὑποκρίνομαι bezeichnet werden kann, findet sich bei
Theodor von Heraclea:[151] Theodor betont, daß nicht nur ὁ ἀσεβῆ
λαλῶν bestraft wird, sondern auch ὁ καλὰ μὲν λαλῶν, φαῦλα δὲ
πράσσων. Ganz im Stil der im gesamten hellenistischen Schrifttum üblichen Kritik wird auch hier der Widerspruch von Anspruch
und Realität durch den semantischen Gegensatz von λαλεῖν und
πράσσειν ausgedrückt. Dieser Widerspruch wird anschließend
sofort theologisiert: ὁ ὑποκρινόμενους εὐλάβειαν καὶ οὐκ ἀληθῶς αὐτὴν ποιῶν. Auf theologischer Ebene wird der Gegensatz
von Wort und Tat durch ὑπόκρισις interpretiert. Derjenige
wird bestraft, der Gottesfurcht heuchelt und sie nicht wahr-
haft tut. Bei Apollinaris von Laodicea[152] kann dann die ὑπόκρισις ganz allgemein als Auseinandertreten von Bekenntnis
und Ethik ähnlich wie bei Epiktet[153] bestimmt werden. Es geht
um die, die das Licht zwar kennen, aber nicht zu ihm kommen,
ἵνα μὴ ἐλεγχθῆ ἡ ὑπόκρισις αὐτῶν τῶν λεγόντων εἰδέναι θεόν,
ἔργοις δὲ αὐτόν ἀρνουμένων."[154]

---

150   Nr. 277,12 (ed. Reuss).

151   Nr. 52,9 (ed. Reuss).

152   Nr. 14,7 (ed. Reuss).

153   Epict Diss II 9,21.

154   Hinzuweisen bleibt in diesem Zusammenhang noch auf die spätantike
       Äsopliteratur, in der unter dem Einfluß des christlichen Sprachge-
       brauches das Wesen der ὑπόκρισις durch den Widerspruch zwischen
       äußerem Schein und innerer Wirklichkeit des Tuns beschrieben werden
       kann; vgl. Wilckens, ὑποκρίνομαι, 562 Anm.21, und auf die von Schäf-
       ke, Widerstand, 493f., gesammelten patristischen Belege für das
       Auseinandertreten von Theorie und Praxis.

Die von Matthäus in 23,1-12.13 aufgenommenen judenchristlichen Traditionen stehen also, was die Kritik an Gruppen
innerhalb der Gemeinden durch den Hinweis auf den Widerspruch
von Wort und Tat betrifft, in einer breiten Tradition und,
was die Interpretation dieses Widerspruches durch ὑπόκρισις
betrifft, am Beginn eines sich später breit entfaltenden
Sprachgebrauches. Dies deutet darauf hin, daß es sich bei
dem von Matthäus angesprochenen Gemeindekonflikt um eine
Auseinandersetzung gehandelt haben dürfte, die für die
späteren Gemeinden zu einem typischen Problem geworden ist.
Die Herausbildung von Autoritätsstrukturen kann zwar m.E.
die rechte Lehre garantieren, sie birgt aber auch die Gefahr
eines Amtsmißbrauches durch die Lehrer selbst. Dieser Miß-
brauch wird an den Taten der Lehrer und nicht an ihrer Lehre
deutlich. Matthäus versucht, die ihm bekannten Mißstände
dadurch zu lösen, daß er die Orthopraxie der Lehrer zum Maßstab ihrer Beurteilung erhebt.

III. Die Funktion der Werke in der Gemeinde: bei der Beur-
     teilung von Rechtgläubigkeit und Häresie (Past)

Mit dem Gegensatz von Glauben und Werken wird im Jakobusbrief
semantisch ein Grundproblem des frühen Christentums signalisiert: Das Auseinandertreten von Bekenntnis und Ethik. In den
Pastoralbriefen und besonders im Titusbrief ist dieses Grundproblem jeder sich etablierenden Gemeinde auf dem Hintergrund
der Auseinandersetzung mit theologischen Gegnern enggeführt
auf das Verhältnis von Orthodoxie und Orthopraxie. Die Fähigkeit, gute Werke zu tun, wird an den Besitz der rechten Lehre
geknüpft. Während Matthäus in Kap.23 nicht die Orthodoxie der
Gemeindelehrer kritisiert, sondern deren Tatverhalten, geht es
dem Titusbrief um die Behauptung eines kausalen Verhältnisses
von Lehre und Ethik:
Im Rahmen eines Streites mit kretischen Irrlehrern wird nach
Tit 1,16 nicht deren Bekenntnis zu Gott bestritten. Man wirft
ihnen vor, daß sie, indem sie ungehorsam sind (ὄντες καὶ
ἀπειθεῖς), Gott mit Werken verleugnen (τοῖς δὲ ἔργοις ἀρνοῦν-
ται). In dem Ungehorsam gegenüber der rechten Lehre, nicht in
der mangelnden Gotteserkenntnis, wird die Ursache dafür gesehen, daß sie zu guten Werken unfähig sind (καὶ πρὸς πᾶν ἔργον

ἀγαθὸν ἀδόκιμοι).

Umgekehrt formuliert der Verfasser des 2.Petrusbriefes (2,1):
Dort werden den "falschen Propheten", denen vorgeworfen wird,
falsche Lehren unter das Volk zu bringen und dabei sogar den
Herrn zu leugnen (δεσπότην ἀρνούμενοι), Ausschweifungen ange-
lastet (2,2). Durch das Stichwort ἀρνέομαι ist auch das Verhalten derer gekennzeichnet, die der Verfasser des 2. Johannes
briefes als Antichristen in die Endzeit einordnet (V.7).[155]
Diesen wahrscheinlich der Gemeinde des 2. Johannesbriefes
selbst entstammenden Irrlehrern wird die Leugnung der Lehre,
daß Jesus der Christus ist, zum Vorwurf gemacht.[156] Und deutlich wird in V.10f. die Relation zwischen falscher Lehre und
bösen Werken hergestellt:

"Wenn jemand zu euch kommt und diese Lehre nicht bringt,
so nehmt ihn nicht ins Haus auf und begrüßt ihn nicht! (11)
Denn wer ihn begrüßt, nimmt teil an seinen bösen Werken
(κοινωνεῖ τοῖς ἔργοις αὐτοῦ τοῖς πονηροῖς)."

In allen diesen späten Texten des Neuen Testaments wird die
Fähigkeit zum Tun guter Werke nicht mehr an den Glauben an
sich gebunden. Bei Paulus kann noch deutlich eine Beziehung
zwischen falscher Gotteserkenntnis und Unfähigkeit zum Tun
guter Taten hergestellt werden (Röm 1,28): "Und wie sie (sc.
die Heiden) es verworfen haben, Gott recht zu erkennen, gab
sie Gott in einem verworfenen Sinn dahin zu tun, was sich
nicht geziemt."

Nun aber hat sich die historische Situation der Gemeinden verändert. Es geht nicht mehr um das Verhältnis zwischen Heiden
und Juden, das Paulus so tief bewegte, sondern die Durchsetzun
einer bestimmten Lehrtradition scheint den Verfasser des Titus
briefes zu bewegen. Er bindet die Fähigkeit zum rechten Tun
nicht mehr an den Glauben an sich, sondern an seine Ausformung
in Gestalt der rechten Lehre.

Die kausale Verknüpfung von Orthodoxie und Orthopraxie wird
auch im weiteren Verlauf des Titusbriefes zu einem bestimmenden Thema:

In dem auf Kapitel 1 folgenden dreiteiligen Tugendkatalog (2,1
10)[157] wird betont, daß es zu den Standespflichten der Gemein-

---

155   Vgl. Wengst, Brief, 112.

156   Wengst, Brief, 112.

157   Die Haustafel erscheint mehr als Tugendspiegel: Dibelius, Past., 104.

deglieder sowohl die Sorge um die rechte Lehre (2,1.3.7.10) als
auch das Tun der guten Werke (zusammenfassend in 2,7) gehören.
Damit ist die enge Zuordnung von Lehre und ethischem Verhalten zu einem positiven Motiv der Theologie des Titusbriefes
geworden und läßt sich nicht allein als Reflex auf die in
Kap. 1 angesprochenen Lehrstreitigkeiten interpretieren. Dies
wird besonders auch daran deutlich, daß dem paränetischen
Abschnitt 2,1-10 eine theologische Begründung folgt (s.u.).
An zentraler Stelle des Tugendkataloges wird Titus ermahnt,
für die Jüngeren ein Vorbild an guten Werken und in der Lehre
zu sein (2,6f. vgl. Phil 3,17; dort fordert Paulus dazu auf,
sein Vorbild nachzuahmen).

Der Verfasser nimmt damit eine für die hellenistische Popularphilosophie
typische Argumentationsform auf. Die Taten des Lehrers sollen als motivierendes Vorbild in den Schülern weiterwirken (vgl. Dio Chrys Or 55,4).
Abweichend von der pagan-griechischen Tradition wird dem Nachahmen vorbildhafter Taten ausdrücklich auch eine Wirkung nach außen zugeschrieben.
Das Tun guter Werke soll die Gemeinde vor Verleumdungen ihrer Wider-
sacher schützen (2,8).[158]

In einem streng zweigliedrigen Abschnitt (2,11-14) folgt eine
theologische Begründung für die in 2,1-10 paränetisch entfaltete Verpflichtung der Gemeinde zum Tun guter Werke:
Durch die Aufnahme sinntragender Stichworte aus dem vorhergehenden Kontext[159] ist der Abschnitt fest in die Gesamtargumentation eingebunden und kann als streng zeitlich gegliederte,
zusammenfassende Motivation der vorhergehenden Paränesen angesehen werden.
Die gegenwärtige Epiphanie der göttlichen Gnade (V.11f.) hat
in ihrer erzieherischen (παιδεύουσα, V.12) Funktion für das
Gemeindeleben eine zweifache Wirkung:
Nach innen bewirkt sie eine Abkehr von Gottlosigkeit und weltlichen Begierden und hebt damit die christliche Gemeinde
deutlich von dem Verhalten der paganen Umwelt ab.
Nach außen bewirkt sie, daß das christliche Leben nahezu als

---

158 Es handelt sich hierbei um die Ermahnung zur Rücksicht auf die
     Reaktion Außenstehender; ein Motiv neutestamentlicher Mahnrede,
     vgl. Mt 5,15; Joh 13,35; 17,21.23; 1Tim 6,1; Jak 2,7; 1Petr 2,12;
     2Petr 2,2 (Berger, Bibelkunde, 433).

159 Aus 1,16: ἀρνέομαι.
     Aus 2,2.5.6: σώφρων.
     Aus 1,16; 2,7: ἔργον.

Verwirklichung des Ideals griechischer Ethik erscheint.[160]
Damit ist die doppelte Wirksamkeit der guten Taten, wie sie
an zentraler Stelle der Paränese beschrieben ist (2,7f.), in
der χάρις begründet, deren gegenwärtige Epiphanie die Vv.11f.
ja beschreiben.

An die zukünftige Epiphanie des Christus als Hoffnung für die
Gemeinde erinnert 2,13 und unterstreicht damit den motivierenden Charakter der gesamten theologischen Begründung.

2,14 blickt zurück in die Vergangenheit. In einer Aufnahme
wenig originärer Glaubenssätze[161] wird die Notwendigkeit
zum Eifer in guten Werken (ζηλωτὴν καλῶν ἔργων)[162] in der
Christologie verankert. So ist zum Abschluß der theologischen
Motivation in 2,11-14 das leitende Thema der Zusammengehörigkeit von Lehre und Werken an exponiertem Ort wiederaufgenommen.

Neben der Betonung der Zusammengehörigkeit von guten Werken und rechter
Lehre werden in 2,11-14 wichtige Hinweise auf das von den hellenistischen
Ortsgemeinden geforderte Tatverhalten in einer paganen Umwelt gegeben:
Die in den Finalsätzen (V.12b.14b) notierten direkten Auswirkungen der
vorher angeführten theologischen Sätze auf das ethische Verhalten beziehen sich jeweils auf das interne Leben der Gemeinde. Nach V.12b sollen
die Gemeindeglieder sowohl die (heidnische) Gottlosigkeit als auch die
weltlichen Begierden ablegen, d.h. die Gemeinde ist dazu aufgerufen, sich
dem Lebensstil ihrer Umwelt auf kultischem und individualethischem Gebiet,
was das interne Zusammenleben betrifft, zu entziehen.
Auch die soteriologische Begrifflichkeit in V.14b ist auf die 'Binnenstruktur' der Gemeinde bezogen. Das betonte ὑπὲρ ἡμῶν weist darauf ausdrücklich hin. Verstärkt wird der Bezug auf das Zusammenleben innerhalb
der Gemeinde noch durch die Beobachtung, daß in V.14 "aus der LXX übernommene und von den Christen adoptierte Ruhmestitel des Volkes Israel"[163]
verwendet werden und damit die Terminologie an dieser Stelle auf gemeinde-
interne Tradition rekurriert. Sonst bleibt die Sprache in 2.11-14 durchaus auf dem Boden hellenistischer Vorstellungen.
In den Versen 12c und 14c folgen dann jeweils Aussagen, die auf das Verhalten der Gemeinde nach außen zielen. Durch die Aufnahme der Stichworte
σωφρόνως und καλῶν ἔργων aus dem vorhergehenden Tugendkatalog wird bewußt die in diesem enthaltene pagane Ethik aufgegriffen. Die guten Werke
werden damit wie auch in 2,7f. vornehmlich unter dem Gesichtspunkt ihrer
Wirkung auf die Umwelt der Gemeinde gesehen, was sie inhaltlich als zu-
sammenfessenden Terminus für ethisches Normalverhalten (Tugendkatalog!)
erscheinen läßt. Dies setzt sich in 3,1 fort, wo das ἔργον ἀγαθόν auf

---

160 Dibelius, Pastoralbriefe, 107, hat gezeigt, daß von den vier griechi-
     schen Kardinaltugenden nur die ἀνδρεία in der Aufzählung von V.12b
     fehlt.

161 Vgl. Brox, Pastoralbriefe, 301f; Dibelius, Pastoralbriefe, 108-110.

162 Vgl. OGIS I 339,90; IPriene 110,11f.

163 Dibelius, Pastoralbriefe, 91.

die Forderung nach Unterordnung unter die Obrigkeit bezogen ist und
damit zum Ausdruck der nach außen wirkenden und sichtbaren ethischen
Konformität der christlichen Gemeinden geworden ist.
Die frühen hellenistischen Ortsgemeinden, die der Titusbrief anspricht,
scheinen auf ethischem Gebiet eine Doppelstrategie zu verfolgen.
Konformes, vorbildliches Verhalten in der weltlichen Ordnung soll Frei-
raum schaffen für ein internes Zusammenleben, das sich von heidnischen
Sitten und Gebräuchen deutlich abhebt.

Die erneute zusammenfassende theologische Motivation in 3,3-7
zielt sowohl auf die vorausgehende Ermahnung zu konformen
Verhalten gegenüber staatlichen Autoritäten als auch auf die
nachfolgende und abschließende Behandlung des Verhältnisses
von Lehre und guten Werken.
Ebenso wie die theologische Begründung in 2,11-14 ist auch
3,3-7 in ein 'Einst-Jetzt-Schema' eingebettet und in der
1.Person Plural formuliert. 3,4 nimmt aus 2,11.13 den Gedanken
der Epiphanie wieder auf und verbindet ihn mit Aussagen über
die Rechtfertigung aus Gnaden (3,5-7). Im Gegensatz zur in
Röm 3 und Gal 2 entfalteten Konzeption einer Rechtfertigung
ohne Gesetzeswerke fehlt hier sowohl der Bezug auf das Gesetz
als auch der Rekurs auf die πίστις. Dafür stehen den menschlichen Werken hier die göttliche χρηστότης, das ἔλεος und
die χάρις gegenüber (3,7).[164] Die vorleistungsfreie Rechtfertigung des Menschen ist dabei an das Bad der Wiedergeburt und
an seine Erneuerung durch den Heiligen Geist gebunden (3,5).
Die Gottesprädikate χρηστότης und ἔλεος in Verbindung mit der
rechtfertigenden Gnade könnten darauf hinweisen, daß hier in
modifizierter Form die jüdische Konzeption einer Rechtfertigung mangels Werken aufgrund von Auserwähltheit vorliegt (vgl.
Teil D IV 3). Geist und Taufe wären dann als Ursache für das
göttliche Erbarmen an die Stelle der Auserwähltheit getreten.[165]
Funktional begründet dieser theologische Exkurs die Neuartig-
keit des innergemeindlichen Zusammenlebens im Gegensatz zu
dem der Vergangenheit zugeordneten sündhaften Leben, das der

---

164 Lindemann, Paulus, 141, sieht in 3,7 richtig das Ziel der Recht-
     fertigungsaussagen.

165 Gegen Lindemann, Paulus, 141f., der paulinische Theologie in aller
     Breite entfaltet sieht und gegen Brox, Pastoralbriefe, 306f., der in
     dem Gnadencharakter der Rechtfertigung einen genuin paulinischen Ge-
     danken erblicken will. Dibelius, Pastoralbriefe, 94, nimmt sogar
     an, daß Paulus direkt zitiert worden sei.

Lasterkatalog in 3,3 schildern will.

Letztmalig thematisiert der Verfasser des Titusbriefes in 3,8
das kausale Verhältnis von Lehre und guten Werken,[166] wobei
nun die Auswirkung der Lehre nicht im Blick auf das innergemeindliche Leben, sondern betont in Zielrichtung auf die
Nützlichkeit der guten Werke für alle Menschen entfaltet wird.
Die ἔργα καλά sind wiederum an die in 3,4-7 breit dargestellte
und als πιστός bezeichnete Lehre gebunden und als Wirkung
(καλὰ καὶ ὠφέλιμα) dieser Lehre nach außen bestimmt.
Wir fassen zusammen:
Ausgehend von dem konkreten Anlaß der Auseinandersetzung mit
theologischen Gegnern begründet der Verfasser des Titusbriefes
in einer Abfolge von instruktiven und motivatorischen Textteilen ausführlich die aus seiner Sicht notwendige Zusammengehörigkeit von rechter Lehre und christlicher Ethik. In
diesem Rahmen zielt die Zuordnung von Lehre und guten Taten
auf die positive Ausstrahlung christlichen Verhaltens auf die
Umwelt. Gleichzeitig wird mit dieser Zuordnung versucht,
aufgrund ihrer Werke Gemeindelehrer als Irrlehrer zu disqualifizieren. Die ἔργα καλά sind in diesem Zusammenhang
keine Zeichen innerer Einstellung, sondern Erkennungsmerk-
male der rechten Lehre.
Im Rahmen dieser Konzeption spielt die Rechtfertigungsaussage
innerhalb der zweiten zusammenfassenden Motivation (3,3-7)
keine direkte Rolle mehr.[167] Die Verbindung mit der Taufe

---

166   πιστὸς ὁ λόγος bezeiht sich, wie Lindemann, Paulus, 141, richtig
       feststellt, auf die ganze Aussage in 3,4-7.

167   Dies gilt auch, wie Luz, Rechtfertigung, 378f., nachwies, für die
       zweite Erwähnung der Rechtfertigungsproblematik in den Past: 2Tim 1,9f
       ist eingebettet in einen dogmatischen Exkurs, der zum Leiden für das
       Evangelium auffordert (1,6-12) und betont in Kontrast zu den Leidens-
       aussagen die Herrlichkeit des Evangeliums: In den kerygmatisch klin-
       genden Sätzen verbindet sich ein Revelationsschema, das das Einst,
       als das Heil verborgen war, dem Jetzt der Offenbarung des Heils gegen-
       überstellt, mit Aussagen über die Rechtfertigung: "οὐ κατὰ τὰ ἔργα
       ὑμῶν ἀλλὰ κατὰ ἰδίαν πρόθεσιν καὶ χάριν" und einer Tradition über die
       Epiphanie des σωτήρ (V.10).
       Auffallend ist die Nähe von 2Tim 1,8 zu Röm 1,16 in der Formulierung.
       Luz folgert, "daß der Verfasser beim Schreiben von 2Tim 1,3ff das
       erste Kapitel des Römerbriefs vor sich gehabt hat und dessen Eucha-
       ristie paränetisch moduliert" (Rechtfertigung, 378). 2Tim 1,9-11
       stehe dann anstelle der paulinischen Zusammenfassung des Evangeliums
       (Röm 1,17). Da kein näherer Zusammenhang zwischen dieser Zusammenfas-
       sung traditioneller Topoi und dem weiteren Inhalt des Briefes zu er-
       kennen sei, habe der Text die Funktion einer knappen Erinnerung an die

weist das Rechtfertigungsgeschehen in die Vergangenheit: Die
rechtfertigende Gnade Gottes ist identisch mit der Taufgnade.[168]
Im Leben nach der Taufe kommt ihr erzieherische Funktion zu
(Tit 2,11). Es geht nun darum, besonnen und fromm in dieser
Welt zu leben (2,12), was sich, wie wir zu zeigen versuchten,
in der Bewahrung der rechten Lehre und der darin eröffneten
Möglichkeit zum Tun der guten Werke verwirklicht.
In der Sicht der Pastoralbriefe steht das gegenwärtige Leben
im Horizont der Eschatologie, welche sie als Gericht nach den
Werken verkündigen können (1Tim 5,25; 6,18; 2Tim 4,14.18).[169]
Hierin liegt der von Luz herausgearbeitete tiefgreifende Unterschied zu Paulus:[170] Eschatologie und Soteriologie treten auseinander oder, um mit späteren dogmatischen Begriffen zu
sprechen: Rechtfertigung und Heiligung, Indikativ und Imperativ können die Pastoralbriefe nicht mehr zusammensehen. Gegenüber den paulinischen Rechtfertigungsaussagen ist das Verständnis der Werke deutlich verschoben: Für Paulus ist der Bezug
auf das Gesetz grundlegend; er steht in Auseinandersetzung mit
jüdischer Theologie, was ihn dazu zwingt, im Rahmen seiner
Soteriologie die Gesetzeswerke als Gebotserfüllungen dem Glauben an Jesus Christus gegenüberzustellen. In den Pastoralbriefen tritt an die Stelle der Auseinandersetzung mit dem jüdischen "Werk"-Verständnis die inhaltliche Bindung der Taten an
die Lehre. Von daher sind die Werke ein wichtiges Element der
Gemeindetheologie der Pastoralbriefe. Sie sind als Zeichen der
Rechtgläubigkeit auch von soziologischer Bedeutung. Doch auch
in den Pastoralbriefen bleibt, wie Tit 3,4ff. zeigt, wichtig,
daß der Mensch in der Taufe aus Gnade und nicht aus Werken
gerechtfertigt wird.

---

von der Kirche zu bewahrende παραθήκη (1,12). Ob der Verfasser des
2Tim bei der Abfassung den Römerbrief vor Augen gehabt hat, ist bezweifelt worden (vgl. Lindemann, Paulus, 138), doch halten wir die
funktionale Bestimmung von 1,9f. durch Luz für zutreffend: Es handelt
sich um eine knappe Zusammenfassung von der Gemeinde zu bewahrender
Lehrtraditionen, zu denen auch die Lehre von der Rechtfertigung aus
Gnade gehört. Diese Topoi werden nicht mehr diskutiert, nur noch me-
moriert: Die Gemeinde vergewissert sich ihrer Traditionen und wendet
sich der Lösung von Gegenwartsproblemen zu.

168   Luz, Rechtfertigung, 379.

169   Über das Recht, die Past. gemeinsam zu betrachten: Vielhauer, Ge-
      schichte, 216; Lindemann, Paulus, 134; Barnett, Paul, 251.

169   Luz, Rechtfertigung, 379-382.

IV. Die Funktion der Werke in der Gemeinde: bei der Beur-
    teilung der eigenen Herkunft: Die Werke der Väter

In Joh 8,31-59 wird auf dem Hintergrund von Abrahamtraditionen
die enge Verbindung von Botschaft und Christologie aufgezeigt.[170] In diesem Zusammenhang spielen die ἔργα τοῦ Αβραάμ
(8,39) bzw. die ἔργα τοῦ πατρὸς ὑμῶν (8,41) als Legitimations-
und Erkennungszeichen eine nicht unwesentliche Rolle.
Vorbedingung einer genaueren Analyse der johanneischen Aussagen muß jedoch eine Untersuchung des Verständnisses der
'Werke der Väter' sowohl im jüdischen als auch, was bisher
wenig beachtet wurde, im pagan-griechischen Schrifttum sein.

1. Die Werke der Väter im jüdischen Schrifttum

Nicht nur in der rabbinisch-jüdischen Theologie hat sich die
Überzeugung ausgebildet, daß den Taten der Väter soteriologische Bedeutung für deren Nachkommenschaft beigemessen werden
kann, doch findet sich dort für diese Vorstellung die Mehr-
zahl der Belege.
Israel weiß sich aufgrund der Taten der Väter einer Vorzugs-
stellung vor Gott sicher: "R. Sebida im Namen des R. Josua ben
Levi sagte: Mose sprach: Herr der Welt! Waren die Väter der
Welt Gerechte oder Frevler? Mache zwischen diesen und jenen
einen Unterschied; wenn sie Frevler waren, so verfährst du
billig (schön) gegen ihre Kinder. Warum? Weil ihre Väter
bei dir keine (verdienstlichen) Werke haben, wenn sie aber
Gerechte waren, so laß ihnen das Werk ihrer Väter zu Gute
kommen (eig. gib ihnen das Werk ihrer Väter)."[171]
Deutlich stellt der Midrasch eine Beziehung zwischen den
guten Werken der Väter und dem Ergehen des Volkes Israel her.
Das Heil aufgrund der Taten der Väter wird Israel kollektiv
zugesagt, den Werken kommt keine individuell wirkende soteriologische Bedeutung zu. Israel weiß um die besondere Fürsorge
Gottes aufgrund der verdienstvollen Werke seiner Väter.[172]

---

170   Berger, Bibelkunde, 312.

171   ExR 44,9 zu Ex 32,13; vgl. Tg Jes 64,4.

172   Deutlich betont dies Tg O in einem Zusatz zu der Bileam-Balak Epi-
       sode (Num 23). Wir zitieren nach der neuen kritischen Übersetzung

Ebenso können aber auch die schlechten Werke der Väter als
Ursache für den Fluch über deren Nachkommen angesehen werden:
Mit einer eingeschobenen Erklärung macht der Übersetzer des
Tg O in Lev 26,39 deutlich, daß die 'schlechten Werke der
Väter' die gegenwärtigen Leiden des Volkes erklärbar machen.[173]
Sowohl die guten Taten als auch die Sünden der Väter wirken
kollektiv auf ganz Israel. Das Volk ist als Ganzes angesprochen,
wie auch DtnR 3,15 zu Dtn 10,1 betont, daß das Bußgebet, das
Mose am Sinai für sein Volk spricht, nur aufgrund der Werke
der Väter Erfolg hat: "Als Mose den Verdienst der Väter er-
wähnte, sprach Gott sofort. Ich verzeihe..."
Es bleibt für all diese Texte festzuhalten, daß in ihnen das
Heil nur Israel als kollektiver Größe zugesprochen wird. Der
einzelne Gläubige ist dadurch nicht seiner individuellen
ethischen Verantwortlichkeit enthoben.[174]

---

von Le Déaut (SC 261, 1979): "Or, quand Balaam, le pécheur, vit que
(ceux) de la maison d'Israël êtaient en train de circoncire leurs
prépuces et de les cacher dans la poussière du désert, il dit: Qui
pourra dénombrer les mérites de ces puissants et la somme des bonnes
oeuvres aussi nombreux que les étoiles du ciel?..." (Num 23,10).

173   Ebenso betont auch Josephus, daß der väterliche Frevel gegen Gott
      Auswirkungen auf die folgenden Generationen hat: "Ihr wißt, daß ihr
      wegen der Sünden meines Vaters, der gegen Gott frevelte, von vielen
      und schweren Drangsalen heimgesucht worden seid, weil ihr euch von
      ihm zum Götzendienst habt verleiten lassen (διὰ τὰς τοῦ πατρὸς
      ἀμαρτίας τοὐμοῦ)", Jos A 9,261. Wie im Tg O fließen hier die Schuld
      der Väter und eigenes sündhaftes Verhalten der Nachfahren ineinander.
      Die Taten der Väter sind nicht die alleinige Ursache des schlechten
      Ergehens der Nachfahren. Vielmehr erscheint die Schuld der Väter bei
      eigenem Fehlverhalten erschwerend hinzuzutreten (vgl. Jos A 10,47:
      "Amos ahmte die Frevel nach, die sein Vater in der Jugend begangen
      hatte"). In der äth. Kebra Nagast, die viel traditionelles Material
      bewahrt hat, hat sich das Zusammenwirken augenblicklicher und über-
      kommener Schuld erhalten. Innerhalb eines Weherufs über die Sünder
      in Israel werden im Rahmen einer Strafandrohung die Sünden der Vä-
      ter als strafverschärfend erwähnt: "Wehe denen, die da reines Blut
      vergießen werden, die den Gerechten schmähen und seine Beute unter
      sich verteilen, die nicht an sein Wort glauben und in seinem Befehl
      wandeln! Ihre Verdammnis ist bereitet und ihre Sünden bleibend, groß
      ist ihre Strafe und schwer ihre Sünde, er wird ihnen nicht verzeihen,
      und man wird die Sünden ihrer Väter ins Gedächtnis zurückrufen..."
      (c.69).

174   Zu beachten ist, daß die soteriologische Funktion der Vätertaten
      gattungsmäßig besonders in 'Verheißungen' betont werden kann,
      während sie in einer anderen Traditionslinie, besonders in parä-
      netischen Gattungen, bestritten werden kann; vgl. Berger, Abraham,
      377.

Dies wird dadurch unterstrichen, daß die Schuld der Vätersünden
zwar belastend hinzutreten kann, nicht jedoch zur alleinigen
Ursache für schlechtes Ergehen der Nachfahren wird.[175]

Vereinzelt betonen auch Belege aus der jüdisch-hellenistischen
Literatur die heilwirkende Funktion der Taten der Väter, wobei
dort die Anlehnung an die Begrifflichkeit der hellenistischen
Popularphilosophie und damit der Versuch einer Vermittlung von
jüdischen und pagan-hellenistischen Wertvorstellungen ins Auge
fällt:

In einer Rede des Abias an die Anhänger Jerobeams versucht
dieser kurz vor der Schlacht, seinen Anspruch zu unterstreichen,
der legitime Nachfolger des von Gott eingesetzten davididischen
Königshauses zu sein und damit allein die Heilskontinuität,
die in den Werken der Väter begründet liegt, sicherzustellen.
So folgt der Aufforderung, sich der Wohltaten Salomos (διά τε
Σολομῶνα τὸν πατέρα καὶ τὰς εὐεργεσίας τὰς ἐκείνου) zu erinnern, der begründende Argumentationssatz: "Denn der Väter
Wohltaten (τὰς τῶν πατέρων εὐποιίας) tilgt die Fehler (ἁμαρτίας) ihrer Nachkommen" (Jos A 8,278). Die Bezeichnung der
Taten mit εὐεργεσία/εὐποιία in Verbindung mit Salomo weist
weist traditionsgeschichtlich auf eine Verschmelzung von
hellenistischer Königsideologie und jüdischer Soteriologie.

Eine explizite Kritik der hellenistischen Moral mit Hilfe der Vorstellung
von der soteriologischen Funktion der Werke der Väter übt pSan. indem er
sich mit dem Prinzip der sofortigen Vergeltung der Wohltaten   auseinandersetzt: "... Wenn unsere Alten (die Väter der Welt) für die Erfüllung
ihrer Pflichten gleich den Lohn hier auf Erden bekommen hätten, welches
Verdienst bliebe dann ihren Nachkommen?" (pSan f.35b). Josephus betont,
daß das Prinzip der gegenseitigen Vergeltung über den Tod hinaus Geltung
haben kann. Er schildert die Steinigung des Zacharias: "Ja, der König
(sc. Joas) ließ sogar den Zacharias, den Sohn des Hohepriesters Jodaus,
uneingedenk der Wohltaten seines Vaters (τῶν τοῦ πατρὸς εὐεργεσιῶν αὐτοῦ
λαθόμενος) im Tempel zu Tode steinigen, weil er, vom Geiste erfüllt, in
öffentlicher Versammlung König und Volk zur Umkehr ermahnt..." (Jos A
9,168). Josephus scheint auf dem Standpunkt zu stehen, daß die gegenseitige Vergeltung der Wohltaten nicht im Tod des Wohltäters seine Grenze

---

175   Mamorstein, Doctrine, 4, sieht hinter dem Weiterwirken der Taten der
      Vorfahren eine Struktur kollektiver Vererbbarkeit von Schuld und
      Gerechtigkeit, die das auch in der rabbinischen Theologie wir-
      kende Prinzip individueller Verantwortung nicht in Rechnung stellt.
      Mamorstein übersieht jedoch unseres Erachtens den grundsätzlichen
      Unterschied zwischen kollektiver Heilszusage und individueller
      Verantwortung, der an der gattungsspezifischen Verwendung der Heils-
      garantie aufgrund der Vätertaten deutlich wird.

finden sollte, sondern auch den Nachfolgenden sollte die Vergeltung
zugute kommen.[176]

2. Die jüdische Kritik an der Heilswirksamkeit der Vätertaten

Das dargestellte Vertrauen des gläubigen Juden auf die Teilhabe an dem durch die Väter erworbenen Verdienst unterliegt
besonders in paränetischen Gattungen[177] sowohl des rabbinischen
als auch des jüdisch-hellenistischen Schrifttums einer Kritik,
die in zwei Richtungen verläuft:
Auf der einen Seite kann der Lebenswandel der Väter selbst
einer kritischen Betrachtung unterzogen werden, wobei sich
die Überzeugung Raum schafft, daß es dem Menschen unmöglich
ist, ohne Sünden vor Gott zu treten.Damit wird die Vorbild-
haftigkeit der Vätergestalten deutlich relativiert. Die Basis
für die Behauptung, daß ihre Taten soteriologische Bedeutung
für die Nachkommen haben, fällt weg.
Auf der anderen Seite kann der individualethische Gesichtspunkt hervorgehoben werden, daß vor Gott jeder Mensch selbst
für seine Taten verantwortlich ist. Eine Berufung auf Verdienste anderer läßt eine solche Maxime nicht zu.
In der Pistis Sophia wird betont, daß auch die Väter der Gnade
und Vergebung Gottes bedürfen. Sie erhalten die Mysterien des
Lichtes aufgrund göttlicher Vergebung ihrer schlechten Taten
und nicht aufgrund ihrer verdienstvollen Werke:
"Abraham dagegen und Isaak und Jakob habe ich all ihre Sünden
und Missetaten (ἀνομίαι) vergeben und habe ihnen die Mysterien
des Lichtes in den Aeonen gegeben, und sie an den Ort des
Jabraoth und aller Archonten, die Buße getan haben (μετα-
νοεῖν), gestellt."[178] Auf einer ähnlichen Argumentationsebene
befinden sich auch Belege, die davon ausgehen, daß auch Abraham, Isaak und Jakob das göttliche Gericht nicht aus eigener
Kraft bestehen konnten.[179]

---

176 In einigen Texten spielt die soteriologische Wirkung der Vätertaten
     auch eine Rolle im eschatologischen Gericht. Exemplarisch der folgende
     Beleg aus dem Midrasch Rabba: "So sprach Gott zu den Israeliten: Mei-
     ne Kinder! Wenn ihr im Gericht an diesem Tag vor mir schuldfrei sein
     wollt, so erwähnt die Tugenden der Väter und ihr werdet schuldlos vor
     mir im Gerichte sein..." (LevR 29 zu 23,24).

177 Vgl. Berger, Abraham, 377.

178 Pistis Sophia (ed. Schmidt) 135,356.

Die Sünden, die den Erzvätern vorgeworfen werden können, sind
nach dem Midrasch Sir Ha-sirim I,4 -stark typisiert- die folgenden: Abraham und Jakob besaßen mangelndes Gottvertrauen,
während Isaak den von Gott gehaßten Esau liebte.
Insbesondere wird jedoch in Gemeindeparänesen zugunsten der
Selbstverantwortlichkeit für die eigenen Taten die soteriologische Funktion der Vätertaten bestritten. Es fällt dabei auf,
daß diese Kritik an den Vätertaten, die im Dienste der Her-
stellung einer intakten Gemeindeethik steht, sowohl jüdischen
als auch christlichen Texten gemeinsam ist:
Zugunsten des Umkehrgedankens bestreitet Bar 2,19.23 die Relevanz der Vätertaten im Gericht. Der Gedanke an eine Übertrag-
barkeit der Verdienste wird abgelehnt (Tg Jes 64,4f.), dafür
aber die Forderung nach Umkehr umso dringlicher erhoben.
Auch in der jüdisch-hellenistischen und apokalyptischen Literatur wird ein Einfluß der Verdienste der Väter auf das Ergehen im Gericht vielfach bestritten: syrApkBar 85,12; 4Esr
7,102-115; slavHen 53,1 und AntBibl 33,5.
Das bisher Gesagte gilt auch für das rabbinische Schrifttum:
Im Midrasch Tehillim werden die angegriffen, die auf den Einfluß der Werke der Väter zu ihren Gunsten im Gericht hoffen.
Man soll ausschließlich auf die eigenen Werke vertrauen, denn
nur die sind im Gericht von Bedeutung (Midr Tehil zu Ps 146,3).
Grundsätzlich nimmt zu diesem Problem Memar Marquah[180] Stellung: "The tenth statement. How did the great prophet Moses
teach Israel about the Day of Vengeance? He announced to them
their deliverance from it. There is no announcement for deliverance exept for those who posess righteousness and who do
good deeds, who keep the commandments, who walk in the way
of the True One."
Implizit wird hier jede Möglichkeit, sich im Gericht auf die
Verdienste der Väter zu berufen, ausgeschlossen.
Die Doktrin von der Heilswirksamkeit der Väterwerke scheint
auch in frühen christlichen Gemeinden wirksam gewesen zu sein,

---

179   bT Ar 17a; auch Midr Tehil zu Ps 143,1: "Es gibt keinen Menschen
       an diesem Tage (sc. dem eschatologischen Gerichtstag), dessen
       Gesicht schön wäre, sondern jegliches Gesicht ist fahl geworden,
       auch Abraham wegen Ismael, auch Jizchak wegen Esau."

180   Memar Marquah (ed. McDonald) p.185.

denn in 2Klem 6,8f. wird sie zugunsten der Predigt von Umkehr
und guten Werken, die die einzige Garantie für ein Bestehen
des göttlichen Gerichtes seien, bestritten. Selbst in den relativ späten Const Ap wird noch betont, daß die Taten der
Väter keinen Einfluß auf das göttliche Vergeltungshandeln
haben.[181]

Auch und gerade im rabbinischen Schrifttum relativiert die
Gnade Gottes das Vertrauen auf die Verdienste der Väter.[182]
Israel kann sich weder auf die eigenen Werke noch auf die
guten Taten der Väter berufen, sondern benötigt trotz der
Verdienste der Väter die Gnade Gottes (LevR 36,5). Darum gilt
es auf die Gnade Gottes zu vertrauen: "... Du bist der Richter
und Du bist der Anwalt. So sprach auch David: Mancher vertraut auf die schönen und gerechten Werke seiner Väter, ich
vertraue auf Dich. Obgleich ich keine guten Werke besitze,
allein, da ich zu Dir rufe, erhöre mich!"[183]

Wir fassen zusammen:
Den Taten der Väter kann besonders im rabbinischen Schrifttum
Heilswirksamkeit zugesprochen werden. Diese wirkt sich dann
überwiegend auf Israel als kollektive Größe aus.
Der in zwischentestamentlicher Zeit mit Macht einsetzende
Prozeß der Eschatologisierung theologischer Aussagen hat zur
Folge, daß die Taten der Väter nicht nur innergeschichtlich
die Heilskontinuität für Israel garantieren, sondern auch auf
den Ausgang des göttlichen Gerichts Einfluß nehmen können.
Dieses Denken unterliegt einer ethischen und einer theologi-
schen Kritik, die auch im rabbinischen Schrifttum lebhaft ver-
treten werden kann. Umkehr und eigene Werke können in der Ge-
meindeparänese zum alleinigen Kriterium für das Bestehen im
Gericht werden. Auf bibeltheologischem Weg werden den Vätern
selbst 'Sünden' nachgewiesen, die die Heilsmächtigkeit ihrer
Taten für andere in Frage stellen.
Letztlich kann sich im Judentum wie auch im Christentum die
Überzeugung durchsetzen, daß das Vertrauen auf die Gnade des
Schöpfergottes die alleinige 'Garantie' für ein gutes Ergehen

---

181 2,14,15-20 (ed. de Lagarde) p.26.

182 Vgl. Mamorstein, Doctrines, 13-15.

183 Midr Tehil zu Ps 141,1; vgl. Midr Tehil zu Ps 137,5; aber auch
     4Esr 8,31, wo betont wird, daß die Väterwerke in ihrer unheilvollen

vor Gott ist. Die Vorstellung des barmherzigen Gottes tritt auch im rabbinischen Judentum zuungunsten einer exklusiven Heilsgarantie aufgrund der Taten der Väter in den Vordergrund.

3. Die Werke der Vorfahren als Vorbild für das Handeln der Nachkommen

Der Glaube an die Heilsmächtigkeit der gerechten Werke der Väter, die damit vor Gott auch für ihre Nachkommen einen Verdienst erworben haben, wird nur aus der geschichtlichen Erfahrung Israels mit seinem Gott verständlich. Es handelt sich um ein Theologumenon, das seine Wurzeln ausschließlich in der israelitischen Religion hat.

Neben dieser soteriologisch ausgerichteten Tradition nahmen besonders einige jüdisch-hellenistische und christliche Schriften eine andere Tradition auf, die sich ebenfalls auf die Taten der Väter bezieht: die Taten der Vorfahren als Motivation und Verpflichtung für die Lebenden. Diese Exempla[184] führen in den Bereich des paganen Hellenismus und haben ursprünglich lediglich den Bezug auf die Taten der Vorfahren mit der jüdischen Tradition gemeinsam. Sie sind weder religiös motiviert noch können sie in ein eschatologisches Bezugsfeld gestellt werden. Sie sind inhaltlich und funktional grundsätzlich auf die Aussage beschränkt, daß aus den Taten von Vorbildern gelernt werden kann und gelernt werden muß. Sie haben von daher im wesentlichen motivatorischen Charakter und dienen, soweit es sich um Vorfahren als Vorbilder handelt, der Wahrung historischer Kontinuität und Identität.

In einem ersten Durchgang soll dieser Vorstellungszusammenhang in seinen traditions- und geistesgeschichtlichen Rahmen eingeordnet werden, um dann auf diesem Hintergrund die spezifisch theologische Aufnahme dieser Vorstellungen in jüdischen und christlichen Texten darzustellen.

In einem Mitteilungsgeschehen kann Motivation mit Hilfe von Vorbildern, historischen oder aus dem Erfahrungsbereich der Rezipienten entnommenen Beispielen (exempla), erreicht werden.

Wirkung als 'Werke des Todes' nur durch die Gnade eliminiert werden können.

184   Zur literarischen Funktion von Exempla vgl. Berger, Exegese.

Durch dieses Stilmittel[185] kann eine Orientierung des Rezi-
pientenverhaltens an vorgegebenen Normen erreicht werden. Um
einen möglichst hohen Grad an Betroffenheit zu erreichen, aus
dem sich dann auch eine erhöhte Motivation zu alternativem
Handeln ableiten kann, sind die Exempla häufig Themenbereichen
entnommen, die in einer irgendgearteten Beziehung zum Rezipienten bzw. Hörer stehen.

Besonderer Vorbildcharakter kommt dem, etwa in der Stoa oft ge-
zeichneten, Idealbild des Weisen zu.[186] Ein Typos der dann auch
allgemein in der paganen Popularphilosophie große Beliebtheit
erreichte.[187]

Neben den Verweis auf einen Typos stellt sich die Schilderung
der Taten der Vorfahren. Mit Hilfe derartiger Exempla kann der
Rezipient in eine ihn verpflichtende historische Kontinuität
gestellt werden. Es wird an den Stolz auf die Taten der Vorfahren appelliert, die sogar den Neid Außenstehender erregen können.[188] In den Hörern und Lesern wird das Gefühl geweckt, es
als verpflichtend anzusehen, den Taten der Vorfahren nachzu-
eifern. In einem Enkomion auf Hipponikos weist Isokrates mit
Nachdruck auf die Beispielhaftigkeit von dessen Taten (πράξεις)
und dessen Tugend für die Nachkommen hin (Isocr Or I,11):
"..., πρὸς ὃν (Ἱππόνικος) δεῖ ζῆν σε ὥσπερ πρὸς παράδειγμα,
νόμον μὲν τὸν ἐκείνου τρόπον ἡγησαμένον, μιμητὴν δὲ καὶ ζηλωτὴν τῆς πατρῴας ἀρετῆς γιγνόμενον, αἰσχρὸν γὰρ τοὺς μὲν γρα-
φεῖς ἀπεικάζειν τὰ καλὰ τῶν ζῴων, τοὺς δὲ παῖδας μὴ μιμεῖσθαι
τοὺς σπουδαίους τῶν γονέων."

Im Gegensatz zu bestimmten jüdischen Traditionen (vgl. o.)
werden die Taten der Vorfahren in der Regel positiv gewertet.
Allerdings kann vorsichtig angedeutet werden, wenn ihnen kein
exemplarischer Wert mehr zukommen soll. So stellt Xenophon in

---

185 Wendland, Kultur, 77, leitet das literarische Vorbild von dem
     Versuch der Kyniker ab, durch vorbildhaftes Verhalten zu belehren.

186 Vgl. Pohlenz, Stoa I, 155: "Er (sc. der Weise) ist der wahre
     Künstler, Redner, Feldherr und König."

187 So etwa in den sogenannten 'Königsreden' des Dion Chrysostomos.

188 Dio Chrys Or 2,36: "Deshalb beneide ich die Athener nicht so sehr
     wegen ihres keine Kosten scheuenden Aufwandes für ihre Stadt und
     ihren Tempel als um die Taten ihrer Vorfahren (ὅσον τῶν ἔργων ἃ
     ἔπραξαν οἱ πρότερον)."

einem Diskurs über die notwendige Zweckgerichtetheit menschlichen Handelns die traditionell positive Aussage über die Taten der Vorfahren voran:

"Ich habe gemerkt, daß unsere Vorfahren uns in nichts nach-
stehen, indem sie auch stets Werke der Tugend (ἔργα ἀρετῆς)
ausgeübt haben" (Cyrop I 5,8). Nun aber wird diese Aussage
vorsichtig abgeschwächt:

"Jedoch kann ich nicht sehen, was sie dadurch erreichten, daß
sie waren, wie sie waren, weder für das Wohl der Perser noch
für ihr eigenes" (Cyrop I 5,8).

Es folgt Xenophons eigene, von den Ansichten der Väter abweichende, Sicht der Dinge. Diese nicht charakteristische Stelle macht dennoch die hohe positive Wertigkeit des Topos 'Taten
der Vorfahren' im pagan-griechischen Bereich deutlich.

Josephus berichtet, daß Eleazar seine Soldaten dadurch eindringlich zu Tapferkeit ermuntert, daß er sie auf die Taten
und die Gesinnung der Vorfahren hinweist (Bell 7,343):

"Seit langer Zeit schon, sogleich vom ersten Erkenntnisvermöge
an, lehrten uns nämlich (παιδεύοντες ἡμᾶς) ununterbrochen die
väterlichen und göttlichen Gebote -und sie wurden durch Werke
und Gesinnung (ἔργοις τε καὶ φρονήμασι) seitens unserer Vorfahren darin unterstützt-, daß das Leben und nicht der Tod das
Unglück für die Menschen ist."

Deutlich unterstreicht παιδεύοντες die motivierende Funktion
des Hinweises.[189] Noch viel deutlicher, da ausdrücklich formuliert, tritt die motivierende Funktion bei einer weiteren
Josephusstelle hervor. Das verwendete Exemplum dient dort der
Stützung der eigenen Argumente innerhalb einer Rede, in der
Josephus -zuerst ohne großen Erfolg- die Bewohner Jerusalems
zur Übergabe der Stadt veranlassen will. Während dieser Rede
reagierte nach Josephus zuerst die Zuhörerschaft mit Hohn und
Spott, "daher ging er zu den Ereignissen aus der Geschichte
seines Volkes über" (Bell 5,376). Er appelliert:

"Erinnert ihr euch nicht an die von Gott gewirkten Taten der
Väter (πατέρων ἔργα)?" Durch den Hinweis auf die Taten der
Väter versucht Josephus zu überzeugen. Er mißt dem Handeln der
Vorfahren offensichtlich hohe Glaubwürdigkeit und Überzeugungs-
kraft zu, und wer dieses Handeln nachahmt, handelt nach Jose-

---

189   Vgl. Philostr VitAp VI,31.

phus um so mehr richtig, -und hier steht er in alttestamentlicher Tradition- weil die Werke der Väter durch Gott autori-
siert sind.

Stark paränetisch und zum Handeln motivierend wirkt der Aufruf
des Mattatias an seine Söhne (1Makk 2,51):
"Gedenkt der Taten unserer Väter, die sie zu ihrer Zeit voll-
brachten! Dann wird euch großer Ruhm zuteil und ewiger Name."
Während Josephus durch den Hinweis, daß die Taten der Väter
von Gott gewirkt seien, die Handlungsmotivation erhöht, erreicht dies der Verfasser des 1Makk durch den Hinweis auf den
Lohn, der die erwartet, die sich der Taten der Väter erinnern.
Deutlich können wir an den beiden letztgenannten Belegen die
paränetisch-autoritative Funktion des Exemplums 'Taten der
Väter' erkennen: Wenn die eigene Autorität nicht ausreicht
(Josephus), kann man auf die gemeinsame Vergangenheit verweisen, um die eigenen Absichten zu legitimieren. Dabei können
die Exempla grundsätzlich über ihren ursprünglichen Bezugsrahmen hinaus in Anspruch genommen werden.[190] Soziologisch
setzt der Rückverweis auf historische Beispiele ein traditio-
nalistisch geprägtes Milieu voraus, in dem die eigene Vergangenheit als Teil gegenwärtiger Identität erfahren werden
kann.

Die Aufforderung, die Taten einer direkten Bezugsperson nachzuahmen, eröffnet eine weitere Möglichkeit zur Handlungsmoti-
vierung. Besonders die Beziehung zwischen Lehrer und Schüler
spielt in solchen Texten eine Rolle. Auch derartige Auffor-
derungen können gattungsmäßig als Exempla beschrieben werden.
Beispielhaft sei eine Stelle aus Dion Chrysostomos angeführt.
Dem Vorbild Homer gleichzukommen, so Dion (Or 55,4), bedeutet,
"als sein Schüler ihn in Worten und Taten nachzuahmen (μιμού-
μενος τὰ ἔργα καὶ τοὺς λόγους)".
Auf kollektiver Ebene kann ein zum Handeln motivierendes Vorbild etwa auch eine Kolonie für die Bewohner der Mutterstadt
sein, wobei wiederum die Kombination von Exemplum und Paränese
deutlich zu erkennen ist. In einer Verteidigungsrede vor Gericht werden die Athener dazu aufgefordert, die Taten der Menschen von Syrakus nachzuahmen (Thema dieser Deklamationsrede

---

190   Vgl. Berger, Exegese, 45.

ist Recht oder Unrecht des Denkmalsturzes):

"Daß ich (sc. als Denkmal) hier mit gutem Recht eurer Stadt
und allen Griechen aufgestellt wurde, dafür könnte ich viele
Gründe anführen. Statt dessen will ich euch nur erzählen, was
sich in eben jenem Syrakus zugetragen hat. Denn das Beispiel
stammt aus einem verwandten Bereich, und vielleicht solltet
ihr, wie jene ihre Mutterstadt in Ehren halten, auch eurer-
seits die Werke eurer Kolonie zum Vorbild nehmen (οὕτω καὶ
ὑμᾶς τὰ τῆς ἀποικίας ἔργα ἔχει μιμεῖσθαι)."[191]

Auch in diesem Fall zielt die Beweisführung wieder auf die
Verlagerung der Autorität vom Redner auf das Exemplum: Das
angestrebte Ziel soll durch die Heranziehung eines Beispiels
und die Aufforderung zum Nachahmen der Taten erreicht werden.
Hierbei besteht -und das ist das Wesentliche- inhaltlich eine
größere Übereinstimmung zwischen der Intention des Redners und
den geforderten Taten als zwischen diesen und den Taten im
Exemplum.

In der jüdisch-hellenistischen Literatur häuft sich die Aufforderung,
in seinen Taten Gott nachzuahmen. Dies wird beispielsweise im Aristeasbrief damit begründet, daß, da Gott Gutes tut, dies auch Aufgabe der
Menschen sei (281): "Ὡς γὰρ ὁ θεὸς εὖ ἐργάζομαι πᾶσι, καὶ σὺ τοῦτον μι-
μούμενος εὐεργετεῖς...".
Mit εὖ ἐργάζομαι wird in der griechischen Popularphilosophie im allgemeinen
das Handeln des idealen Königs bezeichnet (Dio Chrys Or 1,22; 2,26; 4,64).
Wahrscheinlich ist Gott nun an die Stelle des politischen Führers getreten,[192]
so daß der Mensch nun zur Imitatio Dei aufgefordert werden kann. Dieser
Prozeß muß auch auf den Hintergrund der sich verstärkenden Wirkungen des
hellenistischen Herrscherkultes auf den jüdischen Raum verstanden werden.
Die traditionelle Struktur, einen vorbildhaften Menschen nachzuahmen,
dient hier zur Beschreibung der ethischen Konsequenzen, die sich aus dem
Verhältnis Gottes zu den Menschen ableiten. Ganz analog stellt sich die
Aufforderung, Gottes Werke nachzuahmen, auch bei Philo dar (LegAll I,48):
"ζητήσειε δ'ἄν τις, διὰ τί, τοῦ μιμεῖσθαι θεοῦ τὰ ἔργα ὄντος ὁσίου,...".
In der Epistula de Virginitate des Ps-Clemens findet sich eine späte, aber
interessante Weiterbildung dieser Struktur. Dort ist Gott nicht nur durch
Christus substituiert, sondern auch die Aufforderung zur Nachahmung mit
der aus dem Alten Testament stammenden Vorstellung der göttlichen Eben-
bildlichkeit des Menschen verbunden:[193] "Οἱ τοῦ Χριστοῦ μιμηταὶ δυνατῶς
μιμοῦνται αὐτόν... ἐν ἀληθείᾳ ἐν ἑαυτοῖς ἐμμορφώσασθαι τὴν εἰκόνα τοῦ
Χριστοῦ ἐν πᾶσιν,... ἐν λόγῳ, ἐν ἔργῳ, ...".

---

191   Dio Chrys Or 37,23

192   Zur Verbindung von μίμησις und εὐεργάζομαι bzw. Synonyma vgl.
       bei Aristeas auch: 188, 210.

193   DeVirg I 7,3; auch: Const Ap 5,5,5-10.

4. Die Rezeption des Exemplums "Taten der Vorfahren" in religiösen Texten

Die nachfolgend vorgestellten Texte verwenden das Motiv der "Werke der Väter" als 'exempla majorum'. Hierdurch konnte die Vermittlung zwischen der jüdischen Überlieferung der Heils- taten der Väter, denen soteriologische Bedeutung zugemessen werden konnte, und dem motivatorischen Charakter der vorbild- haften Taten der Vorfahren geschehen. Das theologische Inter- esse ist dabei zumeist auf Verhaltensänderung, zu der ange- regt werden soll, gerichtet.

In Bar 2,33 soll innerhalb eines Bußgebetes die Erinnerung (μνησθήσονται) an die sündhaften Taten der Väter zur Umkehr motivieren. Auch in PsSal wird von dem negativen Vorbild ge- sprochen, welches die Väter abgegeben haben und an das sich das sündhafte Handeln der Angeredeten annähert: "'Εποίησαν κατὰ τὰς ἀκαθαρσίας αὐτῶν καθὼς οἱ πατέρες αὐτῶν" (PsSal 8,22). In 1Makk 2,51ff. folgt der Auforderung, der Taten der Vorfahren zu gedenken, eine lange Aufzählung beispielhafter Taten, die die Väter in der Geschichte vollbracht hatten (2,52-60), die dann in V.62 paränetisch auf die Rezipientensituation ange- wendet werden. Es geht nicht um inhaltliche Kohärenz der geschichtlichen Taten mit den nun geforderten; der Vergleichs- punkt liegt vielmehr in der Bewährung in einer bestimmten historischen Situation. Die Heilstaten der Väter sind ganz im Sinne des reinen Exemplums verstanden.

Die Kraft für die Wiederaufrichtung Zions zu alter Größe kann nach 11QPs^a Zion 6 nur in Erinnerung an die Verdienste seiner Propheten und in der Verherrlichung der Taten der Frommen ge- schehen. Jeder Gedanke an eine soteriologische Wirksamkeit dieser Taten ist durch die ausdrückliche Betonung des Prinzips der adäquaten Vergeltung ausgeschlossen.

Auch in Jub 10,15-17 sind die Heilstaten der Väter im Sinne eines Exemplums verstanden, jedoch ist deren motivierende Funktion universal ausgeweitet: Das Werk Henochs soll erzie- hend und vorbildhaft auf alle Geschlechter der Welt wirken.

Ebenfalls unter paränetischem Gesichtspunkt als exemplum ma- jorum wurden die Taten der Väter in 1Klem 31,2ff. angewendet: Sie illustrieren inhaltlich den Weg zum Segen (αἱ ὁδοὶ τῆς εὐλογίας, V.22). Genannt sind hier Abraham, Isaak und Jakob. Die Anwendung dieser historischen Beispiele erfolgt nach der

Rezeption einiger Elemente der paulinischen Rechtfertigungs-
theologie mittels der der Missionssprache angehörenden topi-
schen Frage τί ποιήσωμεν (33,1), die mit dem Hinweis auf die
Notwendigkeit des Tuns guter Werke (ἀγαθοποιίας) und der
Aufforderung, in der Liebe nicht nachzulassen, beantwortet
wird.

Erst in späten Texten kann die Aufforderung zum Nachahmen
der vorbildhaften Taten der Väter mit dem Ergehen im Gericht
verbunden werden. So garantiert das Nachahmen der Taten Abrahams nach äth. TestAbr (ed. Leslau) ewiges Leben.[194]

5. Die "Werke Abrahams" in Joh 8,31-47

Unter Bezugnahme auf unterschiedliche Abrahamtraditionen wird
in Joh 8,31-59 die johanneische Christologie des in Vollmacht
gesandten Sohnes[195] entfaltet. Dabei setzt sich der Verfasser
des Johannesevangeliums mit jüdischen Vätertraditionen auseinander. Innerhalb dieser Auseinandersetzung gewinnt die These,
daß die Berufung auf die Abrahamskindschaft nur dann legitim
ist, wenn auch dessen 'Werke' getan werden (8,39), besondere
Bedeutung. Johannes kann dabei auf eine innerjüdische Diskussion über den soteriologischen Stellenwert der Vätertraditionen zurückgreifen und diese seiner christologischen Konzeption dienstbar machen.

Aus 8,37 läßt sich schließen, daß die fiktiven Gesprächspartner[196] des Johannes eine Position vertreten, die den
soteriologischen Aspekt der Vätertraditionen betont:[197]
Die literarischen Gegner des Johannes legen Wert darauf,
σπέρμα Αβραάμ (8,33.37) zu sein und verstehen sich allein aufgrund dieser Herkunft als 'frei' (8,33). Hintergrund dieser

---

194   "Michael, the archangel, said to me: Fear not, o Abraham, thou
      and those who will come after thee and will associate in thy
      deeds will enter into life", Leslau, p.99; vgl. äth Abba Eliah
      (ed. Leslau), p.47.

195   Vgl. Bühner, Gesandte, 148ff.

196   Die Szene ist deutlich konstruiert. Johannes liegt nichts an einer
      Darstellung historischer Fakten. Vgl. Vielhauer, Literatur, 431;
      Gräßer, Juden, 73.

197   Eine Abgrenzung des Teilabschnittes 8,37-47 ist sinnvoll; vgl. die
      Diskussion bei Gräßer, Juden, 71. Aufgrund des traditionsgeschicht-
      lichen Befundes ist aber auch 8,31-36 mitzuberücksichtigen.

zweifachen Aussage, nämlich Nachkommen Abrahams und dadurch
'frei' zu sein, bildet die auch im Judentum verbreitete Anschauung, daß derjenige, der 'nobilitas' aufgrund seiner Abstammung besitzt, auch 'libertas' hat.[198] Diese häufig bereits
vor Johannes mit Abraham verbundene traditionelle Identität
von Freiheit und Abstammung[199] wird in der folgenden Argumentation unter soteriologischen Vorzeichen bestritten.[200] Neu
ist dabei nicht, daß Johannes bestreitet, daß allein die Abstammung von den Vätern den Kindern 'Heil' garantiert -dies
geschah bereits im zwischentestamentlichen Judentum-,[201] sondern neu ist, wie er diesen aus der edlen Abstammung hergelei-
teten Anspruch zurückweist. Im Sinne der für das pagane Griechentum dargestellten allgemeinen Erfahrungsregel (vgl. Teil A)
sind die ἔργα alleiniges Erkenntnisprinzip. Deshalb lassen
nur die Taten auf die Herkunft zurückschließen:
Die fiktiven Kontrahenten des Johannes behaupten zwar, Kinder
Abrahams zu sein (8,39a), tun aber dessen Werke nicht (8,39b),
denn sie wollen Jesus töten (8,40). Damit weisen sie sich
durch ihre Taten als Abkömmlinge dessen aus, der von Anfang
an Menschentöter ist (8,44).[202] Die wahre Abstammung konkretisiert sich im Tun und kann umgekehrt auch nur aufgrund des
Tuns erkannt werden. Durch die Aufnahme der allgemeinen Erfahrungsregel unterstreicht Johannes einen theologischen
Grundgedanken seiner christologischen Konzeption: Legitimation wird an den Werken als deren Zeichen erkennbar. Denn
auch Jesus weist sich als der legitime Gesandte Gottes dadurch aus, daß er tut, was er beim Vater gesehen hat (8,38).[203]

---

198 Dies wird ausführlich bei Berger, Abraham, 377, diskutiert.

199 Berger gibt die folgenden Stellen an: Philo Sobr 56f; TestNaph
     1,10; BQ 8,6.

200 Typisch ist hierfür nach Berger neben dem häufigen Vorkommen in
     paränetischen Gattungen der Gegensatz von Werk und Anspruch auf
     edle Abstammung.

201 Berger, Abraham, 377, bringt zahlreiche Belege.

202 Berger, Abraham, 377, fragt, ob mit dem Menschentöter Kain ge-
     meint sein könnte.

203 Unterstützt wird die legitimierende Funktion von V.38 durch die
     Verwendung einer Legitimationsformel (οὐκ ἀπ᾽ ἐμαυτοῦ) in 8,42, die
     Botenwort oder Botenhandlung häufig begleitet; vgl. Bühner, Gesandte,
     149.
     Wichtig ist der mit V.34 eingeführte soteriologische Aspekt, denn
     damit ist 'Freiheit' als Freiheit von der Sünde zu verstehen.

Eine weitere Tradition klingt in 8,39b an und ergänzt den
Gedankengang in 8,37-47 um einen wichtigen Aspekt: Es geht
nicht darum, sich auf Abraham zu berufen, sondern darum, desse
Werke nachzuahmen. Die Destruktion der soteriologischen Funktion der Vätertradition verbindet diese Aussage mit der Kritik
an der beanspruchten Identität von nobilitas und libertas.
Gleichzeitig weist die Aufnahme des Topos 'Nachahmen der Werke
der Väter' aber auch den paränetischen Charakter des Abschnittes aus.[204] Dies hat für die Beurteilung der Aussageintention
wichtige Konsequenzen: Da Johannes hier keinen 'antijüdischen'
Topos aufnimmt, sondern in der aus den paränetischen Gattungen
des apokalyptischen und hellenistischen Judentums stammenden
Kritik an der soteriologischen Funktion der Vätertaten steht,
kann es ihm keinesfalls um eine prinzipielle Kritik am Judentum gehen,[205] geschweige denn um einen wie auch immer gearteten Antisemitismus.[206] Johannes argumentiert paränetisch und
damit situationsbezogen. Dies wird durch die Beobachtung ergänzt, daß von 'den Juden' im Johannesevangelium offenbar
rückblickend aus einer späteren, an den wahren historischen
Sachverhalten nicht interessierten Perspektive gesprochen
wird.[207] Auch stehen die Juden hier nicht als Paradigma oder
Typos für die der christologischen Wahrheit entgegenstehenden
Welt,[208] sondern an ihnen verdeutlicht Johannes ganz im Sinne

---

204 Vgl. Berger, Abraham, 377.

205 Wohl am deutlichsten findet sich diese Ansicht bei Wrede, Charakter,
     der als den beherrschenden Zug des Johannesevangeliums die Apologetik
     gegen das Judentum annimmt.

206 So setzt Bauer, Johannesevangelium, 245, einen allgemeinen stark
     antijüdischen Trend in neutestamentlicher Zeit voraus, in dem auch
     und besonders Johannes gestanden hätte. Bauer spricht mit Blick auf
     das Johannesevangelium von einem "sehr weitgehenden Judenhaß, der
     unseren Verfasser und gewiß die große Mehrheit der Glaubensgenossen,
     unter denen er lebt und für die er zunächst schrieb, erfüllt."

207 So auch Vielhauer, Literatur, 431.

208 Die Gleichsetzung von Juden und Welt findet sich trotz einer grund-
     verschiedenen Sicht des Johannesevangeliums sowohl bei Pfleiderer
     (Urchristentum II, 454) als auch bei Bultmann, Johannesevangelium,
     der zu Joh 1,19 schreibt: "Das für den Evangelisten charakteristische
     οἱ Ἰουδαῖοι faßt die Juden in ihrer Gesamtheit zusammen, so werden
     sie als Vertreter des Unglaubens (und damit, wie sich zeigen wird,
     der ungläubigen Welt überhaupt) vom christlichen Glauben aus gesehen"
     (59). Die Gleichsetzung von 'Juden' und 'ungläubiger Welt' scheitert
     unseres Erachtens schon daran, daß auch zur Zeit der Abfassung des
     Johannesevangeliums 'die Juden' durchaus als historische Größe im

seines Entscheidungsdualismus die von der angesprochenen Gemeinde[209] geforderte Haltung: die Anerkennung der Legitimität
des göttlichen Gesandten (8,46b). Deshalb kann in 8,31 von
Juden gesprochen werden, die zum Glauben an den Gottgesandten
gekommen waren. Für sie gilt beispielhaft das, was nun von der
johanneischen Gemeinde gefordert ist: "ἐὰν ὑμεῖς μείνητε ἐν
τῷ λόγῳ τῷ ἐμῷ, ἀληθῶς μαθηταί μού ἐστε" (8,31b). Alle psycho-
logisierenden[210] oder literarkritischen[211] Deutungsversuche
dieses Verses helfen nicht weiter, sondern verdunkeln die Aus-
sageabsicht unseres Abschnittes. Wie die 'Juden' in 8,31
sollen sich die von Johannes angesprochenen Christen verhalten.
Sie sollen anerkennen, daß 'Wahrheit' das ist, was der von Gott
gesandte und legitimierte Bote ihnen überbringt.

6. Die Rezeption des Topos 'Nachahmen der Väterwerke' in
in Joh 10,31-38 und 5,19f.

In beiden Texten wird wie in Joh 8,37-47 die Legitimität des
Messiasanspruches Jesu u.a. mit Hilfe des traditionellen Topos
'Nachahmung der Taten der Väter' bekräftigt. Dabei werden wir
zeigen, daß jeweils eine charakteristische Verschränkung mit
anderen Traditionen aufgrund des gemeinsamen Stichwortes ἔργον
zu beobachten ist. In beiden Abschnitten wird die Legitimität
des göttlichen Gesandten auf dem Hintergrund 'jüdischer' An-
griffe betont. Die "Juden" haben dabei die gleiche ahistorisch-
exemplarische Funktion wie in 8,31ff.[212]
    Als Anhang zu der Rede über den guten Hirten (10,1-18)
folgt in 10,19-39 die Schilderung einer christologischen Auseinandersetzung in der Typik eines literarischen Rechtsstrei-

---

Bewußtsein der Leser waren und damit eine assoziative Gleichsetzung
mit einem abstrakten Begriff wie 'Welt' unwahrscheinlich erscheint.

209 Vgl. Gräßer, Juden, 76f.

210 Strathmann, Evangelium, 143, sieht in dem Glauben der Juden (8,30.31)
     lediglich eine 'flüchtige Regung'. Weitere Vertreter dieser Ansicht bei
     Gräßer, Juden, 72. Anm.9.

211 So etwa Wellhausen, Evangelium, 42, der den ganzen Passus 8,30-37
     als eine "den Zusammenhang unterbrechende Erweiterung" ausstößt.

212 Sie sind Beispiel für diejenigen, die nicht glauben, bzw. für die-
     jenigen, die der exklusiven Stellung des göttlichen Gesandten nicht
     Rechnung tragen; vgl. Gräßer, Juden, 82f.

tes.[213] Für unseren Zusammenhang ist der zweite Teil des
Streites (10,31-39) von Interesse, da in V.37 die auf das Verhältnis Sohn/Vater eingegrenzte Tradition des Nachahmens der
vorbildhaften Tat aufgenommen ist.

Auf den Versuch der Steinigung reagiert Jesus apologetisch:
Er verweist auf die πολλὰ ἔργα καλά, die er gezeigt hat
(ἔδειξα, 10,32). Die Verbindung von ἔργον und δείκνυμι unterstreicht die Funktion der Werke als empirisch greifbare Beweismittel (vgl. Teil A). Mit Hilfe der Werke soll der Vorwurf der Gotteslästerung zurückgewiesen werden. Die Qualifizierung der Taten als καλά weist allgemein darauf hin, daß
es sich um normgemäße Werke handelt (vgl. Teil A). Entscheidend für das Verständnis der ἔργα im Johannesevangelium überhaupt ist nun aber, daß die Taten nicht wie im paganen Griechentum oder auch in einigen neutestamentlichen Schriften
(Past!) Zeichen allgemein sittlichen oder gesetzesmäßigen
Handelns, sondern ἐκ τοῦ πατρός sind. Die enge Beziehung
zwischen Vater und Sohn kommt in den ἔργα καλά, die Jesus
vom Vater her wirkt, zum Ausdruck, wobei durch die Herkunfts-
bezeichnung und die positive Qualifizierung den Werken eine
grundsätzlich legitimierende Funktion zukommt.[214]

Diese Argumentation wird in 10,37f. mit Hilfe des traditionellen Topos der Nachahmung vorbildhafter Taten gestützt:
Nach der Anspielung auf eine apokalyptische Berufungsvision[215]
in 10,34-36 wird dort -auf das Verhältnis Vater/Sohn bezogen-
diese Tradition aufgenommen und mit dem ebenfalls traditionellen Topos, daß man aufgrund von Wundertaten Glauben erfährt
verbunden.[216]

Damit ist das besondere Verhältnis des Sohnes zum Vater zum
bestimmenden Motiv der gesamten Argumentation in 10,31-39 geworden. Es ist das verbindende Glied zwischen drei verschiedenen Traditionen, die aufgrund des gemeinsamen Stichwortes

---

213 So Becker, Evangelium, 336; vgl. Berger Bibelkunde, 313f.

214 Die 'Werke' sind hier wieder Erkenntnismittel.

215 So Bühner, Gesandte, 392ff.

216 Auf die Tradition der Wundertaten weist πιστεύω als Reaktion
     auf die Werke; vgl. Joh 2,11; 2,23; 4,48; 4,53f; 6,30; 7,31;
     11,47f; 12,37; 20,30f.

ἔργον aufgenommen worden sind. Es handelt sich dabei erstens
um die aus dem paganen Griechentum ursprünglich stammende Verbindung des beweiskräftigen ἔργον mit δείκνυμι (V.32), zweitens um die Tradition der Nachahmung der vorbildhaften Tat
(V.37), die ebenfalls von ihrem Ursprung her ins pagane
Griechentum weist und drittens um die aus den johanneischen
Wundertraditionen stammende Verbindung von ἔργον und πιστεύω.
Diese kunstvolle Verschränkung verschiedener Traditionsstränge
aufgrund eines gemeinsamen Stichwortes dient Johannes dazu,
seine Aussageintention in kompositorisch geschickter Weise
hervorzuheben:
Apologetisch wird in 10,32 die Nichtigkeit des Vorwurfes der
Gotteslästerung durch den Verweis auf das beweiskräftige Werk
unterstrichen, das durch seine herkunftsbedingte Qualität das
besondere Verhältnis von Vater und Sohn hervorhebt. Die in
10,34-36 anklingende Berufungsvision fordert Legitimierung
und empirische Bestätigung der Sendung, was beides durch die
ἔργον-Traditionen in 10,37f. erbracht wird. Denn die empirische
Bestätigung der Sendung vollzieht sich in der Glauben wirkenden
Funktion der (Wunder-)werke, die, da sie als Werke des Vaters
stellvertretend vollzogen werden, wiederum die Legitimität des
Boten durch die Betonung seiner Herkunft als Sohn des Sendenden
unterstreichen.

Eine vergleichbare Verschränkung der durch das Stichwort ἔργον
gekennzeichneten Traditionen 'Glauben aufgrund von Wundertaten'
und 'Nachahmung der vorbildhaften Taten des Vaters' findet sich
in Joh 5,19f.
Anlaß für den großen Monolog Jesu (5,19-47), in dessem ersten
Teil (5,19-30) das Verhältnis von Vater und Sohn thematisiert
wird, gibt die zweifache Reaktion der "Juden" auf die Heilung
am Sabbath durch Jesus. Auf seine Verfolgung reagiert Jesus
damit, daß er sein Handeln als dem des Vaters gleichgerichtet
herausstellt (5,17). Indem er sein besonderes Gottesverhältnis
mitteilt, provoziert er eine noch heftigere Verfolgung (5,18),
die dann den Monolog über das Verhältnis von Vater und Sohn
in 5,19-30 auslöst.[217]

---

217 Eine genaue traditions- und redaktionsgeschichtliche Analyse dieses
    Abschnittes bietet Becker, Evangelium, 235ff.

Einleitend wird in 5,19 die für das Johannesevangelium typisch
Konzentration der Tradition 'Nachahmung der Taten des Vaters'
auf das Verhältnis Gottes zu Jesus durchgeführt. Jesus ahmt den
Vater nach, indem er visionär Erfahrenes in die Tat umsetzt.[21]
Der Topos 'Nachahmung der vorbildhaften Tat' wird in 5,20 auf-
genommen[219] und mit der Tradition der 'Wunderwerke' verbun-
den.[220] Der Nachahmung geht das 'Zeigen der Werke durch den
Vater' logisch voraus.

Daß der Vater dem Sohn die Werke zeigt, wird bereits vor Johannes theologisch verwendet. Dabei ist wichtig, daß durch
das Zeigen ein enges Verhältnis zwischen Zeigendem und denjenigen, die sehen dürfen, hervorgehoben werden soll.

Philo (Migr 46) verheißt denen, die Weisheit besitzen, ein
besonderes Verhältnis zum 'Vater', der ihnen seine Werke
zeigt:

"Zu sehen freilich ist es (sc. das Schönste der Welt, die
Weisheit) nicht unmöglich, allerdings auch das nicht allen;
dieses Glück hat nur das reinste und scharfblickendste Ge-
schlecht, dem der Vater des Alls seine eigenen Werke zeigt,
indem er es mit dem größten aller Geschenke begnadet (ᾧ τὰ
ἴδια ἐπιδεικνύμενος ὁ τῶν ὅλων πατὴρ ἔργα μεγίστην πασῶν χαρί-
ζεται δωρεάν)."

Der gnadenhafte Akt des Vaters, mit dem er Unwissende zu Wis-
senden macht (Migr 40), kommt in der johanneischen Theologie
exklusiv Jesus zu.[221] Das Zeigen der Werke durch den Vater und
das Nachahmen durch den Sohn bedingen sich gegenseitig und
dienen Johannes ausschließlich der christologischen Interpretation. d.h.: Beide Traditionen sind zur Darstellung des

---

218 Entscheidendes Stichwort: ποιέω, vgl. V.16.17, wo ἐργάζομαι mit dem
     Sabbath verbunden ist.

219 Die Verben des Sehens und Nachahmens sind wesentliche Verbindungs-
     glieder zwischen 5,19 und 5,21: βλέπω (V.19); δείκνυμι (2x V.21).

220 Charakteristisch für diese Tradition ist die Verbindung von ἔργον
     und θαυμάζω als Reaktion auf das Sehen der Werke; vgl. Theißen,
     Wundergeschichten, 78f.

221 Philo Migr 40: "... die Weisheit selbst ist aber nicht etwa, wie das
     Licht, nur ein Mittel zum Schauen; sie ist das Urlicht Gottes, dessen
     Nachahmung und Abbild die Sonne ist. Dies alles zeigen kann nur der
     einzige, allwissende Gott. Die Menschen nämlich heißen Wissende, nur
     weil sie zu wissen scheinen, Gott aber heißt so, weil er es ist und
     in minderem Sinne als er es ist."

besonderen Verhältnisses zwischen Gottvater und seinem Sohn
aufgenommen.

Für die Menschen wird dieses exklusive Verhältnis zwischen Gott
und Jesus darin konkret, daß Jesus wie der Vater noch größere
Werke wirken wird, damit sich die Menschen verwundern (5,20f.).
Die mit θαυμάζω als Beschreibung der menschlichen Reaktion
verbundenen μείζονα ἔργα weisen zum einen auf die Lazaruser-
weckung als dem folgenden größten Wunder des Johannesevangeliums und zum anderen darauf, daß der Sohn die Auferweckung
für alle bewirkt (5,25). Die besondere Beziehung Gottes zu
Jesus besteht hier darin, daß Jesus der allgemeine Totener-
wecker ist und damit eine Funktion ausübt, die üblicherweise
Gott zukommt.[222]

Die besondere Autorität des Gottgesandten wirkt sich nicht nur im Tun
der 'größeren Werke', der allgemeinen Totenerweckung, aus, sondern auch
in der in unserem Abschnitt auf Jesus übertragenen Funktion des eschatologischen Richters der guten und schlechten menschlichen Taten (5,29).[223]

Johannes schließt diesen ersten Teil des Monologs mit einer
allgemeinen Schlußregel ab: Jesus tut nichts von sich aus (5,
30), sondern alles im Auftrag des Vaters.

Damit ist -grundsätzlich formuliert- der Leitgedanke des Abschnittes zusammenfassend formuliert. Es geht um das exklusive
Verhältnis des Sohnes zu seinem Vater und um die daraus ent-
springende Autorität und Vollmacht im Handeln des Gottgesandten. Neben der Tradition der Nachahmung der vorbildhaften Tat
sind dieser Aussageintention, wie wir zu zeigen versuchten,
weitere Traditionen dienstbar gemacht worden. Nämlich der
aus der jüdisch-hellenistischen Weisheitstheologie stammende
Topos des Zeigens der Gott eigenen Werke; die Tradition der
legitimierenden Wundertaten, deren Hintergrund in den auch im
paganen Griechentum weitverbreiteten[224] Schilderungen der
Wirksamkeit 'göttlicher Wundertäter' zu sehen ist, und endlich

---

222 Die Fähigkeit, Tote zu erwecken, galt als schlechthin göttlich.
     Becker, Johannesevangelium, 237, führt die folgenden Belege an:
     Röm 4,17; 2Kor 1,9; 2. Benediktion des Schemone Esre; 2Makk 7,23.
     28f; 4Makk 18,18; SapSal 1,13f; JA 20,7; slavHen 24,2.

223 Charakteristische Stichworte in V.29: τὰ ἀγαθὰ ποιήσαντες; τὰ
     φαῦλα πράξαντες und κρίσις.

224 Vgl. Bieler, ΘΕΙΟΣ ΑΝΗΡ.

die jüdische Tradition des göttlichen Werkgerichtes. Alle
Traditionen sind ausschließlich auf Jesus bezogen und aufgrund
des gemeinsamen Stichwortes ἔργον miteinander verbunden
worden.

Daß derjenige, der glaubt, größere Werke (μείζονα ἔργα) tun wird, spielt
auch in Joh 14,12f. eine wichtige Rolle. Doch sollen hier die 'größeren
Werke' von den Jüngern, die an Jesus glauben, getan werden. Wie ist dies
zu verstehen? Das Stichwort 'Vater' (14,12c) könnte in gewissem Sinn ein
Indiz dafür sein, daß es sich eigentlich um das Werk des Vaters handelt,
das zuerst Jesus und dann als 'größere Werke' die Jünger nachahmen sollen.
Weshalb die Jünger größere Werke als Jesus vollbringen werden, erklärt
sich aus 14,13f.: Das nach Ostern im Namen Jesu gesprochene Gebet hat
die Kraft zu absoluter Erfüllung (vgl. 15,7; 16,24 mit der Nennung des
Zeitpunktes der Gebetserfüllung; 16,16). Nach Ostern wird das den Wundertaten vorangehende Gebet (vgl. u.a. 11,22) die Jünger zu größeren Taten
befähigen, da Jesus dann seinen Auftrag erfüllt hat und seine Vollmacht
auf die Jünger übertragen haben wird. In diesem Zusammenhang tritt die
Vollmachtsformel ἐν τῷ ὀνόματί μου regelmäßig auf; daß der Vollmachts-
gedanke beim Tun der 'größeren Werke' eine wesentliche Rolle spielen
kann, zeigt der folgende Beleg bei Josephus, wo er in einer grundsätzlichen Äußerung, die Mose in den Mund gelegt wird, betont, daß dessen
Werke größer sind als die Zauberwerke der Ägypter, weil sie κατὰ δὲ θεοῦ
πρόνοιαν καὶ δύναμιν geschehen (Jos A 2,286).
Hinter dieser Konzeption der Auftragsübertragung, die sich im Tun der
Wunderwerke konkretisiert, steht die allgemeine Überzeugung, daß sich
nach dem Tod des Charismatikers sein Wirken im Tun seiner Jünger verviel-
fältigt und steigert. Vergleichbar ist die lukanische Schilderung der
Geschehnisse unmittelbar nach dem Pfingstwunder. In Apg 2,22 wird die
Beglaubigung Jesu vor den Jüngern durch machtvolle Taten, Wunder und
Zeichen angesprochen. In dem nachfolgenden kurzen lukanischen Summarium
(2,42-47) werden die Stichworte Wunder und Zeichen unter den Gesichtspunkten 'Verallgemeinerung' (Schneider, Apostelgeschichte, 287+Anm.27)
und 'Quantität' (V.43: "πολλά τε τέρατα καὶ σημεῖα διὰ τῶν ἀποστόλων
ἐγίνετο") nach dem Tode Jesu aufgenommen. Hier sind es dann die Apostel,
die Wunder und Zeichen wirken (vgl. Heiligenthal, ἔργον, 125).

TEIL C: Die Funktion der Werke gegenüber der Umwelt

I. Werke als "Anpassung": Röm 13,1-7

In drei neutestamentlichen Texten, die eine Unterordnung des
Christen unter die weltliche Obrigkeit fordern (Röm 13,1-7;
Tit 3,1ff. und 1Petr 2,13ff.), ist jeweils auch von dem ἔργον
ἀγαθόν die Rede. Wir versuchen nun der Frage nachzugehen,
ob hinter diesem Sprachgebrauch die Aufnahme einer eigenständigen Tradition steht. Falls dies so ist, stellt sich
die weitere Frage, ob unter Umständen die Aufnahme einer
identischen Tradition in drei Schriften unterschiedlicher Ver-
fasserschaft durch eine vergleichbare historische bzw. soziologische Situation der Adressatengemeinden bedingt sein
könnte.
Ausgangspunkt und Schwerpunkt der Untersuchung wird die
paulinische Mahnung zur Unterordnung unter die übergeordneten
Gewalten in Röm 13,1-7 sein, da bei diesem Text -mitbedingt
durch seine Wirkungsgeschichte- die Diskussionslage auch in
der neueren Forschung schwierig gelagert ist.[1]

1. Zum Problemhorizont einer Exegese von Röm 13,1-7

Eine Auslegung von Röm 13,1-7 ist deshalb für den Exegeten
problematisch, weil er innerhalb einer ausgeprägten Wirkungsgeschichte des Textes steht.[2]
Die Defintion der Relation zwischen Gott und weltlicher Obrigkeit mit Hilfe einer Verbindung von profanen und theologischen
Topoi[3] läßt den Text zu einem 'locus classicus' der Auseinan-

---

1 Vgl. zum Ganzen: Heiligenthal, Strategien und Riekkinen, Römer 13.

2 Einen Abriß der Wirkungsgeschichte bietet Bauer, Jedermann, 263-284.

3 Die Untersuchung wird ergeben, daß sowohl der Versuch, die Aussagen
von 13,1-7 allein aus einem Wortfeld verwaltungsrechtlicher Sprache
-so etwa Strobel, Verständnis, 67-93; ders., Furcht, 58-62; vUnnik,
Lob, 334-343; Käsemann, Römer 13, 316-376; ders., Grundsätzliches,
204-222; ders., Römer, 334ff.- oder in der Nachfolge von Strack-
Billerbeck ausschließlich aus der jüdischen Tradition -so etwa
Michel, Brief, 393ff.- herzuleiten, dem vorliegenden Tatbestand
nicht entspricht.

dersetzung von Staat und Kirche werden.

Die differente Rezeption der Textaussagen umreißt den Problemhorizont jeder heutigen Auslegung:

Im Sinne der klassischen katholischen Exegese kann der Text
als ein Stück natürlicher Theologie interpretiert werden.[4]
Dabei versucht man, aus den die Mahnung zur Unterordnung begründenden Versen 1b-3a eine Staatslehre mit metaphysischen Gehalt
zu deduzieren.[5] Eine Nebenlinie dieser Auslegungstradition
hat ihren Ursprung in dem konservativ-lutherischen Interesse
an einer biblischen Legitimation der augustinischen Trennung
des 'regnum civile' von dem 'regnum Christi'.[6]

Den Vertretern dieser Interpretationsmodelle kann der Vorwurf
einer partikular-konfessionalistischen, systematisierenden
Auslegung nicht erspart werden. Während in der klassischen
katholischen Exegese die natürliche, gottgewollte Seinsord-
nung im Rahmen einer umfassenden Staatsmetaphysik aus dem
Text erhoben wird, findet die konservativ-lutherische Interpretation ihren Zielpunkt in dem Gedanken der Legitimation
und in der Betonung der Autonomie weltlicher Obrigkeit. Die
Begründung der Legitimität kann spekulativ-geschichtstheolo-
gisch geschehen. So formuliert Althaus: "Durch die politische
Macht will Gott die jetzige, zu Ende gehende Welt vor dem
Chaos bewahren und für seine Heilsgedanken mit ihr erhalten."[7]
In der konkreten historischen Bewährungsprobe des Kirchen-
kampfes erwiesen sich beide Interpretationsmodelle als nur
bedingt tragfähig. So wurde auf das partielle praktische Versagen der herkömmlichen Exegese von Röm 13 angesichts der Her-
ausforderungen der Zeit mit dem Versuch reagiert, die als zu

---

4 Ein neueres Beispiel für diesen Auslegungstypus liegt in der Untersuchung von Zsifkovits, Staatsgedanke, vor. Er resümiert in bezeich-
   nender Weise: "Das heißt aber nicht, daß Paulus hier nicht grundsätzliche, wesentliche und immer gültige Aussagen über den Staat macht.
   Hat er doch auch als Mensch, der ein gesellschaftsbildendes Wesen ist,
   aus seiner urpersönlichen Erfahrung geahnt und gewußt, daß der Staat
   eine von Gott gegebene Natureinrichtung ist", 111.

5 Exegetische Fehlschlüsse dieser Interpretationsweise sind u.a.:
   Die Wiedergabe von διαταγή mit 'Ordnung' anstelle von 'Anordnung',
   sowie die an der Textintention vorbeigehende Verlagerung des Aus-
   sageschwerpunktes auf die begründenden Verse 1b-3a.

6 Exemplarisch: Althaus, Brief, z.St.

7 Althaus, Brief, 132.

positiv empfundenen päulinischen Aussagen über die Obrigkeit
zu relativieren. Hierzu bot sich eine bereits aus der Exegese
der Alten Kirche bekannte Lösungsmöglichkeit an: die Eintragung einer Engel- und Dämonenlehre in Röm 13,1-7.[8]
Von einer angeblich aus der jüdischen Angelologie übernommenen
Doppelbedeutung von ἐξουσία als weltlicher und dämonischer
Macht ausgehend, konnten die weltlichen Mächte als zum Auf-
ruhr und zur Rebellion neigende Engelmächte qualifiziert
werden und auf diese Weise konnte die als drückend empfundene
Gehorsamspflicht gegenüber dem (totalitären) Staat negiert
werden.[9] Wird in diesem Zusammenhang auch noch die Unterordnung
der Engelmächte unter den Christus Kosmokrator betont, so
gelangt man zu einer christologischen Deutung von Röm 13,1-7,
wie sie Karl Barth propagieren konnte.[10] Der Staat wird dem
christologischen Bereich zugeschlagen und wird damit zu einem
Bereich des weltlichen Gottesdienstes eines jeden Christen.
Gegen diesen Versuch, christliches Handeln im Staat mit Hilfe
der Mythologie als eine Konsequenz der Weltherrschaft Christi
zu legitimieren, muß aus exegetischer Sicht kategorisch ein-
gewendet werden, daß der Abschnitt sein christliches Gepräge
"nur aus dem Zusammenhang mit der Einleitung der Gesamtparä-
nese in 12,1-6"[11] erhalten kann.
Bei all diesen Auslegungsversuchen erscheint die historische
Situation und der soziologische Hintergrund der paulinischen
Aussagen ebensowenig bedacht wie die textimmanente Aussagestruktur und deren traditionsgeschichtliche Folie.
Aus dem obigen problemgeschichtlichen Abriß ergeben sich für
die folgende Exegese einige wichtige Fragestellungen:
Das Verhältnis von paränetischen und begründenden Teilen innerhalb der Argumentation von Röm 13,1-7 muß genau bestimmt
werden. Von einer Entscheidung in dieser Frage hängt es ab,

---

8 Beispiele für eine dämonistische Deutung von ἐξουσία in der Alten
   Kirche finden sich bei Schelkle, Staat, 223-236.

9 Diese zuletzt von Cullmann, Staat, vehement vertretene These wurde
   durch vCampenhausen, Auslegung, und Käsemann, Römer 13, ausführlich
   widerlegt.

10 Barth, Rechtfertigung und Recht.

11 Käsemann, Römer 13, 212.

ob es möglich ist, aus Röm 13,1ff. eine allgemeine Lehre über
das Wesen des Staates herauszulesen.

Durch den Versuch einer dämonistischen Deutung von ἐξουσία
ist die Frage nach in unserem Abschnitt eventuell vorhandenen
semantischen Feldern verschärft gestellt.

Zudem gewinnt der historische und soziologische Hintergrund
großes Gewicht, wenn man das unreflektierte Einfließen syste-
matischer Präjudizien vermeiden möchte.

2. Analyse von Stil und Argumentationstechnik in Röm 13,1-7

Die Methodik der folgenden Sprachanalyse des vielbehandelten
Abschnitts versucht sich an den für die Exegese teilweise
neuen Wegen zu orientieren, die die neueren methodischen Studien von Berger[12] und Zmijewski[13] geebnet haben, ohne die oft
wertvollen Ergebnisse bisheriger methodisch 'konventioneller'
Exegese zu vernachlässigen.

Besonders die Methodik der Stiluntersuchung, wie sie Zmijewski
vorschlägt, hat nach unserer Meinung darin ihren Wert, daß
mit ihrer Hilfe Einzelbeobachtungen am Text in einen besseren
methodischen Rahmen gestellt werden können. Jedoch haben Stil-
untersuchungen nur dann einen wirklichen Wert, wenn sie durch
traditionsgeschichtliche Untersuchungen ergänzt werden. Besonders notwendig erscheint uns hierbei die Beachtung semantischer Felder, mit deren Hilfe traditionelle sprachliche
Zusammenhänge, die für uns nicht mehr ohne weiteres erkennbar
sind, festgestellt werden können.

Der Abschnitt Röm 13,1-7 bildet innerhalb des kontextuellen
Rahmens der Kapitel 12 und 13 eine relativ selbstständige
'mittlere Texteinheit',[14] die durch ihren asyndetischen An-

---

12 Berger, Exegese.

13 Zmijewski, Stil.

14 Hiermit wird nicht die in der heutigen Forschung häufig geäußerte
    Ansicht vertreten, daß Röm 13, 1-7 isoliert in seinem Kontext stehe,
    gegen Michel, Brief, 312; Käsemann, Römer, 337; Schrage, Christen,
    53 u.a. Wir gehen umgekehrt davon aus, daß Röm 13,1-7 eine spezifische
    Funktion in seinem Kontext ausübt. Lediglich am Rande vermerkt seien
    Versuche, den Abschnitt als nachpaulinische Interpolation zu dis-
    qualifizieren: Barnikol, Röm 13; Kallas, Romans 13,1-7.

schluß und durch das Hinzutreten neuer sinntragender Stichworte (ἐξουσία und ὑποτάσσω) in 13,1 von dem vorausgehenden
Kontext deutlich abgehoben ist.

Der Abschnitt selbst gliedert sich als eine Abfolge instruktiver und argumentativer Textteile,[15] die durch Parallelismen,
Oppositionen, Stichwortverknüpfungen und syntaktische Verbindungen mittels des Partikels γάρ sowie durch die Aufnahme
geprägter Wortfelder eng verbunden sind.

Die argumentativen Textteile finden sich in der Vv. 1b-3a und
5. Sie sind geprägt durch die Verwendung von Metonymen (ἐξουσία) und von personifizierten Abstrakta (ἔργον). Ihr argumentativer, rationaler Charakter wird durch 'Sätze mittlerer
Länge', die häufig durch Partizipialkonstruktionen ergänzt
sind, signalisiert.[16] Die instruktiven Textteile zeichnen sich
durch den Übergang in die 2. Person, durch den Wechsel von
nominaler zu verbaler Ausdrucksweise (so z.B. für φόβος nun
φοβέομαι; für ἔργον nun ποιέω), durch Ellipsen und rhetorische
Fragen sowie durch 'kurze Sätze'[17] aus. Sieht man von der
Überschrift in 13,1a ab, so haben die Vv. 3b-4b und 6-7 instruktiven Charakter.

Einzelanalyse: Vers 1a leitet den Abschnitt 13,1-7 asyndetisch
ein. Die relativ unverbundene Stellung zum vorausgehenden Kontext weist auf die Funktion dieses Teilverses: er kann als
ein die kommende Argumentation einleitender 'Eröffnungssatz'[18]
bestimmt werden. Der Erwartungs- und Verstehenshorizont des Rezipienten wird durch die Zuordnung der sinntragenden Stich-

---

15 Instruktive Textteile geben nach Berger, Exegese, 77f., Anweisungen
    für zukünftiges Handeln. Sie zeichnen sich besonders durch eine
    Häufung von Imperativen und durch einen Personenwechsel in die 2.Pers.
    Sg. oder Pl. aus.

16 "Als 'Sätze mittlerer Länge' kann man die etwa 4-7 Satzglieder und
    10-25 Wörter umfassenden Satzgebilde ansehen, also einfache, nur wenig
    erweiterte Sätze,... Den Sätzen 'mittlerer Länge' kommt in den meisten
    Sprachen die größte kommunikative Bedeutung zu, weil sie noch gut
    überschaubar sind und verschiedene Einzelinformationen zu einer ge-
    danklich-inhaltlichen Einheit kombinieren können", Zmijewski, Stil,51.

17 "Charakteristisch für... 'kurze Sätze' ist, daß sie sich zumeist
    auf die wesentlichen Aussagen beschränken, in ihrer Struktur gut
    überschaubar bleiben und eine leicht verständliche Diktion aufweisen.
    Ein 'kurzer Satz' kann z.B. der erhöhten Ausdruckskraft des Gesagten
    dienen...", Zmijewski, Stil, 51.

18 Vgl. Berger, Exegese, 19.

wörter ἐξουσία und ὑποτάσσω und durch die imperativische
Form des Prädikats im Sinne der folgenden Argumentation bestimmt. Vers 1a hat damit die für eine Überschrift bezeich-
nenden Funktionen: er faßt herausragende Einzelstücke der
folgenden Argumentation bereits zusammen und deutet die Argu-
mentationsrichtung an.[19] Die starke Ausdruckskraft des thesenartigen Teilverses wird stilistisch noch dadurch unterstrichen,
daß es sich im Sinne Zmijewskis um einen 'kurzen Satz' handelt.
Er weist in überschaubarer Struktur und verständlicher Diktion
bereits auf das Wesentliche hin: jede Seele wird ermahnt, sich
den übergeordneten Gewalten unterzuordnen. Durch den betont am
Anfang stehenden kollektiven Semitismus πᾶσα ψυχή[20] und die
paränetische Form des Satzes werden die Rezipienten in besonders eindringlicher Weise angesprochen. Das Metonym ἐξουσία
signalisiert eine inhaltliche Akkzentsetzung auf den institutionellen Aspekt der Obrigkeit; die einzelnen Funktionsträger
sind nicht so sehr im Blick.[21]

Der Partikel   γάρ konstituiert einen engen Begründungszu-
sammenhang zwischen dem Eröffnungssatz und dem nachfolgenden
Vers 1b. Die hervorgehobene Stellung von οὐ γάρ ἔστιν gibt
der Begründung besonderes Gewicht. Stilistisch liegt in 13,1b
ein Zeugma vor, wobei ἐξουσία als das ausgeklammerte Satzglied
betrachtet werden kann. Durch den Einsatz dieses stilistischen
Mittels wird eine enge Verklammerung von ἐξουσία und ὑπὸ
θεοῦ erreicht.[22]

Die Wiederholung des präpositionalen Ausdrucks ὑπὸ θεοῦ in
Vers 1b betont zusätzlich die Bedeutung der göttlichen Urheberschaft weltlicher Obrigkeit für den weiteren Argumentationsgang. Der Begründungssatz (13,1b) kann als die direkte Begrün-

---

19 Vgl. Berger, Exegese, 24.

20 Vgl. Michel, Brief, 397.

21 Nach Zmijewski hat die Metonymie Ähnlichkeit mit der Synekdoche. Sie
    konstituiert zwischen Benennung und gemeinter Sache eine Beziehung
    qualitativer Art und hat zum Ziel, bestimmte Eigenschaften oder
    Aspekte des Gemeinten hervorzuheben, vgl. Zmijewski, Stil, 67.

22 "Ein Zeugma betont meist die Wichtigkeit der mit dem ausgeklammerten
    Glied verbundenen Aussage oder hebt umgekehrt die Zusammengehörig-
    keit der durch die eingeklammerten Glieder markierten Informationen
    hervor...", Zmijewski, Stil, 53f.

dung der vorausgehenden kategorischen Forderung (V.1a) angesehen werden. Neben dem direkten Anschluß mit γάρ weist auch
die Wiederaufnahme des Stichwortes ἐξουσία und das mit ὑποτάσσω wurzelverwandte τάσσω auf eine enge Verknüpfung beider
Sätze. Inhaltlich kann von einer theologischen Begründung der
vorausgehenden Ermahnung gesprochen werden.

Ὥστε an der Spitze des folgenden Verses folgert aus dem Vor-
herigen.[23] Der Satz gliedert sich in zwei relativ knappe Teilsätze, die beide durch eine partizipiale Wendung eingeleitet
werden, also eine parallele Struktur aufweisen.

Die Funktion des Verses im Argumentationsgang verdeutlicht
sich an der Aufnahme und charakteristischen Abwandlung der
bereits vorgegebenen Stichworte: ὑποτάσσω wird in Form eines
Wortspiels mit dem sinnkonträren Kompositum ἀντιτάσσομαι verbunden. Diese stilistische Figur lenkt den Blick verstärkt
auf die Opposition zwischen ὑποτάσσω und ἀνθίσταμαι. Der Gegensatz wirkt auf den Rezipienten als Kontrastsignal.[24] Durch
das Kontrastsignal 'Opposition' wird die Aufmerksamkeit auf
die Faktizität unerwünschten Verhaltens und dessen Folgen gelenkt. Die mit 13,1b vollzogene Theologisierung ist beibehalten; das Stichwort θεός setzt sich fort.

Durch das Hinzutreten von διαταγή werden die Vv. 1a-2a durch
vier Glieder der Wortgruppe τάσσω (ὑποτάσσω/τάσσω/ἀντιτάσσομαι/
διαταγή) mitbestimmt und bilden dadurch eine nicht syntaktisch geformte Sinneinheit.

Während die erste Folgerung aus dem unerwünschten Verhalten
(V.2a) auf der gleichen semantischen Ebene wie die vorausgehenden Verse bleibt, so weicht die Wortwahl der zweiten
Folgerung (V.2b) völlig ab. Sie ist lediglich durch die Aufnahme von ἀνθίσταμαι mit Vers 2a verbunden und durch den gleichen Satzaufbau strukturell parallel gestellt. Neben der ab-
weichenden Wortwahl kontrastiert Vers 2b durch den Tempuswechsel: während ἀνθίσταμαι (13,2a) in das Perfekt wechselt,
ist λαμβάνω (13,2b) futurisch gesetzt.

Der Gesamtvers wird durch den zweimaligen Wechsel des Tempus
aus dem Kontext hervorgehoben. Die Teilverse sind durch eine

---

23 Weiß, Brief, 532.
24 Durch Kontrastsignale kann der Hörer orientiert und motiviert
    werden, vgl. Berger, Exegese, 18.

parallele Struktur miteinander verbunden, wobei durch unterschiedliche Tempora und differente Wortwahl ein Fortschritt der inhaltlichen Argumentation signalisiert ist.

Die für die paulinische Argumentationstechnik typische Verknüpfung mit γάρ führt die Handlung weiter.[25] Das Metonym ἐξουσία wird durch οἱ ἄρχοντες ersetzt. Der Akkzent liegt so nicht mehr auf dem institutionellen Charakter der Obrigkeit, sondern auf deren Funktionsträger.

Vers 3a ist mit Vers 2b auf semantische Weise verbunden: es werden Elemente eines identischen Wortfeldes verwendet.[26] Der argumentative, diatribische Charakter der Argumentation in 13,1b-3a wird durch den Gebrauch des personifizierten Abstraktums ἔργῳ unterstrichen, wobei es sich stilistisch wiederum um eine Metonymie handelt.

Es folgt der durch den Wechsel in die zweite Person deutlich markierte Übergang zu einem instruktiven Textteil (13,3b). Der Personenwechsel zeigt, daß Paulus den Leser nun direkt ansprechen will. Die durch den Personenwechsel charakterisierten Verse 3b-4b werden damit als für die Intention des Verfassers besonders wichtig gekennzeichnet.[27] Θέλεις δέ hat als "einfaches Metabatikon zur Einleitung eines Vordersatzes in kategorischer Form"[28] stilistisch-rhetorische Bedeutung.

Der motivierend-paränetische Charakter von 13,3b-4b spiegelt sich auch in dem Übergang von der nominalen Ausdrucksweise, die mehr das Wesen von Zusammenhängen hervorheben will, zur verbalen Ausdrucksweise, durch die mehr das Geschehen, die Handlung, betont werden soll.

Die stark appellative Einfärbung dieses instruktiven Teils wird neben dem Wechsel in die zweite Person, der verbalen Ausdrucksweise und der Einleitung mit einer rhetorischen Frage auch durch eine Häufung von Imperativen und die Verwendung von

---

25 Zu dieser Art paulinischer Argumentationstechnik: "Ganze Passagen verknüpft er (sc. Paulus) durch 'denn'-Begründungen, wobei immer jeweils die vorangehende Begründung begründet wird" (Berger, Exegese, 55).

26 Es handelt sich um das semantische Feld 'Gericht nach den Werken'; Näheres unten.

27 Vgl. Berger, Exegese, 23.

28 Weiß, Brief, 534.

sogenannten 'kurzen Sätzen' zum Ausdruck gebracht.
Der außerordentlich kunstvolle Aufbau dieser Texteinheit verdeutlicht sich in seiner graphischen Darstellung:

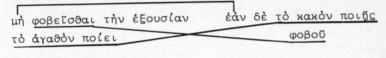

μὴ φοβεῖσθαι τὴν ἐξουσίαν   ἐὰν δὲ τὸ κακὸν ποιῇς
τὸ ἀγαθὸν ποίει   φοβοῦ

ἕξεις ἔπαινον ἐξ αὐτῆς   οὐ γὰρ εἰκῇ τὴν μάχαιραν φορεῖ

θεοῦ γὰρ διάκονός ἐστιν   θεοῦ γὰρ διάκονός ἐστιν
σοὶ εἰς τὸ ἀγαθόν   ἔκδικος εἰς ὀργὴν
                                                   τῷ τὸ κακὸν πράσσοντι

Die Verse sind durch eine Abfolge von Chiasmus und Parallelismus eng aufeinander bezogen. Die strukturelle Parallelität wird
durch die wörtliche Wiederholung des Teilverses θεοῦ γὰρ διάκονός ἐστιν an funktional gleicher Stelle hervorgehoben.[29] Die
Abfolge von Konditionalsatz und Imperativ ist strukturell
parallel, während die Wortelemente chiastisch zugeordnet sind.
Auch die jeweils abschließenden Teilsätze sind durch die gleiche präpositionale Konstruktion bei semantischer Opposition von
ἀγαθόν und ὀργή streng aufeinander bezogen. Dadurch werden die
Sätze ἕξεις ἔπαινον ἐξ αὐτῆς und οὐ γὰρ εἰκῇ μάχαιραν φορεῖ
jeweils durch Verselemente eingeklammert, die einen festen Bezug zu koordinierten Verselementen aufweisen. Mit dieser Stellung gelang es Paulus beide Versteile trotz semantischer und
struktureller Diskongruenz streng aufeinander zu beziehen. Eine
weitere Interpretation dieser stilistisch kunstvoll gestalte-
ten Parallelität wird die traditionsgeschichtliche Analyse
bieten.
Betrachtet man die Stellung dieses Abschnittes im Kontext, so
fällt auf, daß die Verse untereinander durch Wortwahl und
Struktur eng verknüpft sind, während aus 13,1-2a lediglich
das leitende Stichwort ἐξουσία wiederaufgenommen ist. Die Aussage aus 13,2b wird dadurch entfaltet, daß die Opposition ἀγα-
θός/κακός verbal aufgenommen wird und nun φόβος zugeordnet ist.

---

29 Nach Berger ist die Wiederholung das wichtigste und vielseitigste
    Mittel der Textverknüpfung: "Für den Rezipienten ist die Wirkung
    der Wiederholung integrativ, intensivierend, erweiternd, Aufmerk-
    samkeit weckend" (Berger, Exegese, 13).

Die Aussagen aus 13,2b werden dadurch weitergeführt, daß in
13,3b dem futurischen Ausdruck κρίμα λήμψονται das ebenfalls
futurische Element ἕξεις ἔμαινον entgegengestellt wird. Entgegengestellt deshalb, weil κρίμα und ἔπαινος innerhalb des
zugrundeliegenden semantischen Feldes 'Gericht nach den Werken' in inhaltlicher Opposition stehen.

Der instruktive Textteil betont besonders das Handeln (drei-
maliges Vorkommen von ποιέω/πράσσω), wobei das Gewicht auf
die Mahnung, das Schlechte zu unterlassen, gelegt ist, wie
der in 13,4b nachklappende Partizipialsatz τὸ κακὸν πράσσοντι
unterstreicht.

13,5 wird wegen der Aufnahme des Stichwortes ὑποτάσσω aus 13,1
allgemein richtig als Wiederholung von Vers 1 angesehen.[30]
Διό schließt an 13,3f an. Die Aufforderung, sich der Obrigkeit unterzuordnen, wird wiederaufgenommen. Einen Handlungs-
fortschritt signalisiert die parataktische Zuordnung von ὀργή
und dem innovierenden Stichwort συνείδησις. Damit ist die Mahnung aus 13,1 verschärft, denn mit dem Verweis auf das Gewissen
wird nun nicht nur auf die äußeren Folgen von Fehlverhalten Bezug genommen, sondern auch die innere Einstellung des Rezipienten angesprochen.

Mit 13,5 schließt eine für Paulus typische Argumentations-
kette ab: eine rekursive Argumentation, in der die einzelnen
Satzelemente durch 'denn'-Begründungen verbunden sind. Paulus
erreicht mit 13,5 wieder die Argumentationsebene von 13,1.

Die nachfolgenden Verse der Schlußparänese -wiederum ist der
Personenwechsel Kennzeichen des instruktiven Charakters der
Argumentation- sind, was die Wortwahl betrifft, relativ eigen-
ständig.

Die Schlußparänese erreicht emotionale Wirkung und Aussagekraft
durch den Ersatz des Metonyms ἐξουσία , an dessen Stelle nun
das pathetisch klingende λειτουργοί[31] steht, weiterhin durch
den Parallelismus membrorum mit zweimal zwei Gliedern in 13,7b,
durch die eine Steigerung implizierende Substitution von
φόρος mit ὀφειλή (13,6.7a) und schließlich durch die rhetorisch
wirkungsvolle Aufnahme der affektiven Begriffe φόβος und τιμή
in 13,7b. Auf sachlich-inhaltlicher Ebene kann man die Schluß-

---

30 Michel, Brief, 394.
31 Michel, Brief, 402 Anm. 31.

paränese als eine auf Konkretion abzielende Applikation des
instruktiven Abschnittes 13,3b-4b ansehen. Das gute Tun konkretisiert sich, wenn es auf die Obrigkeit bezogen wird, im Zahlen
von Steuern.

Zusammenfassung der stilistischen Analyse: der literarischen
Form nach können die Verse 13,1-7 als eine Abfolge instruktiver
und argumentativer Aussagen gewertet werden. Die instruktiven
Textteile geben Anweisungen für zukünftiges Handeln und haben
dadurch für den Rezipienten besondere Bedeutung, während den
argumentativen Aussagen rational begründende Funktion zukommt.
Innerhalb der argumentativen Verse 1b-3a fiel der lediglich
formale Anschluß von 13,2b an 13,2a auf. 13,2b kontrastiert
durch abweichende Wortwahl und durch Tempuswechsel. Hierdurch
wird -neben der Gliederung in instruktive und argumentative
Textteile- eine zweite Unterteilung von 13,1-7 sichtbar. Semantisch und, wie sich noch zeigen wird, traditionsgeschichtlich
bilden die Verse 2b-4 eine Sinneinheit.

Durch ihren instruktiven Charakter und durch den kunstvollen
Aufbau erhält -neben dem eröffnenden Imperativ der Unterordnung
unter die übergeordneten Gewalten (13,1a)- die eindringliche
Mahnung, das Gute zum eigenen Lob zu tun und das Böse zu unterlassen (13,3b-4), Gewicht und Betonung. So ergeben sich bereits
aus der Stilanalyse Hinweise darauf, daß diese Verse den Mittelpunkt der gesamten Argumentation ausmachen. Vorbereitet
und mit dem Vorhergehenden verbunden wird dieser Aussage-
schwerpunkt durch die in den instruktiven Textteil hinein-
reichende traditionsgeschichtliche und semantische Sinneinheit
der Verse 2b-4.

Den zwischengeordneten, begründenden Aussagen (13,1b-3a) kommt
der Charakter einer Explikation der Forderung nach Unterordnung
zu. Kennzeichnend für diesen Teil ist die viermalige Verwendung von Begriffen des Wurzelstammes -τασσω.

In 13,5 faßt Paulus den Gedankengang verschärfend zusammen
und fügt der rekursiven Argumentation mit den Versen 6-7 eine
Applikation an, die auf den situativen Ort der Mahnung hinweisen kann.

Für die weitere Untersuchung ergibt sich aus der stilistischen Analyse ein inhaltlicher Schwerpunkt auf den Versen
2b-4, deren traditionsgeschichtlicher Hintergrund nun Gegenstand der Betrachtung werden soll.

3. Zum pagan-hellenistischen Hintergrund von Röm 13,3f:
   Lob und Tadel durch die übergeordneten Instanzen

W.C. van Unnik merkt an, "daß es zum Wesen der Obrigkeit gehört, die Bösewichter zu strafen und die Guten zu preisen",[32]
und gibt damit einen wichtigen Hinweis auf pagane Tradition,
die in Röm 13,1-7 eingeflossen sein könnte.
Wir werden nun versuchen, eine traditionsgeschichtliche Linie
aufzuzeigen, die von der Enkomienliteratur und der griechisch-
hellenistischen Historiographie, zu deren Maximen Lob und Tade
für die Taten der Menschen gehört, ausgeht.
Grundsätzlich wird in Enkomien und verwandten Gattungen (vgl.
die Totenrede auf Cäsar bei Dio Cassius Hist 44,36-44,40) Lob
ausschließlich aufgrund der Handlungen ausgesprochen.[33] Wer
keine gute Tat vorweisen kann, dem wird ausdrücklich das Lob
verweigert.[34] Polybius bestimmt den Unterschied zwischen Lobrede und Historiographie dahingehend, daß es Aufgabe der Geschichtsschreibung ist, ohne Ansehen der Person allein aufgrund von Verdiensten Lob auszuteilen.[35] Lob und Tadel müssen
stets auf Handlungen bezogen sein und unparteiisch vom Histori-
ker allein aufgrund der Werke angewendet werden.[36] In diesem
Sinn schreibt Diodorus Siculus, der seine Weltgeschichte unge-
fähr zur Zeit der Abfassung der paulinischen Briefe schrieb,
über die Aufgabe des Historiographen (15,1,1):

---

32 vUnnik, Lob, 341.

33 Aristot Eth Nic 1101 b 12,2: "τὸν γὰρ δίκαιον καὶ τὸν ἀνδρεῖον καὶ ὅλως
    τὸν ἀγαθὸν καὶ τὴν ἀρετὴν ἐπαινοῦμεν διὰ τὰς πράξεις καὶ τὰ ἔργα, ..."

34 Die Prodikos-Fabel spricht dies für die personifizierte Lasterhaftig-
    keit aus: "Obwohl auch eine Unsterbliche, bist du aus dem Kreise der
    Götter verstoßen, und von den guten Menschen wirst du verachtet. Was
    von allem am angenehmsten zu hören ist, das Lob (ἐπαίνου), das hörst
    du nicht, und was von allem am angenehmsten anzuschauen ist, das siehst
    du nicht; denn du hast noch niemals eine von dir selbst vollbrachte
    gute Tat (ἔργον καλόν) gesehen" (Xenoph Mem B II 1,31).

35 Polyb Hist IX,21: "Denn wie jenes Werk, das dem Manne ein Denkmal zu
    setzen bestimmt war, eine sich auf das Wesentliche beschränkende Ver-
    herrlichung seiner Taten verlangte (μετ'αὐξήσεως τῶν πράξεων ἀπολογισ-
    μόν), so fordert das Geschichtswerk, das unparteiisch nach Verdienst
    Lob und Tadel auszuteilen hat (ἐπαίνου καὶ ψόγου), einen absolut wahr-
    heitsgetreuen, auf Tatsachen gegründeten und die Erwägungen, die die
    Ereignisse begleiteten, die Motive, die das Handeln veranlaßten, klar-
    stellenden Bericht."

36 Polyb Hist XII 15,9.

"τοῖς μὲν ἀγαθοῖς ἀνδράσιν ἐπὶ τῶν καλῶν ἔργων τὸν δίκαιον
ἐπιλέγειν ἔπαινον, τοὺς δὲ φαύλους, ὅταν ἐξαμαρτάνωσιν,
ἀξιοῦν δικαίας ἐπιτιμίας."

Die Geschichtsschreibung verfolgt mit Lob und Tadel einen
pädagogischen Zweck: durch die bewertende Schilderung der
Taten sollen die Menschen gebessert werden.[37] In einem Rat-
schlag an Mächtige unterstreicht dies Dio Cassius,[38] indem er
das Lob der Tat deshalb befürwortet, weil er darin einen Weg
sieht, den Menschen von seinen Verfehlungen (ἁμαρτήματα) ab-
zubringen. Nach Dio Cassius kann man, indem man die guten
Taten sogar über ihren Wert hinaus auszeichnet (καὶ ὑπὲρ
τὴν ἀξίαν τῶν ἔργων τιμᾶν; 34,9), zu weiterem guten und besonders auch loyalem Handeln motivieren. Dio Chrysostomos geht
noch einen Schritt weiter, wenn er behauptet, daß es ohne ein
Lob für die guten Taten in der Geschichte kaum bewundernswür-
dige Menschen gegeben hätte.[39]

Aufgrund der pädagogischen Grundintention von Lob und Tadel
der Werke kann es nicht verwundern, daß sich gerade auch übergeordnete Instanzen dieses Mittels bedienen. So besteht die
Aufgabe des Herrschers grundsätzlich darin, das Gute zu loben
und das Schlechte zu tadeln, denn nur dadurch lehrt er die
Untertanen, das in seinem Sinn Richtige zu tun.[40]

Anstelle des Herrschers kann auch das Gesetz lobend und tadelnd
für die Einhaltung der von ihm geforderten Normen sorgen,
wobei auch hier die pädagogische Intention erhalten bleibt.[41]

---

37 Polyb Hist II 61,3f: "..., als wenn es mehr die Aufgabe der Geschichte
    wäre, die Vergehen der handelnden Personen aufzuzählen als gute und ge-
    rechte Taten (τὰ καλὰ καὶ δίκαια τῶν ἔργων) hervorzuheben, oder als ob
    die Leser historischer Denkwürdigkeiten weniger gebessert würden durch
    sittlich gute und nachahmenswerte Taten als durch rechtswidrige und
    verabscheuungswürdige Taten."

38 Dio Cass Hist 52,34,9-11.

39 Dio Chrys Or 31,16.

40 Xenoph Hiero 9,2. Durch materielle Belohnung und Belobigung will
    die Obrigkeit künftiges loyales Verhalten erreichen (Dio Cass Hist
    32,34,10). Umgekehrt sind nach Bolkestein, Wohltätigkeit, 97, die Ent-
    richtung von Steuern und Abgaben an den Staat durchaus auch ein Wohltun
    des Bürgers gegenüber der Obrigkeit. Zur allgemeinen Beziehung zwischen
    Wohltat und öffentlicher Anerkennung: Bolkestein, Wohltätigkeit, 152ff.
    Zum Topos Lob und Tadel als Aufgabe des Herrschers vgl. auch: Philo
    LegGai 7.

41 Vgl. die bei Dio Cassius vorliegende Verbindung von ἐπιτίμια und ἀπει-
    θέω im Kontext der lobenden und tadelnden Funktion des Gesetzes.

Doch indem sich Lob und Tadel an Gehorsam oder Ungehorsam gegenüber dem den Bürgern übergeordneten Gesetz entscheiden, tri
eine auch für Röm 13,1-7 wichtige Akzentverschiebung hinzu.
Man kann dies an dem konkreten Fall der römischen Ehegesetzge-
bung verdeutlichen (Dio Cass Hist 56,6,5). Die Einhaltung der
Ehegesetze soll dadurch erreicht werden, daß denen, die ihnen
nicht gehorchen (τοῖς ἀπειθοῦσιν) Tadel (τὰ ἐπιτίμια) angedroht wird. Der sanktionierende Charakter des öffentlichen Tadels wird dadurch hervorgehoben, daß die affektive Reaktion au
ihn mit φόβος beschrieben wird. Gehorsam und Ungehorsam lassen
sich als typische Verhaltensmuster gegenüber einer übergeordneten Macht beschreiben, die dann ihrerseits spezifisch mit Lob
oder Tadel reagiert.

Auf ganz ähnliche Weise argumentiert Xenophon in Cyrop I 6,20
und in Oec 9,14. In dem ersten Beleg geht es wieder um die
Funktion des Gesetzes, das hier besonders das Prinzip des
ἄρχειν und ἄρχεσθαι sanktionieren soll. In diesem Zusammenhang
läßt sich nach Meinung des Autors der Gehorsam am besten durch
die Regel τὸ τὸν πειθόμενον ἐπαινεῖν τε καὶ τιμᾶν τὸν δὲ
ἀπειθοῦντα ἀτιμάζειν τε καὶ κολάζειν erreichen. Es fällt auf,
daß wiederum sowohl πειθέω mit dem durch τιμάω ergänzten ἐπαι-
νέω als auch ἀπειθέω mit ἀτιμάζω, das durch κολάζειν ergänzt
und verschärft ist, korrespondieren.

Um das Gesetz als übergeordneter Instanz geht es auch in Oec
9,14. Xenophon berichtet dort, daß den Bürgern wohlgeordneter
Städte die Abfassung guter Gesetze allein nicht ausreicht, sondern deren Einhaltung durch νομοφύλακες gewährleistet werden
soll. Deren Aufgabe wird folgendermaßen bestimmt: "οἵτινες
ἐπισκοποῦντες τὸν μὲν ποιοῦντα τὰ νόμιμα ἐπαινοῦσιν, ἤν δέ τις
παρὰ τοὺς νόμους ποιῇ ζημιοῦσι."

Wir fassen zusammen: der Topos Lob und Tadel der menschlichen
Handlung ist weder auf ein Wortfeld verwaltungsrechtlicher
Sprache innerhalb kaiserlicher Schreiben an Reichsstädte[42] noch
auf die römisch-griechische Historiographie[43] beschränkt. Beide Versuche einer traditionsgeschichtlichen Herleitung des von
Paulus in Röm 13,3f aufgenommenen Topos beschreiben lediglich
richtige Teilaspekte.

---

42 Gegen Strobel, Verständnis, 80ff.
43 Gegen vUnnik, Lob, 334-343.

Hinter der Tradition steht das Erkenntnisprinzip, daß nur die
Werke Kriterium eines wertenden Urteils sein können. Man kann
das an dem regelmäßigen Hinzutreten von ἔργον ἀγαθόν bzw.
πρᾶξις καλή zu Lob und Tadel erkennen, wobei es grundsätzlich
um die normgemäßen, guten Taten geht. Dem Topos kommt in der
Regel ein pädagogisch-didaktischer Zweck zu: er zielt auf Verhaltensänderung in Richtung auf normgemäßes Verhalten. Diese
Intention bleibt auch dann erhalten, wenn Lob und Tadel von
übergeordneten Instanzen ausgehen (Obrigkeit/Gesetz) und auf
diesem Hintergrund der Gehorsam als Bewertungsgrundlage in den
Vordergrund tritt.

4. Die paulinische Rezeption der Tradition von Lob und Tadel durch übergeordnete Instanzen

Auch in der neueren Forschung wurde wiederholt auf die Vorstellung des göttlichen Zorngerichts als eines möglichen Hintergrunds der Aussagen in Röm 13,1-7 hingewiesen.[44] Diese
richtige Beobachtung kann jedoch in methodischer und sprachlicher Hinsicht noch weiter präzisiert werden.
Methodisch stellt sich die Frage, ob die Annahme einer Rezeption der jüdisch-christlichen Tradition eines göttlichen Gerichts nach den Werken einen Beweis für die ausschließliche
Verwendung dieser Vorstellung durch Paulus bietet,oder ob man
nicht auch mit einer Überlappung unterschiedlicher Traditionen
in 13,3-5 rechnen kann. Dies würde sich etwa von Wilckens' Vorgehensweise unterscheiden, der gegen Strobel[45] mit dem richtigen Hinweis auf die Verwendung von φόβος innerhalb der jüdischen Vorstellung des 'Gottesschreckens' eine traditionsgeschichtliche Herleitung aus dem pagan-griechischen Bereich zu-
rückweisen will.[46]
Kann man hier nicht auch mit einer bewußten Interpretation der
einen durch die andere Tradition rechnen?
Auf sprachlicher Ebene scheint die Annahme berechtigt, daß
Paulus direkt auf die Schilderung des göttlichen Zorngerichts
in Röm 2,1ff. Bezug nimmt. Damit haben wir einen Hinweis auf

---

44 Wilckens, Römer 13, 210; Friedrich u.a., Situation, 149.162-164.
45 Strobel, Furcht, 58-62.
46 Wilckens, Römer 13, 217+Anm.48.

eine eigenständig paulinische Interpretation der traditionellen Aussagen von Röm 13,1-7. Dieser Verdacht verstärkt
sich noch durch die Beobachtung, daß sich im 1.Petr 2,13ff.
als nächster Parallele zu Röm 13,1-7 kein Hinweis auf die
Vorstellung vom Gericht nach den Werken findet.
Die enge sprachliche und sachliche Verwandtschaft von Röm
2,1ff und 13,1-7 läßt sich durch eine Gegenüberstellung der
Begrifflichkeit, mit der auf das Gericht nach den Werken
    jeweils abgehoben wird, verifizieren:

Röm 2,1ff.	Röm 13,1,ff.
V.3 τὸ κρίμα τοῦ θεοῦ	V.2 κρίμα λήμψονται
V.7 τοῖς μὲν καθ᾽ὑπομονὴν ἔργου ἀγαθοῦ δόξαν καὶ τιμὴν	V.3 οὐκ εἰσὶν φόβος τῷ ἀγαθῷ ἔργῳ
V.10 δόξα δὲ καὶ τιμὴν καὶ εἰρήνη παντὶ τῷ ἐργα- ζομένῳ τὸ ἀγαθόν	τὸ ἀγαθὸν ποίει, καὶ ἕξεις ἔπαινον ἐξ αὐτῆς
V.9 ἐπὶ πᾶσαν ψυχὴν ἀνθρώ- που τοῦ κατεργαζομένου τὸ κακόν	τὸ κακὸν ποιῇς, φοβοῦ
V.8 πειθομένοις δὲ τῇ ἀδικίᾳ, ὀργὴ καὶ θυμός	V.4 ἔκδικος εἰς ὀργὴν τῷ τὸ κακὸν πράσσοντι
V.15 συμμαρτυούσης αὐτῶν τῆς συνειδήσεως	V.5 οὐ μόνον διὰ τὴν ὀργὴν ἀλλὰ καὶ διὰ τὴν συνείδησιν

Die Gegenüberstellung zeigt recht deutlich, daß Paulus auch
in Röm 13,1ff. Elemente aus dem Vorstellungsbereich "Gericht
nach den Werken" verwendet, wobei er sich eng an die Wortwahl
aus Röm 2,1ff. anlehnt. Man kann dies als eine paulinische
Interpretation der paganen Tradition des öffentlichen Lobes
bzw. Tadels für die menschlichen Handlungen ansehen. Diese
Vermutung wird durch die Verwendung des Terminus ἔπαινος gestützt (13,3), der nicht dem semantischen Feld 'Gericht nach
den Werken' zugerechnet werden kann. Er ersetzt an dieser
Stelle das übliche μισθός bzw. die Vergeltungsformel ἀποδίδωμι ἑκάστῳ κατὰ τὰ ἔργα. Die semantische Zuordnung von
ἔπαινος zu ἔργον entstammt der pagan-griechischen Tradition
des Lobes durch die übergeordnete Instanz.
Durch die Übernahme des jüdisch-christlichen Wortfeldes
"Gericht nach den Werken" theologisiert Paulus ursprünglich

pagan-griechische Tradition. Die Möglichkeit einer Theologisierung mit Hilfe dieses Wortfeldes ist dadurch gegeben, daß
es in dem intentionalen Element der göttlichen Strafe für das
schlechte und göttlicher Belohnung für das gute Werk mit der
pagan-griechischen Zuordnung von Lob/Tadel zu der guten/bösen
Tat übereinstimmt. In beiden Fällen ist ἔργον/πρᾶξις Maßstab
und Zeichen, an dem sich mehr oder weniger normgemäßes Verhalten bemißt.

Das Phänomen der gegenseitigen Durchdringung unterschiedlicher
Traditionen auf dem Hintergrund einer zunehmenden Hellenisierung jüdisch-christlicher Vorstellungen läßt sich auch in
späteren frühchristlichen Schriften nachweisen.[47]

Durch diesen Befund wird das Ergebnis der Stilanalyse traditionsgeschichtlich untermauert: das intentionale Gewicht des
Abschnittes Röm 13,1-7 liegt auf den paräntischen Aussagen,
das heißt inhaltlich auf der Forderung nach Unterordnung und
der Mahnung, das Gute zu tun. Dabei wird die Legitimität der
Forderung nach Unterordnung durch die Eintragung der Vorstellung 'Gericht nach den Werken' deshalb verdeutlicht, weil
Paulus damit die Rezipienten auf das dem Verhalten der Obrigkeit analoge Verhalten Gottes hinweist. Theologische Topoi
stehen damit im Dienst der dringlichen Ermahnung zu allgemein
sanktioniertem Verhalten, nämlich dem Staat nicht zu widerste-
hen.

Im Rahmen des gesamten Gedankenganges der Kap.12+13 kommt der
eingetragenen Werkgerichtstradition noch eine weitere Funktion
zu: sie verbindet den Abschnitt 13,1-7 mit dem Kontext.[48]
Wichtigstes Bindeglied ist die Mahnung, das Gute zu tun (13,3b),
die an folgenden Stellen des unmittelbaren Kontextes aufgenommen ist:

---

47 So z.B. in der syr.Didaskalie (ed. Nau), 81: "Wenn du also Gutes tust,
    so wirst du gelobt werden und angesehen, wenn du aber Böses tust und
    die Werke des Bösen ausführst, so wirst du gezüchtigt und aus dem
    ewigen Reiche hinausgeworfen werden...".

48 In diesem Zusammenhang sind alle Versuche als unrichtig abzuwehren,
    die Röm 13,1-7 als einen Fremdkörper innerhalb der paränetischen
    Aussagen des Römerbriefes disqualifizieren möchten. Exemplarisch
    der neueste Versuch, Röm 13,1-7 aus dem Kontext zu isolieren:
    Schmithals, Römerbrief, 187.

nach 12,9 sollen sich die Christen im Umgang untereinander des
Bösen enthalten und dem Guten zuwenden. Den nicht zur Gemeinde
gehörenden Menschen sollen sie nicht Böses mit Bösem vergelten
(12,17), sondern auf das Gute allen Menschen gegenüber bedacht sein, denn durch ihr eigenes Verhalten sollen die Christen das Böse der sie umgebenden Welt durch das Gute überwinden
(12,21). In 13,8ff. wird dann die Aufforderung, das Gute zu
tun, summarisch durch das Gebot, den Nächsten zu lieben, thematisiert.[49] "Im eschatologischen Schlußabschnitt schließlich
wird diese Option für das Gute mit dem Hinweis auf die Bekehrung begründet, aus der folgt, daß Christen 'die Werke der
Finsternis ablegen' und 'die Waffen des Lichts anlegen' sollen" (13,12).[50]

Zusammenfassend kann man notieren, daß die paulinischen Aussagen über die Unterordnung unter die übergeordneten Instanzen
thematisch mit dem Kontext verbunden sind. Hieraus leitet sich
auch besonders der funktionale und situationsbezogene Charakter dieser Aussagen ab, durch den eine Abstraktion des Inhalts
in Richtung auf eine allgemeine Staatslehre ausgeschlossen
ist.[51]

5. Zur theologischen Deutung des situationsbezogenen Charakters von Röm 13,1-7

Paulus mahnt in Röm 13,1-7 die Christen in Rom mit Eindring-
lichkeit zu allgemein sanktioniertem Verhalten gegenüber der
weltlichen Gewalt. Ausgelöst wird diese Paränese wahrscheinlich durch zunehmende Tendenzen unter den römischen Christen,
sich der Pflicht zum Steuerzahlen zu verweigern.[52]

Es gibt einige ernstzunehmende Indizien für die Annahme, daß Paulus mit
seiner Mahnung, sich der Obrigkeit unterzuordnen, verhindern will, daß
sich die Christen der römischen Gemeinde einer Steuerverweigerungsbewe-
gung anschließen. Bis zur Zeit Neros waren im allgemeinen die römischen
Bürger von jeder Personalsteuer und der italische Boden von Grundsteuer
befreit (vgl. Michel, Römer, 320 Anm.2). Sueton (Nero 44) und Tacitus
(Annalen 15,45) berichten, daß erst unter Nero neue Geldsteuern erhoben
wurden. Weiter berichten ebenfalls Sueton (Nero 10) und Tacitus (Annalen

---

49 Wilckens, Römer 13, 209.

50 Wilckens, Römer 13, 209.

51 Zum situationsbezogenen Charakter von Röm 13,1-7: Käsemann, Römer, 338.

52 Käsemann sieht hier enthusiastische Tendenzen wirksam werden, denen
    Paulus entgegentreten will; Römer, 343.

13,50f) von den Protesten römischer Bürger gegen die erpresserischen
Praktiken der staatlichen Steuereinnehmer und von Neros dann doch nicht
verwirklichter Absicht, die Besteuerung zurückzunehmen. Man kann nun annehmen, daß diese aufrührerischen Tendenzen bereits zwei Jahre früher zur
Zeit der Abfassung des Römerbriefes (56 n.Chr.) spürbar gewesen sind.[53]
Dazu fällt noch auf, daß der Bericht des Tacitus eine mit Römer 13 vergleichbare Begrifflichkeit verwendet.[54]

Auf diesem Hintergrund kann man durchaus begründet vermuten, daß
Paulus mit seiner Mahnung, sich den staatlichen Gewalten unterzuordnen, eine Teilnahme der Christen Roms an sozialen Protest-
bewegungen verhindern wollte.

Dieser Tatbestand kann mit Hilfe der Kategorien Utopie und
Ideologie im Sinne der Wissenssoziologie Karl Mannheims weiter gedeutet werden.[55] Nach Mannheim ist "alles Bewußtsein danach zu beurteilen, wieweit es Erhaltung der Ordnung (Ideologie)
oder ändernde Aktion (Utopie) bedeutet.[56] So ist das Denken
auch dort seinstranszendent und ideologisch, wo es nicht in das
Handeln eingehen kann. Für die zusammenhängende Paränese in
den Kapiteln 12 und 13 des Römerbriefes scheint die Tendenz
vorzuherrschen, daß utopisches, konkret auf verändernde Aktion
abzielendes Denken auf die innergemeindliche Paränese beschränkt bleibt. In diesem Sinne kommt Röm 13,1-7 ideologi-
scher Charakter zu, was heißt, daß Paulus diese Mahnung an
einer Ethik der Alltäglichkeit ausrichtet, an der Einsicht,
daß das Überleben einer Minorität nur durch Konformität gegenüber übermächtigen äußeren Machtstrukturen garantierbar bleibt.
In dieser Absicht liegt einer der Gründe, wegen deren sich der
Apostel einer vornehmlich pädagogisch-didaktisch ausgerichteten Tradition bedient: er will die Christen Roms, die in Erwartung eines baldigen Weltendes die Steuern verweigern, zu
einer anderen Verhaltensweise ermutigen.

Vergleichbar argumentiert Paulus auch in dem eschatologischen
Ausblick, der den unmittelbaren Kontext von Röm 13,1-7 ab-

---

53 Friedrich, Situation, 158.161.

54 Friedrich, Situation, 158.

55 Einen anderen Weg der soziologischen Interpretation, der hier nicht
    beschritten werden soll, bietet die Integrationsthese innerhalb
    funktionalistischer Religionssoziologie; vgl. Theißen, Einordnung,
    31.

56 Mannheim, Ideologie, 171. Auf die Bedeutung des wissenssoziologischen
    Ansatzes Mannheims für die neutestamentliche Exegese wies zuerst hin:
    Berger, Wissenssoziologie, 124-133.

schließt (Röm 13,11-14). Diese auf alternatives Verhalten
zielende Rückerinnerung an die Taufparänese korrespondiert
mit einem bürgerliche Moral fordernden Aufruf zu ehrbarem
Wandel (13,13), der durch die Anfügung eines Katalogs konventioneller Laster noch verstärkt wird. Auch hier bedingt der
Aufruf zu veränderndem Handeln innerhalb der Gemeinde die
ideologische Absicherung nach außen. Durch ehrbaren Wandel
können typische Vorurteile und Polemiken gegen religiöse
Minderheiten pragmatisch widerlegt werden. Konformität nach
außen schafft Freiheit zu verändernden innergemeindlichen Ak-
tionen.

Mangelnde kultische Loyalität gegenüber der Mehrheit der Bürger
scheint verstärkt moralische Loyalität mit den Wertvorstellungen der Umwelt zu fordern.

Dieser Konzeption konformen ethischen Verhaltens nach außen
ist auch ein missionarisches Moment inhärent. Röm 13,1-7
schließt direkt an die Aufforderung, das Böse durch das Gute
zu überwinden, an (12,21). Diese Aufforderung ist an die
christliche Gemeinde mit Blick auf ihr Verhalten gegenüber
Außenstehenden gerichtet und durch die gemeinsamen Stichworte
ἀγαθός/κακός mit der folgenden Aufforderung zur Unterordnung
verbunden. Konformes Verhalten nach außen überwindet Vorurteile (13,1-7), und utopisches Verhalten nach innen strahlt
wieder nach außen ab (12,21). Konformität mit den Wertmaßstäben der Umwelt kann die Möglichkeit eröffnen, durch vorbildhaftes Verhalten innerhalb der Gemeinde nach außen missiona-
risch zu wirken.

Frühe Rezeptionen von Röm 13,1ff. geben Hinweise auf die Rich-
tigkeit dieser Auslegung. So verwendet der Apologet Theophilos
von Antiochien Röm 13 zum Nachweis der staatstreuen Gesinnung
der Christen.[57] In einer syrischen Märtyrerakte begründet Mar
Simon seine Königstreue mit Röm 13.[58] Chrysostomos tritt mit
dem Hinweis auf Römer 13 dem Gerücht entgegen, christliches
Handeln ziele auf den Umsturz der bestehenden Ordnung.[59]

---

57 Theophil Autol 3,14:""Ἔτι μὴν καὶ περὶ τοῦ ὑποτάσσεσθαι ἀρχαῖς καὶ
    ἐξουσίαις καὶ εὔχεσθαι ὑπὲρ αὐτῶν κελεύει ἡμᾶς ὁ θεῖος λόγος, ὅπως
    ἤρεμον βίον διάγωμεν."

58 O. Braun, Ausgewählte Akten persischer Märtyrer (BKV 22), 10.

59 Migne PG 60, 687 BC.

Diese Konzeption der Loyalität nach außen wird immer dann
problematisch, wenn Konformität Aufgabe der eigenen Identität
verlangt. Eine für das Christentum der römischen Verfolgungen
typische Situation. So wurde für die Märtyrerkirche der nach-
paulinischen Zeit Röm 13,1-7 zunehmend zu einem theologischen
Problem. "So ist es kein Wunder, daß die zahllosen Märtyrer-
legenden fast durchweg an Römer 13 vorbeigehen."[60] Doch scheint
hier bereits die ursprüngliche Intention von Römer 13 verlorengegangen zu sein. Denn das ἔργον ἀγαθόν, das Paulus den Christen in Rom als Tribut an die heidnische Obrigkeit abverlangt,
muß der Christ -und das betont der Apostel durch die Aufnahme
der Vorstellung vom göttlichen Endgericht nach den Taten aus-
drücklich- nicht nur von der weltlichen Macht, sondern auch
vor Gott verantworten: an den Werken beurteilt nicht nur der
Staat die Einstellung seiner Bürger, sondern an ihnen entscheidet sich auch Heil oder Unheil im eschatologischen Gericht.
Von daher sind auch die römischen Christen dazu aufgerufen,
ihr Verhalten gegenüber dem Staat auf dem Hintergrund eschatologischer Verantwortung richtig abzuschätzen. Damit stellt
sich für Paulus weder die Frage nach einem möglichen Verlust
christlicher Identität noch das Problem einer "Zwei-Reiche-
Lehre". Die Kritik, die Origenes als erster an Römer 13 übte,
indem er die Forderung, Gott mehr zu gehorchen als den Menschen (Apg 5,29) gegen Paulus ausspielt,[61] geht an der eigentlich paulinischen Intention vorbei.
Aus dem bisher Ausgeführten ergeben sich für das hermeneu-
tische Problem von Röm 13,1-7 folgende, abschließende Gesichtspunkte:
Zum einen ist notwendig die Funktionalität der paulinischen
Mahnung zu beachten. Paulus theologisiert pagan-hellenistische
Aussagen nicht in der Absicht, staatliche Obrigkeit in einem
absoluten Sinn religiös zu legitimieren, sondern zur Bekräftigung allgemeiner Verhaltensethik in einer spezifischen historisch-soziologischen Situation (missionierende Minderheitenkirche). Der Apostel liefert uns ein Stück Alltagsethik, die

---

60 Bauer, Jedermann, 266.
61 Näheres hierzu bei Bauer, Jedermann, 268.

Einsicht in das Gegebene fordert, ohne Identitätsaufgabe zu
verlangen. Radikale, utopistische Ethik steht allzuoft in der
Gefahr als Feigenblatt für ein Versagen in der Alltagsethik
herhalten zu müssen.

Zum anderen trennt Paulus Religion und bürgerliches Leben
ausdrücklich nicht. Auch die Handlungen im profanen Bereich
des Staates sind eschatologisch zu verantworten. Die in Römer
13 aufgenommenen eschatologischen Vorstellungen schützen vor
jeder metaphysischen Überhöhung weltlicher Autorität.

Wer uneingeschränkte Unterordnung unter die obrigkeitlichen
Gewalten fordert, darf sich nicht auf Römer 13, sondern sollte
sich auf Titus 3,1-3 berufen. Hier geht es ausschließlich um
die Unterordnung unter die staatlichen Gewalten. Ohne eschatologischen Vorbehalt wird betont, daß die Obrigkeit die Funktion hat, das Gute zu loben und das Böse zu rächen, wobei dem
Tun guter Werke besondere Relevanz zugemessen wird.

II. Werke als "Werbung" im Dienste frühchristlicher Missions-propaganda

Wir haben in dem vorhergehenden Abschnitt zu zeigen versucht,
daß Paulus den Christen in Rom eine Strategie ethisch konformen Verhaltens empfahl, die den Beweis politischer Harmlosig-
keit zum Ziel hatte. Wir deuteten die Ermahnung, den staatlichen Gewalten durch tugendhafte Taten zu dienen, nicht im
Sinne einer frühen christlichen Staatslehre, sondern als den
Versuch der christlichen Minderheitenkirche, sich durch Anpassung nach außen Freiheit für das innergemeindliche Leben
zu schaffen.

Die hellenistischen Ortsgemeinden machten sich die Beweiskraft tugendhafter Handlungen jedoch nicht nur als Ausweis
ihrer Gesinnung gegenüber dem Staat dienstbar, sondern sie
waren sich auch über deren missionsstrategische Bedeutung bewußt. Selbstverständliche Voraussetzung blieb dabei, daß die
Werke der Christen den Wertvorstellungen der paganen Umwelt
über das normale Maß hinaus entsprechen mußten. Die missionierende Wirkung und Kraft, die von solch vorbildlichem sittlichen Verhalten ausging, ist nicht zu unterschätzen.

Viele Apologeten begründeten ihren Übertritt zum Christentum

mit dem untadelhaften, vorbildlichen Lebenswandel der christlichen Gemeindeglieder.[62] Auch ausgesprochene Gegner des
Christentums kamen nicht umhin, den hohen Grad der Sittlich-
keit im Leben der frühen Gemeinden anzuerkennen.[63]
Im folgenden versuchen wir den Nachweis darüber zu führen,
daß bereits das Neue Testament Zeugnisse für den bewußten Einsatz sittlicher Normgemäßheit im Dienste der Missionspropaganda enthält. Wir versuchen nachzuweisen, daß das an den Werken
erkennbare Gemeindeleben das Verhältnis der missionierenden
frühen Gemeinden zu ihrer Umwelt positiv bestimmen konnte.

1. Die vorbildhafte Tat in Mt 5,13-16

Der Abschnitt Mt 5,13-16 ist unter Verwendung bereits for-
mulierten Traditionsstoffes[64] durch den Verfasser des Evangeliums selbst zusammengestellt worden.[65] Er schließt innerhalb
der Bergpredigt an die -von Matthäus durch den Wechsel in die
direkte Anrede besonders betonte- neunte Seligpreisung an.
Der appellative Charakter der Wendung μακάριοί έστε (5,11)
setzt sich in dem ὑμεῖς ἐστε (5,13) fort.
Neben dieser formalen Einbindung von 5,13-16 in den vorausgehenden Kontext besteht auch eine inhaltliche Verknüpfung
des Salzwortes mit der das Exordium der Bergpredigt abschlies-
senden letzten Seligpreisung. Das gemeinsame Motiv beider Abschnitte besteht in der Betonung der Identitätswahrung als besonderer Aufgabe der christlichen Gemeinden. Nach der Seligpreisung findet die Gemeinde ihre Identität darin, daß sie
das gleiche Schicksal trifft wie die Propheten, nämlich Verfolgung. Demgemäß besteht nach 5,11f. die Gemeinde als eine

---

62 Harnack, Mission I, 231, hat diesbezügliche Äußerungen der Apologeten
    Tatian, Justin und Cyprian zusammengestellt.

63 Siehe Harnack, Mission I, 232f.

64 Das Salzwort wird auch von Markus (9,50) und Lukas (14,24f.) über-
    liefert; das Wort vom Licht unter dem Scheffel findet sich sowohl
    in Mk 4,21 par Lk 8,16 als auch in Lk 11,33 aus Q; das Wort von der
    Stadt auf dem Berge hat Parallelen in POxy I 6; KIT 82,16 und im
    EvThom, Logion 32.

65 So: Grundmann, Matthäusevangelium, 135: "Sie (sc. die Einzelworte)
    sind von Matthäus zu einem Ganzen zusammengestellt worden"; ebenso
    auch Lohmeyer, Matthäusevangelium, 97f.

Gemeinde der Verfolgten. Indem sie diese Identität bewahrt,
erwirbt sie sich himmlischen Lohn.

In 5,13 wird die Gemeinde als das Salz der Erde bezeichnet;[66]
gibt sie diese ihr zugesprochene Identität auf, so wird sie
ebenso vernichtet wie kraftlos gewordenes Salz von den Menschen zertreten wird (5,13b).[67]

Grundmann betont mit einigem Recht,[68] daß die in 5,13b verwendete Begrifflichkeit (βληθὲν ἔξω und καταπατεῖσθαι) auf das göttliche Gericht hinweisen könnte. Für die Verwendung von καταπατεῖσθαι in diesem Zusammenhang
verweist er besonders auf Mt 7,6.
Für βληθὲν ἔξω verweist Grundmann auf Mt 8,12 und 22,13, wo jeweils die
Wendung ὁ κλαυθμὸς καὶ ὁ βρυγμός auf das kommende Strafgericht hindeutet.
Nach 5,13b kommt es darauf an, daß der, der die ihm zugesprochene Identitä
('Salz der Erde') verliert, sich der Vernichtung aussetzt. Es erscheint
denkbar, daß dabei der Gedanke des strafenden Gottesgerichtes mit im Hintergrund steht.

Die Konsequenz des Verlustes zugesprochener christlicher Identität zieht Matthäus in 5,13b mit Hilfe einer Abfolge senti-
mentaler und rationaler Ausdrucksweise.[69] Der mit ἐάν einge-
leitete Konditionalsatz mündet in eine die Spannung erhöhende
rhetorische Frage. Damit wird für den Leser die Situation nach
dem Verlust der Identität als prinzipiell offen dargestellt
und die Notwendigkeit der Klärung durch den folgenden Aufweis
der Konsequenz deutlich unterstrichen: diejenigen, die ihre
Kraft verlieren, verfallen der Vernichtung durch die, für die
sie nach 5,13a dasein sollten.[70]

Damit ist die abschließende Mahnung unseres Abschnittes argumentativ vorbereitet, da 5,13b in einen klaren Gegensatz zu
5,16 tritt. Denn der Verlust der den Jüngern zugesprochenen
Kraft ("Salz sein für die Erde"/"Licht sein für die Welt")
bewirkt den Untergang in die Wirkungslosigkeit, während die
sich in den Taten äußernde christliche Identität zum Vorbild

---

66 5,13 ist indikativisch formuliert; dieser Aussage kommt daher kein pa-
    ränetischer Charakter zu (gegen Dibelius, Formgeschichte, 248, der von
    5,16 aus bereits hier eine mahnende Färbung der Aussage sehen will).

67 Durch die in 5,13a vollzogene Gleichsetzung von φῶς und ὑμεῖς tragen
    auch die nachfolgenden Elemente des Bildwortes allegorische Züge; vgl.
    Jülicher, Gleichnisreden II, 74.

68 Grundmann, Matthäusevangelium, 138.

69 Vgl. Zmijewski, Stil, 71.

70 ὑπὸ τῶν ἀνθρώπων nimmt τῆς γῆς aus 5,13a wieder auf.

für andere Menschen werden kann. Die an den Werken erkennbare
Kraft der Christen macht es möglich, Nichtgläubige zur Verehrung Gottes zu führen (5,16b).

5,14 schließt durch die Aufnahme der direkten Anrede ὑμεῖς
ἐστε , durch den gleichen Bezug auf die Welt als universalen
Adressaten für die den Christen zugesprochene Wirkungsfähig-
keit[71] und durch die gleiche syntaktische Konstruktion von
5,13a und 5,14a eng an den vorhergehenden Vers an.

Die Aufnahme des Spruches von der Stadt auf dem Berg (5,14b)
durch den Redaktor[72] signalisiert jedoch eine Akzentverschiebung, da es nun nicht mehr um die Folgen verlorener Wirkkraft,
sondern um die Konsequenz, die aus dem Besitz solcher Kraft
für die Christen erwächst, geht. Die zugesprochene Fähigkeit,
wie Salz in der Erde zu wirken, läßt sich nicht verbergen; es
geht hier um das "Nicht-Verborgen-Sein-Können".

Ein Vergleich mit den beiden bekannten parallelen Überlie-
ferungen dieses Logions in POxy I.6 und EvThom 32 läßt das
redaktionelle Interesse des Matthäus hervortreten: es geht
ausschließlich um die Unverborgenheit der Stadt auf dem Berge,
nicht jedoch -wie in beiden Parallelen- auch um die Uneinnehm-
barkeit der Stadt.

Das gemeinsame intentionale Element der Verse 14-16 besteht
damit in dem Gegensatz zwischen Offenbarsein und Verborgensein,
wie er auch bei innerer Kongruenz der Sachaussage in dem
folgenden Bild vom Licht unter dem Scheffel thematisiert
wird (5,15).[73]

Die abschließende Mahnung (5,16) ist als redaktionelle[74]
zweite Hälfte des Vergleichs durch οὕτως mit der Bildhälfte
verbunden (5,15); sie ist aber auch durch Aufnahme der Stichworte ἄνθρωπος (5,13)/φῶς (5,14) und λάμπω (5,15) als Zusammenfassung des Abschnittes 5,13-15 gekennzeichnet. Durch den

---

71 τῆς γῆς wird durch τοῦ κοσμοῦ in 5,14a wiederaufgenommen.

72 Bultmann, Geschichte, 181, betont mit Recht, daß sich die Übernahme
nur der Bildhälfte aus der redaktionellen Anwendung auf eine bestimmte
Situation erklärt, in der deren Bedeutung sich erschließt.

73 Auf die enge redaktionelle Verknüpfung der Bildworte (5,14-15) weist
besonders Lohmeyer hin (Matthäusevangelium, 100); die Gleichheit der
poetischen Struktur als Mittel der redaktionellen Verknüpfung hat
Burney, Poetry, 130.171, herausgearbeitet.

74 Vgl. Bultmann, Geschichte, 96.

Personen- und Tempuswechsel (λαμψάτω) werden die Rezipienten
indirekt und durch die Possesiva direkt angesprochen, d.h.,
der Verfasser spricht nun seine Leser an, wodurch dem Sachverhalt zentrales Gewicht zukommt.[75]
Der in seiner negativen Konsequenz in 5,13 bereits angesprochene Gedanke der besonderen Identität der Christen wird
in paränetischer Form auf die Werke der Gemeindeglieder bezogen, die damit zu den für die Außenwelt empirisch faßbaren
Kennzeichen der 'rechten' christlichen Identität werden.
Damit ist auch der Leitgedanke der Vv.14f. aufgenommen:
christliche Identität wird an den Werken der Glaubenden offenbar und soll nicht verborgen bleiben. Das Ziel, welches die
Orthopraxie der Gemeindeglieder nach 5,16c hat, stellt den
gesamten Abschnitt in einen missionarischen Kontext. Aufgrund
der guten Taten der Christen sollen die (nichtchristlichen)
Menschen dazu kommen, den Vater zu verherrlichen.

5,16 zeigt uns, daß mit einer positiven Wirkung der ἔργα καλά
auf die pagane Umwelt gerechnet worden ist. Man ging selbstverständlich davon aus, daß auch Heiden über den Lebenswandel
in den frühen Christengemeinden legitim urteilen können. Dies
mag zum einen darin begründet sein, daß die ἔργα καλά, wie
wir bei der Analyse der pagan-griechischen Quellen versuchten
nachzuweisen, in der hellenistischen Tugendlehre Terminus für
die normgemäßen, tugendhaften Handlungen sind. Die guten Werke
der Christen, die die Heiden sehen sollen, können eine Bekehrung bewirken, weil sie grundsätzlich den allgemein anerkann-
ten Wertvorstellungen der hellenistischen Umwelt entsprechen.
Mit dem Wissen um die Überzeugungskraft vorbildhafter Taten
steht Matthäus in seiner Zeit nicht allein. Es war auch das
Programm der kynisch-stoischen Wanderprediger, die sich in
ihren Reden der Diatribe als typischer Gattung bedienten,
durch tugendhafte Handlungen Menschen zu den eigenen Über-
zeugungen zu bekehren. Ihre Tätigkeit war dem Anspruch nach
Mission für ein sittliches Leben und die Diatribe als die
auf Massenpropaganda ausgerichtete Sprachform ihrer Philosophie war, wie Wendland bereits richtig festgestellt hat,[76]

---

75 Vgl. Berger, Exegese, 23.
76 Wendland, Kultur, 85.

missionarische Sprache.[77]

Auch in der jüdisch-hellenistischen Literatur wird, allerdings ohne direkten missionarischen Bezug, häufig davon gesprochen, daß nicht Worte, sondern allein Taten überzeugen.[78] Diese pagan-griechischen und jüdisch-hellenistischen Belege sind sachliche Parallelen zu Mt 5,16. Auch sie gehen von der Überzeugungskraft menschlicher Taten aus. Doch im Unterschied zum religionsgeschichtlichen Vergleichsmaterial wird die Aussage in Mt 5,16c theologisch zugespitzt, indem Matthäus das Ziel der guten christlichen Werke positiv theologisch formuliert: die Verherrlichung des himmlischen Vaters durch Aussenstehende.

Bevor wir auf den Hintergrund dieses missionarischen Motivs näher eingehen werden, ist es nötig, kurz auf eine Untersuchung von W.C. vUnnik Bezug zu nehmen:[79] vUnnik geht von der Beobachtung aus, daß in einigen neutestamentlichen und frühchristlichen Schriften die Christen zu sittlichem Lebenswandel unter Hinweis auf eine mögliche negative Reaktion der

---

77 In den Diatriben der kynisch-stoischen Wanderphilosophen werden die Taten der Menschen zu dem Kriterium, durch das das Ideal an der Wirklichkeit gemessen und überprüft werden kann (Dio Chrys Or 1,22f; 4,64f.). Am Beispiel der zahlreichen Fürstenspiegel wird dies besonders deutlich: Legitimation, die Anerkennung die eigenen Anspruches, kann nur derjenige Herrscher erwarten, der durch seine Taten beweist, daß er dem vorgebenen Ideal entsprechen kann. Welche Überzeugungskraft den Taten hierbei zugemessen wird, zeigt der in den Fürstenspiegeln häufig auftretende Gegensatz von Waffen als Kennzeichen rein institutioneller Macht und guten Taten (Dio Chrys Or 4,46f; Arist 230; vgl. Prv 20,28; LXXDan 4,27): die Anerkennung des Herrschers durch seine Untertanen gründet sich nicht auf Waffengewalt, sondern auf die Wohltaten, die dieser seinem Volk erweist.

78 Daß nur die Taten, nicht aber die Worte überzeugen, findet sich als Argumentationsfigur auch bei Josephus. So verteidigt sich in den "Altertümern" David gegenüber Saul mit den folgenden Worten: "... Reden täuschen leicht, während man aus den Werken die wahre Gesinnung erkennt. Worte können wahr und falsch sein, Taten allein offenbaren die Seele, wie sie ist. Aus meinen Taten aber kannst du erkennen..." (Jos A 6,285). David vertraut allein auf den beweiskräftigen Charaker seiner Werke, durch deren offensichtliche Aussagekraft Saul zu einer Änderung seiner Haltung geführt werden soll. Innerhalb des Berichtes über das Martyrium des Eleazaros in 4Makk wird im Rahmen eines längeren Enkomions die standfeste Haltung des Märtyrers bis zu dessen Tod mit dem folgenden Satz interpretiert: "Du, Vater,... hast durch Taten bewiesen, daß die Worte der Philosophie (sc. der direkte Kontext zeigt, daß das jüdische Gesetz gemeint ist) zuverlässig sind" (7,9). Die Lehre überzeugt in Taten.

79 vUnnik, Rücksicht.

Nichtchristen ermahnt werden. Diese Aussagen sind ebenfalls
deutlich theologisch motiviert. Denn wer die christliche Lehre
nicht in seinen Werken lebt, gibt den Heiden Anlaß, Gott zu
lästern. vUnnik geht in seiner Analyse von einer Stelle aus
dem 2.Klemensbrief aus, von einem Vers aus einer stark eschatologisch bestimmten Bußpredigt:
"... und lasset uns nicht Menschen gefällig werden und nicht
nur uns einander zu gefallen wünschen, sondern auch denen
draußen in Rücksicht auf die Gerechtigkeit, damit der Name
(Gottes) unsertwegen nicht gelästert werde" (13,1).
vUnnik betont richtig, daß die Mahnung zur Rücksicht auf die
Nichtchristen nicht etwa einer neuen christlich-bürgerlichen
Moral entspringe (233f.), sondern theologisch motiviert ist:
"In dem Betragen der Christen steht nicht die Ehre der Gemeinde, sondern die Ehre Gottes auf dem Spiel" (223).
Der Christ muß durch seinen vorbildhaften Lebenswandel verhindern, daß die Außenwelt Anlaß erhält, am Zeugnis des Evangeliums zu zweifeln. Die Traditionsgeschichte dieses Wortes kann
vUnnik bis in die LXX zurückverfolgen (Jes 52,6 LXX). Entscheidend ist der von ihm geführte Nachweis, daß es sich hier
um eine theologische Interpretation des sonst besonders in
pagan-griechischen Schriften auftretenden Gegensatzes von Tat
und Lehre handelt, der in den von vUnnik behandelten Texten
unter dem Gesichtspunkt "negativer Motivierung" der Christen
Verwendung findet (226).
In Mt 5,16 ist die Rücksicht auf die Nichtchristen positiv
motiviert, da durch einen vorbildlichen Lebenswandel nicht
etwa die Lästerung Gottes verhindert werden soll, sondern die
guten christlichen Werke sollen positiv zu einer Verherrlichung
Gottes durch die Heiden führen.
Eine Sachparallele zu der Verwendung vorbildhafter Taten in
missionarischem Kontext findet sich bei Philo (Virt 218), der
den aus den Pflichtenspiegeln der hellenistischen Popularphilosophie bekannten Gegensatz von Werken und Waffen (s.o.)
im Rahmen der Proselytenmission aufnimmt: Philo modifiziert
diesen Gegensatz dadurch, daß er Gott als den Urheber der Tugenden nennt. Damit verankert er die letzte Legitimation
nicht mehr im weltlichen Bereich, sondern bei Gott. Ferner
überträgt er das Bild des Herrschers auf Abraham und stellt
diesen als das Vorbild aller Proselyten hin:

"Kann man nun nicht von diesem von allen Verwandten und Freunden verlassenen Auswanderer (sc. Abraham) sagen, daß er hoch-
adlig war,.... der... als König galt, der nicht mit Waffen
und Heeresmacht, wie sonst gewöhnlich, die Herrschaft erlangte,
sondern durch die Berufung Gottes, der die Tugend liebt... Dieser Mann ist ein Muster an Adel für die Proselyten."

Man erkennt, daß auch in dieser Philo-Stelle theologische Motivation und missionarischer Kontext die Aussage bestimmen.

Mit Hilfe einer Reihe von Belegen kann man nachweisen, daß die
Verbindung von sittlichem Handeln und Verherrlichung Gottes,
wie sie in Mt 5,16 vorliegt, bereits in der jüdisch-hellenistischen Missionspredigt eine Rolle spielte.

So sind in TestNaph 8,4 ἐργάζομαι τὸ καλόν und δοξάζω einander zugeordnet:

"Wenn ihr das Gute tut, werden euch Menschen und Engel segnen,
und Gott wird durch euch unter den Völkern verherrlicht werden,
und der Teufel wird von euch fliehen, und die Tiere werden
euch fürchten, und der Herr wird euch lieben, und die Engel
werden sich euer annehmen."[80]

Der vorausgehende Vers 3 rechnet mit einer möglichen Teilhabe
auch der Heiden am Endheil.[81] Dadurch ist die rein national-
israelitische Eschatologie zugunsten einer die Proselytenmission ermöglichenden universaleren Sicht aufgegeben. Die
in 8,4 ausgesprochene Überzeugung, daß durch eine vorbildhafte -nach 8,7 an den Geboten des Gesetzes orientierte- Praxis die Völker zur Verherrlichung Gottes geführt werden können, will den Weg für die Teilhabe auch der Heiden am Endheil
aufzeigen: Die am Gesetz orientierte rechte religiöse Praxis
wird als ἐργάζομαι τὸ καλόν bezeichnet, wodurch die Praxis der
Juden mit den ethischen Vorstellungen der Völker in eins gesetzt wird.[82] Durch diese Identifizierung kann der religiösen

---

80 Die enge Verwandtschaft unserer Stelle mit der von vUnnik dargestell-
    ten Struktur negativer Motivierung zeigt auch TestNaph 8,6, wo es
    heißt, daß die Völker Gott verfluchen werden, wenn das Gute nicht
    getan wird.

81 Eine literarkritische Erklärung des plötzlichen Übergangs von 8,3
    zu 8,4 ist nur dann sinnvoll, wenn sich der jetzige Ort von 8,4.6
    innerhalb des Kontextes nicht überzeugend erklären läßt.

82 καλός bezeichnet in der Popularphilosophie der paganen Umwelt als
    eine ethische Größe die idealtypische Norm sittlichen Handelns;
    vgl. Grundmann, καλός, 544.

Praxis missionarische Qualität zugesprochen werden.

Ebenfalls verhaltensändernde Qualität wird in TestBen 5,1-5 dem 'Licht der guten Werke' (φῶς ἀγαθῶν ἔργων) zugesprochen: "Wenn ihr eine gute Gesinnung habt, werden auch die bösen Menschen mit euch Frieden haben. Und die ausschweifenden Menschen werden Scheu vor euch haben und zum Guten sich umwenden (ἐπι-στρέψουσιν εἰς ἀγαθόν). Und die Habsüchtigen werden nicht nur von der Leidenschaft Abstand nehmen, sondern auch das von der Habsucht herkommende Gut den Bedrängten geben. (2) Wenn ihr Gutes tut (ἐὰν ἦτε ἀγαθοποιοῦντες), werden auch die unreinen Tiere von euch fliehen. (3) Denn wo das Licht der guten Werke (φῶς ἀγαθῶν ἔργων) in Bezug auf die Gesinnung vorhanden ist, da flieht die Finsternis von ihm. (4) Denn wenn jemand einen frommen Mann schlecht behandelt, tut er Buße. Denn der Fromme erbarmt sich über den Schmähenden und schweigt."

Diese Stelle aus dem TestBen ist deshalb von besonderer Bedeutung, weil hier die Taten der Frommen nicht nur verhaltens-ändernde Funktion auf deren Umwelt haben, sondern ein weiterer Gesichtspunkt mitbedacht ist: die ἔργα ἀγαθά schützen den Frommen vor aggressivem Verhalten seiner Umwelt. Denn auch die bösen Menschen werden Frieden mit den Frommen halten (5,1). Wir werden bei der Analyse von 1Petr 2,12 diesen Gedanken wiederfinden.

Beide Belege aus den TestXII haben einen eindeutig paräneti-schen Charakter. Es handelt sich wie in Mt 5,16 um Mahnungen, die die besondere Qualität von ethisch richtigem Verhalten betonen, wobei die erste Stelle besonders den missionarischen Hintergrund betont, während die zweite die positiven Auswirkungen vorbildhaften Verhaltens auf die Umwelt herausstellt.[83]

Der dargestellte traditionsgeschichtliche Hintergrund weist auch Mt 5,13-16, speziell die Mahnung in 5,16, in den Bereich der Missionspropaganda. Im Stile der Proselytenwerbung des hellenistischen Judentums wird die christliche Gemeinde ermahnt, der ihr zugesprochenen singulären Verantwortung, das

---

[83] In Ps-Clem DeVirg I 2,2 ist Mt 5,16 ebenfalls unter dem Gesichtspunkt der Wirkung des christlichen Lebenswandels nach außen aufgenommen, wobei das Zitat die sichtbare Wirkung des Glaubens beschreiben will: "πίστιν φωτίζουσαν ἐν τοῖς ἔργοις καλοῖς,..."; vgl. Ps-Titus (Hennecke-Schneemelcher, 100), wo auch Mt 5,16 zitiert ist.

Salz der Erde bzw. das Licht der Welt[84] zu sein, dadurch gerecht zu werden, daß sie durch das Vorbild ihrer Taten die Nichtchristen zu Verherrlichung Gottes führt. 5,13a hat indikativischen Charakter. Jesus spricht den Jüngern ihre Identität zu: sie sind das Salz der Erde. Von daher ist die in 5,16 geforderte missionarische Aktivität nichts anderes als eine Rückbesinnung auf diese bereits zugesprochene Identität.[85] Die Christen sollen wissen, daß die Nichtchristen nur durch Taten einen überzeugenden Eindruck von der christlichen Lehre erhalten können. Aus der Sicht des Matthäus sind die Werke der Maßstab, an dem die Heiden den Anspruch des christlichen Glaubens an der Wirklichkeit messen können. Die auch an den Wertmaßstäben der hellenistischen Tugendlehre ausgerichtete Lebenspraxis der christlichen Gemeinden schafft Anschließbarkeiten zur paganen Umwelt, an denen sich missionarische Tätigkeit orientieren kann.

Das Motiv, daß die Christen durch ihr sittliches Verhalten die Menschen ihrer Umwelt zum Bekenntnis führen können, ist bei Matthäus den Antithesen der Bergpredigt vorangestellt. Damit erscheint die in der Bergpredigt empfohlene Praxis insgesamt als missionarische Praxis.[86] Der Abschnitt 5,13-16 dient damit der Motivation des Folgenden, wobei der traditionsgeschichtliche Hintergrund von 5,16 darauf hindeutet, daß Matthäus hellenistische Gemeinden anzusprechen beabsichtigte.

2. Die vorbildhafte Tat in 1Petr 2,12

Neben Mt 5,16 findet sich das Motiv, das die Gemeinde zum vorbildhaften Verhalten durch ihre Taten aufruft, im Neuen Testament auch in 1Petr 2,12,[87] jedoch mit charakteristischen Abweichungen gegenüber der Stelle aus Matthäus:[88]

---

84 Der Ausdruck φῶς τοῦ κόσμου gehört bereits zur Missionsterminologie des hellenistischen Judentums; vgl. Aalen, Begriffe, 282ff.

85 Vgl. Berger, Exegese, 258.

86 Vgl. Berger, Exegese, 125.

87 In diesem Zusammenhang wäre auch noch Joh 17,22f. zu vergleichen. Dort ist die Einheit der Gemeinde das Zeichen, an dem die Außenstehenden Gott erkennen sollen; vgl. Berger, Exegese, 124. Anklänge an diese Tradition, wenn auch in negativer Form, finden sich in Röm 2,24 und 2Petr 2,2.

Ein Vergleich mit Mt 5,16 verdeutlicht sowohl die Gemeinsamkeiten als auch die Unterschiede. Für beide Stellen ist die
Verbindung von ἔργα καλά und δοξάζω konstitutiv, wobei ὁράω
in 1Petr 2,12 durch ἐποπτεύω aufgenommen ist. Durch die Abweichungen kommt die besondere Situation der Gemeinde im 1Petr
in den Blick: die Christen werden als κακοποιοί verleumdet.
An dieser Stelle wirkt die Argumentation merkwürdig gebrochen,
denn auf der einen Seite werden die Christen durch ihre Umwelt
als Verbrecher verleumdet, auf der anderen Seite aber werden
sie durch Ps-Petrus zu einem "guten Wandel" (ἀναστροφή καλή,
2,12a) ermahnt, der in ἔργα καλά für die Außenwelt sichtbar
werden soll und vom Verfasser bewußt mit den allgemein sanktionierten Normen der Umwelt identifiziert wird.[89] Diese Diskrepanz läßt sich nicht durch die unbeweisbare Vermutung auflösen, daß Ps-Petrus verschiedene Gruppen ansprechen wollte.[90]
Der scheinbare Widerspruch innerhalb der Argumentation unseres
Textes kann aus dem Zusammenfließen zweier Tendenzen im 1 Petrusbrief erklärt werden, die beide aus der soziologischen
Situation der beiden Gemeinden verständlich werden.[91] Zum einen
aus dem starken Konformitätsdruck einer sich in der Minderheit
befindenden religiösen Gemeinschaft und zum anderen aus der
theologischen Verarbeitung des wegen der kultischen Besonder-
heit der Christen entstehenden Leidensdruckes von außen.

Für den 1. Petrusbrief läßt sich das Problem der Identitätsfindung einer
Minderheit gegenüber einer im allgemeinen feindlich eingestellten Umwelt
beispielhaft anhand einer Analyse des Sprachgebrauchs von ἁμαρτία/ἁμαρτάνω
aufzeigen. Es kann deutlich gemacht werden, wie die durch Tradition geprägten Aussagen über Sünde für die Situation der Gemeinde des Ps-Petrus
übersetzt und aktualisiert werden. Mit Hilfe einer solchen Analyse kann
man zeigen, daß im 1. Petrusbrief eine sprachliche Identifizierung hellenistischer idealer Wertvorstellungen über ein sittliches Leben mit den
einer christlichen Kultgemeinde eigenen Wertvorstellungen vorliegt.

---

88 Goppelt, Petrusbrief, 160 Anm.18 und Brox, Petrusbrief, 114, rechnen
    beide zurecht mit einer gemeinsamen Tradition von Mt 5,16 und 1Petr
    2,12. Schelkle, Petrusbriefe, 71, der beide Stellen auf ein gemein-
    sames Herrenwort zurückführen möchte, unterschätzt den jüdisch-helle-
    nistischen Hintergrund der Tradition.

89 Vgl. Anm. 82.

90 Gegen vUnnik, verlossing, 102, der die Juden als die Verleumder und
    die Heiden als die Lobenden ansehen will.

91 Vgl. zur historischen Situation besonders Brox, Situation, 1-13.

Dabei ist ἁμαρτία immer auf die Vergangenheit oder auf außerhalb der
Gemeinde stehende Menschen bezogen.[92] Somit handelt es sich bei "Sünde"
um kein sprachliches Element, welches die Gegenwart der Gemeinde beschreibt.[93] Hiermit hängt zusammen, daß sich christliche Identitätsbezeich-
nungen (Χριστιανός, δοῦλος) nicht in Zusammenhang mit ἁμαρτία finden.
Die These, daß sich "Sünde" im 1. Petrusbrief nur in seinem traditionellen
jüdischen Sprachgebrauch findet, läßt sich durch weitere sprachliche Beobachtungen erhärten.[94] Während ἁμαρτία nur in denjenigen Passagen vorkommt,
in denen es um 'Motivation', das heißt, um die Rückbesinnung auf die in
der Tradition begründete eigene Identität als Christen geht, werden sonst
zur Beschreibung des gleichen Phänomens die 'bürgerlichen' Begriffe der
paganen Umwelt verwendet: die Wertvorstellungen der hellenistischen Gesell-
schaft sind für Ps-Petrus sachliche und sprachliche Wirklichkeit.

So spiegelt sich bis in die Sprache hinein die Situation der
Gemeinde. Eine auf kultische Exklusivität bedachte Minderheit
versucht gegenüber ihrer heidnischen Umwelt dadurch zu bestehen, daß sie sich durch Konformität in ethischen Wertvorstellungen auszeichnet, ja sogar auf sittlichem Gebiet durch einen
beispielhaften Lebenswandel zum Vorbild zu werden versucht.[95]

---

92 Innerhalb des 1. Petrusbriefes finden sich folgende traditionelle
    Zusammenhänge, in denen 'Sünde' eine Rolle spielt:
    ἁμαρτία in Verbindung mit christologischen Aussagen (2,20-24; 3,18:
    'Christus ist für die Sünden der Menschen gestorben' als traditionel-
    les Sündendogma) und ἁμαρτία in Verbindung mit alttestamentlichen Zi-
    taten (4,8.18). Auf den ersten Blick steht 4,18 in keinem traditionel-
    len Zusammenhang, sondern innerhalb eschatologisch motivierter Mahnun-
    gen für das Verhalten innerhalb der Gemeinde (4,7-19). Doch steht auch
    diese Stelle in Zusammenhang mit christologischen Aussagen (4,19).
    In 4,18 werden die aus dem traditionellen alttestamentlichen Sprach-
    gebrauch stammenden Begriffe δίκαιος und δικαιοσύνη durch die Um-
    schreibung mit pagan-griechischer Begrifflichkeit aktualisiert auf-
    genommen: δίκαιος wird als ἀγαθοποιία beschrieben; der Sünder als der
    'Nicht-Gehorsame'.

93 Eine Ausnahme bildet 4,8. In diesem Vers ist die gegenwärtige Liebe
    der Gemeinde gemeint. Hinter ihm steht eine alte Tradition (vgl. Ber-
    ger, Almosen, 183-185), die sonst im Neuen Testament mit dem Tod Jesu
    verbunden ist (vgl. Röm 5), also christologisch interpretiert wird;
    hier wird die Tradition paränetisch aufgenommen.

94 Wie im biblisch-alttestamentlichen Sprachgebrauch ist der Gegensatz
    zu ἁμαρτία δίκαιος und δικαιοσύνη (2,24; 3,18).
    Fast ohne Überschneidung steht neben diesem traditionellen Sprach-
    gebrauch ein weiteres Begriffsfeld, das der aktuellen Sprechweise
    des griechischen Schreibers des 1. Petrusbriefes entspricht und
    deshalb auch wesentlich häufiger vorkommt (19x):
    κακός/κακοποιός/καλός/ἀγαθός/ἀγαθοποιός.

95 "Die Heiden haben an den Christen nicht deren anspruchsvolle, hoch-
    stehende Ethik als solche diffamiert; die Christen konnten, zumal mit
    ihren sozialen Tugenden, immer beeindrucken. Aber ausgesprochen ärger-
    niserregend, beleidigend, töricht und auch kriminell wurde es empfun-
    den, daß die Christen sich zur Abgrenzung und zur Vermeidung religiö-
    ser Kompromisse von allem weit zurückzogen, was im öffentlichen und
    privaten Leben heidnisch-kultische Implikation hatte" (Brox, 1.Petrus-
    brief, 114).

Diese Ersetzung traditioneller Topoi durch eine äquivalente
pagan-ethische Begrifflichkeit bildet den Hintergrund für die
Aufnahme unserer Traditon in 1Petr 2,12:
Analog zu TestBen 5,1-5 begründet sich die Übernahme der Tradition aus der Überzeugung, daß sich die christliche Minderheit nicht durch Aufgabe ihrer kultischen Fremd- und Besonder-
heit, sondern nur durch vorbildhaftes Verhalten auf sittlich-
ethischem Gebiet vor der Aggressivität ihrer Umwelt schützen
kann. Der redaktionelle Einschub ἐν ᾧ καταλαλοῦσιν ὑμῶν ὡς
κακοποιῶν (2,12b) [96] ist ein deutlicher Hinweis auf die vorliegende Gemeindesituation. Die missionarische Intention tritt in
den Hintergrund, ohne dabei jedoch völlig aus dem Blickfeld zu
geraten. [97]

Die Datierung des δοξάζω auf den ἡμέρα ἐπισκοπῆς durch Ps-Petrus [98] markiert im Vergleich zu TestNaph 8 und Mt 5,16 eine
Aussageverschiebung: die leidende Gemeinde bedarf des Trostes,
daß ihre Praxis auch durch die Nicht-Christen eine, wenn auch
endzeitliche, Bestätigung erfährt. [99]

---

96 Vgl. Mt 5,11 im Kontext von Mt 5,16.

97 Daube, Maxims, 158-169, weist für 1Petr 2,12 auf einem anderen
    Weg ebenfalls jüdische Missionspraxis als traditionellen Hinter-
    grund nach.

98 vUnnik, Teaching, 103f. hat ausführlich und materialreich den escha-
    tologischen Charakter der Wendung ἡμέρα ἐπισκοπῆς nachgewiesen.

99 Die Tradition, daß vorbildhaftes Verhalten der Gemeinden missio-
    narische Implikationen in sich tragen kann, wird auch in den
    Apostolischen Vätern gelegentlich aufgenommen. So mahnt Ignatius
    die Epheser (10,1):
    "Doch auch für die anderen Menschen betet ohne Unterlaß!
    Denn es besteht bei ihnen die Hoffnung auf Umkehr, auf daß
    sie Gottes teilhaftig werden (ἵνα θεοῦ τύχωσιν).
    Gewährt ihnen darum, wenigstens aus den Werken von euch
    belehrt zu werden (ἐκ τῶν ἔργων ὑμῖν μαθητευθῆναι)."
    Die Wendung ἐκ τῶν ἔργων erinnert an 1Petr 2,12. Die Intention der
    Mahnung ist mit Sicherheit darauf hin ausgerichtet, die Christen
    zu missionarischem Verhalten zu ermutigen, das sich in Taten kon-
    kretisieren soll. Die Bedeutung der Werke für die Glaubwürdigkeit
    des christlichen Zeugnisses wird ebenso betont wie in den neutesta-
    mentlichen Belegen.
    Hinzuweisen bleibt noch auf die Aufnahme unserer Tradition in
    Ps-Clem DeVirg I 2,2:
    "πίστιν φωτίζουσαν ἐν τοῖς καλοῖς ἔργοις, ἵνα δοξασθῇ ὁ ὅλων θεός."
    Neu ist hier die Eintragung von πίστις als Bezeichnung der in den
    Werken sichtbar werdenden Grundhaltung.
    Die πίστις ersetzt die ἀγαθὴ διάνοια aus TestBen 5,1 unter Beibe-
    haltung der sich auch in dieser Stelle findenden Lichtmetaphorik.

III. Werke als Abgrenzung: Zur Funktion der "Gesetzeswerke"
     im Galaterbrief

Wir wenden uns in diesem Abschnitt der Frage zu, ob die paulinische Ablehnung jeder soteriologischen Relevanz der "Gesetzeswerke" im Blick auf die Situation der aus der Heidenmission
entstandenen hellenistischen Ortsgemeinden auch soziologische
Implikationen gehabt haben könnte. Natürlich kann mit einer
derartigen Fragestellung die Problematik der ἔργα νόμου im
Rahmen der paulinischen Theologie nicht ausreichend diskutiert
werden. In einem weiteren Abschnitt werden wir deshalb auf die
im engeren Sinn 'theologische' Bedeutung der "Gesetzeswerke"
am Beispiel von Röm 2-4 zurückkommen.
Seit William Wrede wird die Heidenmission als 'Sitz im Leben'
der paulinischen Rechtfertigungslehre immer wieder diskutiert.[100] Mit ihrer Hilfe soll auch den Heiden der Zugang zum
Heil durch Jesus Christus unter Verzicht auf Beschneidung und
Toraobservanz ermöglicht werden. Umstritten bleibt, ob sie die
paulinische Praxis der Heidenmission theoretisch untermauern
sollte oder ob die Theorie der Praxis vorangegangen ist.[101]
Sicher ist jedoch, daß eine ausgebildete Rechtfertigungslehre
zuerst in dem situativen Kontext des galatischen Konflikts
greifbar wird. Dieser im Gal nachweisbare Konflikt spiegelt
die Spannung wider, die daraus entsteht, wenn sich eine Gruppe
von ihrer Herkunft löst und durch die Öffnung für neue Schichten und Bevölkerungsgruppen eine eigenständige Identität her-
ausbildet. Die Wurzeln eines solchen Prozesses liegen unseres
Erachtens weder in einem rationalen Kalkül des Apostels noch
in dem Zwang, den veränderte Umweltfaktoren ausüben, sondern
in der notwendigen Konsequenz einer Botschaft, die das Heil
nicht mehr an das Gesetz im Sinne einer soziologisch auf das
Volk Israel eingeschränkten Größe bindet.[102]

---

100 Vgl. Wrede, Paulus; Stendahl, Jude; Zeller, Pragmatik und ders.
     Theologie.

101 Wrede, Paulus, 84: "Diese Lehre entsprang zunächst den Bedürfnissen
     der paulinischen Heidenmission. Sie lieferte die theoretische Stütze
     für die Emanzipation von den jüdischen Satzungen. Die Praxis war hier
     die Mutter der Theorie, nicht umgekehrt." Vgl. Zeller, Theologie, 211.

102 Auch nach Paulus gibt es nur ein Volk Gottes, in das die Heidenchri-
     sten als Proselyten eintreten. Doch ist der Vollzug des Eintrittes
     nicht mehr an die Beschneidung, sondern allein an den Glauben an
     Jesus Christus gebunden; vgl. Dahl, Volk, 243.

Es verwundert nicht, daß der Konflikt in den galatischen Gemeinden gerade an der Frage nach den "Gesetzeswerken" aufbricht. Denn hier geht es darum, ob die Bekehrung zu Jesus
Christus gleichzeitig und notwendig auch eine Bekehrung zum
Judentum und damit den Eintritt in den soziologisch und kul-
turell abgegrenzten Bereich des Volkes Israel bedeutet.
An dem Erfüllen oder Nichterfüllen der ἔργα νόμου zeigt es
sich, ob die sich in der Taufe vollziehende Bekehrung einen
eigenständigen Wert besitzt.

1. Die Ebene der Konkretheit der paulinischen Rede von den ἔργα νόμου im Galaterbrief

Wir gehen in dieser Untersuchung davon aus, daß es sich bei
den "Gesetzeswerken" im Gal um Zeichen der Gruppenzugehörigkeit handelt, genauer gesagt um die sichtbaren Zeichen der
Zugehörigkeit zum jüdischen Volk. Diese Zeichen haben sowohl
soziologische als auch soteriologische Bedeutung, da Gott nach
Ansicht der Paulusgegner aus "Werken des Gesetzes" gerecht-
spricht. Um diese These zu begründen, fragen wir in einem
ersten Schritt danach, was Paulus inhaltlich im Gal meint,
wenn er von den ἔργα νόμου spricht.
Was die eher formale Bestimmung der "Gesetzeswerke" als 'Gebotserfüllungen' betrifft, ist Käsemann recht zu geben, wenn
er in seinem Römerbriefkommentar schreibt, daß Hintergrund
und Sinn der paulinischen Formel "Gesetzeswerke" geklärt worden seien.[103] Es ist richtig, daß Paulus unter den ἔργα νόμου
inhaltlich die Erfüllung der von der Tora geforderten Gebote
versteht. Nur reicht diese Definition nicht aus, wenn man
nicht in der Nachfolge Bultmanns bei dem Juden Paulus eine
pauschale und grundsätzliche Ablehnung des Gesetzes vermuten
will. Um hier nicht vorschnell zu urteilen, bietet es sich an,
nach der Ebene der Konkretheit der paulinischen Rede von den
"Gesetzeswerken" zu fragen. Das bedeutet, danach zu fragen,
welche Toragebote Paulus konkret im Gal ablehnt, und für wen,
für welche Gruppen er sie negiert.

---

103 Käsemann, Römer, 82.

Die Freiheit der paulinischen Verkündigung wird nach dem
Zeugnis des Gal fast ausschließlich durch zwei jüdische Gebote beeinträchtigt: durch die Beschneidung und durch bestimmte Speisegebote, beides Forderungen von erheblicher sozialer Relevanz.

In Gal 2,13f. wird die kultische Separation der Judenchristen
von den Heidenchristen zum Konfliktfall.

Nun könnte man an dieser Stelle einwenden, daß der sogn. 'Antiochenische
Konflikt', über den Paulus in 2,11-14 berichtet, nicht direkt mit der
Situation in den galatischen Gemeinden in Zusammenhang gebracht werden
kann. Doch sollte man bedenken, daß es sich beim Gal um eine Apologie
im strengen rhetorischen Sinn handelt.[104] Das heißt, daß alle Fakten und
Argumente allein dem Ziel dienen, auf die Verhältnisse in Galatien Einfluß zu nehmen. Der Konflikt in Antiochia hängt so mit Sicherheit inhaltlich mit den Turbulenzen in Galatien zusammen. Die literarische Funktion
von 2,11-14 kann dahingehend bestimmt werden, daß diese Episode die Vor-
geschichte des aufgebrochenen Gemeindekonflikts zu dem Punkt führen will,
wo sie sich mit dem aktuellen Problem, vor dem Paulus steht, trifft.[105]
Wahrscheinlich ist, daß die "Jakobusleute", wie auch die sogn. "falschen
Brüder" in Jerusalem und "die aus der Beschneidung" die gleiche juden-
christliche Position vertreten, wobei in 2,13f. der Konflikt sich nicht
an der Beschneidungs-,sondern an der Reinheitsforderung der Tora entzün-
det.[106]

Mit der Trennung der Judenchristen von den Heidenchristen
während des Essens wird die grundlegende Initiationserfahrung
der Gleichheit (Gal 3,26-29) in der alltäglichen Erfahrungs-
welt der Gemeinde in Frage gestellt.[107] Damit wird der Grund-
konsens der paulinischen Missionsverkündigung (s.u.) durch
die Lebenspraxis ad absurdum geführt. Paulus zieht aus diesem
Vorfall die einschneidende Konsequenz einer Trennung von Barnabas und damit wahrscheinlich auch von der antiochenischen
Mission.[108] Mit der Befolgung von Reinheitsgeboten weisen sich
Barnabas und Petrus als Mitglieder des jüdischen Volkes im
soziologischen Sinn aus, denn inmitten der paganen Umwelt be-
wahrte Israel seinen Charakter als Gottes Eigentumsvolk durch
Beschneidung und Gesetzesobservanz (vgl. Apg. 7,8).[109] Gerade

---

104 Betz, Galatians, 14-25.

105 Betz, Galatians, 103.

106 Eckert, Verkündigung, 48. Strobel, Aposteldekret, 84.

107 Die Befolgung von Speisegeboten bedeutete auch immer soziale Separa-
    tion. 3Makk 3,4: "Da sie (sc. ägyptische Juden) Gott fürchteten und
    nach seinem Gesetz wandelten, sonderten sie sich in betreff der Spei-
    sen ab." Vgl. Jos et As 7,1; Jub 22,16 und Apg 10,14.

108 Apg 15,35-41.

109 Vgl. zu den soziologischen Folgen: Theißen, Legitimation, 207.

die Befolgung von Reinheitsgeboten und damit die exklusive
Tischgemeinschaft ist ein charakteristisches Zeichen für die
Zugehörigkeit zum jüdischen Volk. So heißt es etwa Jub 22,16:
"Und auch du, mein Sohn Jakob, erinnere dich an mein Wort und
bewahre die Gebote Abrahams, deines Vaters! Trenne dich von de
Völkern und iß nicht mit ihnen und handle nicht nach ihrem
Werk und sei nicht ihr Gefährte! Denn ihr Werk ist Unreinheit,
und alle ihre Wege sind befleckt und Nichtigkeit und Abscheu-
lichkeit."[110]

Dagegen gehört die Mahlgemeinschaft aller als Zeichen der
Gleichstellung zum Wesen religiöser Kultgemeinden im östlichen
Mittelmeerraum.[111] In einer Inschrift aus dem 2.Jhdt. n.Chr.
über den Zeus Panamaros (SEG IV 247) heißt es:
"πάντας ἀνθρώπους ὁ θεὸς ἐπὶ τὴν ἑστίασιν καλεῖ
καὶ κοινὴν καὶ ἰσότιμον παρέχει τράπεζαν
τοῖς ὁποθνοῦ(ν) ἀφικωουμένοις."

Hätte Paulus der Forderung nach Separation nicht widerstanden,
hätten die Missionsgemeinden einer solchen Einladung wenig ent
gegenzusetzen gehabt.

Wie stark gerade die Mahlgemeinschaft mit der Loslösung von
der Ursprungsreligion und mit der Durchbrechung sozialer Kon-
ventionen zusammenhängt, zeigt uns der folgende Beleg aus dem
Kölner Mani-Codex (87, 19-21), in dem Manis Abfall von den
Elchaisiten dadurch charakterisiert wird, daß von ihm gesagt
wird: "Er will zu den Heiden gehen, um griechisches Brot zu
essen." Durch die Übertretung der Reinheitsvorschriften erweist sich Mani als "ein Feind des Gesetzes" (87,16-19).

Indem Paulus dem Druck judenchristlicher Abgesandter im Gegensatz zu Petrus und Barnabas nicht nachgab, macht er deutlich, daß sich die Einheit der hellenistischen Ortsgemeinden
auch in der Mahlgemeinschaft realisiert. Diese Einheit kann
nicht dadurch gewahrt werden, daß sich die Heidenchristen
durch die Erfüllung von "Gesetzeswerken" den Forderungen der
strengen Judenchristen beugen und damit die Volkszugehörigkeit
als Bedingung zum Erwerb des Heils anerkennen (2,15f.). Paulus
muß das Reinheitsgebot beim Mahl als Zeichen der Gruppenzugehörigkeit ablehnen, weil Juden und Heiden (V.16: ἄνθρωπος)

---

110 Vgl. Dan 1,8ff; Esth 4,17LXX; Tob 1,10; 3Makk 3,4; 7,11; Jos A 4,137;
     13,243; Philo Jos 202; Jos et As 7,1.

ihren soteriologischen Bezugspunkt allein 'in Christus' haben.
Gleichzeitig sieht Paulus in der Forderung nach getrennten
Tischen auch die Ausübung erheblichen sozialen Zwanges: πῶς τά
ἔθνη ἀναγκάζεις ἰουδαΐζειν (2,14). In den Makkabäerbüchern
spielt der Begriff 'zwingen' eine bezeichnende Rolle beim jüdischen Kampf gegen die fortschreitende Hellenisierung.[112]
Ebenso auf die soziale Praxis des Judentums ist der Terminus
ἰουδαΐζειν bezogen, der einerseits eng mit der Beschneidung
verbunden ist[113] und andererseits in der christlichen Literatur
Christen beschreibt, die nach jüdischen Gebräuchen leben.[114]
Paulus muß das Gesetzeswerk 'Reinheitsgebot' als unannehmbaren
Zwang empfinden, weil durch getrennte Tischgemeinschaft das
'in Christus', die Rettung aller, die an Jesus Christus glauben, die das Gemeinschaftsgefühl begründende Initiationserfahrung (s.u.) im Lebensvollzug aufgegeben wird.
Neben den Reinheitsgeboten spielt im Gal die Forderung nach
Beschneidung eine große Rolle (2,3.6-9; 5,2.3.6.; 6.12f.15).
Auch in dieser Forderung sieht Paulus nicht nur den soteriologischen Aspekt, daß sie zum Heil nichts "nützt" (5,6; 6,15),
sondern auch den sozialen: er empfindet die Beschneidungsfor-
derung als ausgeübten Zwang (2,3; 6,12). Sowohl in Jerusalem
als auch im akuten galatischen Konflikt muß sich Paulus gegen
sozialen Konformitätsdruck wehren. Doch ist die Beschneidung
ein Gesetzeswerk?

In der LXX ist 'Beschneidung' noch nicht mit 'Gesetz' verbunden, sondern
mit 'Bund' (vgl. Gen 17,13; Ex 4,25.26; Jer 16Aq.Sm.Th.). In den joh und
pln Schriften wird die Beschneidung aber eindeutig als Gebotsforderung
verstanden (Joh 7,19.22.23; Röm 2,25; 2,26-29; Phil 3,5; Kol 2,13f.).
Wo liegt das Bindeglied?

Das Jubiläenbuch (wie auch die Damaskusschrift) zeugen von
Trägerkreisen, die in der Beschneidung eine Forderung des
'ganzen Gesetzes' (Jub 15,33) sahen und deren Nichtvollziehung
mit den härtesten Strafen bedrohten (Jub 15,33; CD 16,6).
Beide Schriften stammen aus dem syro-palästinensischen Raum.[115]
Ihre Theologie wie auch ihre Trägerkreise müssen folglich dem

---

111 Vgl. Klauck, Herrenmahl.
112 1Makk 2,25; 2Makk 6,1.7.18; 4Makk 5,2.27; 8,1; 18,5; Jos B 1,34.
113 Esth 8,17LXX; Jos B 2,454.
114 Ign Magn 10,3; Clem strom M.9.525A; weitere Belege bei Lampe, Lexicon.
115 Berger, JSHRZ II/3, 299, nimmt Jerusalem als Entstehungsort an.

ehemaligen Pharisäer Paulus mit Wahrscheinlichkeit bekannt
gewesen sein. Im Gal assoziiert Paulus mit Beschneidung sowohl
Jerusalem und die dortigen Autoritäten (2,1ff.) als auch Verfolgung (5,12f; 6,12). Spannend wird es nun, wenn man nach der
theologischen Front fragt, die hinter dem Jub steht. "Dieses
Buch ist Ausdruck eines Reformwillens und als solcher gegen
eine Partei gerichtet, die sich zweifellos gleichfalls als ein
Reformpartei verstand: gegen hellenisierende Juden. Die restau
rative Reform steht der nivellierenden und sich anpassenden
gegenüber."[116] Ziel des Jub war es im strengen Gegensatz zur
paganen Umwelt, die Identität des eigenen Volkes zu sichern.[11]
Die folgende Stelle kann das eben Gesagte unterstreichen:

Jub 15,33f.: "Und jetzt will ich dir mitteilen, daß die Kinder Israels
in dieser Ordnung das Vertrauen enttäuschen werden und ihre Kinder nicht
beschneiden lassen gemäß diesem ganzen Gesetz... (34) Denn sie haben ihre
Glieder wie die Heiden gemacht zum Verschwinden und Ausgerottetsein auf
der Erde."

Realer Hintergrund dieser Theologie war das Bestreben der
Trägerkreise, Israel vor der nivellierenden Anpassung an den
Hellenismus zu bewahren, die Identität des Volkes durch Abgrenzung und äußere Zeichen der Abgrenzung (Beschneidung) zu
sichern. Gleichzeitig versuchten sie aber auch eine Reform der
ethischen Verhaltensweisen, um sich auch auf diesem Weg ihre
Eigenständigkeit zu bewahren. Stichworte sind in diesem Zusammenhang "Beschneidung des Herzens"/"Geist"/"Gebot"; eine
Konzeption, die der des Paulus im Gal nicht unähnlich ist,
auch deshalb weil Bekehrung explizit sowohl im Jub als auch
im Gal in diesem Rahmen genannt wird. Auf die Bekehrung im
Gal und ihren Zusammenhang mit der paulinischen Ablehnung
der "Gesetzeswerke" kommen wir noch ausführlich zurück. Wir
führen hier einen Beleg an, der zeigen kann, daß die Trägerkreise des Jub eine der paulinischen Konzeption ähnliche Auffassung vertraten, indem sie die Bekehrung mit einer Neuord-
nung der Lebensverhältnisse verbanden. Allerdings –und dies
ist der entscheidende Unterschied- wird hier die Beschneidung
als Zeichen dieser Neuorientierung bedingungslos gefordert
(so etwa in Jub 15,33ff.):

---

116 Berger, JSHRZ, 279.
117 Berger, JSHRZ, 281.

Jub 1,23f.: "Und nach diesem werden sie umkehren zu mir in aller Recht-
schaffenheit und mit ganzem Herzen und mit ganzer Seele. Und ich werde
beschneiden die Vorhaut ihres Herzens und die Vorhaut des Herzens ihres
Samens. Und ich werde ihnen schaffen einen Hl. Geist...
(24) Und es werden anhängen ihre Seelen mir und allem meinem Gebot.
Und sie werden mein Gebot tun."[118]

Die Aussage, daß die Beschneidung als eine Forderung des Gesetzes zu verstehen ist, entstand auf dem Hintergrund der
Abwehr gleichmachender hellenistischer Einflüsse im Zuge der
Bildung einer sozial abgeschlossenen Gemeinschaft mit besonderen Zeichen der Gruppenzugehörigkeit (Beschneidung, Ethik;
vgl. Jub 20,2f., wo die Nächstenliebe und die Beschneidung
einander zugeordnet sind). Zu dieser 'antihellenistischen'
Front gehörten zur Zeit des Paulus sicher auch diejenigen
Christen, die sich als Glieder Israels selbstverständlich
der Jerusalemer Kultgemeinde zuordneten und Gesetz und Gebote hielten (vgl. Apg 21,20).[119] Für diese judenchristlichen Kreise war die Beschneidung eine heilsnotwendige Forderung des Gesetzes (Apg 15,1f.).
Wenn Paulus von den "Gesetzeswerken" redet, denkt er konkret
an Speisegebote und Beschneidung. Dabei versuchten wir wahrscheinlich zu machen, daß sich der Apostel mit einem Gesetzesverständnis auseinandersetzt, hinter dem Trägerkreise aus der
sogn. antihellenistischen Front in Palästina stehen. Gesetz
und Bewahrung der national-kultischen Identität sind in diesen Kreisen eine besonders enge Verbindung eingegangen.

2. "Gesetzeswerke" als Zeichen der Gruppenzugehörigkeit

Wenn Paulus in Gal 2+3 die ἔργα νόμου als christlichen Weg
zur Erlangung der Gerechtigkeit Gottes verwirft, dann bedeutet
dies für die hellenistischen Missionsgemeinden auch Befreiung
von dem Konformitätsdruck, den Teile der Judenchristen auf sie
ausübten. Mit dem Wegfall der "Werke" vollzieht sich auch ein
Fortfall von "Überprüfbarkeit", da es den Jerusalemer Christen
nun nicht mehr möglich ist, die Einhaltung offensichtlicher
Gruppennormen wie Beschneidung und Reinheitsgebote zu überprüfen. Paulus gewinnt damit für seine Mission ein Stück kon-

---

118 Vgl. OdSal 11,1-3.

119 Vgl. die Zuordnung von Taufe und Beschneidung in judenchristlichen
     Gruppierungen, etwa den Elchaisiten: Epiphanius haer 19,3,5f.

kreter sozialer Freiheit, die ihm auch den Aufbau einer eigenständigen christlichen Identität jenseits aller sozialen und
ethnischen Barrieren ermöglicht (Gal 3,26-29; 5,6; 6,15). Zu-
gleich entkleidet er die "Gesetzeswerke" jeder soteriologische
Qualität. Dies versucht er in Gal 2+3 zu verdeutlichen.
Missionstechnisch gesehen steigert sich damit die Anziehungs-
kraft der christlichen Lehre unter den Sympathisanten des
Judentums erheblich. Die 'Gottesfürchtigen' erhalten nun den
Zugang zu den Heilsgütern Israels, ohne sich deren Gruppennormen unterwerfen zu müssen. "Denn weder Beschneidung noch
Vorhaut gilt etwas, sondern nur eine Neuschöpfung" (Gal 6,15).
"Das Heil ist nicht mehr an jüdische Gruppenidentität gebunden
weil die Identität in Christus neu geschaffen ist."[120]
Damit hat die Rechtfertigungslehre im Gal auch die Funktion,
theologisch über das Verhältnis von Juden- und Heidenchristen
zu handeln.[121] Paulus wurde zu ihrer Ausformulierung durch
seine Tätigkeit als Heidenmissionar in Auseinandersetzung mit
anderen christlichen Gruppierungen provoziert. Ihr Sitz im
Leben ist tatsächlich die Heidenmission.
Wir haben versucht zu zeigen, daß die "Gesetzeswerke" Zeichen
der Gruppenzugehörigkeit sind. Wenn Paulus von ihnen spricht,
meint er konkret Speisegebote und Beschneidung. Indem er sie
für seine Missionsgemeinden ablehnt, eröffnet er ihnen die
Möglichkeit zu einem eigenständigen Bewußtsein jenseits der
religiösen und ethnischen Grenzen des Judentums. Gleichzeitig
hält er an den soteriologischen Verheißungen und dem ethischen
Impuls der jüdischen Religion fest, nur daß er den Zugang zu
beidem nun ohne soziale Schranken für alle Menschen öffnet.
Damit hat Paulus den Grundstein für die Attraktivität der
christlichen Mission gelegt, die nun weder jüdische noch pagane Konkurrenz zu fürchten braucht.
In diesem Sinn beantwortet die im Gal entfaltete Rechtfertigungslehre nicht so sehr die Frage nach dem Heil des Einzelnen
sondern sie gibt Antwort darauf, was die heilstiftende Gemein
Jesu Christi in ihrem innersten Kern konstituiert und was nich
für die Erlangung des Heils notwendig ist.[122]

---

120 Zeller, Theologie, 178.
121 Vgl. Stendahl, Jude, 41.
122 Stendahl, Jude, 40.

TEIL D: Die Funktion der Werke im Verhältnis des Menschen zu Gott

I. Die Werke als äußere Zeichen der Legitimation im Johannesevangelium

Der johanneische Christus legitimiert sich eindrucksvoll durch seine "Werke". Wundertaten und 'Gesandtenwerke' legitimieren aus der Sicht des 4. Evangelisten Auftrag und Herkunft Jesu Christi. Damit erweist sich ἔργον in bestimmten Zusammenhängen als ein Topos johanneischer Christologie. Diesen Zusammenhängen nachzugehen, soll Aufgabe des folgenden Abschnittes sein.

1. Ἔργον als das Gesandtenwerk des göttlichen Boten

Ein für das Verständnis der johanneischen Botenchristologie wesentlicher Sprachgebrauch von ἔργον liegt in Joh 4,34 und 17,4 vor. In diesen Texten ist das Werk angesprochen, das der Bote im Auftrag seines Herrn zu erfüllen hat.
Gattungsmäßig läßt sich Joh 4,31-38 als eine Jüngerbelehrung über die Mission[1] beschreiben, die -bevor die christologischen Aussagen des 4.Kapitel in V.42 ihre letzte Steigerung erreichen-[2] in den Argumentationsgang eingeschoben ist. In dieser Jüngerbelehrung geht es darum, daß Jesus den Willen dessen zu tun hat, der ihn gesandt hat, was sich als τελειώσω αὐτοῦ τὸ ἔργον (4,34b) in der Praxis zu beweisen hat. Ἔργον meint also die Aufgabe,durch deren Erfüllung der Gesandte den Willen des Sendenden ausführt. Mit Recht denkt Bühner[3] diese Struktur auf dem Hintergrund des 'landläufigen Schemas einer Botensendung', dessen engeren traditionsgeschichtlichen Rahmen er aus der hebräisch-aramäischen Überlieferung der Targumim, Mischna und Talmud herausgearbeitet hat.[4]

---

1 Bereits Bultmann, Evangelium, 144, deutet die 'Ernte' als traditionelles Bild für die Mission (4,35ff.).

2 4,42 hat den Charakter eines abschließenden Zeugenberichtes.

3 Bühner, Gesandte, 136.

4 Vgl. Bühner, Gesandte, 191-257.

Die Wendung θέλημα τοῦ πέμψαντός με (4,34) gibt nach Bühner den halachischen Ausdruck für 'Auftragswille' (רעת המשלח) wieder. Bühner meint, daß in diesem 'Auftragswillen' das Tun Jesu wurzelt, der sich damit als legitimierter Gesandter Gottes vorstellt.[5] Auf diesem Hintergrund bestimmt sich ἔργον als Wiedergabe des aramäischen Terminus für 'Gesandtenwerk' (שליחות), dessen Erfüllung durch Jesus die Erfüllung des göttlichen Erlösungsauftrages bedeutet.[6]

Bühner erwähnt in diesem Zusammenhang allerdings nicht, daß sich kein hebräisches Äquivalent für ἔργον im Sinne von 'Gesandtenwerk' angeben läßt. Doch bietet sich aus unserer Sicht ἔργον deshalb für Joh als Wiedergabe für שליחות an, weil es bereits im Pagan-Griechischen als 'äußere Zeichen des inneren Seins' (vgl. Teil A) beweiskräftiges Zeichen der Legitimation sein kann.

Den Singular τὸ ἔργον erklärt Schnackenburg richtig als das gesamte auf Erden von Jesus zu vollziehende 'Werk',[7] was der Aussage in 4,34 einen grundsätzlichen Charakter verleiht.

Findet sich die Aussage über die Aufgabe, das Werk zu vollenden, mit 4,34 am Anfang der Wirksamkeit Jesu, so kehrt sie in ihrer allgemeinen Form[8] auch am Ende der Darstellung der Wirksamkeit Jesu in 17,4 wieder.

Auch hier bezeichnet ἔργον den von Gott geforderten Auftrag, wobei das Gesandtenwerk Jesu der Verherrlichung Gottes dienen

---

5 Bühner, Gesandte, 208.

6 Vgl. Schnackenburg, Johannesevangelium, 481.

7 Schnackenburg, Johannesevangelium, 481. Auch Bühner, Gesandte, 239, betont unseres Erachtens mit Recht, daß das mit ἔργον bezeichnete Gesandtenwerk Jesu summarisch seine ἔργα miteinschließt.
   An dieser Stelle sei auch die Arbeit Riedls, Das Heilswerk Jesu nach Johannes, FThST 93, 1973, zumindest kurz erwähnt. Diese ausschließlich bibeltheologisch und innerjohanneisch ausgerichtete Studie verzichtet vollständig auf einen Vergleich mit der Literatur der neutestamentlichen Umwelt bei der Untersuchung des Sprachgebrauchs von ἔργον/ ἐργάζομαι. Aus diesem Mangel erklärt sich auch das unzutreffende Ergebnis der Untersuchung. Riedl kommt zu einem summarischen Verständnis von ἔργον als 'Heilswerk', was der joh Technik der Aufnahme und Verschränkung verschiedener traditioneller Verwendungsformen des Begriffes ἔργον nicht entspricht.
   Die Untersuchung wurde kritisch besprochen von Beutler (ThPh 50 1975, 610f.). Dieser Kritik ist an dieser Stelle nichts mehr hinzuzufügen.

8 Vgl. 5,36. Dort findet sich ebenfalls die Verbindung von ἔργον und τελειόω, wobei ἔργον jedoch pluralisch verwendet ist.

soll (17,4). Hinter der Verbindung von ἔργον und δόξα steht
ein technisierter "δόξα- Begriff" (so Bühner), durch den der
Charakter des 'Gesandtenwerks' als eine zu stetem Vorteil des
Sendenden zu vollbringende Aufgabe deutlich unterstrichen wird.
"Da Jesus uneingeschränkt zum Vorteil Gottes handelt, ist seine
שליחות und damit seine Legitimität erwiesen", stellt Bühner
abschließend fest.[9]

Die in 4,34 und 17,4 vorliegende Verbindung von ἔργον und τελειόω kommt relativ häufig vor, ohne jedoch dem genauen johanneischen Sprachgebrauch 'Vollendung des Gesandtenwerks' zu
entsprechen:

An die Vollendung eines Hauses ist in 2Esr 16,16LXX gedacht. Sir 38,28
denkt an einen Künstler, der sein Kunstwerk vollendet. Daneben findet
sich auch die Bedeutung 'eine Aufgabe vollenden': 2Esr 16,3LXX. Paulus verweist innerhalb des Proömiums in Phil 1,6 darauf, daß das "gute Werk"
in der Gemeinde durch den, der es begonnen hat, vollendet wird. Dabei
erinnert ἔργον an die Bedeutung 'Bau'[10]; die Gemeinde wird als ein zu
vollendender Bau Gottes beschrieben. "Werk" zur Bezeichnung des Glaubens-
standes der Gemeinde findet sich auch in IgnSmyr 11,2.
In Jak 2,22 wird im Rahmen der Diskussion über das Verhältnis von Glaube
und Werken innerhalb des Abrahambeispiels (2,21-24) davon gesprochen,
daß aus Werken der Glaube erst vollendet werde (ἐκ τῶν ἔργων ἡ πίστις
ἐτελειώθη). In Anlehnung an die Rede vom Schöpfungshandeln Gottes wird
in 1Klem 33,1 dazu aufgerufen "mit beharrlicher Bereitschaft jedes gute
Werk zu vollenden". Die Aufgabenteilung von Armen und Reichen innerhalb
der Gemeinde ist mit der Wendung "gemeinsam das gerechte Werk vollenden"
in Herm (s) 2.7.9 angesprochen.

Obwohl wir der Herleitung der spezifischen Bedeutung von ἔργον
aus dem aramäischen Begriff שליחות grundsätzlich zustimmen,
meinen wir doch, in der griechisch-hellenistischen Literatur
Analogien zu diesem Sprachgebrauch bei Joh aufweisen zu können.
Das ἔργον als die Aufgabe eines Gesandten, die er im Dienste
seines (göttlichen) Herrn zu erfüllen hat, hat gewisse Analogien in pagan-hellenistischen Texten und bei Philo:
1. Philo konkretisiert an einer Stelle das besondere Verhältnis, daß ein Vater zu seinem Sohn in der Regel hat, in der
Weise, daß der Sohn nur für besonders bedeutende Aufgaben
den Vater vertreten soll. In minder wichtigen Fällen kann
diese Aufgabe auch von den Knechten des Vaters übernommen werden. In diesem Zusammenhang wird der Auftrag mit πρᾶξις bezeichnet, und πέμπω weist auf die Sendungsterminologie, die
auch bei Joh Verwendung findet (Det 14).

---

9   Bühner, Gesandte, 240.
10 Vgl. Peterson, ΕΡΓΟΝ, 439-441.

2. Bei der Charakterisierung der Kyniker durch Epiktet findet
sich ein dem 'Gesandtenwerk' bei Joh vergleichbarer Sprachgebrauch, der diesem auch deshalb nahe verwandt ist, weil auch
hier Gott der Sendende ist und die Begriffe ἐντολή und ἔργον
wechselweise zur Bezeichnung des Auftrages dienen.[11] Epict III
24,113f. spricht in Verbindung mit der typischen Sendungsterminologie (πέμπειν/ἀποστέλλω) von Gott als dem Sendenden und
von ἐντολή und πρόσταγμα als Termini für den göttlichen Auftrag.

Über das Selbstverständnis des Zynikers als eines Gottgesandten handelt Epict IV,8,31f. Der Zyniker weiß sich von
Gott gesendet: "ἰδοὺ ἐγὼ ὑμῖν παράδειγμα ὑπὸ τοῦ θεοῦ ἀπέσταλ-
μαι." In diesem Zusammenhang wird das Gesandtenwerk mit ἔργον
bezeichnet und durch ὑπηρεσία konkretisiert: "ὁρᾶτε, τίνος
ἔργον ἐστίν τοῦ Διὸς ἢ ὃν ἂν ἐκεῖνος ἄξιον κρίνῃ ταύτης τῆς
ὑπηρεσίας."

Der Bote hat die Aufgabe, beispielhaft zu wirken. Er soll durch
seinen Lebenswandel ein Beispiel dafür geben, wie man Zugang
zu einer glücklicheren Lebensführung erhalten kann. Dies ist
sein Auftrag.

In analoger Weise kann von Hermas, dem Götterboten, gesagt werden: "...Ἑρμῆν ἔπεμψε, κελεύσας ἃ δεῖ ποιεῖν" (Dio Chrys Or
I 66).

Die behandelten Texte weisen darauf hin, daß Joh das aramäische
שליחות nicht grundlos mit ἔργον wiedergegeben hat. Es lassen
sowohl bei Philo als auch in einigen pagan-hellenistischen
Texten zumindest vergleichbare Sprachstrukturen nachweisen.
An einer Stelle ließ sich ἔργον als Äquivalent für 'Gesandten-
werk' im göttlichen Auftrag verifizieren (Epict IV,8,31f.).
Die angeführten Belege sind dazu geeignet, die Untersuchung
Bühners dahingehend weiterzuführen, daß nun einsichtig gemacht
werden kann, warum Joh ἔργον zur Bezeichnung des göttlichen
Auftrages an seinen Gesandten wählen konnte.

---

11 Auch Joh verwendet in diesem Sinne ἐντολή: 10,18; 12,49; vgl. Bühner,
    Gesandte, 208f.

2. Ἔργον als Bezeichnung von 'Wundertat'

Joh ersetzt an einigen Stellen (5,20.36; 6,28; 7,3.21; 10,32-
38) die gebräuchlichen Begriffe für 'Wunder' (σημεῖον, τέρας)
durch ἔργον. Für diesen Sprachgebrauch lassen sich auch in
außerjohanneischen Texten einige Belege anführen:
Philostrat bezeichnet zusammenfassend die 'wunderbare' Tätigkeit des Apollonius mit ἔργα καὶ λόγοι (VitAp 8,12; vgl. 8.7.
Für die pagan-hellenistischen Quellen kann noch auf Plut Mor
163D verwiesen werden). In Sir 48,14 sind die Wendungen
ποιεῖν τέρατα und θαυμάσια ἔργα parallel gestellt; auch bei
Philo findet sich dieser Sprachgebrauch relativ häufig:[12]
Das Schilfmeerwunder wird als τὸ μέγα τοῦτο καὶ θαυμαστὸν
ἔργον bezeichnet (VitMos I 180). Die wunderbare Offenbarung
des Gesetzes, an die nach Philo u.a. das Blasen der Trompete
am jüdischen Neujahrsfest erinnert, erschallt in Erinnerung
an das τεραστίου καὶ μεγαλουργηθέντος ἔργου (SpecLeg II 188).
Auch das Mannawunder kann Philo als ein τεράστιον ἔργον bezeichnen (Congr 173). Auch in Mt 11,2 ist eindeutig an die von
Jesus vollbrachten Wunder gedacht.
Es fällt jedoch bei all diesen Belegen ins Auge, daß ἔργον,
soweit es eine Wundertat bezeichnen soll, in der Regel durch
ein entsprechendes Adjektiv oder wie in Sir 48,14 durch eine
Parallelstellung mit einem terminus technicus für Wunder als
solches qualifiziert wird.[13] Dagegen verwendet Joh ἔργον zur
Bezeichnung von 'Wunder' absolut ohne erklärende Hinzufügungen.
Die Ursache für die häufige Substitution von σημεῖον durch
ἔργον liegt in einer dem sogn. 'johanneischen Mißverständnis'
analogen sprachlichen Technik der Verschränkung differenter
Wortbedeutungen, für die ἔργον stehen kann.[14]

---

12 Zum Sprachgebrauch für 'Wunder' bei Philo vgl. Delling, Studien,
    80 Anm.26.

13 Ebenso etwa auch Jos A2 272-274, wo ἔργον durch σημεῖον erklärt wird;
    auch: Jos A 9,182.

14 Ἔργον jeweils in Verbindung mit πιστεύειν als Reaktion auf eine Wun-
    dertat findet sich in Joh 2,11.23; 4,48 in der festen Wendung σημεῖα
    καὶ τέρατα; 4,53f.; 6,30; 7,31; 11,47f.; 12,37; 20,30f. Das Problem,
    ob diese Stellen einer besonderen Zeichen-Quelle zuzuordnen sind, kann
    an dieser Stelle nicht diskutiert werden. Doch sollte man grundsätz-
    lich mit der Annahme von 'Quellen' vorsichtig sein; vgl. Berger,
    Exegese, 27-32.

Diese für Joh typische Technik der Verschränkung von verschiedenen, ἔργον zugeordneten Bedeutungen läßt sich vielfach aufzeigen:

a. Joh 5,20 und 10,38: Verschränkung mit dem traditionellen
              Topos 'Nachahmung der Taten'

Wir haben an anderer Stelle (Teil B) bereits darauf hingewiesen, daß sich in 5,19 das Verhältnis zwischen Vater und
Sohn durch das nachahmende ποιεῖν bestimmt, während in 5,20
die μείζονα ἔργα durch die Zuordnung von θαυμάζειν als Beschreibung der Reaktion auf die Tat eindeutig als Wunder mitbestimmt sind.[15] In analoger Weise fließen auch in Joh 10,33.3
diese beiden Vorstellungen ineinander, wobei die für Joh
stereotype Verbindung von ἔργον bzw. σημεῖον mit πιστεύειν
auf die Bedeutung 'Wundertat' hinweist (vgl. auch Joh 14,11).

b. Joh 7,3: Verschränkung mit dem Topos 'Selbstoffenbarung
              durch Taten'

Die in Joh 7,3 vorliegende Verbindung von ἔργον und θεάομαι
gehört in die Wundertradition (vgl. Joh 6,30; 15,24), wobei
φανερόω (7,4) die Funktion der Wundertaten bestimmt. Denn die
Taten werden getan, um sich der Welt zu offenbaren (vgl. Joh
3,21; 9,3), wie dies Philo von Gott aussagen konnte (Quaest
Gen IV 21; LegAll III 27). Diese Tradition ist bei Joh auf
den Messias bezogen, der sich durch seine (Wunder-) Taten
selbst offenbart. Nach Berger gehört zu dieser Tradition, daß
die Verborgenheit des Messias durch Zeichen und Wunder enthüllt wird.[16] Typisch ist auch hier die Stiltechnik der Verschränkung. Nach Joh 7,31 offenbart und legitimiert sich der
Christus durch das Tun der σημεῖα selbst, während Joh in 7,3
unter Anknüpfung an die bei Philo vorkommende Tradition der
göttlichen Selbstoffenbarung durch Taten ἔργον anstelle von
σημεῖον verwendet.

c. Joh 5,36: Verschränkung mit ἔργον als dem 'Gesandtenwerk'
              des göttlichen Boten

In diesem Vers verschränken sich ἔργον als Bezeichnung für

---

15 Die Reaktion auf eine vollbrachte Wundertat wird auch in Joh 7,21
    mit θαυμάζειν beschrieben; vgl. Jos A 2,276; 9,182 und Theißen, Wun-
    dergeschichten, 78, der weitere Belege anführt.

16 Berger, Messiastraditionen, 43 Anm.165.

für den göttlichen Botenauftrag -der Bote hat das ihm aufge-
tragene Werk zu vollenden- mit dem Werk als Zeugnis der Legitimität und Vollmacht des Wundertäters. Die Verbindung von ἔργον
und μαρτυρία unterstreicht die Funktion der Wundertaten: Sie
sollen für den Wundertäter Zeugnis ablegen (vgl. Jos A 9,182).

Die Traditionsgeschichte der joh Rede von den Wundern weist
sowohl in den jüdisch-hellenistischen als auch in den pagan-
griechischen Bereich.
Die bereits in pagan-griechischen Texten anzutreffende Auffassung, daß durch eine wunderbare Tat nicht nur Erstaunen, sondern auch Glaube erreicht wird,[17] kann im hellenistischen Judentum charakteristisch verändert werden. So wirkt Elisa, der
als geistbegabter Prophet in einem besonderen Verhältnis zu
Gott steht, nach Sir 48,14 Wunder und wunderbare Taten (ποιεῖν
τέρατα/θαυμάσια ἔργα). Ziel der Wundertätigkeit ist nach 48,15
die Bekehrung, die allerdings nach dem Bericht des Siraziden
nicht erreicht worden ist: "Ἐν πᾶσιν τούτοις οὐ μετενόησεν
λαός."
Neben Elisa ist es besonders bei Philo Mose, der als Gesandter
Gottes von diesem in persönlicher Unterrichtung ("von Person zu
Person, wie bei einem Lehrer seine Jünger") das Vollbringen
von Wundern 'lernte' (VitMos I 80). Auf ähnliche Weise wie in
Joh 5,19-30 korreliert in VitMos I 90f. das Wirken von Wundern
zum Beweis der eigenen Legitimität mit der Abwehr von verleum-
derischen Anklagen auf dem Hintergrund der eigentlichen Absicht, durch Wundertaten andere Menschen zu bekehren. Mose,
der als Betrüger der Gottlosigkeit (ἀσέβεια) bezichtigt wird,
reagiert auf diesen Angriff dadurch, das er die Wunder tut,
die ihm von Gott gelehrt worden sind: "δεικνύειν ἄρχεται Μωυ-
σῆς ἃ προὐδιδάχθη τέρατα,...". Damit weist sich Mose nicht nur
als befähigt aus, Wunder zu tun, sondern auch als dazu legitimiert, da er sie von Gott lernte. Das Ziel der Wundertätigkeit besteht darin, daß die, die die Wunder sehen (τοὺς θεα-
σομένους), sich vom Unglauben zum Glauben (ἐκ... ἀπιστίας εἰς
πίστιν) bekehren (μεταβάλλειν). Damit korrespondiert Bekehrung

---

17 So Plut Mor 163D von Enalos: "Andere Dinge, von denen er berichtete,
    waren noch wunderbarer als dieses; mit dem er die Menge in Erstaunen
    versetzte. Und er gab Anlaß dazu, daß alle ihm durch die Tat, die er
    tat, glaubten."

und Legitimation als doppelter Zweck der Wundertätigkeit auf
die gleiche Weise wie bei Joh, nur daß dort der terminus technicus τέρας durch ἔργον ersetzt ist. Die dadurch ermöglichte
Technik der Verschränkung unterschiedlicher Vorstellungsbe-
reiche gestattet es Joh, die Darstellung der Person und Tätigkeit Jesu nicht einseitig als die eines legitimierten Wundertäters erscheinen zu lassen.

Wie im Joh kann auch bei Philo der Sendungsgedanke mit dem
auf Bekehrung und Legitimation zielenden Wunderwirken verknüpft werden. In VitMos I 71-77 wird Mose als der bevoll-
mächtigte Gesandte Gottes gezeichnet (τί τὸ ὄνομα τῷ πέμψαντι,
74; vgl. den joh Ausdruck ὁ πέμψας). Die Aufgabe, die Mose als
Gesandter Gottes ausführen muß, kann er nur deshalb erledigen,
weil ihm von Gott selbst ein 'staunenswertes Wunder' gezeigt
worden ist (71). Mose handelt somit nur aus einer Vollmacht, di
aus der göttlichen abgeleitet ist. Seine Aufgabe als Gesandter
Gottes besteht in der Verkündigung der Lehre[18] und in der Bekräftigung der Verkündigung durch Zeichen (σημεῖα) mit dem
Ziel, die Ungläubigen zu bekehren.

Diese von Bühner nicht berücksichtigte Philo-Tradition ergänzt
dessen Sicht der joh Konzeption eines gottgesandten Boten.
Vielleicht findet sich hier ein jüdisch-hellenistischer Hinter
grund der johanneischen Christologie.

---

18 Der Inhalt der 'Lehre' besteht nach Philo in der Verkündigung des
    Namens Gottes als des Urhebers der Tugenden, die in den Patriarchen-
    gestalten verkörpert sind.

II. Werke und Vergeltung

1. Die Vergeltung nach den Werken in der LXX und den anderen griechischen Übersetzungen des AT

Hermann Gunkel konnte in seinem Artikel 'Vergeltung im Alten Testament' zusammenfassend betonen: "So ist denn schließlich die Vergeltungslehre in allen Literaturformen Israels zum ausschlaggebenden Gedanken geworden."[19]
Da Gunkel in sämtlichen Literaturformen des AT den Gedanken der göttlichen Vergeltung meinte finden zu können, hatte für ihn die Vergeltungslehre im AT fast den Charakter eines Dogmas angenommen. Nach Gunkel hat die Vergeltungslehre in der Geschichte der jüdischen Religion zwar Wandlungen durchgemacht,[20] doch ist sie bis in den Pharisäismus "eine unveräußerliche Grundlage der jüdischen Religion"[21] geblieben.
Diese Sicht blieb in der at.lichen Forschung lange Zeit unbestritten, um dann durch die Untersuchung von Klaus Koch 'Gibt es ein Vergeltungsdogma im Alten Testament?' um so gründlicher bestritten zu werden.[22] Die Grundlage dieser Untersuchung ist der masoretische, nicht der griechische Text des AT. Ausgehend von den ältesten Teilen der Proverbien erkennt Koch richtig, daß der Zusammenhang von Tun und Ergehen dort nicht adäquat mit der dem juridischen Bereich zugehörigen Kategorie der Vergeltung beschrieben werden kann. Da in dieser Struktur sowohl die Instanz des Richters, die Norm, an der die menschliche Tat zu messen wäre, als auch die Kategorie Lohn bzw. Strafe als Folge der Urteilsfindung fehlen, ist die Beschreibung dieses Sachverhalts mit 'schicksalhafter Tatsphäre' durch Koch angebracht. Der Zusammenhang von Tun und Ergehen ist nach

---

19 Gunkel, Vergeltung, 5.

20 Gunkel notiert besonders das Hinzutreten des Lohngedankens und den Einfluß der Auferstehungshoffnung, die zu einer Inkorporierung des Vergeltungsgedankens in den Bereich des Jüngsten Gerichts geführt hätten; Gunkel, Vergeltung, 5-7.

21 Gunkel, Vergeltung, 7.

22 Die Untersuchung Kochs wurde auf der einen Seite durch den von Fahlgren stammenden Gedanken einer 'synthetischen Lebensauffassung' der Israeliten (Diss Uppsala 1932), auf der anderen Seite durch Kochs Disseratation zu Ṣdq vorbereitet.

Koch zwangsläufig, da Tat und Folge innerlich zusammenhängen.[23] Ob diese für die ältere Weisheitsliteratur richtigen
Beobachtungen Kochs auf die gesamte hebräische Bibel zutref-
fen, kann jedoch bezweifelt werden.[24]
Die Kategorie der 'schicksalwirkenden Tatsphäre' hat für die
griechischen Übersetzungen des AT, wie auch Koch betont,[25]
keinen entscheidenden Einfluß mehr gehabt, ohne jedoch -wie
der folgende Exkurs zeigen wird- vollständig zurückzutreten.

E x k u r s : ῎ΕΡΓΟΝ in Aussagen über den Zusammenhang von Tat
und Ergehen in den griech. Übersetzungen des AT

Der auch in den griechischen Übersetzungen des AT auftretende Zusammenhang
von Tat und Ergehen ist terminologisch nicht auf spezifische semantische
Felder eingrenzbar. Die Begrifflichkeit, mit der diese Struktur ausgedrückt
wird, ist somit nicht eindeutig. Dies gilt besonders auch für die Verwendung von ἔργον.

Gegenüber der Struktur der 'schicksalwirkenden Tatsphäre', innerhalb derer
sich der Begriff ἔργον nur selten nachweisen läßt, häuft sich im Rahmen des
Zusammenhanges von Tat und Ergehen sein Vorkommen. Auffallend ist dabei
das Hinzutreten des Lohngedankens sowie die Verbindungen, die ἔργον mit
'Gesetz' oder sinnverwandten Begriffen eingeht. Das mögliche Hinzutreten
Gottes als handelnder Instanz legt die Vermutung nahe, daß es sich bei den
Aussagen über den Zusammenhang von Tat und Ergehen um eine Zwischenstufe
zwischen der Vorstellung der 'schicksalwirkenden Tatsphäre' und der Vor-
stellung von der göttlichen Vergeltung handelt.

---

23 Koch, Vergeltungsdogma, 154.

24 Besonders erscheint das Eingreifen Jahwes in den Zusammenhang von
    Tat und Ergehen dann nicht richtig bewertet, wenn man, wie Koch es
    tut, das aktive göttliche Handeln lediglich als 'Vollenden' des
    Zusammenhangs von Tun und Ergehen beschreiben will; vgl. Koch, Ver-
    geltungsdogma, 173. Es erscheint uns sinnvoller, den at.lichen Sach-
    verhalt allgemeiner dadurch zu beschreiben, daß aus der Sicht der
    hebräischen Bibel jede menschliche Tat Folgen hat, um dann anhand der
    einzelnen Texte ohne vorgefertigtes, systematisierendes Raster die
    jeweilige Aussagestruktur zu erfassen. Zu diesem Problem können die
    in Koch, Prinzip, gesammelten Studien von Horst, Schabert, Gese und
    Graf Reventlow verglichen werden, die alle die Geltung einer syn-
    thetischen Lebensauffassung als alleiniger Kategorie in der hebrä-
    ischen Bibel bestreiten.

25 Koch, Vergeltungsdogma, 176: "In der Septuaginta ist die Auffassung
    von schicksalentscheidender Tatsphäre an den meisten Stellen, wo sie
    im masoretischen Text eindeutig zu erkennen ist, unkenntlich geworden."

a. Ἔργον in Aussagen über die 'Tatsphäre'

Sehr deutlich ist die Struktur der schicksalwirkenden Tatsphäre in Prv
10,16 (LXX) erhalten: ἔργα δικαίων ζωὴν ποιεῖ καρποὶ δὲ ἀσεβῶν ἁμαρτίας.
Wichtigster Hinweis auf das Vorliegen der Vorstellung einer Tatsphäre
in diesem indikativischen Aussagespruch ist die Verbindung von ἔργον als
Subjekt und dem Prädikat ποιεῖν. Es fehlt eine aktive Instanz, die den
Zusammenhang von menschlicher Tat und dem folgenden Ergehen in Kraft setzt.
Die Tat selbst schafft Leben. Der Vers ist klar gegliedert. In einem
antithetischen Parallelismus membrorum entsprechen sich ἔργα und ζωή auf
der einen sowie καρποί und ἁμαρτίαι auf der anderen Seite. Werk und Frucht
sind inhaltlich gegensätzlich qualifiziert; beide dienen sie aber der
Bezeichnung des auf den Menschen zurückfallenden eigenen Tuns.

Neben dieser doppelgliedrigen Aussage finden sich auch einige Beispiele
für die Verwendung von ἔργον innerhalb eingliedriger Tat-Ergehen-Zusammen-
hänge im Sinne einer Wirksphäre:

In einem Weisheitsspruch bei Jesus Sirach wird der Zusammenhang von mensch-
lichem Tun und Krankheit unter Verwendung von ἔργον dargestellt: "In allen
deinen Werken (ἐν πᾶσι ἔργοις σου) sei beherrscht, so wird dich keine
Krankheit treffen" (Sir 31,22b). Die Wendung ἐν πᾶσι ἔργοις gibt dem
Weisheitsspruch einen allgemeingültigen, generalisierenden Charakter.
Die Allgemeingültigkeit der Aussage wird auch in Sir 3,17 mittels der
Verwendung von ἔργον anstelle einer differenzierteren Beschreibung des
Tuns unterstrichen:

"Mein Sohn, führe deine Werke (τὰ ἔργα σου) in Geduld aus, und du wirst
mehr geliebt werden als einer, der Gaben austeilt."

Das Tun der Taten in Demut zieht automatisch das Geliebtwerden nach sich.
Die Kritik an der festgefügten weisheitlichen Ordnung findet ihren Niederschlag in der folgenden Zeile aus dem Prediger: οἷς συμβαίνει κατὰ τὰ
ἔργα τῶν παρανόμων... καὶ εἰσὶ παράνομοι οἷς συμβαίνει ὡς πραξᾶσι κατὰ τὰ
ἔργα τῶν δικαίων (SmKoh 8,14; die LXX setzt für ἔργον das sinngleiche
ποίημα). Συμβαίνω expliziert den Gedanken der Tatsphäre. Die Taten selbst
sind in der doppelgliedrigen Aussage dadurch qualifiziert, daß sie unterschiedlichen Gruppen (Gerechte/Frevler) zugeordnet sind. Die inhaltliche
Modifizierung unter Beibehaltung der Form des weisheitlichen Schemas
signalisiert die schwere Krise, in die das weisheitliche Denken im Prediger
gekommen ist.

Eine eschatologische Interpretation der schicksalwirkenden Tatsphäre findet sich in der relativ späten SyrDanielApk 1,6:

"Von eurem Mund werdet ihr gerichtet, Menschen,
und durch eure Sünden werdet ihr sterben,

und eure Taten werden euch vernichten."

In diesem Gerichtswort vollstrecken die Taten selbst das eschatologische Todesurteil.

Eine auch formale Weiterbildung der Vorstellung einer schicksalwirkenden Tatsphäre findet sich bei Tritojesaja (65,6f.):

ʾΙδοὺ γέγραπται ἐνώπιόν μου οὐ σιωπήσω, ἕως ἂν ἀποδῶ εἰς τὸν κόλπον αὐτῶν... ἀποδώσω τὰ ἔργα αὐτῶν εἰς τὸν κόλπον αὐτῶν.

Die Tradition der Registrierung der menschlichen Werke bei Gott hat sich in diesem Gerichtswort mit der Vorstellung der schicksalwirkenden Tat verbunden. Weiterhin sind an dieser Stelle sowohl die Werke als auch die Sünden hypostasiert, außerdem tritt Gott als derjenige hinzu, der in einer eschatologischen Situation das durch die Werke bewirkte Schicksal endgültig vollzieht. Daß es sich um einen Tun-Ergehen-Zusammenhang im Sinne der schicksalwirkenden Tatsphäre handelt, wird an der massiven Vorstellung deutlich, daß Gott dem Menschen die eigenen Werke wieder in die Tasche stecken wird (65,7).

Wir fassen zusammen: Für die griechischen Übersetzungen des AT kann ein merkliches Zurücktreten der Vorstellung einer schicksalwirkenden Tatsphäre notiert werden. Der Begriff ἔργον wird in diesem Zusammenhang nicht spezifisch gebraucht; besonders ist er kein festes, regelmäßig wiederkehrendes Element eines semantischen Feldes.

Uns erscheint die Feststellung vertretbar, daß der Begriff ἔργον immer dann gerne verwendet wird, wenn das Interesse nicht so sehr auf bestimmten Einzeltaten liegt, sondern der grundlegende Zusammenhang von Tat und dem notwendig in ihr begründeten Schicksal verdeutlicht werden soll.

b. Ἔργον innerhalb von Tat-Ergehen-Zusammenhängen

Neben den oben besprochenen Belegen findet sich ἔργον auch in Zusammenhängen, die allgemeiner von Tat und Tatfolge reden. Hierbei fällt besonder die Verbindung mit dem Lohngedanken auf.

So wird die Verbindung von ἔργον und μισθός in dem indikativischen Aussagespruch Prv 11,18 wichtig: Ἀσεβὴς ποιεῖ ἔργα ἄδικα, σπέρμα δὲ δικαίων μισθὸς ἀληθείας. Innerhalb des antithetischen Parallelismus wird die Folge der guten Tat "Lohn" sein. Daß es sich hierbei nicht mehr um eine selbstwirkende Tatsphäre handelt, zeigt der folgende Vers 21: ὁ δὲ σπείρων δικαιοσύνην λήμψεται μισθὸν πιστόν.

Die Folge der Taten (Lohn) wird von einem Dritten zugewiesen. Anhand dieses Beleges läßt sich gut der Zusammenhang von Anthropologie und Ethik im weisheitlichen Denken beobachten, denn der in seinem Wesen Gottlose tut nach unserem Vers notwendig auch schlechte Werke.

Deutlicher als in Prv 11,18 wird aus Sir 51,30 ersichtlich, daß der Lohn
der Tat nicht automatisch folgt, sondern zugewiesen werden muß: Ἐργά-
ζεσθε τὸ ἔργον ὑμῶν πρὸ καιροῦ, καὶ δώσει τὸν μισθὸν ὑμῶν ἐν καιρῷ αὐτοῦ.
Die Taten werden in dieser das Sirachbuch abschließenden Mahnung als gute
Werke verstanden. Die Aufforderung, sie zu tun, wird durch den motivatorischen Hinweis verstärkt, daß Gott für gute Werke Lohn geben kann.
In einem Heilswort ohne eschatologischen Charakter findet sich auch bei
Jeremia (LXX 38,16) die Vorstellung des Lohnes für vollbrachte Taten. Wie
in den beiden vorangegangenen Belegen wird auch hier μισθός in seiner
positiven Wortbedeutung als 'Belohnung' verstanden.

Ebenso wie das Hinzutreten des Lohngedankens kann in einigen Texten auch
das Einhalten bzw. Übertreten einer Norm (νόμος/ἐντολή/πρόσταγμα) auf die
Abfolge von Tun und Ergehen einwirken.
Als Schlußsummarium stehen in einer additiven Reihe zur Charakterisierung
Hiskias parallel: ἐν... ἔργῳ/ἐν τῷ νόμῳ/ἐν τοῖς προστάγμασιν (2Chr 31,21).
Hiskia wendet sich Gott dadurch zu, daß er durch die Tat für Gesetz und
Gebot eintritt. Der Zusammenhang von Tat und Ergehen bleibt dadurch ge-
wahrt, daß Hiskia durch sein Tatverhalten Erfolge erringt (εὐοδώθη).
In ähnlicher Weise wird auch mittels einer antithetischen Reihe die Re-
gierungszeit des Königs Josaphat charakterisiert (2Chr 17,3f.):

V.3:	wandelt auf den Wegen seines Va-ters (πορεύομαι ἐν ὁδοῖς	ging nicht zu den Götzenbildern (οὐκ ἐκζητέω
V.4:	ging aber zum Gott seines Vaters (ἐκζητέω) und wan-delt in den Geboten seines Vaters (ἐν ἐντολαῖς πορεύομαι)	tat nicht wie Israel (καὶ οὐχ ὡς τοῦ Ἰσραηλ τὰ ἔργα)

V.5: <u>Folge:</u>   δόξα καὶ πλοῦτος

Der Kontext dieser Stelle verweist uns in den Bereich der Fremdgötterpole-
mik. Der Wandel "auf den Wegen" bzw. "in den Geboten der Väter" wird als
Aufsuchen Gottes angesehen und antithetisch den Werken Israels gegenüber-
gestellt, die als "Aufsuchen der Götzen" näher qualifiziert werden. Sein
rechtes Handeln hat Auswirkungen auf das Geschick des Königs, wobei die
Gebote zur Norm seines Handelns geworden sind.
Umgekehrt wird in einem Bußgebet (Esr 8,83) das geschehene Unheil auf das
Übertreten der Gebote und des Gesetzes durch schlechte Werke (ἔργα πονηρά)
und große Sünden (μεγάλας ἁμαρτίας) zurückgeführt. Der Zusammenhang von
Tun und Ergehen ist auch hier wieder an der Gesetzesnorm ausgerichtet. Die

Bewertung der Taten orientiert sich an der Norm des Gesetzes. Das Ergehen
wird ohne göttliches Zutun auf das eigene Tun zurückgeführt. Gott greift
erst nach Eintritt der Tatfolge mildernd ein (κουφίζω τὰς ἁμαρτίας).

Wir fassen zusammen: Der strenge, automatische Zusammenhang von Tat und
Ergehen, wie ihn Koch als schicksalwirkende Tatsphäre beschreibt, kann
sowohl durch das Hinzutreten des Lohngedankens als auch durch die Ausrichtung der Taten an der Norm des Gesetzes bzw. der Gebote in dem Sinn
modifiziert werden, daß entweder eine dritte handelnde Instanz auf die
Tatfolge einwirkt (Lohngedanke) oder aber Tat und Folge an einer von
dritter Seite vorgegebenen Norm ausgerichtet werden. Wir betrachten
dies als eine Zwischenstufe, die sich von der strengen Abfolge von Tat
und Ergehen innerhalb der Tatsphäre bereits deutlich unterscheidet,
ohne daß man schon von der Vorstellung einer göttlichen Vergeltung der
Taten sprechen könnte.

a. Das Wortfeld 'Gott vergilt nach den Taten'

Mit Recht weist Koch darauf hin, daß in den jüngeren Partien
der LXX der für die Auffassung von einer schicksalwirkenden
Tatsphäre kennzeichnende Begriff 'hesib' mit ἀποδίδωμι ('vergelten') wiedergegeben wird.[26] Er sieht in dieser Übersetzungs-
weise ein Indiz für das Unverständnis der griechischen Übersetzer gegenüber der hebräischen Vorstellung der Tatsphäre.[27]
Die Tendenz das Gottesverhältnis des Menschen mehr in recht-
lichen Kategorien zu beschreiben,[28] wird in dem semantischen
Feld Vergeltung der menschlichen Taten durch Gott' spürbar.
Ausgangspunkt unserer Untersuchung sind Stellen, in denen die
Wortverbindung ἔργον und ἀποδίδωμι κατά vorkommt. Es wird
sich dabei herausstellen, daß der Topos 'Gott vergilt den Menschen nach ihren Werken' bereits in der LXX Bestandteil eines
festgeprägten Wortfeldes mit regelmäßig wiederkehrenden sprachlichen Elementen geworden ist.

---

26   Koch, Vergeltungsdogma, 175.
27   Koch, Vergeltungsdogma, 175.
28   Koch, Vergeltungsdogma, 175f; über die LXX als Zeugnis jüdisch-helle-
     nistischer Frömmigkeit allgemein ist der Artikel von Bertram 'Septua-
     gintafrömmigkeit' in RGG³ V und die dort aufgeführte Literatur weiter-
     führend. Wichtig sind besonders einige von Bertram genannte Artikel
     aus dem ThWNT.

Das semantische Feld 'Gott vergilt nach den Werken' in der LXX:

	Ψ 27,4	Ψ 61,13	Sir 11,26	Sir 17,15ff.	Sir 35,12-24	Prv 24,12	Thren 3,64	Tob 4,14	1Makk 7,42	Jer 27,29 (LXX)	H:Jer 25,14	Sir 16,12-14	Ez 36,19	2Chr 6,23	Ψ 17,21	Ψ 93,23	Hos 12,15	Jer 39,19A	3Kg 8,32	Ez 18,30	Ez 33,20	Ψ 17,25	Ψ102,10	Prv 19,17	Hi 33,26 (LXX)	Hi 34,11 (LXX)	Jer 16,18
θεός/κύριος	×	×	×	×	×	×	×	×	(×)		×		(×)	×	×	×	×		(×)	×	×	×		×		×	×
ἀνταποδίδωμι				×					×					×						×	×	×					×
δίδωμι κατά	×																	×	×								
ἀποδίδωμι κατά	×	×	×		×	×	(×)					×	×	×											×	×	
κρίνειν κατά				(×)						×			×	×							×	×					
εὑρίσκειν κατά													×														
ἀνταπόδομα	×		×		×																						
πονηρία	×									×					×												
κακία				×																							
ἁμαρτία												×											×			×	
ἀνομία														×									×				
ἄνομος												×															
ὀνειδισμος																×											
ἔργον/πρᾶξις	×	×	(×)	×	×	(×)		×		×	×	×															
ὁδός			×										(×)					×	×	×	(×)						
ἐνθύμηματα				×																							
ἐργασία													×														
δικαιοσύνη													×					×		×		×					
καθαριστήτα														×							×						
ἕκαστος			×			×							×					×		×		×			×		
ἄνθρωπος			×		×																				×	×	
ἁμαρτωλός	×																										
ἐχθρός										(×)																	
ἔθνη													×														
Ἰσραήλ																×											
δίκαιος																		×									

Deutlich sind die regelmäßig wiederkehrenden drei Grundelement
des Wortfeldes zu erkennen:

1. Die Verbindung von θεός/κύριος mit ἀποδίδωμι. Im Gegensatz
zum 'reinen' Zusammenhang von Tun und Ergehen bestimmt nun Got
selbst die Folgen der menschlichen Taten, indem er sie vergilt
Für ἀποδίδωμι κατά können die sinnverwandten Begriffe ἀνταποδίδωμι κατά und ἀνταπόδομα eintreten oder hinzutreten. Da es
sich um wurzelverwandte Worte handelt, ist ein hohes Maß an
Bedeutungsgleichheit vorauszusetzen.[29]

Daneben tritt häufiger der Fall auf, daß κρίνω κατά anstelle
von ἀποδίδωμι κατά steht. Der parallele Gebrauch von κρίνω
mit ἀνταποδίδωμι in Sir 35,12-24 kann ein Hinweis auf synonyme
Verwendung sein. Doch kann man nicht von einer absolut sinngleichen Verwendung der Begriffe sprechen, vielmehr spielt
κρίνω bereits in den späteren Vorstellungsbereich des 'Gerichtes nach den Werken' hinein.

2. Der Gegenstand der Vergeltung wird allgmein mit ἔργον oder
dem sinngleichen πρᾶξις bezeichnet. Die in den allgemeinen
Tun-Ergehen-Zusammenhängen durch die Verwendung von ἔργον punk-
tuell auftretende Tendenz zur Generalisierung zieht sich in
dem vorliegenden semantischen Feld generell durch. Diese Tendenz kann sogar dadurch noch verstärkt werden, daß ὁδός ἔργον
ersetzt. Daneben kommt es auch recht häufig vor, daß die Tat
positiv oder negativ qualifiziert ist.

3. In der Regel hat sich in den aufgelisteten Belegen die Indi
vidualisierung des göttlichen Vergeltungshandelns bereits voll
zogen. Unser Wortfeld bezieht die göttliche Vergeltung auf den
Einzelnen, nicht mehr so auf das Kollektiv. Das regelmäßig
vorkommende ἕκαστος erklärt sich auf diesem Hintergrund.[30]

Wenn sich das vergeltende Handeln Gottes nicht auf alle Menschen bezieht, wird ἕκαστος/ἄνθρωπος durch stärker qualifizier
te Gruppenbezeichnungen ersetzt.

Es muß noch hervorgehoben werden, daß ἀποδίδωμι ἑκάστῳ κατά

---

29 Vgl. Berger, Exegese, 144.

30 J.Thomas hat in einer bisher unveröffentlichten Untersuchung ("Ein Jede
    nach dem Maß der Gnade. Ἕκαστος Eph 4,7 als Schlüssel der Charismen-
    lehre des Briefes") nachgewiesen, daß die häufige Verwendung von ἕκασ-
    τος gegenüber dem sonst korrespondierenden πᾶς auf dem Hintergrund der
    Individualisierung der Schuld-Verhängnis-Kausalität (so: Jer 38,29; Ez
    18) und der Tendenz der LXX, das Verhalten Gottes zum Menschen in
    Rechtsbegriffe zu fassen, zu sehen ist.

τὰ ἔργα bereits in der LXX zu einer formelhaften Wendung geprägt worden ist. Diese Wendung macht das 'Kernstück' unseres
Wortfeldes aus.

b. Zur kontextuellen Verwendung des Wortfeldes 'Gott vergilt
nach den Taten'

Aus der Übersicht über das Wortfeld kann man ersehen, daß in
der Regel ἕκαστος bzw. ἄνθρωπος den strengen, individuellen
Zusammenhang von menschlichem Tun und göttlicher Vergeltung
signalisieren. Neben diese Struktur, die in der weiteren Wirkungsgeschichte des semantischen Feldes breit entfaltet worden
ist, kann besonders in Klageliedern und Fremdvölkerpolemiken
eine kollektive Ausrichtung der göttlichen Vergeltung treten.
Objekt der Vergeltung sind dann entweder Feinde der Klagenden
oder die Feinde Israels in ihrer Gesamtheit. Es liegt auf der
Hand, daß innerhalb dieser kollektiven Ausrichtung jeweils an
die schlechten Taten gedacht ist, die Gott den Feinden vergelten wird. So wird in Thren 3,64 die Formel ἀποδώσεις αὐτοῖς...
κατὰ τὰ ἔργα aufgenommen, jedoch fehlt charakteristischer Weise hier das Element ἕκαστος. Die Vergeltung innerhalb dieses
akrostichischen Liedes gilt den Feinden (3,46), die den klagenden Jeremia bedrängen. Jeremia findet Trost in dem Bewußtsein,
daß Gott irgendwann einmal seinen Feinden nach ihren Taten vergelten wird. In diesem Fall kann nur aus der Intention des
Klageliedes geschlossen werden, daß an die schlechten Werke
gedacht ist. In Ψ 93,23 wird demgegenüber explizit von der
Ungesetzlichkeit und Schlechtigkeit der Feinde gesprochen.
Die Vergeltungsformel wird ohne das wertneutrale ἔργον aufgenommen, an dessen Stelle negativ wertende Begriffe stehen:
καὶ ἀποδώσει αὐτοῖς τὴν ἀνομίαν αὐτῶν, καὶ κατὰ τὴν πονηρίαν.
Das bereits durch ὁ θεός μου (93,22) anklingende besondere
Gottesverhältnis des Beters korrespondiert mit der Änderung
der Vergeltungsformel. Das Interesse des Klagenden liegt auf
der Bitte, daß den Bösen und Frevlern (93,16) die Taten vergolten werden. Die den Psalm abschließende Vergeltungsformel
in Vers 23 nimmt das Thema, das in 93,2 schon den ganzen Psalm
überschreibt, wieder auf und beantwortet die einleitende Frage
nach der Dauer der Zeit, in der sich die Frevler noch rühmen
können (93,3). In analoger Weise ist die Vergeltungsaussage

in dem individuellen Klagelied Ψ 27,4 auf die Vergeltung ausschließlich der schlechten Werke bezogen. Der Hinweis auf die
Vergeltung schließt die Klage ab:

δὸς αὐτοῖς κατὰ τὰ ἔργα αὐτῶν
καὶ κατὰ τὴν πονηρίαν τῶν ἐπιτηδευμάτων αὐτῶν
κατὰ τὰ ἔργα τῶν χειρῶν αὐτῶν δὸς αὐτοῖς
ἀπόδος τὸ ἀνταπόδομα αὐτῶν αὐτοῖς.

Der Parallelismus der Glieder weist die bereits bekannten Modifikationen auf. Πονηρία steht in einem Teilglied anstelle
des neutralen ἔργον. Der kollektive Bezug der Aussage wird dadurch unterstrichen, daß αὐτοῖς das übliche ἑκάστῳ ersetzt.
Wiederum sind nur die Taten der Sünder (27,3) im Blick des Beters, was in 93,5 damit begründet wird, daß diese die Taten
des Herrn nicht achten.[31]

Als Abschluß der Paränese innerhalb des Vertrauensliedes Ψ 61,1
tritt der Hinweis auf das vergeltende Handeln Gottes neben andere göttliche Eigenschaften (κράτος/ἔλεος). Ἕκαστος wird in
dieser Aussage zum einen deshalb beibehalten, weil σὺ ἀποδώσει
ἑκάστῳ κατὰ τὰ ἔργα αὐτοῦ hier als Topos verwendet wird, zum
anderen impliziert das parallelstehende ἔλεος die Möglichkeit,
den Tat-Ergehen-Zusammenhang zu durchbrechen.

Abschließend möchten wir noch auf einen Beleg eingehen, der un
das bisher Gesagte noch einmal gut verdeutlichen kann. Die an
die Völker gerichtete Bechervision des Jeremia (32,13ff. LXX)
wird in der Septuaginta mit Ὅσα ἐπροφήτευσεν Ἰερεμιας ἐπὶ
πάντα τὰ ἔθνη (32,13) eingeleitet. Θ und andere Handschriften
der Hexapla fügen als Vers 14 ein:

καὶ ἀνταποδώσω αὐτοῖς κατὰ τὴν ἐργασίαν αὐτῶν, καὶ κατὰ τὰ ἔργ
τῶν χειρῶν αὐτῶν. ἄλλος: καὶ ἀνταποδώσω αὐτοῖς κατὰ τὰ ἔργα
αὐτῶν καὶ κατὰ τὴν πονηρίαν τῶν ἐπιτηδευμάτων αὐτῶν.

Damit richten die Handschriften der Hexapla ihre Übersetzungen
wieder stärker am masoretischen Text aus. Der Topos 'Gott vergilt nach den Taten' ist wieder auf die Feinde bezogen. Dem
entspricht, daß ἔργον und πονηρία   in einigen Handschriften parallel stehen. Auch die Substitution von ἕκαστος
durch αὐτός entspricht dem bisher Ausgeführten. Die Einfügung
hat den Zweck, Jeremia dazu zu legitimieren, auch den anderen
Völkern der Erde zu weissagen. Der Topos kann an die Erwähnung

---

31 Die Hexapla ersetzt ἔργον durch das Synonym πρᾶξις.

der Völker in 32,13 deshalb anschließen, weil das göttliche
Handeln universal verstanden ist. Dieser universale Bezug
scheint trotz des kontextbedingten Wegfalls von ἕκαστος erhalten geblieben zu sein.

Die bisherige Untersuchung konnte zeigen, daß das semantische
Feld 'Gott vergilt den Menschen nach ihren Werken' in individuellen Klageliedern durch den Beter auf dessen Feinde bezogen
werden kann. Dieser spezifische Gruppenbezug wird sowohl an der
Substitution von ἕκαστος als auch an der negativen Qualifizierung der Taten deutlich. Der Klagende weiß um die Vergeltung
der schlechten Werke durch Gott und gewinnt aus diesem Wissen
Trost in seiner bedrängten Lage. Das Wortfeld hat damit in
diesem Zusammenhang seine besondere Funktion in der Tröstung
der bedrängten Glaubenden.

Wenn sich das Wortfeld mit Polemiken gegen Fremdvölker verbindet, dann erweist sich Gott sowohl als der Herr über die
Israel umgebenden Völker als auch als dazu mächtig, jedem
nach seinen Werken zu vergelten. Auch hier sind die oben genannten charakteristischen Veränderungen des semantischen Feldes (negative Qualifikation der Tat und Fehlen des allgemeinverbindlichen ἕκαστος) festzustellen.

All das bisher Gesagte gilt auch für die wenigen Fälle, in
denen das Wortfeld einseitig zur Beschreibung positiven menschlichen Handelns verwendet wird (Ez 36,19; 3Kg 8,32).

Als für die weitere Analyse wichtig möchten wir abschließend
noch festhalten, daß in diesem Zusammenhang noch keine Verbindung zwischen den Vorstellungen, daß Gott nach den Taten
vergilt und daß Gott als der Barmherzige vergebend handelt,
erkennbar ist. Wohl aber deutet sich die Möglichkeit einer
derartigen Verbindung an. Denn das Wortfeld kann, wie wir gesehen haben, sowohl tröstende Funktion für die Bedrängten
haben als auch unter Ausblendung der Sünden Israels einseitig
auf die Fremdvölker abgezielt sein.[32]

Hierin deutet sich bereits eine Durchbrechung des strengen Zusammenhangs von Tat und Ergehen durch die Eigenschaft göttlicher Barmherzigkeit an, die dann im zwischentestamentlichen
Schrifttum in dem Gegensatz von Werkgericht und göttlicher
Gnade zum Problem werden kann. Aber auch bereits in der LXX

---

32 Anders Hos 12,3: Dort gilt die Vergeltung dem eigenen Volk (Juda).

kann durch die Eröffnung der Umkehr ein Weg gezeigt werden,
der die Abfolge von Tat und Ergehen umgeht.

Ein erster Beleg hierfür findet sich in der Gerichtsprophetie
des Hosea (12,3.7). Hosea richtet die Androhung der göttlichen
Tatvergeltung nicht an die Fremdvölker, sondern an das eigene
Volk. Dabei wird am Beispiel Jakobs der Gedanke der Vergeltung
mit dem der Umkehr verbunden. Die Umkehr hat für den Bereuenden ethische Folgen: ἔλεον καὶ κρίμα φυλάσσου (7b). Dabei soll
sich die Umkehr in einem besonderen Gottesverhältnis gründen:
καὶ ἔγγιζε πρὸς τὸν θεόν διά παντός (7c).

Deutlich wird die Durchbrechung des linearen Zusammenhangs
von Tat und Ergehen aufgrund des Weges der Umkehr in Ez 33,17-
20 thematisiert.[33] Dabei entsprechen sich die Aussagen über
Gerechte und Sünder, die deshalb zum besseren Verständnis nebeneinander gestellt werden können:

V.18 ἐν τῷ ἀποστρέψαι δίκαιον   V.19 ἐν τῷ ἀποστρέψαι ἁμαρτωλον
     ἀπὸ τῆς δικαιοσύνης αὐτοῦ   ἀπὸ τῆς ἀνομίας αὐτοῦ
     καὶ ποιήσῃ ἀνομίας   καὶ ποιήσῃ κρίμα καὶ δικαιο-
                                      σύνην
     καὶ ἀποθανεῖται ἐν αὐταῖς   ἐν αὐτοῖς αὐτός ζήσεται

Die Möglichkeit zur Umkehr hebt hier die Zwangsläufigkeit der
göttlichen Tatvergeltung auf. Durch das Umkehrmotiv erhält die
gesamte Aussage eine zeitliche Komponente. Denn nun gilt der
Grundsatz der Tatvergeltung erst ab dem Zeitpunkt der vollzogenen Umkehr. Eine rein quantitative Abwägung von guten und
schlechten Taten erscheint nicht mehr möglich.[34]

---

33 Vgl. Ez 18,30.

34 Noch ganz in das Schema des weisheitlichen Tun-Ergehen-Zusammenhangs
   ist in Hi 36,9 ein Umkehrruf eingebettet. Die Aufforderung zur Umkehr
   verbindet sich in diesem Lehrgedicht mit dem Hinweis auf die Taten
   und Übertretungen der Menschen (ἔργα steht parallel zu παραπτώματα).
   Es folgt die Aufforderung, sich von aller Ungerechtigkeit abzuwenden:
   ἐπιστρέφω ἐξ ἀδικίας. Wer der Umkehrpredigt gehorcht, wird Glück
   erlangen; wer sie jedoch mißachtet, wird dahingerafft werden.
   Die Vergeltung der Taten durch Gott als ein eigenständiger Vorstellungsbereich mit ausgeprägtem semantischen Feld ist an dieser Stelle
   noch nicht im Blick. Ausgesagt wird hier lediglich, daß die Umkehr
   eine Möglichkeit eröffnet, innerhalb des Zusammenhangs von Tun und
   Folge das eigene Geschick positiv zu gestalten.

Bei Jesus Sirach wird die Bedeutung des Topos 'Gott vergilt
den Menschen nach ihren Werken' im Rahmen einer Umkehrpredigt
besonders deutlich. Es lohnt sich, auf diese interessanten Belege ausführlicher einzugehen.

Einem an die Bedrücker der Armen gerichteten Bußruf (Sir 17,
25ff.) stellt der Sirazide einleitend eine Begründung voran.
In ihr weist er zum einen darauf hin, daß Gott die Taten der
Menschen vergilt, und betont zum anderen, daß vor Gott alle
Taten der Menschen offenbar sind.   Beide Hinweise dienen
dazu, die Verantwortlichkeit der Menschen für ihr Handeln vor
Gott zu unterstreichen. Im einzelnen gliedert sich die Einlei-
tung des Umkehrrufes in folgender Weise (17,15-24):

1. Generalisierende Einleitung

-. die Wege des Menschen liegen offen vor Gott (V.15)
-. Gott ist Herr über alle Völker (V.17)

2. Toposwiederholung zur Hinführung auf den konkreten Fall
   (Bedrückung der Armen durch die Reichen)

-. Werke des Menschen liegen offen vor Gott (V.19)

3. Spezifizierung des allgemeinen Topos

-. Frevel und Sünden sind offenbar (V.20)
-. Almosen sind offenbar (V.22)

4. Generaliserung als Conclusio

-. Jedem wird von Gott vergolten (V.23)

5. Überleitung zum Umkehrruf

-. dem Reumütigen ist Umkehr möglich (V.24)

Entscheidendes Stichwort innerhalb des Umkehrrufes ist wiederum ἐπιστρέφω: ἐπίστρεφε ἐπὶ κύριον καὶ ἀπόλειπε ἁμαρτίας (V.25).
Im Rahmen der Gesamtargumentation werden die Rezipienten durch
den Hinweis auf die Vergeltung der Taten dazu motiviert, von
ihren Sünden abzulassen und umzukehren. Dies bedeutet konkret,
das Sozialverhalten grundlegend zu ändern, die Armen durch Almosen zu unterstützen (V.22). Über Gott wird einerseits gesagt,
daß keine Tat vor ihm verborgen bleiben kann, und andererseits,
daß er jedem Menschen seine Werke vergelten wird. Durch die
Allgemeinverbindlichkeit beider Aussagen wird bei den Rezipienten ein hohes Maß an Betroffenheit erreicht. Denn grundsätzlich sind alle angesprochen, nach 17,22 aber besonders
diejenigen, die fähig sind, Almosen zu geben.
Die Motivation, dem Aufruf zur Umkehr auch tatsächlich zu

folgen, wird durch den überleitenden Hinweis, daß auch für den
bereuenden Sünder eine Durchbrechung des Zusammenhangs von Tat
und Ergehen möglich ist, in einen konkreten Bezugsrahmen gestellt. Neu ist die Verbindung der beiden traditionellen Topoi
'Gott kennt alle Werke der Menschen' und 'Gott vergilt den
Menschen nach ihren Taten'. Beide Aussagen haben ein gemeinsames intentionales Element: jede menschliche Tat hat Auswirkungen auf das Verhältnis zu Gott.

Besonders bei Hiob finden sich Aussagen darüber, daß Gott die
Werke der Menschen kennt.[35] Dabei zeigt sich in den griechischen Übersetzungen eine Tendenz, diese Aussagen gegenüber dem
masoretischen Text zu systematisieren, indem ἔργον an die
Stelle unterschiedlicher hebräischer Begriffe tritt bzw. hinzutritt. So ersetzt Hi (LXX) 11,11 שוא durch ἔργα ἀνόμων;
Hi (LXX) 13,27 ersetzt ארחותי durch ἔργα. Auf ähnliche Weise
geht der Übersetzer auch in Hi (LXX) 34,21 vor, wo ל-דרכי איש
durch ἔργων wiedergegeben wird. In Hi (LXX) 24,14 werden die
ἔργα hinzugefügt. In Jes (LXX) 66,18f. tritt neben ἔργα als
Erweiterung noch τὸν λογισμὸν αὐτῶν hinzu, während der Begriff
in Sir (LXX) 15,19; 39,19 und Prv (LXX) 24,12 ohne Erweiterun-
gen vorkommt. Jon (LXX) 3,10 spricht sinngleich von 'Werken'
und 'Wegen'.
Am Beispiel von Sir 11,27 soll noch einmal die mögliche Funktion der Verbindung beider Topoi dargestellt werden.
Der Kontext ist paränetisch (man beachte die beiden impera-
tivischen Mahnsprüche in 11,23f.). Der Abschnitt 11,23-28 baut
sich folgendermaßen auf:

1. Zwei imperativische Mahnsprüche (Vv. 23f.)
   Thema: 'sich in Sicherheit wähnen'

2. Zusammenfassung der Mahnungen in einem allgemeinen
   indikativischen Aussagespruch (V.25)
   Thema: 'es gibt keine Sicherheit'
   Ziel: Aufweis der allgemein weisheitlichen Grundlage der
   Paränese

3. Ausführung des Themas: dreifacher Hinweis auf den Tod,
   der erst endgültig Sicherheit bringen wird:

   -. am Tage des Todes vergilt Gott nach dem Wandel (V.26)

---

35 Hi 11,11; 13,27; 24,14; 34,21.25; vgl.: 1Sam 2,3; Ps 33,13f; 1QH 1,7;
   7,12f.

-. am Ende offenbaren sich die menschlichen Werke (V.27)
-. an seinem Ende wird der Mensch erkannt (V.28)[36]

Das Vorkommen von ἔργον und γιγνώσκειν in 11,27f. erlaubt
den Schluß, daß auch in diesem Text die Tradition 'Gott kennt
die Werke der Menschen' im Hintergrund steht.
11,26-28 begründet die Paräenese mit dem Hinweis, daß in
letzter Instanz jeder Mensch für seine Taten verantwortlich
sein wird. Diesem Interesse sind sowohl der Topos 'Gott vergilt den Menschen ihre Taten' als auch 'Gott kennt die Werke
der Menschen' dienstbar gemacht. In der absoluten Verbindlich-
keit beider Aussagen sehen wir das gemeinsame intentionale
Element.

Wir fassen zusammen: Es hat sich gezeigt, daß die Verbindung
von Umkehrruf und göttlicher Tatvergeltung in zweifacher Hinsicht bereits in der LXX von Bedeutung ist. Zum einen kann der
lineare Zusammenhang von Tat und Ergehen in einen temporären
verwandelt werden. Dem Sünder wird damit das Wissen vermittelt,
durch die Umkehr zu Gott und damit durch die Änderung seines
Tatverhaltens (Umkehr zeigt sich immer an ihren ethischen Konsequenzen!) den Folgen seiner bösen Taten 'entgehen' zu können.
Hiermit wird auch die Werbung von Proselyten theologisch erst
richtig motiviert.[37]
Auf der anderen Seite kann die Allgemeinverbindlichkeit der
Tatvergeltung durch Gott zu verantwortlichem Handeln motivieren. Diese Motivation kann sich durch den Hinweis, daß Gott
die Taten der Menschen kennt, noch verstärken.

Es fällt auf, daß alle bisher behandelten Texte funktional
zwar durchaus von dem richtenden Handeln Gottes reden, ohne
dabei aber das dazugehörige semantische Feld (κριτής/κρίνω
etc.) zu verwenden. In keinem der bisherigen Belege wird davon
gesprochen, daß Gott als der gerechte Richter die Menschen
ohne Ansehen der Person richtet. Dies ist deshalb bemerkens-

---

36 Der masoretische Text ist hier dem griechischen, der 'in seinen Kindern'
    übersetzt, vorgezogen.
37 Vgl. Philo Virt sowie zum Schema der heidenchristlichen Missionsrede:
    Wilckens, Missionsreden.

wert, weil sich in den späteren eschatologischen Gerichtsszenarien eine feste Verbindung der Elemente 'Richter'/'richten'/'gerechtes Gericht'/'kein Ansehen der Person'/'Werke'
erkennen läßt, die auch großen Einfluß auf die Schilderung
des Werkgerichtes im NT gehabt hat (vgl. unten). Ein spätes Beispiel für die Aufnahme dieses Wortfeldes im weisheitlichen Kontext findet sich in einer Verbindung von Paränese für die
Reichen und Tröstung für die Armen in Sir 35,11-24:

V.11   <u>imperativischer Mahnspruch</u>: 'sich nicht auf Bestechung
          und das Opfern unrechten Guts verlassen'
          Adressat: die Unterdrücker

V.12-24   <u>Tröstung der Armen</u>

V.12   Überschrift: Gott ist gerechter Richter ohne Ansehen
          der Person

V.13-18   Entfaltung des Themas:
          Adressat: die Armen

V.18   Themawiederholung als Abschluß: Gott ist gerechter
          Richter

V.19-23   Entfaltung des Themas
          Adressat: die Reichen

V.20   bis daß...   -. Hüften der Bedrücker zerschmettern
                       -. den Heiden vergelten

V.21   bis daß...   -. Menge der Stolzen zerschlagen
                       -. Zepter der Frevler zerbrechen

V.22   bis daß...   -. <u>vergelten jedem nach seinen Taten</u>

V.23   bis daß...   -. Gerechtigkeit und Erbarmen für Israel

V.24   <u>Abschließender Freudenruf</u>

In diesem Abschnitt wurde die traditionelle Verbindung von
κύριος/κριτής/αὐκ ἔστιν παρ'αὐτῷ δόξα προσώπου und 'den Armen
Recht verschaffen', die ihren Sitz im Leben in der Paränese
an den irdischen Richter ursprünglich hatte,[38] aufgenommen.
Bereits in Dtn 10,27f. wird von Gott ausgesagt, daß er die
Person nicht ansieht und den Armen Recht verschafft.
Das semantische Feld 'Gott vergilt jedem nach seinen Taten'
findet sich in 35,20.22 ebenfalls in unserem Abschnitt. Die
abgewandelte Form in V.20 mit ihrer einseitigen Zielrichtung

---

38 Lev 19,15: κρίσις/οὐ λαμβάνω πρόσωπον πτωχοῦ
   Dtn 1,17: οὐκ ἐπιγιγνώσκω πρόσωπον/μικρὸν καὶ μέγαν
   Dtn 16,18f. οὐκ ἐπιγιγνώσκω πρόσωπον/κρίσις/οὐ λαμβάνω
          δῶρον

nur gegen die Heiden ist uns bereits aus der Fremdvölkerpolemik bekannt.

In unserem Text haben die beiden Topoi 'Gott richtet ohne Ansehen der Person' und 'Gott vergilt den Heiden' die gemeinsame
intentionale Funktion, daß Gott den Bedrängten hilft (das entscheidende Stichwort ϑλῖψις kommt in dem zusammenfassenden
Schlußvers 24 vor). Insofern ist Gottes Vergeltung in diesem
Kontext als die Aufhebung der Bedrängnis verstanden. Wie Gott
die Bedrängnis der Witwen und Waisen aufheben wird (Vv.13-16),
so wird er auch die Bedrängnis des ganzen Volkes beenden, indem
er den Bedrückern nach ihren Taten vergelten wird (Vv.20.22)
und den Bedrängten Erbarmen und Gerechtigkeit zukommen lassen
wird (V.23).

In diesem Abschnitt hat sich die veränderte historische Situation der nachexilischen Zeit niedergeschlagen. Mit der ϑλῖψις
als verbindendes Element werden richtendes und vergeltendes
Handeln Gottes unter dem Gesichtspunkt der Tröstung des bedrängten Israel gemeinsam verwendet.

c. Zum Zusammenhang von göttlicher Tatvergeltung und Ethik

In diesem Abschnitt unternehmen wir den Versuch, die oben angeführten und besprochenen Texte noch einmal unter dem Gesichtspunkt ihres Verhältnisses zu paränetischen Aussagen zu unter-
suchen. Das Wortfeld 'Gott vergilt nach den Taten' kann in den
einzelnen Belegen folgende Funktionen haben:

Ψ 27,4	Abschluß der Bitte im individuellen Klagelied Interesse: Hoffnung des Beters auf die göttliche Vergeltung
Ψ 61,13	Abschluß der Paränese im individuellen Ver- trauenslied
Sir 11,25-28	Abschluß der Paränese durch einen die impera- tivischen Mahnsprüche zusammenfassenden allge- meinen indikativischen Weisheitsspruch mit an- schließendem Hinweis auf die Tatvergeltung
Sir 17,15ff.	Vorausgehende Begründung eines Umkehrrufes
Prv 24,12	Abschluß der Paränese: die Dringlichkeit der Mahnung wird durch den über die Herzenskennt- nis Gottes hinausgehenden Hinweis auf die gött- liche Vergeltung verschärft
Thren 3,64	Abschluß eines Klageliedes

<u>Hos 12,2 (3)</u>   Einleitung eines Umkehrrufes

<u>Ez 18,30</u>   Einleitung eines Umkehrrufes

<u>Sir 16,12-14</u>   Dreifache abschließende Begründung der Paränese:
                a. durch einen allgemeinen, semantisch aus der
                Mahnung abgeleiteten Weisheitsspruch
                b. durch einen historischen Rückblick
                c. durch den Hinweis auf die göttliche Vergel-
                tung nach den Taten

<u>Ez 33,20</u>   Abschluß einer Umkehrpredigt

Bis auf die ausführlich analysierte Stelle Sir 35,12ff. wurden
alle Belege zusammengestellt, in denen unser Wortfeld im Rahmen
paränetischer Aussagen vorkommt. Das Ergebnis ist unzweideutig:
der Hinweis auf die göttliche Tatvergeltung dient häufig dazu,
paränetische Passagen abzuschließen oder einzuleiten.
Im Zusammenhang mit Umkehrpredigten kommt ihm zumeist eine begründende Aufgabe zu. Die Dringlichkeit und die Notwendigkeit
der Umkehr sollen durch die hervorgehobene Stellung des Wortfeldes unterstrichen werden. Die Forderung nach Umkehr wird um
so dringlicher, je stärker auf die negativen Folgen des
gegenwärtigen Handelns aufmerksam gemacht wird.
Ähnliches kann über die paränetischen Texte gesagt werden,
die durch den Hinweis auf das zu erwartende göttliche Vergeltungshandeln erheblich an Autorität gewinnen können.
Der Verweis auf die göttliche Vergeltung der Taten dient
somit einmal dazu, den Menschen von seinem widergöttlichen
Tun abzuhalten. Zugleich soll er dazu motiviert werden, von
solchem Tun abzulassen und umzukehren.
In keinem der behandelten Texte wird die Tatvergeltung als ein
jenseitiges, strafendes Handeln Gottes explizit gedacht. Die
Verbindung von Motivation zu gottgemäßem ethischen Handeln
und zukünftiger Vergeltung hat sich bereits vor der Eschatologisierung des Tun-Ergehen-Zusammenhanges herausgebildet und
liegt somit schon vor dem Hinzutreten der Vorstellung von einem
Jeseitsgericht als eine Form der normativ-paränetischen Argumentation vor.

d. Der göttliche Zorn als Reaktion auf die menschliche Tat

Innerhalb der at.lichen Aussagen über den Zorn Gottes finden
sich auch Belege, in denen ἔργον die Tat bezeichnet, durch die

der göttliche Zorn als Reaktion verursacht wird. Inhaltlich beschreibt dann in der Regel ἔργον den Abfall von Gott durch
Götzenverehrung.[39]

Der Abfall von Gott und die Hingabe an die 'Götzen der Heiden'
wird in dem Geschichtspsalm 105 (LXX) als ἔμαθον τὰ ἔργα αὐτῶν
(V.35) bezeichnet. Inhaltlich wirft der Beter dem eigenen Volk
vor, Menschenopfer darzubringen (Vv.36-38). Durch diese Praxis
würden die ἔργα Israels verunreinigt (V.39). Hierauf folgt die
Schilderung der Reaktion Gottes: Ὠργίσθη θυμῷ κύριος ἐπὶ τὸν
λαὸν αὐτοῦ (V.40).

Im Hintergrund dieser Aussagen steht "die auch formal scharf
konturierte deuteronomistische Geschichtstheologie"[40] als Ge-
staltungsprinzip. Dies ist deshalb augenfällig, weil die Ver-
sündigung durch heidnische Opferpraktiken in das Schema 'Ab-
fall-Zorn-Strafe-Flehen-Erbarmen' eingebettet ist. Die in V.35
genannten τὰ ἔργα (sc. τῶν ἐθνῶν) sind so inhaltlich gefüllt
als Sünden der Juden, die sich selbst mit diesen Werken verun-
reinigen.[41]

In den deuteronomistischen Zusammenhang von 'Sünde-Zorn-Umkehr-
Erbarmen' weist auch eine Formel, die die göttliche Reaktion
aufgrund menschlicher Taten beschreibt und die sich an vier
Stellen findet:

Die Formel begegnet in der kurzen Überleitung zu dem 'Lied
des Mose' (Dtn 31,28-30), die als eine testamentarische Rede
gestaltet ist. Die 'testamentarische Situation' (Tod des Führers) löst eine Autoritätskrise aus und verlangt nach verbind-
lichen Normen, die auch über den Tod des Führers hinaus dem
Volk eine Richtschnur zum Handeln geben können.[42] Die Folgen
eines möglichen Verstoßes gegen die gegebenen Normen werden
durch die Formel ποιεῖν τὸ πονηρὸν ἐναντίον κυρίου παροργίσαι
αὐτὸν ἐν τοῖς ἔργοις τῶν χειρῶν ὑμῖν aufgezeigt. Im Unterschied

---

39 Zur Sinngleichheit von ὀργή und θυμός im Sprachgebrauch der LXX kann
   auf die Ausführungen von Fichtner, ὀργή, 410f., hingewiesen werden.

40 Kraus, Psalmen II, 727.

41 In Jer (LXX) 51,8 löst ebenfalls ἔργον die göttliche Reaktion aus:
   παραπικρᾶναί με, wobei sich inhaltlich die widergöttliche Tat ebenfalls in der Übernahme fremder kultischer Praktiken konkretisiert.

42 Die höchstwahrscheinlich fiktive Situation ändert nichts an der Aussageintention, die in der Autorisierung von Normen und in dem Aufweis der Folgen möglicher Normverstöße bestehen.

zur hebräischen Bibel könnte hier bereits an eine eschatologische Reaktion Gottes gedacht sein.[43]

Die Einleitung von 31,29 (οἶδα γὰρ ὅτι) gibt einen möglichen
Hinweis auf die Funktion der Formel innerhalb des Gedankenganges. Mit ihrer Hilfe sollen rückblickend geschichtliche Er-
eignisse interpretiert werden. Das Geschehen wird so dargestellt, als ob Mose den Zorn Gottes als Reaktion bereits vor-
hergesehen hätte.

In einer identischen Argumentationsstruktur wird die Formel
in 3Kge 16,7 verwendet. 16,7 ist die zusammenfassende Wiedergabe der prophetischen Gerichtsrede gegen Bascha durch Jehu in
16,2-4. Deutlich hebt sich in einem Vergleich mit 16,2 die
Formelhaftigkeit der Wendung heraus. Bereits dort ist das
Stichwort παροργίζω zur Beschreibung der göttlichen Reaktion
verwendet, doch wird in 16,7 μάταιος (V.2) durch ἔργον ersetzt
was sich nur aus der Festigkeit der Wendung und nicht aus
sachlichen Gründen erklären läßt.

Ebenfalls in einem Gerichtswort wird die Formel in 4Kge 22,17
aufgenommen. Der erste Teil der geprägten Wendung wurde in
diesem Zusammenhang auf den Götzendienst konkretisiert: Καὶ
ἐθυμίων θεοῖς ἑτέροις. Das Verhältnis zwischen Gott und Mensch
entscheidet sich an den ἔργα, die hier wiederum negativ im
Sinne des kultischen Mißbrauchs qualifiziert sind.

Um die göttliche Reaktion auf das böse Tun der Kinder Israels
und Judas zusammenfassend nochmals zu betonen, tragen Sm und Ac
die Formel hinter Jer (LXX) 39,30 in den Text ein. Auch dies
ist ein Hinweis auf die Geprägtheit der Wendung.

Wir fassen zusammen: Die schlechte menschliche Tat, auf die
Gott mit seinem Zorn reagiert, kann mit ἔργον bezeichnet werden. Die Verbindung von ἔργον und ὀργή entstammt nicht weis-
heitlichem Sprachgebrauch, sondern scheint innerhalb des deuteronomistischen Schemas von Abfall und Umkehr besonders in
formelhafter Ausprägung beheimatet zu sein. Daraus erklärt sich
auch, daß ἔργον inhaltlich vornehmlich als 'Götzen opfern', das
heißt, als Abfall von Gott verstanden wird.

---

43 Der hebräische Text scheint noch keine eschatologischen Konsequenzen
   zu implizieren, sondern die Zeit nach dem Tod des Mose als Zeit der
   göttlichen Reaktion im Blick zu haben. Im Gegensatz dazu kann aber für
   die LXX, die ἔσχατον einträgt, zumindest die Möglichkeit bestehen, daß
   an eine endzeitliche Reaktion Gottes gedacht ist.

Die Verbindung von ἔργον und ὀργή beschreibt zwar die Reaktion
Gottes auf fehlerhaftes menschliches Tun, sie steht aber in
keinem Zusammenhang mit dem richterlichen Handeln Gottes und
hat innerhalb der LXX auch noch keine Verbindung mit dem aus
dem weisheitlichen Denken stammenden Gedanken der göttlichen
Tatvergeltung. Die affektive Reaktion Gottes auf die menschlichen Handlungen bildet in der LXX eine eigenständige Möglichkeit, die Folgen menschlicher Taten im theologischen Horizont zu interpretieren.

e. Zusammenfassung

1.) In den griechischen Übersetzungen des AT kann ein merkliches Zurücktreten des für das hebräische Denken wichtigen
Vorstellungsbereiches der 'schicksalwirkenden Tatsphäre' beobachtet werden. Innerhalb dieses Gedankenzusammenhanges kommt
ἔργον oder seinen Synonyma keine Verwendung als Terminus technicus zu. In der Regel wird der Begriff immer dann verwendet,
wenn das Interesse nicht so sehr auf den einzelnen Handlungen
liegt, sondern grundsätzlich der Zusammenhang zwischen der Tat
und dem in ihr begründeten Schicksal verdeutlicht werden soll.
2.) Ebensowenig läßt sich der allgemeine Zusammenhang von Tat
und Ergehen exakt terminologisch fassen. Die Begrifflichkeit,
mit der diese Struktur zum Ausdruck gebracht werden kann, ist
nicht spezifisch. Wird ἔργον verwendet, so fällt gegenüber der
Struktur 'schicksalwirkende Tatsphäre' das Hinzutreten des
Lohngedankens und die häufigen Verbindungen mit 'Gesetz' oder
sinnverwandten Begriffen auf. Das Auftreten Gottes als handelnder Instanz legt die Vermutung nahe, daß es sich um eine
Zwischenstufe zwischen der Vorstellung der 'schicksalwirkenden
Tatsphäre' und der Vorstellung von der göttlichen Vergeltung
handelt.
3.) Die Untersuchung konnte zeigen, daß es sich bei der Vorstellung, daß Gott die Werke der Menschen vergilt, um eine
-auch terminologisch eingrenzbare- überwiegend weisheitliche
Tradition handelt. In dem sich herausbildenden semantischen
Feld findet sich die menschliche Tat als ein festes Element.
Ἀποδίδωμι ἑκάστῳ κατὰ τὰ ἔργα αὐτοῦ wird bereits in der LXX
als feststehende formelhafte Wendung gebraucht.
4.) Es konnte deutlich gezeigt werden, daß formale Veränder-

ungen des Wortfeldes mit bestimmten Argumentationsfunktionen
korrespondieren. So wird man dort die Ersetzung von ἕκαστος
und die negative Qualifizierung von ἔργον beobachten können,
wo die göttliche Tatvergeltung entweder tröstende Funktion
(besonders in individuellen Klageliedern) hat oder der Fremdvölkerpolemik dient. Bei diesen Verwendungsformen konnte eine
implizite Tendenz zur Relativierung des universalen Charakters der göttlichen Tatvergeltung vermutet werden. Man rechnet
damit, daß die negativen Folgen der Vergeltung die jeweils anderen treffen.

5.) Ausdrücklich wird der automatische, lineare Ablauf von Tat
und Ergehen in der LXX bereits durch die Verbindung des Umkehrgedankens mit dem der Vergeltung aufgehoben. Diese Aufhebung des strengen Zusammenhangs zwischen Tat und Folge eröffnet Möglichkeiten der Motivation zu alternativem Verhalten
und ist eine Grundvoraussetzung für die Proselytenmission.

6.) Innerhalb paränetischer Aussagen konnte für das semantische
Feld 'Gott vergilt dem Menschen nach seinen Taten' ein fester
argumentativer Ort nachgewiesen werden. Der Hinweis auf die
Tatvergeltung kann einleitend oder abschließend die Dringlichkeit paränetischer Passagen unterstreichen. Mit dem Hinweis auf
die Vergeltung soll der Mensch von widergöttlichen Werken abge-
halten werden oder dazu angeregt werden, von solchen abzulassen
und umzukehren.

7.) Die Verbindung von Ethik und zukünftigem göttlichen Handeln findet sich als paränetische Argumentationsform bereits
vor der Eschatologisierung des göttlichen Vergeltungshandelns.
Wie die Ausführungen über das göttliche Gericht und den Zorn
Gottes als Reaktion auf Übeltaten zeigten, kann von einem
eschatologischen Gericht nach den Werken in den griechischen
Übersetzungen des AT noch nicht gesprochen werden. Die Vorstellung eines Endgerichtes nach den Werken muß gegenüber dem
Abfolgeschema von Tat und Ergehen erst als ein sekundärer Akt
angesehen werden. Die Untersuchung zeigte, daß der Zusammenhang
von Tun und Ergehen zwar in der Form des göttlichen Vergeltungshandelns individualisiert und theologisiert, jedoch nicht eschatologisiert wurde.

Die Vorstellung von einem göttlichen Endgericht nach den Werken
findet sich in der LXX und den anderen griechischen Übersetzungen des AT noch nicht.

2. Das Gericht nach den Werken im Rahmen der Bekehrungspredigt Röm 2,1-11

Die Tradition der göttlichen Vergeltung menschlicher Werke
ist in ihrer bereits in der LXX ausgeprägten sprachlichen
Form von Paulus in Röm 2,6 aufgenommen worden: ὃς ἀποδώσει
ἑκάστῳ κατὰ τὰ ἔργα αὐτοῦ.

Da bei Paulus die göttliche Vergeltung im Sinne eines eschatologischen Gerichts nach den guten und schlechten Taten der
Menschen verstanden ist (Röm 2,7-11), kann man nicht mit einer
direkten Übernahme der Tradition aus der LXX rechnen. Wir
müssen uns deshalb zuerst die Frage nach der weiteren Traditionsgeschichte des Motivs der göttlichen Tatvergeltung
über die LXX hinaus stellen. Wir werden den Versuch unternehmen, im Zuge der Analyse von Röm 2,1-11 diese Frage zu beantworten. Obwohl die Darstellung der Traditionsgeschichte
bis hin zur paulinischen Rezeptionsstufe einen breiten Raum
einnehmen wird, werden wir auch auf die grundlegenden theologischen Fragen dieses Abschnittes im letzten Teil der Analyse ausführlich eingehen.

a. Einleitendes zu Adressaten und Forschungsgeschichte von Röm 2,1-11

Durch den Wechsel der Person in die 2. Pers. Sing. hebt sich
Röm 2,1-5 als direkte Anrede deutlich von dem vorhergehenden
Abschnitt 1,18ff. ab.
Die allgemeine Anrede ὦ ἄνθρωπε (2,1) weist darauf hin, daß
in diesem Abschnitt Heiden und Juden angesprochen sind.[44]

---

44 Röm 2,1 wird von Bultmann, Glossen, 281, und in seiner Nachfolge von
Käsemann, Römerbrief, 49, als eine "frühe Randglosse" angesehen, die
ursprünglich das Fazit aus 2,3 gezogen hätte. "Διό hat jedenfalls nicht
folgernden Sinn..." behauptet Käsemann, ebda., 49, ohne allerdings
schlüssig zu erklären, aus welchem Grund in Laufe der Textgeschichte
an den Anfang gerutscht sein könnte. Die Schwierigkeit, die beide Exegeten zu dieser gewagt erscheinenden These veranlaßte, liegt darin begründet, daß beide Röm 2 als eine Polemik gegen jüdische Tradition verstehen wollen und daher eine zu enge Verbindung mit dem Thema des vorhergehenden Abschnittes, der Offenbarung des göttlichen Zornes über Heiden und Juden, vermeiden müssen. Michel versucht das Problem eleganter
zu lösen, indem er διό zu einem "einfachen Übergangspartikel" degra-
diert (Römerbrief, 113; auch: Schlier, Römerbrief, 68; Lietzmann, Römerbrief, 12), wogegen allerdings der Sprachgebrauch spricht (Schmidt,
Brief, 41). Recht orginell argumentiert Reithmayr, der die Berechtigung

Zudem hat das einleitende διό rückweisenden Charakter und schließt damit 2,1-11 an den Abschnitt 1,18ff. an. Da nach 1,23 auch die Juden 'heidnische Sünden' begehen,[45] sind sich Heiden und Juden in der Bosheit gleich.

Zwei weitere Beobachtungen können die nun auch von Wilckens[46] vertretene These untermauern, daß in Röm 2,1-11 sowohl Heiden (-christen) als auch Juden (-christen) angesprochen werden:[47] In 2,9f. findet sich zweimal die Wortverbindung Ἰουδαίου... καὶ Ἕλληνος, durch die die Gültigkeit und Relevanz des Evangeliums für Juden und Heiden der römischen Gemeinde von Paulus unterstrichen wird. Weiterhin fällt auf, daß 2,1-5 und 2,17-24 jeweils in der 2. Pers. Sing. formuliert sind und miteinander

---

des διό mit dem Einwand verteidigt, Paulus habe zwar bereits hier den Juden im Auge, versuche ihm aber allgemeingültige Sätze als Konzession abzugewinnen, um diese dann im Zuge der Auseinandersetzung gegen ihn zu wenden (Commentar, 107f; ähnlich Kuß, Römerbrief, 61, der einen unausgesprochenen Zwischengedanken einschieben will). Lietzmann und später viel ausführlicher Nygren versuchen die Frage, wer in Röm 2,1-11 angesprochen ist, durch den Hinweis auf Parallelen zwischen Röm 2 und SapSal 15 zu beantworten: "Wenn Paulus sagt: 'Oh Mensch, der du richtest', dann wendet er sich an den Juden, wie dieser uns leibhaftig im Buch der Weisheit begegnet" (Nygren, Römerbrief, 88).

45 Mit Hilfe einer traditionsgeschichtlichen Analyse konnte Berger, Exegese, 26, einsichtig machen, daß 1,23 als Anspielung auf die Geschichte vom Goldenen Kalb mit TestNaph Kap.3+4 zu vergleichen ist, "wo es von den Juden, die den Schöpfer erkennen können (!), ausdrücklich heißt, daß sie die Bosheit der Heiden tun werden. In der Bosheit der Heiden sind sich Juden und Heiden auch nach Röm 1,18ff. gleich". Aufgrund dieser traditionsgeschichtlichen Sicht kommt Berger zu dem folgenden Schluß: "Vielmehr kann man anhand der traditionsgeschichtlichen Herkunft der in K.1 verarbeiteten Materialien zeigen, daß hier Juden und Heiden gemeinsam gemeint sind. Daher bezieht sich das "o Mensch" in 2,1 auch auf beide Gruppen (was ja auch durch die umfassende Gattungsbezeichnung Mensch nahegelegt wird)", Exegese, 25f.

46 Wilckens, Römerbrief, 121.123.

47 Die Frage, warum Paulus in Röm 2,1-11 einen Dialog cum Judaeo führt, hängt eng mit der Beurteilung des Charakters der römischen Gemeinde zusammen. Wilckens, Römerbrief, 34, konnte mit überzeugenden Argumenten nachweisen, daß Röm 1-11 weder ausschließlich an Judaisten noch ausschließlich an Heidenchristen als Adressaten gerichtet ist. "Vor allem aber entbehrte drittens der Skopus der durchlaufenden Auseinandersetzung des Paulus mit der Synagoge: daß das Evangelium Juden wie Heiden (1,17; 3,29f; 4,9ff.) ohne Unterschied (2,11; 3,22ff.) gilt, jeder konkreten Bedeutung, wenn die Gemeinde der römischen Christen selbst nicht eben aus Juden und Heiden bestünde" (Wilckens, Römerbrief, 34).

korrespondieren.[48] Werden in 2,1-5 noch allgemein Juden und
Heiden angeredet, so wird der Adressatenkreis in 2,17-24 eindeutig auf den Juden eingegrenzt. So "ist das zweite Stück,
das sich nurmehr auf den Juden bezieht, inhaltlich gesehen
eine Spezifizierung der ersten Anrede, bei welcher 'Mensch'
noch Heiden und Juden umfasste".[49] Paulus richtet folglich
seine Predigt[50] an Mitglieder der römischen Gemeinde heidnischer und jüdischer Herkunft in einer Zeit, der er durch
die Gottesprädikate ἀνοχή, χρηστότης und μακροθυμία (2,4)
qualifiziert. Dieser Zeit der göttlichen Langmut ordnet der
Apostel die -verbal ausgeschlossene, aber als dringende Mahnung wirkende- Möglichkeit zur Umkehr zu (2,4) und fügt abschließend in argumentativem Stil eine Darstellung über das
göttliche Vergeltungshandeln ohne Ansehen der Person an (2,
6-11).

Damit können wir Röm 2,1-11 als eine Bekehrungspredigt mit
Gerichtsankündigung für Heiden und Juden gattungsmäßig bestimmen, die durch Paulus, wie die traditionsgeschichtliche
Analyse zeigen wird, charakteristisch verändert wurde. Bei
der Gestaltung des Abschnittes hat der Apostel weitgehend
traditionelles Material verwendet, indem er Elemente deutero-
nomistischer Umkehrpredigt[51] mit dem Hinweis auf Gottes vergeltendes Gerichtshandeln nach den Werken der Menschen in
2,6-11 verbunden hat. Die hier dargebotene Analyse konzen-
triert sich auf 2,6-11 mit der Intention, die Funktion der
Aussagen über das vergeltende Gerichtshandeln Gottes innerhalb der Argumentation des gesamten Abschnittes näher zu bestimmen. Doch vorher wollen wir versuchen, mit einigen Anmerkungen auf die umfangreiche Forschungsgeschichte einzugehen.

Mit der bewegten Forschungsgeschichte von Röm 2,6-11 brauchen
wir uns nur grundsätzlich zu beschäftigen, da diese, neuerdings

---

48 Vgl. Berger, Exegese, 23.

49 Berger, Exegese, 23.

50 Zum diatribischen Stil des Abschnittes kann man Bultmann, Stil, 64-74,
    vergleichen.

51 Zur Analyse von Röm 2,1-5 als Umkehrpredigt vgl. Berger, Exegese,
    23 und Wilckens, Römerbrief, 125.
    Zum Motiv der Umkehr als einem Element der deuteronomistischen Predigt
    vgl. Steck, Israel, 123f.186-188.198f.

wiederholt ausreichend dargestellt worden ist.[52]
Das Kernproblem der Auslegung von Röm 2,6-11, das den Text
auch immer wieder zum Gegenstand konfessioneller Auseinandersetzungen werden ließ, besteht in dem scheinbaren Widerspruch
der Aussagen über das vergeltende Gericht nach den Taten, wie
sie Paulus in 2,6-11 entfaltet, und den Aussagen über das Heil
aufgrund des Glaubens in Röm 3-5.
Karl Barth[53] beendet die wohl radikalste Auslegung unserer
Stelle mit dem Satz: "Mensch ist Mensch und Gott ist Gott" und
fragt: "Was bleibt da übrig von den lockenden Sicherungen des
Pharisäismus?" Auf radikal protestantische Weise wird der
Wert der unter dem Leistungsgedanken gesehenen Werke von Barth
dadurch negiert, daß er die Hochachtung der menschlichen Taten
als vor Gott einklagbare Leistungen, religionsgeschichtlich
unzutreffend, der rabbinischen Richtung des Judentums zu-
weist.[54] Für Barth haben die menschlichen Werke nur "seelische
und geschichtliche Bedeutung". Weil Gott der Richter ist und
die Maßstäbe setzt, kann kein Mensch um die Maßstäbe des Rich-
tens wissen. "Gott begründet, indem er uns aufhebt."[55] Damit
hat Barth seinen systematischen Ansatz konsequent und beein-
druckend auf die Auslegung von Röm 2,6 übertragen, doch ist
diese Auslegung wegen der religionsgeschichtlich unbegründeten
negativen Beurteilung des rabbinischen Judentums unter exegetischen Gesichtspunkten nicht mehr aufrechtzuerhalten.
Auch der relativ neue Entwurf von Luise Mattern sieht in Röm
2,6-11 das "kasuistische ius talonis, das im Rabbinat entfaltet wurde".[56] Dabei wird völlig übersehen, daß es sich bei
der Vergeltungsaussage in Röm 2,6 um einen im gesamten zwischentestamentlichen und frühchristlichen Schrifttum weitverbreiteten Topos handelt, der sich nicht einfach aus den sogn.
kasuistischen Tendenzen innerhalb des Rabbinats herleiten läßt

---

52 Zur Problemgeschichte von Röm 2,6: Braun, Gerichtsgedanke, 14-31; für
   die neuere Forschungsgeschichte: Wilckens, Römerbrief, 142-146.

53 Barth, Römerbrief, 38.

54 Die christlichen Vorurteile gegenüber der als 'Leistungsreligion' des-
   avouierten frühen jüdischen Religion hat Hoheisel, Judentum, in einem
   ausführlichen Forschungsbericht herausgearbeitet.

55 Barth, Römerbrief, 38.

56 Mattern, Verständnis, 126.

Käsemanns Auslegung von Röm 2 kann, was die Beurteilung der
Relation von Gerichts- und Rechtfertigungsaussage in Röm 2-4
betrifft, als paradigmatisch für die neuere protestantische
Römerbriefexegese angesehen werden. Auch für ihn bildet das
Verständnis der menschlichen Tat als einer das Verhältnis zu
Gott bestimmenden Leistung den negativen Hintergrund seiner
Interpretation der paulinischen Gerichtsaussage. "Wenn Vergeltung nach den Werken nicht mehr im Sinn des von Paulus be-
kämpften Judentums Anerkennung menschlicher Leistung, sondern
endgültige Offenbarung der Herrschaft Christi im Gericht über
alle menschlichen Illusionen bedeutet",[57] dann ist nach Käsemann das Besondere des Abschnittes 2,1-11 nicht so sehr der
Gerichtsgedanke an sich, sondern dessen 'apokalyptisch-uni-
versale Dimension'[58] seiner Proklamation. Die Verständnis-
schwierigkeiten, die Käsemann bei der Auslegung von 2,6-11
umgehen muß, liegen in erster Linie in dem von ihm vorausge-
setzten Verständnis der menschlichen Handlungen als 'Leistungen'; Käsemann spricht von 'Illusionen'. Deshalb muß er, obwohl er selbst betont, daß der Text selbst ein solches Verständnis nicht hergibt,[59] ein übergeordnetes Prinzip seiner
Auslegung zugrundelegen: "Entscheidend ist, die Lehre von dem
Gericht nach den Werken nicht der Rechtfertigung überzuordnen,
sondern sie umgekehrt aus deren Perspektive zu sehen."[60] Es
hat den Anschein, als ob sich Käsemann mit der klassischen
katholischen Exegese auseinandersetzt, wie sie etwa in dem
Römerbriefkommentar Reithmayrs vorliegt. Dieser sieht in
Röm 2,6ff. die entscheidende Stelle des ganzen Briefes und
"alles, was diesen (sc. Sätzen) widerspricht,... (sc. muß)
verworfen werden."[61]
Die Verlegenheit der neueren protestantischen und katholischen
Exegese gegenüber den Aussagen von Röm 2,6ff. kann sich darin

---

57 Käsemann, Römerbrief, 53.

58 Käsemann, Römerbrief, 54.

59 Käsemann, Römerbrief, 53.

60 Käsemann, Römerbrief, 53; auch Schliers Exegese von Röm 2,6-11, der
    wie Käsemann sich auf Bultmann bezieht, wird von dem Verständnis der
    menschlichen Taten als 'Leistungen' beherrscht (Römerbrief, 72).

61 Reithmayr, Römerbrief, 114.

niederschlagen, daß man der Argumentation nur 'hypothetischen Wert' zubilligt[62] oder einen 'mißverständlichen' jüdischen Rest im paulinischen Denken annimmt.[63]

Althaus spricht paradox unverständlich von innerer Einheit trotz aller Spannung. Sein Spitzensatz lautet: "Für den Christenstand gilt nach Paulus: alles kommt aus dem Glauben, aber zugleich: alles liegt am Werk."[64] Unbefriedigend bleibt auch der Lösungsversuch von Joest: "Wollen wir darauf verzichten, die paulinischen Aussagen dogmatisch aufeinander zu interpretieren, und wollen wir auch den Ausweg einer willkürlichen Eklektik verschmähen, so bleibt uns nichts anderes übrig, als unter dem Widerspruch zu verharren und ihn durchzustehen.[65] Joest beschreibt zwar treffend die Schwierigkeiten der Auslegung, doch erscheint uns ein Ausharren in Widersprüchen als kein geeigneter Weg der Problembewältigung.

b. Einleitende Analyse von Röm 2,6-11

Innerhalb von Röm 2,1-11 bildet die Ankündigung des göttlichen Vergeltungshandelns nach den menschlichen Werken einen syntaktisch, semantisch und traditionsgeschichtlich eigenständigen Zusammenhang. Die Aufnahme der semantisch fest geprägten Vergeltungsaussage in Verbindung mit dem ebenfalls in V.6 vollzogenen Wechsel der Person verweist das Folgende in den Bereich allgemein bekannter Tradition.

Die als Elemente eines semantischen Feldes fest verbundenen Aussagen 'Vergeltung nach Taten' (V.6) und 'Kein-Ansehen-der-Person' (V.11) schließen die Entfaltung der Vergeltungsaussage in 2,7-10 ein.[66] In stilistisch kunstvoller Weise ist diese Entfaltung gestaltet. Die verwendeten stilistischen Mittel

---

62 So: Lietzmann, Römerbrief, 40; Kuß, Römerbrief, 64.

63 Pfleiderer, Paulinismus, 280-289.

64 Althaus, Römerbrief, 24.

65 Joest, Gesetz, 176.

66 Diese beiden Topoi sind beispielsweise in folgenden Belegen miteinander verknüpft: PsSal 2,15-18; Jub 5,19; 21,4; 33,18; äthHen 63,8f; TestHi 43,13; Eph 6,8f; Kol 3,25; 1Petr 1,17; Barn 4,12; LatVisPauli c.14; ArPetrApk II p.126; PsHipp p.305; äthEsrApk p.182; grEphr (ed. Assamani) II 194; III 147D; PsChrysApk p.776.

(zwei antithetische Parallelismen der Glieder und ein Chiasmus) bewirken eine die Grundsätzlichkeit der Aussage unter-
streichende Klarheit und Anschaulichkeit der Argumentation,
durch die das Prinzip der göttlichen Tatvergeltung nach der
für den Menschen positiven und negativen Seite hin dargestellt
wird. Das im Chiasmus entworfene Vergeltungsschema wird in der
Schlußsentenz (2,11) traditionell begründet, wobei in 2,9a.10
der Chiasmus durch das angefügte 'Ιουδαίῳ τε πρῶτον καὶ "Ελληνι
aufgebrochen ist. Die argumentative Funktion der beiden Parallelismen muß unterschiedlich beurteilt werden. Das Satzpaar
in 2,7 bindet mittels der Aufnahme dtn Tradition[67] und durch
die syntaktisch-strukturelle Gleichheit mit 2,9f. den Abschnitt
fest an die vorhergehende Bekehrungspredigt, deren Umkehrmotiv
ebenfalls zentrale Bedeutung in der dtn Theologie zukommt.[68]
Der zweite Parallelismus (2,9f.) nimmt in verbaler Form das
Stichwort ἔργον aus 2,6 auf und betont durch die Beifügung der
qualifizierenden Begriffe τὸ κακόν und τὸ ἀγαθόν dessen ethischen Stellenwert.[69] Damit kommt 2,9f. eine dem Gedankengang
weiterführende Funktion innerhalb der Argumentation zu.

c. Zur Traditionsgeschichte von Röm 2,6-11

Nachdem wir uns durch die Analyse des Kontextbezuges, durch
einen Blick in die Forschungsgeschichte und mittels einer
ersten, gliedernden Analyse des Textes einen Zugang zu Röm
2,6-11 verschafft haben, wollen wir nun die zum Verständnis
der Vergeltungsaussage notwendige Untersuchung des traditionsgeschichtlichen Hintergrunds einschalten. Die Darstellung
schließt sich an das vorhergehende Kapitel über die Vergeltungsaussagen in den griechischen Übersetzungen des AT an.

---

67 Der Ungehorsam als Beschreibung des Abfalls von Gott und der Zorn als
   göttliche Reaktion auf den menschlichen Ungehorsam sind Elemente der
   dtn Theologie; vgl. Stock, Israel, 124-128.185-188.220f. Ὀργή nimmt
   als Leitwort auf die ἡμέρα ὀργῆς in 2,5 direkten Bezug.

68 So im Anschluß an Steck Wilckens, Römerbrief, 125 Anm.8.

69 Paulus geht es nicht um eine Abgrenzung von 'Leistungen', sondern um
   die Betonung der Gerichtsrelevanz der guten und schlechten Taten als
   Erkenntnisprinzip des inneren Seins des Menschen; gegen Schlier, Römerbrief, 72.

α. Zur formelhaften Wendung ὃς ἀποδώσει ἑκάστῳ κατὰ τὰ ἔργα
αὐτοῦ in Röm 2,6

In der bisherigen Forschung wurde der traditionelle Hintergrund der formelhaften Aussage in Röm 2,6 noch nicht ausreichend beleuchtet. Soweit wir sehen, geht man von der Annahme
aus, daß es sich hier um ein direktes paulinisches Zitat aus
Ψ 61,13 handele.[70]   Die theologische Deutung des Zitats
als at.lichen Rechtssatz[71] ist in der Forschung nicht unbestritten geblieben.[72] Die ausschließliche Deutung von Röm 2,6
auf dem Hintergrund der jüdisch-rabbinischen Theologie[73] ver-
nachlässigt ebenso wie die Annahme eines bloßen Zitats den im
zwischen testamentlichen Schrifttum geschehenen Vermittlungs-
prozeß at.licher Aussagen.

Mit geringen Abweichungen erscheint in der Tradition die von
Paulus in Röm 2,6 verwendete Formel sprachlich fest geprägt.
Neben den bereits besprochenen Stellen aus den griechischen
Übersetzungen des AT führen wir die folgenden Belege an:

1. Jub 5,15:   "... den Großen richtet er (sc. Gott) gemäß
                   seiner Größe und auch den Kleinen gemäß sei-
                   ner Kleinheit, und jeden einzelnen gemäß
                   seinem Wandel."

2. äthHen 100,7   "Wehe euch Sündern, wenn ihr die Gerechten
                   peinigt am Tage des heftigen Kummers und
                   sie mit Feuer verbrennt; es wird euch nach
                   euren Werken vergolten werden."

3. JosAs 28,3   "Wir handelten an dir und an deinem Bruder
                   Joseph schlecht; καὶ κύριος ἀνταπέδωκεν
                   ἡμῖν κατὰ τὰ ἔργα ἡμῶν."

4. Mt 16,27   "Denn der Sohn des Menschen wird in der Herr-
                   lichkeit seines Vaters mit seinen Engeln
                   kommen, καὶ τότε ἀποδώσει ἑκάστῳ κατὰ τὴν
                   πρᾶξιν αὐτοῦ."

---

70 Mattern, Verständnis, 126 Anm.333; Nygren, Römerbrief, 92; Kuß, Römer-
brief, 63; Michel, Römerbrief 115, der die angebliche Feierlichkeit des
Zitats besonders heraushebt; Synofzik, Gerichtsaussagen, 80; Schlier,
Römerbrief, 72; Wilckens, Römerbrief, 126.

71 Käsemann, Sätze, 69-82; ders., Römerbrief, 52f.

72 Vgl. die Widerlegung des These durch Berger, Sätze. Wilckens vertritt
die Auffassung Bergers nachdrücklich, Römerbrief, 130 Anm.301.

73 Einen derartigen Versuch unternimmt beispielsweise in ihrer anregenden
Untersuchung Mattern, Verständnis, 36-45.

5. Apk 2,23   "...und ihre Kinder will ich des Todes ster-
               ben lassen, und alle Gemeinden werden erken-
               nen, daß ich es bin, der Nieren und Herzen er-
               forscht; καὶ δώσω ὑμῖν ἑκάστῳ κατὰ τὰ ἔργα
               ὑμῶν."

6. Apk 22,12   "Siehe ich komme bald und mein Lohn mit mir,
               ἀποδοῦναι ἑκάστῳ ὡς τὸ ἔργον ἐστὶν αὐτοῦ."

7. Barn 4,12   "Der Herr wird ohne Ansehen der Person die
               Welt richten. Ἕκαστος καθὼς ἐποίησεν κομι-
               εῖται: ist er gut, so wird seine Gerechtigkeit
               vorangehen; ist er böse, so steht ihm der Lohn
               der Bosheit bevor."

8. 1Klem 34,3 "Siehe, der Herr, und sein Lohn liegt vor
               ihm, ἀποδοῦναι ἑκάστῳ κατὰ τὸ ἔργον αὐτοῦ."

9. Herm (s) 6, "Wenn sie aber Buße tun, dann gedenken sie
   3,6   der bösen Werke, die sie vollbracht haben;
               dann preisen sie Gott und sagen, daß er ein
               gerechter Richter ist und sie mit Recht Lei-
               den erduldet haben, ἕκαστος κατὰ τὰς πράξεις
               αὐτοῦ."

10. grApkPls 14 "Gerecht bist du, Herr, und gerecht sind deine
               Gerichte, und es ist kein Ansehen der Person
               bei dir, καὶ ἕκαστος ἀπολάβοι κατὰ τὰ ἔργα
               αὐτοῦ."

11. latVisPls   "Gerecht bist du, Herr, und gerecht sind deine
    14   Gerichte, und kein Ansehen der Person ist bei
               dir, sed retribues unicuique secundum tuum
               iudicum."

12. ÄthPetrApk "..., werde ich kommen in Herrlichkeit mit
    c.1   allen meinen Heiligen, meinen Engeln, wenn
               mein Vater mir eine Krone aufs Haupt setzt,
               damit ich richte die Lebendigen und die Toten
               und jedem vergelte nach seinem Tun."

13. ÄthPetrApk "Und er wird ihnen befehlen, daß sie in den
    c.5   Feuerbach gehen, während die Taten jedes
               einzelnen von ihnen vor ihm stehen. Es wird
               vergolten werden einem jeden nach seinem Tun."

14. ÄthKebra Na- "Gott aber verlieh seinem Knechte David Gunst
    gast c.34   bei ihm und verlieh ihm, daß ein leiblicher
               Nachkomme von ihm aus einer Jungfrau auf dem
               Throne der Gottheit sitzen wird und richten
               wird die Lebendigen und die Toten und jedem
               nach seinem Tun vergelten wird;..."

15. Const Ap   "Dann wird der Herr und alle Heiligen kommen...
    VII 32   auf den Thron des Königreiches, um den welt-
               verwirrenden Teufel zu richten καὶ ἀποδοῦναι
               ἑκάστῳ κατὰ τὴν πρᾶξιν αὐτοῦ."

16. Const Ap   "Bis ich komme, erinnert euch nun seines
    VIII 12   Leidens, seines Todes, seiner Auferstehung
                   und Auffahrt in die Himmel und seiner kom-
                   menden zweiten Parusie, an der er kommt, um
                   zu richten die Lebendigen und die Toten καὶ
                   ἀποδοῦναι ἑκάστῳ κατὰ τὰ ἔργα αὐτοῦ."

17. Gr Ephraem   "Siehe, der Gott aller kommt, um zu richten
    II 252D   die ganze Erde, καὶ ἀποδοῦναι ἑκάστῳ κατὰ τὰ
                   ἔργα αὐτοῦ."

Aufgrund dieser ausgeprägten semantischen Stabilität erscheint
ein direktes Zitat aus Ψ 61,13 durch Paulus unwahrscheinlich.
Wahrscheinlicher ist, daß Paulus innerhalb einer breiten Über-
lieferungstradition der Vergeltungsaussagen steht. Auf welcher
Stufe der Überlieferung Paulus die Vergeltungsaussage übernahm
wird noch Gegenstand unserer Betrachtung sein.
Semantische Veränderungen innerhalb der geprägten Vergeltungsformel können, wie wir bereits an den griechischen Übersetzungen des AT beobachtet haben, eine Eingrenzung auf bestimmte
Adressaten signalisieren: auf die Sünder (PsSal 2,16; 2,36
17,8; syrApkBar 54,21; Gr Marien Apk S.491); aber auch auf
die Gerechten: (2Klem 11,6; 17,4; Const Ap III 14,4).
Wenn innerhalb einer Vergeltungsaussage κρίνω ἀποδίδωμι ersetzt, dann weist dies auf die in der Überlieferung zunehmende Tendenz hin, die göttliche Vergeltung als Gerichtshandeln
zu interpretieren:

1. Jub 5,15   "... den Großen richtet er gemäß seiner Größe
                   und auch den Kleinen gemäß seiner Kleinheit,
                   und jeden einzelnen gemäß seinem Wege."

2. 1Petr 1,17   "Und wenn ihr den als Vater anruft, ἀπροσωπο-
                   λήμπτως κρίνοντα κατὰ τὸ ἑκάστου ἔργον, so
                   wandelt in der Frucht während der Zeit eurer
                   Pilgerschaft."

3. Const Ap II   "Und danach sprach der Herr: Ἕκαστον κατὰ
   14   τοῦς ὁδοὺς ὑμῶν κρινῶ,..."

Relativ selten finden sich Verkürzungen der Formel (AntBibl
64,7: "appropinquasset tempus reddendi operum nostrorum";
VisEsr 61: "recipiant secundum opera sua"; Gespräch zwischen
Herodes und Pilatus (ed. Santos) S.489: "ἀνταπόδοσις τῶν
πεπραγμένων") oder vollständige Auflösungen der syntaktischen
Kohärenz (Eph 6,8f; Kol 3,24f; 4Esr 7,34f; zu vergleichen wären
noch substantivierte Verbindungen wie etwa ἀνταπόδομα/ἀνάστασις

(Barn 21,1) oder κρίσις/ἀνταπόδοσις (grApkPls c.15; TestAbr A c.13).

β. Zur nichteschatologischen Interpretation der göttlichen Vergeltung als Gericht nach den Werken

In den griechischen Übersetzungen des AT deutet sich eine Verbindung der relativ fest geprägten Aussagen über die göttliche Tatvergeltung mit Elementen der Gerichtsterminologie zwar bereits an, vollzogen wurde die Verschmelzung beider Traditionen zu dem Wortfeld 'Gericht nach den Werken' jedoch erst in den relativ spät entstandenen Psalmen Salomos (um 100 v.Chr.) in der Form eines innergeschichtlichen Strafgerichtes an den Feinden Israels. Dabei wurde die charakteristisch veränderte Vergeltungsformel (Eingrenzung auf einen bestimmten Adressatenkreis) in Gerichtsterminologie eingebettet:
PsSal 2,15-18: Die Formel göttlicher Vergeltung signalisiert das Strafhandeln Gottes und nimmt durch die Verdopplung ihres präpositionalen Schlußgliedes und durch ihre Stellung in der Mitte der Argumentation eine hervorgehobene Stellung ein.
Folgende Elemente der Gerichtssprache rahmen die Vergeltungsaussage: κριτὴς δίκαιος (2,18); οὐ θαυμάσει πρόσωπον (2,18) sowie κρίμα (2,15.17).

> "Ich gebe dir recht, Gott, aus aufrichtigem Herzen, denn
> in deinen Urteilen ist deine Gerechtigkeit, o Gott!
> (16) Denn du hast den Sündern nach ihren Werken vergolten
>
> nach ihren überaus schweren Sünden.
> (17) Du hast ihre Sünden aufgedeckt, damit dein Gericht
> offenbar werden könne,
> du hast ihr Andenken von der Erde getilgt.
>
> (18) Gott ist ein gerechter Richter und sieht die
> Person nicht an."

Man kann deutlich erkennen, daß die Vergeltungsaussage zu einem zentralen Element des innergeschichtlichen Strafgerichtes Gottes geworden ist.
Auf gleiche Weise interpretieren die Gerichtstermini κριτὴς δίκαιος, κρίνω, κρίμα die Vergeltungsaussagen in PsSal 2,33-37 und 17,8f. Auch in 4QpPs37 IV 8-10 wird die Vergeltungsformel durch שפט als Element des richterlichen Handelns Gottes be-

stimmt:

> Über den gottlosen Priester: "Aber Gott läß(t ihn)
> nicht und nicht (läßt er ihn verurteilen, wenn) man
> ihn richtet. Und i(hm wird Gott) vergelten sein (T)un,
> indem er ihn gibt (10) in die Hand der Gewalthabe(r)
> der Völker, um an ihm zu vollstrecken (das Gericht)."[74]

Auf die Leiden der Sünder vor der Buße ist die Vergeltungsaussage in Herm (s) 6,3,5f. bezogen. Gott wird hier als κριτὴς
δίκαιος bezeichnet, der in seinem gerechten Gerichtshandeln
die Sünder vor der Umkehr ἕκαστος κατὰ τὰς πράξεις αὐτοῦ mit
Leiden bestraft. Auch in diesem relativ späten Text fehlt
der eschatologische Bezug:

> "(6) Wenn sie (sc. die Sünder) mit allerlei Drangsal
> bedrängt werden, dann werden sie mir in gute Zucht ge-
> geben und im Glauben an den Herrn festgemacht; so diene
> sie denn die übrigen Tage ihres Lebens dem Herrn mit
> reinem Herzen. Wenn sie aber Buße tun, dann gedenken
> sie der bösen Werke, die sie vollbracht haben; dann
> preisen sie Gott und sagen, daß er ein gerechter Richte
> ist und sie mit Recht Leiden erduldet haben, ein jeder
> nach seinen Taten."

Dieser Text zeigt uns, daß die Verbindung von richterlichem
und vergeltendem Handeln Gottes auch dann noch der Interpretation innergeschichtlicher Zusammenhänge dienen kann, wenn der
Text, wie es im Herm deutlich der Fall ist, als Ganzer eschatologischen Charakter besitzt.

γ. Zur Eschatologisierung von Vergeltungsaussagen, die nicht
   mit Gerichtsterminologie verschränkt sind

Lediglich die Nennung des Zeitpunktes ('am Ende der Welt')
signalisiert in der syrApkBar 54,21 eine mögliche Eschatologisierung der Tatvergeltung an den Sündern. Mit einer Tatvergeltung durch Gott am Tage der Auferstehung der Toten scheint
AntBibl 64,7 in seiner Auslegung von 1Sam 28,15 zu rechnen,
wobei, wie bereits erwähnt, die hinzugefügte Vergeltungsformel

---

74 Vgl. 1QS 8,7; dort wird in Analogie zu Gottes Richterfunktion das
    Rechtsprechen des Richterkollegiums der Qumrangemeinde durch die
    auf die 'Gottlosen' bezogene Vergeltungsformel beschrieben:
    "(5) Dann ist der Rat der Gemeinde fest gegründet in der Wahrheit
    für die ewige Pflanzung, ein heiliges Haus für Israel und eine Grün-
    dung des Allerheiligsten (6) für Aaron, Zeugen der Wahrheit für das
    Gericht und Auserwählte des (göttlichen) Wohlgefallens, um für das Land
    zu sühnen und (7) den Gottlosen ihre Taten zu vergelten."

in verkürzter Form vorliegt ("appropinquasset tempus reddendi operum nostrorum"):

> "Und Samuel sprach zu ihm: 'Was hast du mich gestört, daß du mich heraufholtest? Ich dachte, daß sich die Zeit genaht hat, in der unsere Werke vergolten werden, und darum rühme dich nicht, König, auch du nicht, Frau.'"

Eine relativ breite Tradition faßt die erwartete Parusie des Christus/Menschensohnes begrifflich nicht als ein Kommen zum Gericht nach den Taten auf, sondern als eine endzeitliche Vergeltung nach den Werken (Mt 16,27; Apk 22,12; 2Klem 17,4). Ebenso kann die eschatologische Theophanie als göttliches Vergeltungshandeln dargestellt werden. Dies zeigt deutlich -unter Hinzutritt des Lohngedankens- 2Klem 11,5-12,1:

> "(5) Darum, meine Brüder, laßt uns nicht geteilter Seele sein, sondern ausharren in der Hoffnung, damit wir auch den Lohn davontragen. (6) Denn getreu ist er, der verheißen hat, den Vergeltungslohn zu geben einem jeden für seine Werke... (1) Erwarten wir darum stündlich das Reich Gottes in Liebe und Gerechtigkeit, da wir den Tag der Erscheinung Gottes nicht kennen."

Daß es sich bei der Vergeltung nach den Taten einerseits und dem Richteramt Gottes bzw. des Christus/Menschensohnes andererseits ursprünglich um zwei verschiedene Redeweisen gehandelt hat, schimmert noch in dem formelhaften Nebeneinandertreten der beiden christologischen Aussagen 'Christus ist der Richter der Lebenden und der Toten' und 'Christus vergilt jedem gemäß seiner Taten' in äthKebra Nagast c.34; äthApkPetr c.1 und Const Ap VIII 12,3-6 durch. Wir zitieren als Beispiel aus dem äthiopischen Kebra Nagast:

> "Gott aber verlieh seinem Knechte David Gunst bei ihm (Gott) und verlieh ihm, daß ein leiblicher Nachkomme von ihm aus einer Jungfrau auf dem Throne der Gottheit sitzen wird und richten wird die Lebendigen und die Toten und jedem nach seinem Tun vergelten wird; dem da Lob gebührt, (nämlich) unserem Herrn Jesu Christo, in Ewigkeit Amen!"

In einigen Texten wird die Aussage, daß Gott die Taten der Menschen vergilt, deutlich zu einem festen Element von Bekenntnisformulierungen: In PsClemHom 2,12 verbinden sich die folgenden Aussagen zu einer bekenntnishaften Formulierung:
1. Betonung des Monotheismus (εἷς θεός)
2. Gott als der Weltschöpfer
3. Gott als der Gerechte, der jedem nach seinen Taten vergilt (ὃς δίκαιος ὢν πάντως ἑκάστῳ πρὸς τὰς πράξεις ἀποδώσει)
Auf ähnliche Weise sind die monotheistische Formel und die Vergeltungsaus-

sage fest in syrJubFragm 37,19 verbunden:

> "Wisset, daß es einen Gott gibt und er sieht die geheimen
> Dinge und er vergilt jedem nach seinen Werken."

Fest in ein Formular über die Einsetzung des Abendmahls ist in Const
Ap VIII 12 die Tatvergeltung durch Christus eingebunden (vgl. Hebr. 11,6).
Trotz der relativ späten Belegstellen kann davon ausgegangen
werden, daß es sich bei der Verbindung von Vergeltungsaussagen
und Richteramt um eine recht frühe lockere Verbindung der beiden Traditionen handelt. Zumindest weist darauf 1QS 10,18, wo
es im Rahmen des Eintrittsgelöbnisses der Qumrangemeinde heißt

> "Denn bei Gott ist das Gericht über alles Leben
> und er vergilt jedem nach seinem Tun."

Deutlich kann man auch hier erkennen, daß es sich nicht um
eine Verschmelzung der beiden Traditionen zu einem Vorstellungskreis handelt, sondern um eine lockere Assoziierung.

In den späten apokalyptischen Texten wird die Tatvergeltung zu
einem festen Element bei der Zuweisung des eschatologischen
Strafortes, an dem sich die sündigen Seelen bis zum allgemeinen
Gericht aufhalten müssen; weil die Belege schwer zugänglich
sind, zitieren wir:

1. ArApkPetr II   "They (sc. die Engel) will single out the
   (ed. Mingana)   wicked and unbelievers, and they will assemble
   S.216   people of injustice, iniquity, and oppression,
                   and also people of tares, fornication, and
                   adultery, and those who have committed great
                   or small sins of this category. They will
                   gather them together in the Valley of Tarta-
                   rus, in the lowest pit, so that they should
                   be requitted according to their past deeds
                   on the earth..."

2. ÄthApkGor   "Hadst thou made thy ways and doings good,
   (ed. Leslau)   thou wouldst have inherited the Heavenly
   S.83   Kingdom, but now thou wilt be rewarded
                   according to thine actions. Then I heard
                   the voice of God saying: 'Bring this soul
                   to the rebbellious, transgressors, iniquitous,
                   and unclean so that she be there in her pun-
                   ishment until the day of retribution."

3. ÄthApkSche-   "Die Kleriker der Kirche wird Petrus zurecht-
   nute (ed.   weisen, die Juden wird Moses zurechtweisen,
   Grohmann) S.   die Christen Paulus, die Diakone Stephanus,
   239   die Könige Konstantinus, und die Frauen wer-
                   den heilige Frauen zurechtweisen. Und nach
                   der Zurechtweisung wird jeder nach seinen
                   Werken zu seiner Peinigung eingehen."

4. GrApkPls 18   "Und es sagte Gott, der Herr, der gerechte
Richter: Oder wußtest du nicht, daß, wer
einem anderen Gewalt antut, wenn der, welcher
die Gewalt erlitten hat, eher stirbt, an diesem Ort aufbewahrt wird, bis der Schädigende
stirbt, und dann treten beide vor den Richter,
und nun hat jeder empfangen nach dem, was er
getan hat? Und ich hörte die Stimme eines Engels der sagte: Jene Seele möge in die Hände
des Tartarus übergeben werden, und sie muß
hinab zu den Unterirdischen geführt werden...
bis zum Tage des großen Gerichts."

5. ÄthEsra   "On les (sc. die sündigen Seelen) livrera à
   (ed. Halévy)   Temlyakos, l'ange de la géhenne, on les
   S.180   distribuera selon leurs actes, il y aura
                 des pleurs abondants; ces âmes crieent et
                 hurleront ce jour-là,..., dont la longuer
                 égalera mille années."

Nach dem gleichen Prinzip wird dem Gerechten sein Aufenthaltsort innerhalb der Wallmauern Jerusalems (das heißt im Himmel)
nach dem Grundsatz der Tatvergeltung in Kopt Inst Michael
(ed. Müller) zugemessen (S.57):

                 "Wiederum, wer würdig ist, bis zur ersten
                 Wallmauer Jerusalems gebracht zu werden, der
                 wird zu ihr gebracht. Und wer würdig ist,
                 zur zweiten und dritten kurzum bis zur zwölf-
                 ten gebracht zu werden, der wird gebracht.
                 Nur, man gibt jedem Einzelnen nach seinen
                 Werken und Taten."

Zusammenfassung: Als wichtigstes Ergebnis dieses Teilabschnittes halten wir fest, daß der Topos der göttlichen Tatvergeltung
ohne Bezug auf andere Vorstellungen eschatologisch interpretiert werden kann. Die Tatvergeltung braucht nicht notwendig
als Gericht nach den Werken (zumindest semantisch) verstanden
zu werden, um das endzeitliche Handeln Gottes oder des Christus
zu beschreiben.
Gerichts- und Vergeltungshandeln können sich gegenseitig beschreiben, ohne daß es zu einer sprachlichen Verschmelzung
beider Traditionen zu einem semantischen Feld kommen muß.
In späten apokalyptischen Texten hat sich eine Sondertradition
herausgebildet, indem anhand der Tatvergeltung der Seele der
Aufenthaltsort bis zum allgemeinen eschatologischen Gericht
zugemessen wird.

δ. Zur eschatologischen Interpretation der göttlichen Tatvergeltung als Gericht nach den Werken

In allen für den folgenden Teilabschnitt in Betracht kommenden
Texten ist die Vergeltungsaussage mit typischer Gerichtsterminologie zu einem Wortfeld zusammengewachsen.
Diese Verschmelzung der beiden Traditionen ist auch theologisc
von großer Bedeutung. Denn in den hier behandelten Texten
orientiert sich die göttliche Urteilsfindung an dem grundsätzlichen Zusammenhang von Tat und Folge, der trotz Indivi-
dualisierung und Eschatologisierung der Vergeltungsaussagen
erhalten geblieben ist. Damit ist für diese Form des göttlichen Gerichtes nach den Werken ein rein distributives Verständnis der Gerechtigkeit Gottes nicht denkbar. Im Gegensatz
etwa zu der Vorstellung von einem Waagegericht (s.u.) nach
den guten und schlechten Werken geht es hier nicht um eine
quantitative Abwägung der menschlichen Werke in einer eschatologischen Gerichtsveranstaltung. Diese Beobachtung wird bei
der theologischen Bewertung von Röm 2,6-11 eine Rolle spielen.
Als typische Elemente dieses semantischen Feldes kommen neben
der Vergeltung der Taten die folgenden Begriffe vor:

a. 'gerechter Richter'	Herm (s) 6,3,5f; Ps.-Hipp Anti-chr. S.304; Gr Ephraem II 252D
b. 'Kein-Ansehen-der-Person'	Jub 5,13-17; 1Petr 1,17; ÄthApk Esra S.182; syrApkPls c.3+5; Eph 6,8f; Kol 3,24f.
c. 'Urteil' (κρίμα)	Gespräch zwischen Herodes und Pilatus, S.489
d. 'Gericht' (κρίσις)	äthHen 100,7; Jub 5,13-17; 1QS 10,18; Gespr. Her/Pil S.489; VisEsr 61-66; syrApkPls c.3+5
e. 'richten'	Jub 5,13-17; ÄthKebra Nagast c. 34; äthApkPetr c.1; Barn 4,12; Const Ap VIII 12,3-6; 1Petr 1,17 Gr Ephraem II 252D
f. 'Lohn'	1Klem 34,3; 2Klem 11,6; Apk 22,1
g. 'Ruhm'	Const Ap III 13-14; 1Klem 34,3

Die einfachste Möglichkeit der Eschatologisierung dieses Wortfeldes besteht in der Verwendung des sogn. 'eschatologischen

Futurs' (Eph 6,8f; Kol 3,24; Apk 2,23).

Häufig kann die Nennung eines Zeitpunktes den eschatologischen Charakter des Gerichtes verraten.[75]

Auf die Verbindung von Vergeltungsaussage und Parusie des Christus/Menschensohnes haben wir bereits hingewiesen.[76]

In apoklayptischen Texten kann die Vergeltungsaussage zu einem Element breitgeschilderter Gerichtsszenarien werden: ÄthApkEsr S.182; Ps.-Hipp Antichr. 36 (S.304); Gr Ephraem II 252D; ÄthApkPetr c.5; ÄthApkGor S.83; Const Ap VII 32,14f; vgl. Mt 16,27.

Mit dem für das semantische Feld 'Gericht nach den Werken' typischen Elementen 'richten' (2,1.3); κρίμα (2,2) und 'Kein-Ansehen-der-Person' (2,11) ist auch in Röm 2,1-11 die Interpretation des göttlichen Vergeltungshandelns als eschatologisches Gericht nach den Werken vollzogen. Paulus steht damit auf der letzten der Überlieferungsstufen, die wir bei der Tradition der göttlichen Tatvergeltung beobachten konnten. Hinzu kommt, daß sowohl der Hinweis auf die Vorstellung vom 'Schatz im Himmel',[77] auf den ἡμέρα ὀργῆς (2,5) als Tag des Gerichtes als auch die in 2,9f. vollzogene qualifizierende Spezifizierung in gute und schlechte Werke[78] auf ein eschatologisches Gerichtsszenarium als Vorstellungshintergrund, der allerdings nicht breit ausgeführt ist, hinweist.

Es bleibt dabei zu beachten, daß Paulus auf keine Vorstellungen anspielt, die eine Prüfung oder Bemessung der einzelnen Werke inkludiert, obwohl er derartige Vorstellungen kennt und an anderen Stellen durchaus auch verwendet.[79]

Wir fassen zusammen: bei Paulus ist traditionsgeschichtlich

---

75 äthHen 100,7: ἡμέρα ἀνάγκης
    Jub 5,10: 'Tag des großen Gerichts'
    Const Ap III 13-14: ἡμέρα ἀποκαλύψεως
    Röm 2,5: ἡμέρα ὀργῆς

76 Vgl. zu den bereits genannten Belegen Apk 22,12, sowie die Erwähnung des Richterthrones in Const Ap VIII 12,3-6 und ÄthKebra Nagast c.34. Vergleichbar ist die Einbindung der Vergeltungsaussage in Schilderungen von Gerichtstheophanien:ÄthApkPetr c.5; vgl. Mt 16,27.

77 Röm 2,5: θησαυρίζω; vgl. syrApkBar 14,12; 4Esr 7,77; 8,33; Tob 4,9; Mt 6,19f.

78 Vgl. grApkPls c.17; TestAbr B c.9; 4Esr 7,35; Kopt Anonym I S.152; Äth Buch der Engel S.52.

79 Vgl. 1Kor 3,13; Gal 6,3f.

die Interpretation der göttlichen Tatvergeltung als eschatologisches Gericht nach den Werken sowie deren Eingliederung in
den Vorstellungsbereich apokalyptischer Gerichtsszenarien voll
ständig vollzogen.

d. Umkehr und Gericht in Röm 2,1-11

Bereits in den griechischen Übersetzungen des AT haben wir
gesehen, daß die strenge Entsprechung von Tat und Tatfolge
durch die von Gott eröffnete Möglichkeit zur Umkehr durchbrochen werden konnte. Auch nach äthHen 100,7 trifft die göttliche Vergeltung der Taten nur die σκληροκάρδιοι, ebenso ist
die streng lineare Tatvergeltung durch die Einfügung des Um-
kehrmotivs in 2Klem 17,4; Herm (s) 6,3,5f. und Apk 2,23 relativiert. Nach dem apokryphen Jakobusbrief (ed. Fabricius,
S.525) fällt nur derjenige unter die Vergeltung nach den Taten
der nicht Buße getan hat: "(VII) Unde, viri fratres, unusquis-
que vestrum poenitentiam agat, ut non recipiat secundum opera
sua,..."
Der strenge Zusammenhang von Tun und Ergehen ist traditionell
auch dann durchbrochen, wenn die Tatvergeltung nur bestimmten
Gruppen angedroht wird; regelmäßig steht dann dieser Aussage
der Hinweis auf das erbarmende Handeln Gottes gegnüber.[80]
Formal korrespondiert die Einschränkung der Vergeltungsformel
auf bestimmte Gruppen in der Regel mit der Substitution von
ἕκαστος durch ἁμαρτωλός innerhalb der Vergeltungsformel.
Man kann hieran schon erkennen, daß Paulus, der die Vergeltungsformel zwar auch mit dem Umkehrmotiv verbindet, sie aber
unverändert übernimmt, nicht an der Einschränkung der Tatvergeltung auf bestimmte Gruppen interessiert ist (vgl. 2,9.10).
Paulus verbindet die Vorstellung des göttlichen Vergeltungs-
gerichtes (2,6-11) mit Elementen der Umkehrpredigt, in der die
Umkehr von bösem Tun traditionell ebenfalls das göttliche
Strafhandeln verhindert.
Von den typischen Elementen dieses Vorstellungskreises sind
in Röm 2,1-11 aufgenommen:
a. Der Zorn Gottes (2,5) als göttliche Reaktion auf die Unbuß-

---

80 PsSal 2,33-37; 17,8f; JosAs 28,3; VisEsr 61-66; arApkPetr II S.216;
    äthApkGor S.83.

fertigkeit (Sib I 125.150-198; Mt 3,7-12; Syr Ephraem Serm II 69-89; OrMan 5.9.13; vgl. den Abschnitt 'Der göttliche Zorn als Reaktion auf die menschliche Tat' in dieser Untersuchung, in dem der Zorn Gottes als ein Element innerhalb des dtn. Umkehrschemas verortet wurde).

b. Die Langmut Gottes als zeitlich begrenzte Chance der Sünder zur Umkehr (OrMan 7; syrApkPls c.3+5; Herm (s) 8,11,1-4; 4Esr 9,7-12; Sir 17,19ff; Anonym Apk I, S.154; 2Petr 3,9; äthApkGor S.82; äthKebra Nagast c.114).

c. Das erbarmende Handeln Gottes als Reaktion auf die Umkehr des Menschen (2,4; OrMan 7; 2Klem 16,2; Herm (s) 8,11,1-4; syrApkPls c.3+5; VisEsr 61-66; Jub 5,10-20; Tob 13,5ff; TestSeb 9,7; TestJud 23,5).

d. Die Herzensverhärtung (2,5) als Zeichen der menschlichen Unfähigkeit zur Umkehr (Sib I 171; grApkHen 98,11; 100,8; 1QS 2,25, 1QH 4,15; Just Dial 27,2; 39,1; 43,1; 44,1; 53,2; 95,4; 114,4; 137,1).[81]

Es ist für unseren Zusammenhang von Bedeutung, daß das Gericht nach den Taten durch die Buße nicht außer Kraft gesetzt wird. Die Umkehr liegt zeitlich vor dem Gericht und kann dazu befähigen, das gerechte Werkgericht Gottes zu bestehen. Nach Sir 17, 19ff. gilt die Barmherzigkeit Gottes nur denen, die als Bereuende die Umkehr vollzogen haben. Sie sind durch das Erbarmen Gottes dazu in die Lage versetzt, das Vergeltungsgericht zu bestehen. Buße und Reue beschreibt menschliches Handeln vor dem Eintritt des Gerichtes. Im Endgericht selbst gibt es dann keine Möglichkeit zur Reue mehr.[82] Die 'Tür der Buße' (4Esr 9,7-12) ist bereits geschlossen, wenn die, die Werke und Glauben haben, gerettet werden. Der gleiche Gedanke findet sich in 4Esr noch einmal: "... dann kommt das Ende und das Erbarmen vergeht, das Mitleid ist fern, die Langmut verschwunden, mein Gericht wird allein bleiben, die Wahrheit bestehen, der Glaube triumphieren; der Lohn folgt nach, die Vergeltung erscheint; die guten Taten erwachen, die bösen schlafen nicht mehr" (7, 33-36). Es sind die Taten, die als Kriterium der Beurteilung

---

81 Zum Vorwurf der Herzensverhärtung: Berger, Hartherzigkeit, 1-47.

82 SyrApkBar 85,12; Kopt Anonym Apk I S.154; 2Petr 3,9.

im Gericht einzig relevant bleiben, während das göttliche Er-
barmen mit dem Beginn des eschatologischen Aktes vergeht.
Nach Sib II 310ff. ist dem prüfenden Feuergericht für die
Irrenden eine siebentägige Zeit der Umkehr vorgeschaltet. Der
Zeitpunkt für das Ende aller Umkehrmöglichkeit kann mit dem
Tod des Menschen (äthGorApk S.82) oder erst mit der Auferstehung
der Toten (äthKebra Nagast c.114f.) angegeben werden.[83]
In Röm 2,5 schließt Paulus rhetorisch diese traditionelle Möglichkeit,
den Zusammenhang von Tat und Ergehen zu durchbrechen
für die von ihm Angesprochenen aus: wegen der 'Verstocktheit'
und des 'unbußfertigen Herzens' bleibt der Weg der Buße verschlossen.[84]
Paulus formuliert hier zwar indikativisch, doch
ist die Aussage innerhalb einer Umkehrpredigt nur als Drohung
und schärfste Form der Forderung zu verstehen. Es handelt sich
um eine Anklage mit paränetischer Absicht.
Damit unterstreicht Paulus nachdrücklich seine Rede vom göttlichen
Gericht nach den Werken, vor dem jeder aufgrund seiner
guten und schlechten Werke zur Rechenschaft gezogen wird.
Die spezifische kontextuelle Intention der Ausschaltung des
Umkehrgedankens wird durch die Explikation des ἕκαστος (2,6)
als Ἰουδαίου... καὶ Ἕλληνος in 2,9f. spürbar. Denn Paulus
verbindet das Wortfeld 'Gericht nach den Werken ohne Ansehen
der Person' mit dem Gedanken der 'Nivellierung von Gruppen-
unterschieden', den er gewöhnlich mit der Bekehrung zum
Christentum und der Taufe verbindet.[85] Damit hat Paulus das
ἕκαστος als Gleichheit der Juden- und Heidenchristen vor dem
Gericht nach den Werken ausgelegt.

---

83 Erst in späten Texten wird mit der Aufhebung des vergeltenden Ge-
    richtes nach den Werken durch die Buße gerechnet. Nach Herm (s)
    8,11,1-4 durchbricht die Umkehr das Prinzip der adäquaten Vergel-
    tung dadurch, daß auch denen Barmherzigkeit geschenkt wird, die
    "es um ihrer Werke willen nicht verdienen" (V.1). Nach der syrApkPls
    sind diejenigen, die Buße tun, von dem gerechten Gericht ohne An-
    sehen der Person verschont (c.3+5). Das gleiche wird auch im apokr.
    Jakobusbrief Lib IV,7 betont. Nach der äthApkPetr I S.435, sagt
    Jesus zu Petrus, daß, wenn man den Sündern etwas über die Gnade
    Gottes sagt, diese keine Buße mehr tun werden.

84 Vgl. Wilckens, Römerbrief, 125.

85 Vgl. Berger, Exegese, 152f.

e. Zusammenfassende theologische Wertung: das Gericht nach den
menschlichen Werken im theologischen Denken des Paulus

In Auseinandersetzung mit der neueren theologischen Diskussion
versuchen wir in diesem Abschnitt eine Einordnung der Vorstellung vom Gericht nach den Werken in das theologische Denken des Paulus. Drei Fragestellungen werden uns im folgenden
besonders beschäftigen:
1. Was versteht Paulus unter den 'Werken', die im eschatologischen Gericht relevant werden? Handelt es sich um 'Leistungen', mit denen der Mensch vor Gott einen Anspruch einklagen
kann, oder mißt Paulus dem ἔργον der Christen sowohl qualita-
tiv als auch quantitativ eine Funktion zu?
2. Welchen Stellenwert hat die Vorstellung von einem Endgericht
nach den Werken im Vergleich zu anderen paulinischen Vorstellungen über das Ende dieser Welt? Wo liegt das 'tertium comparationis' mit anderen das Endgericht nach den Werken flankierenden Vorstellungen?
3. Wie verhält sich im paulinischen Denken die Vorstellung
eines Endgerichtes nach den Werken zu seiner Rede von der
Rechtfertigung sola gratia und sola fide?

Bei der Diskussion dieser Problemzusammenhänge setzen wir
nochmals mit der in Röm 2,6-11 vorliegenden Beschreibung des
eschatologischen Werkgerichtes ein. Dort stellt Paulus Heiden
und Juden, die sich bereits in Röm 1,18ff. als darin gleich
erwiesen haben, daß sie beide die Sünden der Heiden tun,
gleichermaßen unter das eschatologische Vergeltungsgericht
nach den Werken. Paulus radikalisiert hierbei die Gerichtsvorstellung in zweifacher Weise.[86] Gegenüber den Juden betont
er ausdrücklich den linearen Zusammenhang von Tun und Ergehen,
wobei er die Umkehr als Möglichkeit seiner Durchbrechung wegen
der Herzensverstocktheit (2,5) verbal ausschließt. Gleichwie
sich damit die Juden nicht auf ihre herkömmlichen Heilsprivilegien zurückziehen können, so können die Heiden ihr sünd-

---

86 Auf eine Radikalisierung der Gerichtsvorstellung durch Paulus wies be-
    reits, allerdings ohne Hinweis auf die Verneinung der Möglichkeit einer
    Umkehr, hin: Braun, Gerichtsgedanke, 59 ("im Vergleich mit dem Juden-
    tum ist der Gerichtsgedanke des Paulus... durchaus radikalisiert").

haftes Verhalten nicht durch eine vorgebliche Unkenntnis des
göttlichen Willens entschuldigen (1,18-21). Sie wissen φύσει,
was der göttliche Wille fordert (2,14).[87]

Der unmittelbare Kontext läßt sich somit als grundsätzliche
Gleichstellung von Heiden und Juden angesichts des nach den
Werken ergehenden eschatologischen Gerichts bestimmen. Die allgemeine Anrede Röm 2,1.3, die Heiden und Juden umfaßt, die
Anspielung auf das 'Goldene Kalb', mit der Paulus hervorheben
will, daß "in der Bosheit der Heiden sich Juden und Heiden
auch nach Röm 1,18ff. gleich sind"[88] und schließlich die Radikalisierung der Gerichtsvorstellung in Richtung auf Heiden und
Juden, sowie die Nennung beider Gruppen in 2,9.10 selbst,
schließen die These aus, daß Paulus in Röm 2 das Gericht nach
den Werken ausschließlich mit Blick auf die Juden anspricht.
Der Gerichtsgedanke steht nicht im Dienst einer Anklage der
Juden,[89] sondern will in seiner direkten kontextuellen Funktion die Gleichheit von Juden und Heiden unter der Offenbarung
des göttlichen Zorns unterstreichen (1,18).

Wir können zusammenfassen, daß aus dem unmittelbaren Kontext
keine Argumente dafür sprechen, daß Paulus die Vorstellung vom
Werkgericht nicht als selbstverständlich gültig für alle Menschen voraussetzt.

Doch welchen Stellenwert hat der Gerichtsgedanke innerhalb des
gesamten paulinischen Denkens?
Wir gehen auch hier wieder von Röm 2,6-11 aus, da anhand dieser
Stelle diese Frage wegen der Nähe zu den Rechtfertigungsaussagen in der Forschung besonders eindringlich gestellt wurde.

---

87 Zum gedanklichen Hintergrund von Röm 2,14-16: Bornkamm, Gesetz, 93-118.
    Wir können allerdings der funktionalen Bestimmung der paulinischen Aus-
    führungen über die Heiden in 1,18-32 und 2,14-16 durch Bornkamm als
    eines "im Dienst des gegen die Juden gerichteten Angriffs stehend" (94)
    nicht zustimmen.
    Paulus geht es nach unserer Auffassung in Röm 1,18-3,20 um die Gleich-
    stellung von Juden und Heiden, nicht aber um einen einseitigen Angriff
    auf jüdische Heilsprivilegien.

88 Berger, Exegese, 26.

89 Dies behauptet Synofzik, Gerichtsaussagen, 83. Synofzik versteht den
    Gerichtsgedanken zu Unrecht als massive Polemik gegen die Juden. So
    meint er etwa, die 'Gesetzeswerke' seien Ausdruck der 'Ursünde' der
    Juden (!) und somit gegen deren "rechthaberisches Bestehenwollen vor
    Gott" (88) gerichtet.

Wie wir oben zu zeigen versuchten, erscheint es kurzschlüssig, aufgrund einer funktionalen Bestimmung der Gerichtsaussage in Röm 2,6-11 für den Kontext die grundlegende Gültigkeit eines Endgerichtes nach den Werken für das paulinische Denken zu bestreiten. Die oftmalige Betonung des Gerichtsgedankens innerhalb des gesamten Corpus Paulinum[90] verbietet sowohl eine 'hypothetische' Bewertung (Lietzmann) von Röm 2,6-11 als auch eine temporäre Eingrenzung des Gerichtshandelns Gottes auf eine Zeit ante fidem.[91] Der Versuch einer Zuordnung der Rechtfertigung aus Gnade und des Gerichtes nach Werken auf die Zeit post und ante fidem,[92] weist der Rechtfertigung nach den Werken analog zu dem Verständnis dieses Problems in der Gemeinde von Qumran eine entscheidende Bedeutung zu, wobei die Rechtfertigung aus Gnade unter der Voraussetzung einer unveränderten Qualität der Taten für die Zeit post Christum nicht mehr mitgedacht werden kann.

Wenn man aber umgekehrt von der weiterwirkenden eschatologischen Heilskraft der Rechtfertigung aus Gnade über den Zeitpunkt der Bekehrung zum Christentum hinaus ausgeht, dann ist die Ernsthaftigkeit des Endgerichts, die Paulus immer wieder mit Nachdruck betont, nicht gewährleistet.[93]

Obwohl Röm 2,6-11 durch den Kontext der Zeit vor der neuen Heilssetzung durch Christus deutlich zugeordnet ist (3,21: νυνὶ δέ), wird, wie die zahlreichen von Braun angeführten Belege zeigen, die Gültigkeit des Gerichts nach den Werken auch für die Zeit nach Christus nicht außer Kraft gesetzt, wobei Paulus weder Rechtfertigung und Gericht dialektisch aufeinander zuordnet,[94] noch verliert das Gericht nach den Taten für den Christen seine Gültigkeit.[85]

---

90 Sämtliche Belege sind bei Braun, Gerichtsgedanke, 37-40, gesammelt.

91 Wilckens, Römerbrief, 143, weist diesen Lösungsversuch bereits bei Origenes nach und sieht in J.Jeremias einen heutigen Vertreter dieses Ansatzes.

92 Vgl. Godet, Römerbrief, z.St.

93 Vgl. Wilckens, Römerbrief, 143f.

94 Vgl. die Kritik der Ansätze von Käsemann und Althaus bei Michel, Römerbrief, 116f.

95 1Kor 3,15. Braun Gerichtsgedanke, 44: "Nimmt man alle auch im weiteren Sinn aufs Gericht zielenden Stellen, so redet der Apostel vom Gericht an den Christen etwa 60 mal, vom Gericht an allen Menschen, speziell an Nichtchristen kaum 20 mal; das Gericht an den Engeln be-

Wilckens legt seiner theologischen Interpretation des paulinischen Verständnisses vom Gericht nach den Werken[96] ein eschatologisches Verständnis der weisheitlich-jüdischen Vorstellung
von der schicksalwirkenden Tatsphäre zugrunde: "Der eschatologischen Gerichtsvorstellung in Röm 2 liegt diese Grundanschau-
ung 'schicksalwirkender Tatsphäre' zugrunde. Nur wird hier der
Zusammenhang zwischen Tun und Ergehen nicht als innergeschicht-
liche Folge, sondern als in endzeitlicher Zukunft zu erwartende
'Vollendung' alles Tuns verstanden."[97] Von hierher bestimmt
Wilckens das Verhältnis von Rechtfertigung und Gericht: "Weil
im Glauben an Christus, den für uns Gekreuzigten, der Sünder
von der Wirklichkeit seiner Werke befreit wird, darum bedeutet
Rechtfertigung für Paulus zugleich Befreiung von seiner Be-
haftung bei den sündigen Werken und Verpflichtung zu einem
Handeln, das Gottes Willen, dem Guten, der Liebe, entspricht."[9]
Durch den Sühnetod Christi wird der Mensch davor bewahrt, daß
ihn die seiner faktischen, sündhaften Wirklichkeit entsprechende Tatfolge eschatologisch einholt. "Das bevorstehende Gericht
stellt den Christen in seinem Tun in eine letzte Verantwortlichkeit, die er als gerechtfertigter Sünder nun wirklich
wahrnehmen kann, eben weil er im Glauben alles verfehlte Werk
-auch alle christlichen Sünden in ihrer noch so schweren und
folgenreichen Wirklichkeit- als im Sühnetod Christi aufgehoben
weiß."[99]
In diesem Entwurf von Wilckens, der die Gültigkeit des Werkgerichtes auch über das Heilsereignis 'Jesus Christus' hinaus
nachhaltig unterstreicht und gleichzeitig davor bewahrt, die
Gerichtsvorstellung als rein quantitativ abwägendes Prüfen der

---

gegnet nur einmal." Dies richtet sich gegen Titius, Paulinismus, 151f,
aber auch gegen Michel, der zwar an der unumschränkten Gültigkeit des
Gerichtes nach den Werken auch für die Zeit nach der Heilssetzung durch
Christus festhält und betont, daß der Christ nicht aufgrund von Glau-
benswerken gerecht wird, sondern aufgrund der göttlichen Gnade, die
ihn "durch das Gericht hindurchträgt und freispricht", Römerbrief, 117.
Doch in der Konsequenz hat für Michel das Gericht nach den Werken eine
den Ernst der Gerichtsvorstellung nicht festhaltende, rein pädagogische
Funktion; es soll den Christen zur Aufgabe seines Selbstruhms führen.

96 Wilckens, Römerbrief, Exkurs 'Das Gericht nach den Werken II', 142ff.

97 Wilckens, Römerbrief, 129.

98 Wilckens, Römerbrief, 146.

99 Wilckens, Römerbrief, 146.

Einzelwerke im Sinne der römischen 'iustitia distributiva'
mißzuverstehen und der deutlich einem folgenreichen 'leistungs-
feindlichen' Verständnis des Rechtfertigungsgeschehens wehrt,
stecken mehrere Implikationen, die wir hier nur nennen, um sie
später kritisch zu befragen:

Durch den Sühnetod Christi wird nach Wilckens die 'böse faktische Wirklichkeit' des menschlichen Handelns, was die Folgen
betrifft, aufgehoben.[100] Die durch die Offenbarung der Gerechtigkeit Gottes (Röm 3,21ff.) vollzogene neue Heilssetzung in
Jesus Christus wird so in ihrer exklusiven Gültigkeit relativiert. Gegen Bultmann[101] hält Wilckens an der prinzipiellen
Gültigkeit des Gesetzes als auf das Heil weisend fest,[102] wobei er Bultmann darin zu Recht kritisiert, daß dieser die
menschlichen Werke einseitig als Leistungen bestimmt, mit denen
sich der Mensch vor Gott Geltung verschaffen will und damit
einer "tiefwirksame(n) Verneinung aller Aktivität des Menschen,
dem Guten in der Welt Bahn zu brechen und dem Bösen zu wehren"[103] Vorschub leisten kann.

Rechtfertigungsgeschehen und Gerichtsvorstellung scheinen bei
Wilckens nicht aufeinander bezogen, sondern in dem Sinne als
verschiedene Aktionsbereiche, daß die Folgen einer zwar von
Gott gesetzten aber im Grunde mechanistisch funktionierenden
Ordnung ('schicksalwirkende Tatsphäre') durch den personalen
Eingriff in Gestalt des sündentilgenden Opfers Christi außer
Kraft gesetzt wird. Die Personalität Gottes im Gerichtshandeln bleibt so im Grunde nicht gewahrt. Wilckens spricht daher
auch von 'Geschickfolge'[104] oder vom "endzeitlichen Inkraft-
setzen des den Taten der Menschen folgenden, ihnen entsprechenden Unheilgeschicks".[105] Grundlegend für das Verständnis des
Gerichtes durch Wilckens ist die Annahme einer grundsätzlich
gleichbleibenden Qualität menschlicher Handlungen auch nach der
in Jesus Christus vollzogenen Heilstat. Wilckens blickt aus-

---

100 Wilckens, Römerbrief, 145.

101 Vgl. Bultmann, Christus, 40f.

102 Wilckens bestreitet das 'Heilsprivileg' Gesetz für die Juden, nicht
     aber dessen prinzipielle Gültigkeit als Heilsweg, der nur an dem
     faktischen, sündhaften Tatverhalten 'scheitert'; Römerbrief, 146f.

103 Wilckens, Römerbrief, 145.

104 Wilckens, Römerbrief, 130.   105 Wilckens, Römerbrief, 129.

schließlich auf die Faktizität des sündhaften Handelns. Aus
seiner Sicht ist der Jude nicht mit dem Gericht nach den Werken
konfrontiert, weil er Werke des Gesetzes tut, "sondern weil er
Sünde tut wie der Heide (2,1)".[106]
Die exegetischen Ergebnisse von Wilckens, besonders die Interpretation des Gerichts nach den Werken als eschatologisierte
'schicksalwirkende Tatsphäre', nimmt Stock[107] auf und versucht
sie für die systematisch-theologische Diskussion um den Stellenwert des Werkgerichts fruchtbar zu machen.
Die theologischen Konsequenzen, die der Ansatz von Wilckens
impliziert, erscheinen uns in dem Versuch Stocks gut herausgearbeitet und ausgezogen. Stock geht von einer grundsätzlichen Trennung von Gerichts- und Rechtfertigungsaussagen aus,
die er als unterschiedliche, zu trennende Interaktionen beschreibt.[108] Da er im Sinne von Wilckens in dem Gericht nach
den Werken lediglich einen von Gott bewirkten eschatologischen
Ordnungszusammenhang sieht, kann er vom Gericht nur metaphorisch reden. "Das ist die Metapher für die definitive Situation, in der Gott den Menschen mit seiner Lebensgeschichte
konfrontiert und ihn auf ihre Wirkungen endgültig festlegt
und ihn so mit ihr identifiziert."[109] Stock sieht im Gericht
eine Metapher für die Tatsache, daß die göttliche Erfahrung
der 'Verwundung' durch den menschlichen Lebenszusammenhang
auch die Menschen machen. Im Gericht werden sie mit den Wirkungen ihres geschichtlichen Lebens konfrontiert. Die strenge
Trennung der 'Interaktionen' Gericht und Rechtfertigung
schließt ein Verständnis der Heilstat Christi als "stellvertretend erlittene Situation des Gerichts" aus.[110] Ebenfalls

---

106 Wilckens, Römerbrief, 145.

107 Stock, Gott, 240-256.

108 Stock versucht die Entgegensetzung von Gerechtigkeit und Gericht
     Gottes dadurch zu begründen, daß er grundsätzlich geschiedene Ter-
     minologien für beide Bereiche annimmt (Gott, 154). Dagegen wies be-
     reits Braun, Gerichtsgedanke, 77f, darauf hin, daß sich Paulus bei
     Gerichtsaussagen und bei Aussagen über die eschatologische Recht-
     fertigung derselben Terminologie bedient.

109 Stock, Gott, 253.

110 Stock, Gott, 254.

im Sinne von Wilckens bestimmt Stock die Heilsbedeutung
Christi auf dem Hintergrund 'der alttestamentlichen Sühnopfer-
Vorstellung und des Sühnekultes'.[111] Dem durch die menschlichen Handlungen pervertierten Ordnungsprinzip 'schicksalwirkende Tatsphäre' setzt Gott die Bewahrung des Menschen vor
der Erfahrung der Folgen seines Lebenszusammenhanges entgegen,
indem er dieser Erfahrung zuvorkommt.[112] Die als Interaktion
verstandene Rechtfertigung durch Gott, d.h. seine nochmalige
Zuwendung zu den Menschen, ist durch Christus vollzogen. Die
stellvertretende Lebenshingabe bedeutet von Gott aus gesehen
eine erneute Hinwendung zu den Menschen, indem er sich als
Vater mit dem Sohn identifiziert.[113] Damit sind die Christen
durch das alleinige Verdienst Gottes aus dem für sie unheil-
vollen Kreislauf von Tat und Tatvergeltung herausgehoben. Sie
sind in der Konsequenz nicht dem Gericht unterworfen.
Stock bewahrt so ein intentionales Element des apokalyptischen
Gerichtsverständnisses, daß nämlich Gott das menschlich Böse
besiegt. Dies geschieht aber nicht in der Weise, daß Gott das
Böse vernichtet oder ausschaltet, sondern indem er es in
seiner Konsequenz nicht zum Zuge kommen läßt.
An diesem Punkt muß an der Konzeption Stocks Kritik ansetzen.
Denn wie Wilckens trägt auch er in letzter Konsequenz der
Ernsthaftigkeit des paulinischen Gerichtsgedankens nicht um-
fassend Rechnung. Durch die Außerkraftsetzung der Tatfolge
kommt bei beiden Forschern das Gericht für den Christen nicht
zum Zuge. Durch die 'Veränderung'[114] des Gerichtsgedankens im
Kreuzestod Christi ist dieser nach Stock neu bestimmt: "Der
Glaube hofft auf die eschatologische Gegenwart Gottes in der
Welt des Menschen, die durch den Namen Jesu Christi bestimmt
ist. Er hofft auf sie, weil eben da, wo die Macht des menschlich Bösen offenbar werden muß, zugleich die größere Kraft des
menschlich Guten offenbar werden wird."[115] Damit muß nach
Christus der Glaubende ernsthaft mit dem göttlichen Richter

---

111 Stock, Gott, 254f.

112 Stock, Gott, 255.

113 Stock, Gott, 255.

114 Stock, Gott, 254.256.

115 Stock, Gott, 256.

nicht mehr rechnen. Auch für Wilckens hat das Gericht nur noch
pädagogische Funktion, indem es den 'gerechtfertigten Sünder'
in eine 'letzte Verantwortlichkeit' für sein Handeln stellt.[11]
Diese Interpretation ist nur dadurch möglich, daß man Gott als
den personalen Richter auf der Seite des als eschatologi-
siertes Ordnungsprinzip verstandenen Gerichtsgedankens nicht
mehr mitdenkt.[117] Doch hatten wir bereits in der traditionsgeschichtlichen Analyse von Röm 2,6-11 gezeigt, daß der Tun-
Ergehen-Zusammenhang bei Paulus eindeutig als Gottes richter-
lich-vergeltendes Handeln interpretiert ist. Bei Paulus ist
die Tatvergeltung nicht mehr als Ordnungsprinzip im Sinne der
Weisheit verstanden, sondern als eschatologisches Gericht nach
den Werken, bei dem Gott als der Richter zwingend mitgedacht
ist.

Von der Grundsätzlichkeit der paulinischen Aussagen über das
Gericht nach den Werken legen nicht nur die zahlreichen Belege
innerhalb der paulinischen Briefe Zeugnis ab, auf die wir im
folgenden Abschnitt eingehen werden, sondern auch Röm 2,6-11
selbst: Das ἕκαστος in 2,6 ist deshalb ernst zu nehmen, weil
Paulus von der in der Tradition vorgezeichneten Möglichkeit
einer Abänderung der Vergeltungsformel im Sinne einer Einschränkung auf bestimmte Gruppen keinen Gebrauch macht. Auch
in der chiastischen Entfaltung von 2,6 in 2,7-10 bestimmt
Paulus ἕκαστος in nicht einschränkender Form als Heiden und
Juden. Das Gericht nach den Werken hat für ihn allgemeine
Gültigkeit und bleibt nicht nur in metaphorischer Funktion
erhalten.

Richtig ist aber auch, daß das Endgericht nach den Werken nur
eine unter anderen Vorstellungen ist, mit denen Paulus das
von ihm in naher Zukunft erwartete Weltende beschreiben kann:
Ohne das Endgericht nach den Werken zu erwähnen, spricht der
Apostel in 1Kor 15,12-34 von der eschatologischen Auferstehung
der Toten, die er aus der Auferstehung Christi herleitet.
Bei dieser das Endgericht nach den Werken 'flankierenden'
eschatologischen Vorstellung beinhaltet die in der Aufer-

---

116 Wilckens, Römerbrief, 146.

117 Dieses Interpretationsmodell liegt ansatzweise schon bei Wetter, Ver-
     geltungsgedanke, 77, vor, der die apersonale Vergeltungsmechanik
     allerdings als einen immanent ablaufenden Prozeß verstehen will.

stehung deutlich werdende göttliche Ordnung (15,23) für den
Christen wesentlich die Auferweckung des σῶμα πνευματικόν
(15,44). Der Christ erhält damit in der Auferstehung einen dem
Sein ἐν πνεύματι entsprechenden Leib.[118] Damit wird für den
Glaubenden die durch die Auferstehung Christi bereits gesetzte
neue Wirklichkeit als eschatologisches Ereignis konkret offenbar. Wir werden auf diese Vorstellung im Zusammenhang mit
2Kor 5,1-10 noch ausführlich eingehen, da Paulus dort das
Sichtbarwerden des neuen Leibes mit der Vorstellung vom Endgericht nach den Taten verbindet.

Nach Röm 8,1-11 sind die Christen bereits mittels des Geistbesitzes auf eine neue Leiblichkeit ausgerichtet. Nach 8,11
wohnt der Geist schon jetzt in ihnen, so daß sie auf die Auferstehung hin angelegt sind. Wilckens unterstreicht den eschatologischen Aspekt der Aussage in 8,11, indem er betont: "Darum
folgt aus seiner (sc. des in uns wohnenden Geistes Christi)
gegenwärtigen, uns von der Sünde scheidenden Wirkung, durch die
uns statt des Todes das Leben offensteht, auch seine zukünftige
Wirkung endzeitlicher schöpferischer Realisierung dieses Lebens
an unseren sterblichen Leibern."[119] Auch hier wird die eschatologische Zukunft der Christen nicht auf dem Hintergrund eines
endzeitlichen Gerichts nach den Taten gedacht, sondern Paulus
postuliert eine endzeitliche Finalität,[120] was den Zusammenhang von jetzigem Leiden und zukünftiger Verherrlichung (8,14-
17) der Christen betrifft, wobei vorausgesetzt ist, daß "der
Geist als Geist Christi die Glaubenden dem Gottessohn gleich-
gestaltet, so daß das Geschick des Sohnes die Norm der Aussagen
über das Wirken des Geistes in den Christen ist" (8,14).[121]

---

118 Vgl. Conzelmann, 1Korintherbrief, 336. Der in der Forschung be-
     strittenen These Lietzmanns, daß Paulus an das Offenbarwerden des
     bis zur Auferstehung verborgenen pneumatischen Leibes denke (Lietz-
     mann, Korintherbriefe, 154), kann man insoweit Recht geben, daß das
     durch Christus dem Glaubenden in der Taufe vermittelte Pneuma quali-
     tativ nicht von der christlichen Existenzform des σῶμα πνευματικόν
     nach der Auferweckung unterschieden werden kann.
     Daher ist aus unserer Sicht die von J.Weiß, 1Korintherbrief, 371-
     373, unter Bezug auf die Analysen Reitzensteins aufgestellte These,
     es handele sich bei dem σῶμα πνευματικόν um eine grundsätzlich neue
     Lebensform, so nicht aufrechtzuerhalten.

19   Wilckens, Römerbrief II, 133.

20   Vgl. Osten-Sacken, Römer 8, 263.

21   Osten-Sacken, Römer 8, 262.

Diese im συμπάσχειν der Glaubenden bereits jetzt angelegte
eschatologische Dimension des Geistbesitzes wird im zukünftigen 'Mit-Verherrlichtwerden' der Christen offenbar werden
(8,17).[122]   Bei dieser 'flankierenden' eschatologischen Vorstellung ist ebenfalls das 'Offenbarwerden' (8,18f.) ein wesentliches Moment der von Paulus gedachten Zukunftsvorstel-
lung.[123] Das zunächst auf die Doxa bezogene ἀποκαλυφθῆναι
(8,18) wird in 8,19 aufgenommen und als τὴν ἀποκάλυψιν τῶν
υἱῶν τοῦ θεοῦ (vgl. 1Petr 1,6f.) interpretiert. Auch hier ist,
wie bei der eschatologischen Auferstehungshoffnung, das tertium comparationis zum Gerichtsgedanken das endzeitliche
Offenbarwerden. Denn auch das in Röm 2,6-11 beschriebene Gericht nach den Werken ist nach Röm 2,16 als der Tag zu verstehen, "wann Gott das Verborgene der Menschen richten
wird."[124] Ebenso gilt auch für die anderen Darstellungen eines
eschatologischen Werkgerichtes, daß das Offenbarwerden des
bisher Verborgenen ein für die Vorstellung konstitutives Element darstellt.[125]

Grundsätzlich bedeutet der bisherige Befund für die Interpretation der paulinischen Gerichtsaussagen:

1. Das Entscheidende der paulinischen Rede vom Gericht liegt
nicht in den Werken selbst, sondern im Gericht als dem Ort des
eschatologischen Offenbarwerdens.

2. Hierbei ist, wie die angefügten Belege 'flankierender'
eschatologischer Vorstellungen bei Paulus deutlich zeigen,
die Zukunftsdimension des Pneumabesitzes als inhaltlicher
Grund der Offenlegung bei der Interpretation wesentlich zu

---

122   In 8,17 nennt Paulus die Voraussetzung dafür, warum die Christen
      'Miterben Christi' genannt werden können; vgl. Osten-Sacken, Römer 8;
      139.

123   Wilckens, Römerbrief II, 148f, denkt für Röm 8,18-30 das endzeitliche
      Gericht als Vorstellungshintergrund mit. Hierfür bietet der Text
      keinen Anhaltspunkt.

124   Das Offenbarwerden des bisher Verborgenen ist ein festes Element der
      Werkgerichtsvorstellung: 2Klem 16,3; IgnEph 14,1f; Epist.Christi (ed.
      Santos) S.681; grEphraem (ed. Assemani) II S.197; III S.378;

125   1Kor 3,13: ἑκάστῳ τὸ ἔργον φανερὸν γενήσεται.
      2Kor 5,10: "Denn wir alle müssen vor dem Richterstuhl
      Christi offenbar werden (φανερωθῆναι),
      damit jeder empfange, je nach dem er im Leibe gehandelt hat,
      sei es gut oder böse;" vgl. 1Kor 4,5.

berücksichtigen. Der paulinische Gerichtsgedanke läßt sich
nicht ohne die Pneumatologie verstehen und ist unter diesem
Gesichtspunkt auch in Relation zu den Rechtfertigungsaussagen
zu setzen.

ad 1: Der Kern der paulinischen Gerichtsaussagen zielt auf
die Offenlegung des bisher Verborgenen, wobei die Werke im
paulinischen Denken nur oberflächlich Leistungen im Sinne der
Erfüllung göttlicher Forderungen signalisieren, in Wahrheit
aber als Zeichen für die im Gericht offenbar werdende 'innere'
Wirklichkeit des Menschen anzusehen sind. Auf diesem Hintergrund wird der charakteristisch singularische Sprachgebrauch
von ἔργον verständlich:

Bis auf den durch die Übernahme der Vergeltungsformel er-
klärbaren Plural κατὰ τὰ ἔργα in Röm 2,6 verwendet Paulus im
Gerichtskontext ἔργον durchgängig im Singular.[126] Der Begriff
hat damit keinen Einzeltatcharakter, sondern ist Zeichen für
die innere Wirklichkeit eines Menschen und nur unter diesem
Aspekt gerichtsrelevant. Dieses der pagan-griechischen Funktion der Werke innerhalb der sog. 'allgemeinen Erfahrungsregel'
entsprechende Verständnis von ἔργον im offenbarenden Endgericht
bei Paulus charakterisiert Michel: "Die Werke des Menschen
sind Ausdruck für dessen Wesen und Existenz, nicht davon ab-
lösbare Handlungen. In dem, was der Mensch tut, offenbart er,
wer und was er ist."[127]

ad 2: Wir haben versucht, das 'Werk' des Menschen, das im
eschatologischen Gericht offenbar werden wird, als Zeichen
für die 'innere' Wirklichkeit eines Menschen zu bestimmen.

---

126 Dieser Nachweis wurde unter Berücksichtigung aller paulinischen
    Belegstellen bereits geführt durch Braun, Gerichtsgedanke, 52.
    Mattern, Verständnis, 141-144, die aus diesem Tatbestand in Über-
    einstimmung mit Schrage, Einzelgebote, 55f, eine bewußte Abgrenzung
    gegenüber dem 'judaistisch belasteten Plural ἔργα herleiten möchte,
    übersieht in ihrer Wertung, daß der Plural ἔργα bei Paulus überwie-
    gend als Modus der Zugehörigkeit zu einer Macht funktional Verwendung
    findet, wenn sie sagt: "Das, was die ἔργα grundsätzlich vom ἔργον
    unterscheidet und sie zu ἔργα stempelt, ist, daß sie das Ergebnis
    menschlicher Leistung sind", Mattern, Verständnis, 147.

127 Michel, Römerbrief, 116.
    Auch Stock, Gott, 153, betont nachdrücklich, daß im Gericht nicht
    das je einzelne Werk offerbar werden wird. Für Stock manifestiert
    sich allerdings in den Werken nicht die innere Wirklichkeit des
    einzelnen Menschen, sondern das göttliche Ordnungsprinzip einer
    schicksalwirkenden Tatsphäre.

Die 'innere' Wirklichkeit ist durch die Rechtfertigung für
den Christen bereits jetzt grundlegend verändert. Nach Röm
5,1-11 begründet die vollzogene Versöhnung (5,10) das zukünftige Heil. Der Christ ist durch den Sühnetod jetzt schon gerechtfertigt, worin sich die zukünftige Rettung vor dem Zorn-
gericht Gottes begründet (5,9).[128] Am einzelnen Menschen hat
sich diese Rettungstat Gottes dadurch vollzogen, daß der Chris
mit der Taufe das Pneuma empfängt (Röm 5,5).[129] Analog hierzu
konnte Stuhlmacher[130] für Röm 8,10 und Gal 6,7-10 nachweisen,
daß an diesen Stellen Rechtfertigung strukturell heißt, daß
Gott mit der Gabe des Geistes schöpferisch und rechtfertigend
in das Leben des Täuflings eingreift.

An diesem 'Existenzwandel'[131], der sich durch den Geist in der
Taufe am Menschen vollzieht, ergeben sich unter der Voraussetzung, daß das eschatologische Gericht auch für den Christen
seine Gültigkeit behält,[132] für die Bestimmung des Verhältnisse
von Gericht und Rechtfertigung im paulinischen Denken die
folgenden Gesichtspunkte:

Den Menschen wird durch und seit Christus der Geist als Me-
dium der Wirksamkeit Gottes in der Welt verliehen.[133]

---

128 Käsemann betont unter Aufnahme der Forschungsdiskussion mit Recht
     die funktionale und inhaltliche Identität der in Röm 5,9-10 ver-
     wendeten Termini 'versöhnen' und 'rechtfertigen' und vermerkt zu
     der paulinischen Verwendung von καταλλάσσω:
     "Pls gebraucht ihn, um das Heilsgeschehen als iustificatio inimi-
     corum... und die pax Christi als sein Ziel zu charakterisieren, wie
     der Partizipialsatz zeigt", Käsemann, Römerbrief, 129.

129 Zu Recht weisen Käsemann, Römerbrief, 126 und Wilckens, Römer-
     brief, 293, mit vielen anderen darauf hin hin, daß Paulus in
     Röm 5,5 an das Taufgeschehen denkt.
     Daß der Christ in der Taufe das Pneuma empfängt, ist eine all-
     gemein christliche Erfahrung seit der Urgemeinde. Belege hierfür
     sind bei Wilckens, Römerbrief, 293 Anm.964, gesammelt.

130 Stuhlmacher, Gerechtigkeit, 126.

131 Käsemann, Römerbrief, 126.

132 Vgl. die folgenden von Stuhlmacher, Gerechtigkeit, 228, gesammel-
     ten Belege:
     Röm 3,5; 11,20-22; 14,10-12; 1Kor 1,8; 3,8.12-17; 4,4.5; 5,5;
     9,23-27; 10,11.12; 2Kor 1,14; 5,10; 6,1; 11,15; Gal 6,7-10;
     1Thess 3,13.

133 Bereits A. Schweitzer, Mystik, 163-165, hat nachgewiesen, daß
     der den Christen verliehene Geist nur und ausschließlich der
     Geist Christi ist und die Geistverleihung zeitlich der Aufer-
     stehung Christi folgt. Vgl. hierzu die folgenden Belegstellen:
     Röm 8,11; 2Kor 1,22; 1Kor 15,45-49.

Das heißt, Gott wohnt durch Christus den Menschen inne (Gal
3,27), wofür zeichenhaft nach außen die geistgewirkten Werke
der Menschen zeugen (Gal 5,22ff.). Den Werken der Menschen
kommt also nach der rechtfertigenden Geistgabe in der Taufe
eine grundsätzlich andere Qualität zu als vor der Taufe. Sie
zeugen nun von der real vollzogenen neuen inneren Wirklichkeit
des Glaubenden und sind in dieser Funktion auch dem Gericht
unterworfen. Das Problem der Sünde im Handeln der Christen,
von dem auch Paulus weiß (1Kor 5,5),[134] ist deshalb im paulinischen Sinn nicht dadurch zu lösen, daß man den Werken
gleiche sündhafte Qualität vor und nach Christus zuspricht,[135]
oder indem man dem durch die Rechtfertigung vollzogenen Existenzwandel der Christen eine neue sittliche Qualität in dem
Sinne abspricht, daß "die Identität des Gerechtfertigten mit
dem empirischen Menschen geglaubt wird".[136] Es gelingt diesen
Ansätzen nicht, die Ernsthaftigkeit des paulinischen Gerichtsgedankens auch für die Christen mit dem schon jetzt vollzogenen
Existenzwandel durch die Gabe des Geistes zusammenzudenken.
Grundsätzlich steht der gerechtfertigte Christ, bei dem nur
die Anrechnung der Gerechtigkeit im Gericht noch aussteht
(Röm 4,24), bereits jetzt vollständig gerechtfertigt da -und
zwar auch, was die Dimension seines Handelns betrifft. Deshalb
rechnet Paulus nicht damit, daß ein Christ in dem eschatologischen Gericht nach den Werken der Vernichtung entgegengeht
(vgl. den folgenden Abschnitt). Paulus ist darin zuversicht-
lich, daß die Christen den Anforderungen des Richters werden
entsprechen können.[137] Man kann es als 'illusionär' bezeichnen,
daß Paulus praktisch nur mit einem positiven Ausgang des Werkgerichtes für die Christen rechnet.[138]

---

134   Nach 1Kor 11,30 äußern sich die Sünden der Christen in einem
      frühen Tod. Das zeitliche Abbüßen der Sünden schützt damit die
      Erwählung (vgl. 4Esr).

135   Gegen Wilckens, der die faktische sündhafte Wirklichkeit mensch-
      lichen Handelns nur dadurch aufgehoben sieht, daß die bösen Tat-
      folgen durch den Sühnetod Christi für den Menschen aufgehoben sind.
      Auch Jüngel, Paulus, 28, beschreibt die neue Qualität der Werke und
      betont die stellvertretende Gerichtssituation, der sich Jesus aussetzt.

136   Bultmann, Ethik, 50.

137   So bereits Braun, Gerichtsgedanke, 63.

138   Alle Belegstellen sind bei Braun, Gerichtsgedanke, 60, gesammelt.

3. Das Gericht nach den Werken in seiner Gültigkeit für den
          Christen

a. Exegese von 2Kor 5,2-10. Die Interpretation der Gegenwart
   aus der Sicht des erwarteten Gerichts nach den Werken

Auch in 2Kor 4,16-5,10 rechnet Paulus damit, daß der Christ
faktisch das an den Werken ausgerichtete Endgericht bestehen
wird.[139] Der diesen Abschnitt abschließende Hinweis auf das
Gericht (2Kor 5,10) weist alle bisher herausgearbeiteten Kennzeichen der paulinischen Vorstellung vom Gericht nach den Wer
ken auf: Das Gericht hat allgemeingültigen Charakter, was Paulus durch die Aufnahme von πάντας unterstreicht.[140] Das Werkgericht wird als für den Menschen zwangsläufig eintretend
und unumgehbar dargestellt, wie es in dem δεῖ (5,10) zum Ausdruck kommt.[141] Das φανερωθῆναι unterstreicht den für Paulus
bestimmenden Zug der Werkgerichtsvorstellung als Offenlegung,
wobei er von einem Offenbarwerden der Personen,[142] nicht aber
der Werke (vgl. 4Esr 7,33ff.) spricht. Paulus rechnet weiterhi
prinzipiell mit einem doppelten Ausgang des Gerichts: ἵνα κομί
σηται ἕκαστος τὰ διὰ τοῦ σώματος πρὸς ἃ ἔπραξεν, εἴτε ἀγαθὸν
εἴτε φαῦλον (5,10). Dadurch, daß ἀγαθόν und φαῦλον singularisc
verwendet werden, wird nochmals unterstrichen, daß es Paulus
um die Offenlegung der Gesamtheit der inneren Wirklichkeit
des Menschen im Gericht geht, nicht aber um die einzelnen,
zeichenhaft nach außen tretenden guten oder schlechten Taten.
Entscheidend für das Verständnis des Verhältnisses von Gericht

---

139 Braun, Gerichtsgedanke, 61: "... Dagegen ordnet in II.Kor 5,9.10
     der Apostel das Streben, dem Herrn wohlzugefallen, völlig dem Ver-
     langen nach Gemeinschaft mit Christus unter, so daß die Sicher-
     heit um die Erfüllung dieses Verlangens auch durch die strenge
     Gerichtsnorm kaum getrübt scheint."

140 Bultmann, Korintherbrief, 145, bemerkt richtig, daß an alle Men-
     schen gedacht ist, nicht nur an die Christen. Das spricht gegen
     Mattern, Verständnis, 155, die das τοὺς γὰρ πάντας durch ἡμᾶς
     präzisiert sehen will und von daher nur an ein Gericht über die
     Christen denkt. Richtig ist -und das betont auch Bultmann-, daß
     aufgrund des Zusammenhangs besonders an die Christen gedacht ist.

141 Nach Windisch, Korintherbrief, 171, ist δεῖ "Ausdruck für die
     unabänderliche, längst festgelegte göttliche Schickung."

142 Vgl. Mattern, Verständnis, 155.

und Rechtfertigung ist aber nun, wie Paulus im vorausgehenden
Kontext die im Gericht offenbar werdende 'innere' Wirklichkeit
des Menschen beschreibt. Der Apostel interpretiert dort -wie
Kontextanalyse und Textintention zeigen werden- das Verhältnis
von Eschatologie und (pneumatischer) Leiblichkeit analog zu der
grundsätzlichen Funktion des Endgerichts mit Hilfe des Gegensatzes 'sichtbar' - 'unsichtbar'. Dieser Gegensatz ist schon
in den dem Abschnitt 4,16-5,10 vorausgehenden Kapiteln des
Briefes als ein leitendes Strukturprinzip angelegt. In 2Kor
3,1-3 stellt Paulus seine Gemeinde als einen in das Herz ge-
schriebenen Empfehlungsbrief den sichtbaren Empfehlungsschrei-
ben der anderen Apostel gegenüber. Ebenso steht in 3,4-18 das
Pneuma dem Buchstaben als dem sichtbaren, das Wesentliche
jedoch verhüllenden Gesetz (3,15f.) gegenüber.
Nach 2Kor 3,15ff. kommt innerhalb der durch das Pneuma ge-
schaffenen neuen Wirklichkeit dem jetzt 'Unsichtbaren' die
eigentliche Bedeutung zu.
In 2Kor 4,16-5,10 ist diese Opposition in der folgenden Weise
aufgenommen: Der Gegensatz 'äußerer - innerer Mensch' (4,16)
und der Gegensatz 'Bedrängung - Herrlichkeit' (4,17) werden
von 4,18 her interpretiert, wo es heißt: "Denn schauen wir
nicht auf das Sichtbare, sondern auf das Unsichtbare; denn das
Sichtbare ist vergänglich, das Unsichtbare aber ewig."[143]
Paulus versteht in 4,16-5,10 die christliche Gegenwart (Stichwort: θλῖψις) aus der Perspektive des Endgerichts. Damit
sind zwei Fragen angesprochen: 1. Wie kann ein Christ im Endgericht bestehen? 2. Welche Relevanz hat ein Bestehen im Endgericht für das Verständnis der Gegenwart?
Von 5,3 her ('nackt erfunden werden') ergibt sich unter der
Voraussetzung, daß die Opposition 'irdisches Zelt' - 'himmlisches Gebäude' (5,1)[144] durch die Kategorie sichtbar/unsicht-
bar interpretiert werden kann, daß im Endgericht das jetzt

---

143 Paulus spricht hier schon mit eschatologischer Blickrichtung (Windisch, Korintherbrief, 156; auch Bultmann, Korintherbrief, 131).
Bultmann läßt Paulus an die 'gemeinchristliche Hoffnung' denken.
Beide übersehen hierbei aber, daß auch für die Oppositionen in den
folgenden Versen der Gegensatz 'sichtbar/unsichtbar' eher ein In-
terpretationsraster an die Hand zu geben scheint als der Gegensatz
Zukunft/Gegenwart.

144 Zum traditionsgeschichtlichen Hintergrund dieser Aussagen vgl.
Kaiser, Studien, 86-88.

Sichtbare wegfällt. Wer nicht ein himmlisches Gebäude hat,
wird im Endgericht nackt dastehen.[145] In der eschatologischen
Gerichtssituation wird man endgültig des irdischen Lebens entkleidet,[146] um dann in seiner schon jetzt ἐξ οὐρανοῦ (5,2)
verliehenen neuen Existenz dazustehen.[147] Von Wichtigkeit ist,
daß Paulus in 4,16-5,3 betont, daß der Glaubende eine allerdings
noch unsichtbare himmlische Existenz im irdischen Leben
besitzt, die im Endgericht offengelegt wird und durch ein
neues himmlisches Gewand zum Zeichen ihrer todesüberwindenden
Kraft überkleidet werden wird (5,4).[148]
Diese neue Existenz der Christen ist als ἀρραβὼν τοῦ πνεύματος
(5,5) pneumatischer Natur. Dadurch, daß Paulus hier von 'An-
geld' redet, umgeht er zum einen die 'enthusiastische' Konsequenz, daß dieser 'Geist' schon in diesem Leben die Auferwecung
zum ewigen Leben bewirken müsse, und weist zum anderen auf die Bestätigung der pneumatischen Existenz im Endgericht positiv hin. Die paulinische Bekräftigung εὐάρεστοι
αὐτῷ εἶναι (5,9) zieht die Konsequenz aus der rechtfertigenden Geistverleihung an den Christen. Das Unsichtbare der pneu-

---

145 Die Futurform εὑρεθησόμεθα setzt eine eschatologische Situation vor-
     aus, die in 5,10 dann auch benannt ist. Vgl. syrEphraem 4,121-129,
     wo es über das Erwachen der Seele im Jenseits heißt: "Herankommen
     alle seine Häßlichkeiten und er (sc. der Verstorbene) weiß nicht,
     wohin er fliehen soll. Denn wohin er auch geht, um sich zu verstecken
     vor ihm stehen seine bösen Taten. Dann kommt der Böse und wird für
     die Seele zum Einforderer. Er fordert von ihr die Träume der Welt
     ein, um sie zerfließen zu lassen... Nackt stellt er sie hin und
     verspottet und verhöhnt sie."

146 Die 26. Aufl. des Nestle-Aland korrigiert in 5,3, wie bereits
     von Bultmann, Korintherbrief, 137, vorgeschlagen, mit Recht ἐνδυ-
     σάμενοι in ἐκδυσάμενοι.

147 Lietzmann, Korintherbrief, 184, der wie die meisten die These ver-
     tritt, Paulus sehne sich nach einer himmlischen Überkleidung, korri-
     giert konsequent ἔχομεν in ἕξομεν (5,1).

148 Da sich das 'Nackt-Sein' schon auf die endgerichtliche Situation be-
     zieht, kann nicht an einen 'Zwischenzustand' gedacht sein; gegen
     Mundle, Problem, 93-109. Richtig Lietzmann, Korintherbrief, 185:
     "Die Vorstellung, daß wir den 'neuen Leib' erst bei der Parusie
     bekommen, widerspricht der zu 1Cor 15,42-44 erörterten, daß wir
     den pneumatischen 'Leib Christi' bereits unsichtbar auf Erden tra-
     gen...; was wir erst bei der Parusie bekommen, ist das σῶμα τῆς
     δόξης (vgl. 3,18; 4,17; Phil 3,21; I (sc. Kor) 15,43; Röm 8,18
     u.ö.). Insofern die doxa nur die der Ewigkeitswelt angehörende Form
     des πνεῦμα ist, kann sie erst dort zur vollen Entfaltung kommen
     (Teichmann, S.60)."

matischen Existenz hat bereits jetzt empirische Bedeutung. Die
Wirkung des Geistes erfährt man nicht nur 'spirituell', sondern
sie wird auch zeichenhaft am Handeln des Soma sichtbar. Das
Endgericht legt diese unsichtbare Wirklichkeit offen (5,10) und
bestätigt die dem Christen vermittelte Rechtfertigung.

b. Exegese von Gal 5,19-26. Das Handeln des Christen in der pneumatischen Wirklichkeit

Wir haben in unseren bisherigen Ausführungen das Verhältnis
von (gegenwärtiger) Rechtfertigung durch die Gabe des Geistes
und dem zukünftigen Gericht nach den Werken für das paulinische
Denken in der Weise bestimmt, daß im Werkgericht die schon
jetzt geschenkte neue Wirklichkeit des Christen offenbar wird.
Daß der Mensch, der durch die Gabe des Geistes in der göttlichen Willenskraft steht, damit nicht seiner Verantwortung
im Handeln entbunden ist, sondern das in der Geistverleihung
manifest gewordene gnadenhafte Handeln Gottes in ihm zur Geltung kommen muß, soll nun anhand einer Auslegung von Gal 5,19-
26 verdeutlicht werden.

Der gesamte Abschnitt Gal 5,13-6,10, in den der für unsere
Betrachtung wichtige Tugend- und Lasterkatalog (5,19-26) eingebettet ist, läßt sich formal in folgender Weise gliedern:

5,13-15:	Überleitende Einleitung
5,16-26:	Argumentative Entfaltung/Hauptteil
6,1-6:	Situationsbezogene Paränese
6,7-10:	Abschließende Paräense

Wir stellen nun unserer Betrachtung eine Textanalyse von Gal
5,1-25 voran.

5,13-15 binden das Folgende in den Gesamttextzusammenhang ein;
sie haben zugleich programmatische Funktion für den kommenden
Gedankengang.[149] In der Form einer captatio benevolentiae der
folgenden Rede soll hier Aufmerksamkeit erregt werden. Dies
gelingt Paulus durch die Wiederaufnahme der aus 5,1 bekannten

---

149 Zu 5,13: Der Subjektwechsel und die eingeschobene Anrede ἀδελφοί
     weisen auf den Beginn einer neuen Texteinheit hin. 5,13 markiert
     jedoch nicht nur den Beginn eines neues Gedankengangs, sondern hat
     auch überleitende Funktion. Aus 5,1 wird das Stichwort ἐλευθερία
     aufgegriffen,und das Partikel γάρ stellt das Folgende in einen Be-
     gründungszusammenhang.

Stichworte ἐλευθερία und δουλεύω, deren Verknüpfung durch
Paulus nun in charakteristischer Weise verändert ist. In Gal
5,1 spricht der Apostel von der durch Christus gewonnenen
Freiheit von der Knechtschaft der Beschneidung. In scheinbar
paradoxer Umkehr wird in 5,13 nun die Opposition Freiheit/
Knechtschaft aufgelöst, indem Freiheit als διὰ τῆς ἀγάπης
δουλεύετε ἀλλήλοις (5,13) interpretiert wird, wobei die
'Freiheit' gleichzeitig in einen Gegensatz zu 'Fleisch' gestellt ist. Dabei werden bereits entscheidende Stichworte für
den folgenden Text genannt: σάρξ und ἀλλήλων.
Es folgt eine erste theologische Begründung durch das wörtliche Zitat (Lev 19,18) des at.lichen Liebesgebotes (5,14)
und dessen paränetische Anwendung auf die konkrete Situation
(5,15), in der der Blick nochmals auf das wichtige Stichwort
ἀλλήλων gelenkt wird.
Der Beginn des Hauptteiles ist durch das Autorität fordernde
λέγω δέ (5,16) gekennzeichnet. Bestimmendes Element des Haupt-
teils ist der Gegensatz πνεῦμα/σάρξ, der ab 5,19 in einem
zweiteiligen Katalog breit entfaltet wird. In 5,21c schließt
der Lasterkatalog mit einem eschatologischen Ausblick ab, der
mit der den Tugendkatalog abschließenden Formel korrespondiert. In 5,24 werden jedoch die Täter der Tugenden als 'die,
die Christus angehören' bezeichnet, und das auf das Gericht
hinweisende Futur aus 5,21c ist durch den Aorist ersetzt.
In den Versen 21c und 24 ordnet Paulus jeweils eine nicht zu
der katalogförmigen Aufzählung gehörende Aussage vor, die die
Funktion hat, den Aufmerksamkeitsgrad des Rezipienten mit Blick
auf die jeweils abschließende Sentenz zu erhöhen. Dies geschieht in 5,21b durch die Berufung auf die apostolische Autorität,[150] während in 5,23 das Stichwort νόμος wiederaufgenommen wird, wodurch die Opposition zu 5,18 aufgebaut ist.
Die Verse 24f. schließen als allgemeine, Rezipient und Autor
einschließende Paränese (kommunikativer Plural in 5,25f.) den
argumentativen Hauptteil ab, wobei die entscheidenden sinntragenden Leitworte des Abschnittes πνεῦμα/σάρξ/ἀλλήλων wiederum in charakteristischer Weise in einer neuen Relation verwendet werden:

---

150 Die der Einführung eines Konditionalsatzes dienende Wendung προλέγω
    ὑμῖν hat autoritativen Charakter; vgl. Mt 19,9.

Das Fleisch ist in der Taufe[151] bereits (Aorist) gekreuzigt,
wobei in unserem Abschnitt Jesus Christus als der, durch den
die neue pneumatische Existenz des Christen ermöglicht ist,
erstmals genannt wird. Indem die Glaubenden ihr Fleisch kreuzi-
gen, gewinnen sie eine neue pneumatische Existenz, die ihre
alte verblassen läßt. In 5,25 wird die Konsequenz des in der
Taufe vollzogenen Existenzwandels vollzogen: Εἰ ζῶμεν πνεύματι,
πνεύματι καὶ στοιχῶμεν.[152] Für Paulus gilt nun, daß der Christ,
dessen Existenz seit der Taufe durch den Geist bestimmt ist,
seine praktische Lebenswirklichkeit auch in Einklang mit dem
Geist gestaltet. Damit schließt Paulus unseren Abschnitt ab
und leitet zugleich zu der in Gal 5,26-6,10 folgenden Paränese
über, in der er konkret beschreibt, wie die neue pneumatische
Existenz in der praktischen Lebenswirklichkeit des Christen
nach außen wirksam werden kann.

Es bietet sich an, an dieser Stelle einen Blick auf die Formgeschichte
des in Gal 5 vorliegenden Tugend- und Lasterkatalogs mit dem Interesse
zu werfen, die Verbindung von ἔργον und Katalog bereits in der Formge-
schichte nachzuweisen. Wir beabsichtigen damit, der Frage nachzugehen,
welche Funktion ἔργον als ein katalogartigen Aufzählungen vorangestellter
Oberbegriff haben könnte.
Die Diskussion um die formgeschichtliche Abhängigkeit neutestamentlicher
Kataloge ist in der Forschung noch nicht abgeschlossen. Die drei großen
Monographien zu diesem Thema zeigen sich einfallsreich.
Die älteste (Vögtle)[153] behauptet eine Abhängigkeit von hellenistischen
Formularen. Die Euphorie nach der Entdeckung der Qumrantexte schlägt sich
in Wibbings Arbeit[154] nieder, der eine Abhängigkeit der neutestamentlichen
Katalogformulare vom Judentum sieht und in den Qumrantexten das lange ver-
mißte überlieferungsgeschichtliche Bindeglied fand. Kamlah[155] rechtfertigt
das Erscheinen seiner Untersuchung mit der Idee, daß der Ursprung der neu-

---

151 Die meisten Kommentatoren denken bei ἐσταύρωσαν mit Recht an das
     Taufgeschehen (vgl. u.a. Schlier; Oepke z.St.). Mußner, Galaterbrief,
     390, sieht auch in 5,24 als wesentliches Element die Entscheidungs-
     situation zwischen Fleisch und Geist, in die der Mensch gestellt ist.
     Doch erscheint uns die Entscheidung zwischen Geist und Fleisch schon
     durch Christus vollzogen und durch den Menschen mit der Taufe über-
     nommen.

152 Wie Delling, στοιχέω, 667, nachweist, ist eine Synonymität dieses
     Begriffes mit περιπατέω/πορεύομαι sprachlich für das außerneutesta-
     mentliche Schrifttum nicht nachweisbar. Aufgrund dieser Tatsache
     ist auch für das NT an der Bedeutung 'mit jemanden Reihe halten'
     festzuhalten.

153 Vögtle, Tugend- und Lasterkatologe.

154 Wibbing, Tugend- und Lasterkataloge.

155 Kamlah, Form.

testamentlichen Kataloge aus der iranischen Kosmogonie hergeleitet werden müsse, wo sich zahlreiche antithetische Kataloge fänden.
Die in Gal 5,19-23 vorliegende Form eines doppelgliedrigen Katalogs läßt sich bis in die Prodikos-Fabel des Xenophon (Mem II 1,21-97) zurückverfolgen. Tugend und Laster stehen sich dort personifiziert in Gestalt von zwei Frauen gegenüber, wobei das Katalogformular bereits in der Aufzählung ihrer Eigenschaften (Ekphrasis) angelegt ist. Auch subsummiert schon Xenophon die positiven Eigenschaften unter dem Begriff ἔργον καλόν: "Kein gutes Werk, sei es ein göttliches oder ein menschliches, kommt ohne mich (sc. die Tugend) zur Ausführung." Es folgt eine Aufzählung der guten Taten (II 1,31f.).
Ausführliche Reihungen finden sich dann bei Seneca (Vita 7,3).[156] Bei Philo (Sacr 20-33) ist das Motiv des in Gestalt der beiden Frauen personifizierten Gegensatzes von Tugend und Laster mit ausgeformten Katalogen verbunden. Philo verwendet an dieser Stelle nicht den Terminus für 'tugendhafte Handlung' (ἔργον καλόν), sondern er subsummiert die Aufzählung der einzelnen Tugenden unter dem Begriff 'Einzeltugenden' (ἀρεταί, Sacr 27), wobei von einer partiellen sprachlichen Synonymität von 'tugendhafter Handlung' und 'Tugend' auszugehen ist (vgl. Teil A).
In Philo Virt 195-197 ist, wie vorher die Tugend in Gestalt einer Frau, der Adel personifiziert. Wie in den vorhergehenden Beispielen liegt auch hier eine Verbindung von personifizierter Tugendgröße und Tugendkatalog vor. Entscheidend neu aber ist die Interpretation der Funktion des Tugendkatalogs mit Hilfe des Gegensatzes von Wort und Tat: "Wenn ihr euch nun so in euren Werken (δι᾽ἔργων) mir entfremdet, wozu heuchelt ihr mit Worten (ἐν λόγῳ) Verwandtschaft und nehmt euch diesen schönen Namen als Maske vor?" (Virt 196). In Teil A unserer Untersuchung hatten wir festgestellt, daß der Gegensatz von Wort und Tat eine spezifische rhetorisch-argumentative Funktion hat. Die Opposition von Wort und Tat kann drastisch verdeutlichen, daß allein das menschliche Werk als Erkennungszeichen Rückschlüsse auf die 'innere' Wirklichkeit eines Menschen erlaubt. Treten Worte und Taten auseinander, so kann dieser Zustand regelmäßig als 'Heuchelei' bezeichnet werden. In eben dieser Funktion verwendet auch Philo den Gegensatz von Wort und Tat. Die in der katalogförmigen Reihung aufgezählten und einer Tugend zugeordneten Taten sind einzig verläßliches Zeichen für den Besitz eben dieser Tugend und geben damit einen wichtigen Hinweis auf die Funktion von Reihungen innerhalb paränetischer Kontexte überhaupt.
Eine identische Verwendung von ἔργον innerhalb eines pagan-hellenistischen Katalogformulars findet sich in Epict Diss IV 11,5-8:
"Unreinheit der Seele läßt sich nicht so leicht feststellen wie leibliche, sondern bei der Seele läßt sich nur das vorstellen, wodurch sie sich als schmutzig in ihren Werken erweist (ῥυπαρὰν πρὸς τὰ ἔργα τὰ αὐτῆς). Ihre Werke sind (ἔργα δὲ ψυχῆς): Einen Trieb oder eine Abneigung verspüren, begehren, ablehnen, Anstalten zu etwas machen, etwas ausführen, Beifall zu etwas geben..."
Die in diesem Katalog aufgezählten Werke sind die erkennbaren Erscheinungsformen des sonst nicht wahrnehmbaren Seelenzustandes. Beachtenswert ist die Wendung ἔργα δὲ ψυχῆς, durch die die Aufreihung der Einzelaffekte eingeleitet wird. Zugrunde liegt als Erkenntnisprinzip der Rückschluß vom Äußeren auf das Innere.[157] Der Dualismus dieses Schemas, der gewöhnlich

---

156 Vgl. Kamlah, Form, 148.

157 Der Fortfall der 'Frauen' als Personifizierung der Tugend bzw. des Lasters erklärt sich aus einer Tendenz zur Mythologisierung und Psychologisierung:
     1. In Qumran sind sie auf dem Hintergrund der jüdischen Dämonenlehre durch die 'zwei Geister' ersetzt (1QS III,13-IV,26). 2. In den TestXI finden sich statt ihrer die 'beiden Wege' (aus dem AT) und die beiden

aus der iranischen Religion hergeleitet wird,[158] kann auch in der griechischen Philosophie nachgewiesen werden und hat für den jüdischen Hellenismus wahrscheinlich auch dort seinen Ursprung.[159]
Im hellenistischen Judentum kann man eine Übertragung dieses Schemas auf
den Zustand vor und nach der Bekehrung beobachten (Philo Virt 179ff.).
Paulus hat dann in Gal 5,19-23 unter Beibehaltung des Bezugs auf die Be-
kehrungssituation (Taufe!) das Schema eines doppelgliedrigen Tugend- und
Lasterkatalogs auf den Gegensatz von Fleisch und Geist übertragen.[160]

Die Analyse von Gal 5,1-25 in Verbindung mit der soeben aufgezeigten Formgeschichte hat zum Ergebnis, daß die empirische
Wirklichkeit des Christen für Paulus grundsätzlich durch den
Gegensatz von Fleisch und Geist geprägt ist.[161] Paulus denkt
dabei nicht ausschließlich in den Kategorien bloßer Substanz
oder 'Sphärenbezeichnung', sondern er kennzeichnet die Wirklichkeit als durch den "mythologischen" Kampf von Fleisch und
Geist bestimmt (Gal 5,17). "Da Pneuma und Nomos zur Sphäre
Gottes gehören (Röm 7,12.14), ist das Trachten der Sarx zugleich Ungehorsam, Feindschaft gegen Gott (Röm 8,6f.)."[162]
'Fleisch' und 'Geist' sind lediglich an den auf sie weisenden
Taten erkennbar. Aber darin sind sie offenbar (φανερρά δέ, Gal
5,19). Paulus übernimmt, wie die formgeschichtliche Untersuchung zu zeigen beabsichtigte, die doppelgliedrige Katalog-
form genau aus diesem Grund. Er will betonen, daß die sichtbaren Einzeltaten nichts anderes als Erkennungszeichen einer
durch den grundlegenden Dualismus von Geist und Fleisch bestimmten Wirklichkeit sind. Da das Pneuma, wie wir bereits
betonten, nicht nur Sphärenbegriff ist, sondern auch wie ein
'Geistwesen' Menschen zu bewohnen vermag und in ihnen die Herrschaft übernehmen kann (Röm 7,17.20; 8,9.11)[163] und der Christ

---

διαβούλια (TestAss 1,1-9). 3. In Herm (m) 6 sind die beiden Frauen
durch zwei Engel ersetzt. Es handelt sich in allen Fällen um eine
'mythologische' Interpretation der Frauengestalten.

158   Vgl. Kamlah, Form.

159   Vgl. noch das Zenonzitat bei Kamlah, Form, 144.

160   Eine weitere Übertragung dieses Schemas auf die Bekehrungs- und Ge-
      richtssituation liegt in ActThom 28 vor.

161   Nach Brandenburger, Fleisch, 45, ist das Besondere dieses Dualismus
      bei Paulus seine 'radikale Ausschließlichkeit'.

162   Brandenburger, Fleisch, 45.

163   So: Brandenburger, Fleisch, 45.

seit der Taufe 'im Geist' lebt (Gal 5,25), sind seine Werke
grundsätzlich καρπὸς τοῦ πνεύματος (Gal 5,22), sofern er diese
neuen Wirklichkeit in sich Platz und Raum zur Verwirklichung
gibt (Gal 5,25b: πνεύματι καὶ στοιχῶμεν).[164]

Von hier gewinnen wir für das Verhältnis von Geist und Recht-
fertigung einen wichtigen neuen Gesichtspunkt. Die Werke der
Christen sind inhaltlich als Werke des Geistes zu qualifizieren. Als Zeichen des Geistbesitzes wird an ihnen bereits
jetzt offenbar, ob man den Geist hat oder nicht. Das im
endzeitlichen Gericht offenbar werdende 'Gesamtwerk' des
Christen, das heißt die Offenlegung seiner pneumatischen
Existenz, beruht somit nicht auf einer Eigenleistung des
Christen, sondern ausschließlich auf dem Geist, der als Geist
Christi durch Gottes Gnade in der Taufe dem Menschen geschenkt
wird.[165] Mit Hilfe der Wendung καρπὸς τοῦ πνεύματος verdeutlicht Paulus dieses Geschehen in zweifacher Hinsicht.

Zum einen ist καρπός analog zum positiv gebrauchten Begriff
ἔργον von Paulus singularisch verwendet. Damit unterstreicht
er, daß die in der folgenden katalogförmigen Reihung aufgezählten Werke lediglich Zeichen einer (pneumatischen) Gesamt-
wirklichkeit sind. Zum anderen ist -bedingt durch die im Hintergrund stehende Baum-Frucht-Metaphorik- καρπός besonders
dazu geeignet, die Filiation der geistgewirkten Einzeltaten
aus dem πνεῦμα zu betonen.

Gal 5,13-26 macht deutlich, daß die in der Taufe manifest
gewordene pneumatische Wirklichkeit des Menschen schon jetzt
anhand der Einzelwerke der Christen zeichenhaft erkennbar wird.
Nach Gal 5,25b begreift Paulus die Verantwortung des Christen
darin, daß dieser der ihm geschenkten geistlichen Wirklichkeit
Raum geben muß. Dieses 'Raum-Geben' vollzieht sich nach Gal
6,1-5 nicht als isolierte Handlung des einzelnen Menschen,
sondern im 'Miteinander' der πνευματικοί (Gal 6,1). Während
im eschatologischen Gericht das Werk eines jeden Einzelnen
offengelegt werden wird (Gal 6,3-5), realisiert sich das pneumatische Leben der Christen in der Gegenwart als Miteinander
(Gal 5,26-6,2).

---

164   Vgl. Anm. 152.

165   Mit Recht betont Lohse, Taufe, 321f, daß die in den Katalogen aufge-
      zählten Laster für die Christen abgetan sind.

Wir fassen in thesenhafter Form zusammen:

1. Die empirische Wirklichkeit der Christen ist nach Paulus grundsätzlich durch den Gegensatz von Geist und Fleisch bestimmt.

2. In der gegenwärtigen Wirklichkeit sind 'Fleisch' und 'Geist' als anthropologische Größen, die das Verhältnis zwischen Mensch und Gott kennzeichnen, an den auf sie weisenden Taten erkennbar.

3. In einer so bestimmten Wirklichkeit realisiert sich menschliche Verantwortung angesichts des endzeitlichen Gerichts als zur 'Geltung-Bringen' der von Gott in Christus geschenkten pneumatischen Existenz.

4. Das neue Leben der Christen muß sich aus der Sicht des Apostels an der Gemeinde ausrichten und bewähren. Es vollzieht sich als 'Miteinander'. Das endzeitliche Gericht wird offenlegen, ob sich der Einzelne mit seinen Taten in den Dienst dieses 'Miteinanders' gestellt hat.

c. Exegese von 1Kor 3,5-17. Die endzeitliche Prüfung des apostolischen Werks

1Kor 3,5-17 zeichnet sich in mehrfacher Hinsicht durch Besonderheiten aus. Paulus spricht hier nicht von dem ἔργον der Christen allgemein, sondern meint in erster Linie das apostolische Werk, das im Endgericht offenbar werden wird.

Auch argumentiert er hier auf einem religionsgeschichtlichen Hintergrund, der von einer endzeitlichen richterlichen Prüfung der hypostasierten menschlichen ἔργα ausgeht, auf den wir in dieser Untersuchung noch zurückkommen werden. Die Prüfung der hypostasierten Werke geht über die von uns bisher vorgenommene Bestimmung der Werke als Erkennungszeichen der verborgenen Wirklichkeit des Mensch hinaus. Paulus spricht hier von einer göttlichen Prüfung des Werkes.

Diese Beobachtungen bilden neben anderen Fragestellungen den Problemhorizont, an dem wir unsere Analyse von 1Kor 3,5-17 ausrichten werden.

Paulus beabsichtigt mit der Abfassung des 1Kor einen in der korinthischen Gemeinde aufgetretenen Streit zu schlichten.

In Korinth bestand bekanntlich die Gefahr von Spaltungen, über die der Apostel von den 'Leuten der Chloe' (1Kor 1,11) unter-

richtet wird. Eine historische Bestimmung der unterschiedlichen, gegeneinander streitenden Gruppen, sowie deren theologische Einordnung ist aufgrund der wenigen Informationen, die
Paulus überliefert, sehr schwierig.[166] Die Forschung ist in
diesem Punkt auf Vermutungen angewiesen, woraus sich die sehr
unterschiedlichen Lösungsversuche erklären.[167] Die 'Gruppen'
berufen sich auf mit Namen bekannte Parteihäupter (1Kor 1,12).[168]
Die Berufung auf die Autorität der Apostel kann also bei den
gemeindeinternen Auseinandersetzungen als ein bestimmendes
Element angesehen werden. Auf diese Situation nimmt Paulus
mit der rhetorischen Frage "Wer ist Paulus, wer ist Apollos?"
in 1Kor 3,5 Bezug.

Der hier zur Diskussion stehende Abschnitt läßt sich in folgender Weise gliedern:

I. Problemstellung

1Kor 3,5a: Rhetorischer Einwand (Frage), die auf das
                    Leserinteresse an einer individuellen Charak-
                    terisierung der beiden von der Gemeinde als
                    Konkurrenten gegeneinander ausgespielten Apo-
                    stel zielt.

1Kor 3,5b: Desillusionierende und inhaltlich weiter-
                    führende Antwort. Charakterisierung der Apo-
                    stel als vom Herrn eingesetzte Diener am Bau
                    der Gemeinde in der Welt.

II. Entfaltung in Bildern: Die Apostel als Mitarbeiter Gottes

1Kor 3,6-9:   Pflanzen und Bebauen

1Kor 3,10-15:   Grundlegung und Weiterbau

1Kor 3,16-17:   Status der Gemeinde als Tempel Gottes

Vers 5a beginnt mit einem rhetorischen Einwand,[169] mit dem
das Leserinteresse in Richtung auf die individuelle Charakterisierung der beiden Apostel gelenkt werden soll.

---

166 Vgl. zum Problem: Berger, Gegner.

167 Vgl. Vielhauer, Geschichte, 134ff.

168 Zum Problem der sogn. 'Christus-Gruppe' vgl. den Exkurs bei Conzel-
     mann, 1Korintherbrief, 47-49.

169 Der durch τί ἐστιν parallel gebaute rhetorische Einwand in 3,5a
     stellt eine enge Verbindung zu der mit 3,4 im Diatribenstil formu-
     lierten Wiederholung der Parolen aus 1Kor 1,12 her und greift damit
     die direkte Provokation der Leser auf, um sie in 1Kor 3,5b auf eine
     unerwartete Antwort hinzuführen.

In 1Kor 3,5b folgt die für den Leser desillusionierende, weil
nicht individuell wertende Antwort. Paulus und Apollos sind
als Diener des einen Herrn gleichgestellt und üben ihre Tätigkeit als Apostel auf die ihnen von Gott gegebene Weise aus.
Dem einen Herrn stehen die vielen Apostel gegenüber, wobei
das betonte und sylleptisch eingeführte διάκονοι als Definition der Apostel in einen semantischen Gegensatz zu κύριος
gestellt ist. Damit ist das Verhältnis Gottes zu seinen Aposteln als Herrschaftsverhältnis gekennzeichnet, und die Abhängigkeit der Diener von ihrem Herrn unterstrichen.[170]
Vers 6 stellt Paulus und Apollos durch ἀλλά und die Tempus-
struktur (Aorist vs Imperfekt) Gott gegenüber, so daß das ver-
gängliche Werk der Diener mit der ständigen Begleitung durch
den göttlichen Segen und die relativen Unterschiede mit dem
einzig Relevanten, dem Gedeihen, kontrastiert werden.[171]
Das in Vers 7 aus dem Bisherigen gezogene Fazit betont die
Bedeutungslosigkeit der am Wirken Gottes gemessenen Arbeit.
Nicht die eigenen Fähigkeiten, weder das Gießen noch das
Pflanzen, bewirken den Erfolg, sondern allein Gott, der alle
Arbeit erst fruchtbar macht. Hierin sind alle Apostel eins
vor Gott (3,8). Sie sind trotz aller unterschiedlicher Tätigkeit gleich, da sie alle im Auftrag Gottes arbeiten. Ihre
individuelle Identität, die die eines Dieners gegenüber dem
Herrn ist,[172] verwirklicht sich für die Apostel nur in der
eschatologischen Situation des Lohnempfangs am Tag des Gerichts.[173] Das zweimalige ἴδιος hebt den individuellen Charak-

---

170 Der Sprachgebrauch von διάκονος im NT verdeutlicht dieses doppelte
Verhältnis: Der Diener stärkt und tröstet die Gemeinde im Glauben
(1Thess 3,2); er verbürgt den Neuen Bund (2Kor 3,5f.); er ist für die
Gemeinde da (Kol 1,7f.); er legt den Mitbrüdern Gottes Wort ans Herz
(1Tim 4,6) und wird so der Ekklesia zum Diener (1Tim 1,24f.). All dies
tut er aber nicht aus sich heraus, sondern er bezieht seine Beauftragung κατὰ τὴν οἰκονομίαν τοῦ θεοῦ (Kol 1,25), von Gott (1Thess 3,2;
2Kor 3,5f.), von Jesus Christus (Kol 1,7f: 1Tim 4,6) und wird dadurch
zum συνεργὸς καὶ διάκονος τοῦ θεοῦ (1Thess 3,2 nach einigen Zeugen).

171 Das Bild vom Pflanzen ist allgemein jüdisch (vgl. Conzelmann, 1Korin-
therbrief, 92 Anm.43) und kann ohne symbolischen Hintersinn verstanden
werden.

172 Vgl. Beyer, διακονέω, 81-93.

173 3,8 beschreibt die Einheit der Diener, stellt dem aber durch die semantische Opposition (δέ) den individuellen Lohn nach dem Werk gegenüber, indem er die Struktur der adäquaten Vergeltung aufgreift und sie
durch das neu eingeführte Substantiv κόπος (statt ἔργου) variiert.

ter der Belohnung hervor. Mattern[174] beurteilt diese Aussage
richtig: "Gott hat nicht nur jeden einzeln begabt (Vers 5),
er wird auch jedem einzelnen entsprechend seinem κόπος Lohn
geben."

Die Individualität der Beauftragten Gottes ist auf den Lohnempfang im Gericht reduziert.[175] Durch die Gleichstellung
aller Apostel bis auf die eschatologische Gerichtssituation
und durch ihre funktionale Bestimmung als 'Diener' erreicht
Paulus mit Blick auf die Leser einen Abbau irdischer Autoritäten, der der Relativierung des bestehenden Gemeindekonflikts
dienlich sein kann.

3,8b läßt sich nur aus der zukünftig gedachten Gerichtssituation heraus verstehen; hierauf weist schon das Futur λήμψεται.
Aber auch die Begriffe κόπος und μισθός sind ein Indiz hierfür.[1]

---

174 Mattern, Verständnis, 170.

175 Bornkamm, Lohngedanke, 63, unterscheidet zwischen 'Entlohnung' und
     'Belohnung'; dies erscheint recht künstlich, auch deshalb, weil
     Paulus alles auf den Weg (des Gesetzes oder des Glaubens) ankommt,
     der zur Erlangung des Heils beschritten wird.

176 Nach Hauck, κόπος, 828, handelt es sich bei κόπος um einen Terminus,
     der besonders in der jüdischen Leidensfrömmigkeit vorkommen kann.
     Wird nach Hauck κόπος bereits in der at.lichen Überlieferung zum
     Kontrastbegriff für die eschatologische Hoffnung auf eine Zeit
     ohne Mühsal, so hält sich dieser Gebrauch bis in die Apk (14,13)
     durch. Paulus kann mit Blick auf die erwartete Totenerweckung am
     Ende des Auferstehungskapitels 1Kor 15 sagen: "... denn wißt ihr,
     daß euer κόπος nicht vergeblich ist" (15,58).
     Vgl. zu diesem Begriff auch: vHarnack, κόπος, 1-10; Deissmann,
     Licht, 265f.
     Die Bedeutung von κόπος läßt sich für unseren Kontext noch näher
     bestimmen. Die Arbeit meint das Missionswerk der Apostel an ihren
     Gemeinden. Dieser spezifische Gebrauch findet sich im NT relativ
     häufig: In Joh 4,38 wird die Mühe der Missionsarbeit der Jünger
     angesprochen, für die sie ihren Lohn erhalten werden (4,36). Der
     eschatologische Kontext ist auch hier gegeben (vgl. Bultmann, Jo-
     hannesevangelium, 147f.). 2Kor 10,14b-15 qualifiziert die Verkündi-
     gung des Evangeliums als κόπος, und in 1Thess 3,5 drückt Paulus seine
     Furcht vor dem Scheitern des Missionswerkes so aus: Καὶ εἰς κενὸν
     ὁ κόπος ἡμῶν. Der Begriff kann als ein Element der Missionstermino-
     logie angesehen werden und kann in dieser speziellen Bedeutung
     auch als ein Unterbegriff des mit ἔργον bezeichneten allgemeinen
     Werkes an der Gemeinde Verwendung finden (so: Apk 2,2, wo ἔργον
     als Oberbegriff den mit κόπος bezeichneten Kampf   gegen Irrlehrer
     miteinschließt; vgl. Bousset, Offenbarung, 203).
     Nur in diesem Sinn läßt sich die Behauptung Conzelmanns, 1Korin-
     therbrief, 93 Anm.51, aufrechterhalten, daß κόπος in unserem Text mit
     ἔργον bedeutungsgleich sei.
     Für eine derartig bestimmte Bedeutungsnähe der beiden Begriffe
     spricht die Parallelität mit 3,14, die ähnliche Formulierung in Röm
     2,6 und eben auch Apk 2,2 (vgl. 1Thess 1,3).

Die logische Begründung in 3,9a (γάρ) kennzeichnet die Lohn-
würdigkeit (3,8b) als Mitarbeit am Werk Gottes.[177]

Der kompliziert gebaute, als Zusammenfassung von 3,6-8 und
als Einleitung von 3,10-15 dienende Vers 9 beschreibt in feier-
lich-assertorischem Ton das Verhältnis von Mitarbeit und An-
recht am Werk, wobei durch den Chiasmus der Akzent auf θεός
liegt. Durch die chiastische Stellung des Prädikats wird den
Aposteln die Gemeinde pointiert gegenübergestellt, deren
doppelt spezifizierte Stellung als Werk Gottes und der Apostel
durch die beiden bildhaften Charakterisierungen betont wird.
Das Bild vom Pflanzen ist hier mit dem neu hinzugetretenen Bild
vom Hausbau verbunden; diese Verbindung ist bereits traditionell.[178]

In 3,10 nimmt Paulus das Stichwort δίδωμι aus 3,5 auf. Der
Lohnempfang am Tag des Gerichtes und die Form der missionarischen Tätigkeit sind zwei uns bereits bekannte Punkte, an
denen sich die Individualität der Apostel von der prinzipiellen Gleichstellung vor dem einen Herrn abhebt. Es taucht an
dieser Stelle ein drittes Moment apostolischer Individualität
auf. Jeder Apostel ist im Besitz seiner eigenen Gnade, die ihm
vom Herrn geschenkt wurde. Diese Gnade befähigt zur Arbeit und
zum Dienst im Auftrag Gottes. Sie befähigte Paulus, das Fundament der korinthischen Gemeinde zu legen, und sie ermöglicht
den anderen Aposteln, auf diesem Feld weiterzubauen.

Der die Qualität des Weiterbaus thematisiernde Imperativ im
zweiten Halbvers wird durch die Vergeltungsaussage in 3,8 motiviert.[179]

---

177 Συνεργός kann allein vom Blickwinkel der Beauftragung durch Gott her
     gesehen werden und berechtigt nicht dazu, sich auf eigene Vollmacht
     zu berufen. Die Mitarbeit hängt von Gott ab; sie ist die Mitarbeit
     eines Dieners am Werk seines Herrn. 'Diener' und 'Mitarbeiter'
     schließen sich nicht gegenseitig aus, denn der Mitarbeiter Gottes
     ist gleichzeitig auch der von ihm abhängige Diener. In diesem Sinn
     kann Paulus die beiden Begriffe auch gleichberechtigt nebeneinander
     verwenden (1Thess 3,2).

178 Conzelmann, 1Korintherbrief, 94; Vielhauer, Oikodome, 94.

179 Die Imperativform βλεπέτω kann in zahlreichen Fällen Aufrufe zur
     Wachsamkeit und zum richtigen Handeln im Rahmen von Gerichtsparänesen
     einleiten (Mk 4,24; 12,38; 13,9.13; 1Kor 10,12; Eph 5,15; Hebr 12,25).
     Das ἴδιος entsprechende ἕκαστος betont die Individualität der Aufgabe,
     die von jedem einzelnen im Gericht (und nur dort) verantwortet wer-
     den muß. Lietzmann, Korintherbriefe, 93, meint, daß 3,10-15 dem in
     3,6-9 Gesagten parallel liefe, die Aussage jedoch erweitert sei, ohne
     dabei die Fortführung des paulinischen Gedankenganges in Richtung auf

In dem folgenden Vers 11 geht es Paulus weder um eine Sonder-
stellung der eigenen Person noch im engeren Sinne um irgend-
welche Ketzerpolemik. Sein eigentliches Interesse liegt darin,
die rechte Lehre als das allein Maßgebende herauszustellen.
In strenger Christozentrik bezeichnet er Christus als die eigentliche Grundlage aller Verkündigung und Lehre. Hiervon
leitet Paulus auch seine eigene apostolische Autorität ab.
Er war es, der dieses Fundament gelegt hat. Jeder, der von
diesem Fundament abweicht, baut auf falsche Weise weiter.
3,11 greift den Imperativ aus 3,10b entfaltend auf. Die Qualität des Weiterbaus wird eschatologisch offenbar werden.[180]
Der allgemeine Vergeltungsgrundsatz gilt hier wie in 3,8b nur
für die Apostel und ist als neues Moment nur auf das Weiter-
bauen bezogen. Ἔργον wird in 3,12f. in einem eingegrenzten
Sinn verwendet. Es bezeichnet das Werk der Apostel, nicht allgemein die Taten der Christen, und es ist speziell auf die Art
der Weitergabe der Lehre bezogen (vgl. 1Kor 9,1).
In den Versen 13-15 häufen sich die Termini apokalyptischer
Gerichtsoffenbarung (φανερός/δηλόω/ἀποκαλύπτω) und verweisen
auf die Schilderung eines Gerichtsszenariums, auf dessen tra-
ditions- und religionsgeschichtlichen Hintergrund wir an anderer Stelle ausführlich eingehen werden. Paulus übernimmt aus
der apokalyptischen Gerichtstradition die Vorstellung der
qualitativen Prüfung des hypostasierten Werkes, wobei er an
der grundsätzlichen funktionalen Bestimmung des endzeitlichen
Gerichts als 'Offenbarwerden' des bisher Verborgenen festhält.
Wie die singularische Verwendung von ἔργον zeigt, umfaßt das
zu prüfende 'Werk' nach paulinischem Verständnis wiederum das
gesamte menschliche Handeln. An eine Einzeltatprüfung ist nicht
gedacht.

---

eine theologische Bewältigung des Gemeinde- und Autoritätskonflikts
mit Hilfe der Vorstellung des eschatologischen Werkgerichtes richtig
zu werten.
Auch der Meinung Bornkamms, Erbauung, 118, der im Bild vom Erbauen
des Hauses einen antignostischen Zug sieht, kann man widersprechen.
Es geht hier nicht um antignostische Polemik, sondern um die
verantwortliche Tätigkeit der Gemeinde angesichts der kommenden
Gerichtsveranstaltung.

180   Die jeden nach seinem Werk treffende göttliche Vergeltung ergibt sich
aus der Art des Weiterbauens. Hieraus erklärt sich auch die unterschiedliche Qualität der Baumaterialien, über die viel spekuliert
worden ist (vgl. Synofzik, Gerichtsaussagen, 39).

Das Werk der Apostel, das im Gericht durch Feuer geprüft werden wird (3,13), ist als Zeichen 'innerer' Wirklichkeit Teil
des Apostels selbst. Besteht das "Werk" diese Prüfung nicht
und verbrennt (3,15), dann erleidet der Apostel real an seiner
im Gericht offengelegten Existenz Schaden.[181] Paulus denkt
hierbei nicht auf dem Hintergrund des Gegensatzes von Glaube
und Werk. Es geht ihm nicht darum, das Rechtfertigungsgeschehen
allein aus dem Glauben und die Irrelevanz des Werkes für die
eschatologische Rettung zu betonen.[182] Hält das offengelegte
Werk, weil es von einer sündhaften Existenz zeugt, der endzeitlichen Prüfung nicht stand, dann folgt die Strafe, die
sich οὕτως δὲ ὡς διὰ πυρός am Menschen auswirkt.[183] Am Beispiel der Offenlegung des apostolischen Werkes wird die auch
für Paulus weiterhin bestehende Bedeutung des eschatologischen
Werkgerichtes deutlich. Wenn sich das Werk eines Christen als
sündhaft erweist, dann hat dieser konkret und real mit einer
Bestrafung zu rechnen. Erst nach der Bestrafung kann er auf
Rettung hoffen (3,15). Die Sünde des Christen unterliegt nach
Paulus grundsätzlich der Bestrafung. Wir konnten zeigen, daß
nach Gal 5 die irdische Wirklichkeit durch den Kampf zwischen
Fleisch und Geist geprägt ist. Dabei ist es die Aufgabe des
Glaubenden, das ihm einwohnende πνεῦμα in den Taten zur Geltung
kommen zu lassen. In 1Kor 5,5 geht Paulus nun von dem konkreten
Fall eines Christen aus, dessen sündhafte Wirklichkeit (πορ-

---

181 Die Bedeutung von ζημιωθήσεται ist umstritten. Der Begriff ist
     wahrscheinlich auf den Menschen zu beziehen, da sonst κατακαήσεται
     unverständlich bliebe.

182 Mattern, Verständnis, 177f, übersieht den Zeichencharakter des
     menschlichen Werkes und versucht deshalb, in Kontrast zu der von
     ihr postulierten Auffassung des Rabbinats und der Apokalyptik
     unseren Abschnitt zu interpretieren. Sie übersieht dabei, daß
     Paulus in der selben Tradition des Werkgerichtes steht. Conzel-
     mann, 1Korintherbrief, 96, interpretiert auf dem Hintergrund der
     Rechtfertigungslehre: "Offenbar ist der Gedanke im größeren Zusam-
     menhang der Rechtfertigungslehre zu verstehen: Der Verlust des Glau-
     bens ist Verlust des Heils. Dagegen stürzen untaugliche Werke, die
     der Christ als Christ leistet, nicht in die Verdammnis."

183 οὕτως δὲ ὡς διὰ πυρός läßt nicht an ein Reinigungsgericht denken,
     wie es etwa in Sib II 252f. geschildert wird ("... dann werden alle
     durch den brennenden Strom und das unauslöschliche Feuer hindurch-
     gehen").
     Paulus denkt auch nicht an eine sprichwörtliche Redensart etwa in
     Anlehnung an Am 4,11; Sach 3,2 (so: Lietzmann, Korintherbriefe, 93),
     die auf eine knappe Rettung anspielen soll.

νεία, 5,1f.) die Wirksamkeit des ihm geschenkten Geistes überlagert. Wie in 1Kor 3,15 ermöglicht auch hier nur die Bestrafung die Rettung; konkret: durch die Abtötung der σάρξ kann da
πνεῦμα am Tage des endzeitlichen Gerichts gerettet werden.[184]
Da die Sünde so groß in diesem Fall ist, daß sie sogar die der
Heiden übertrifft (5,1), fällt die in 1Kor 11,31 von Paulus
aufgezeigte Möglichkeit einer Umkehr im irdischen Leben des
Christen fort.[185] Auch dort folgt auf die Sünde des Christen
die Bestrafung mit dem Ziel, im eschatologischen Gericht nicht
verurteilt zu werden (11,32: ἵνα μὴ κατακριθῶμεν). Deutlich
wird an allen drei Stellen die Bedeutung des Endgerichts nach
den Werken für den sündhaften Christen hervorgehoben: Die
Geistverleihung (vgl. 1Kor 3,16) schützt den Glaubenden nicht
vor der Bestrafung seiner sündhaften Lebenswirklichkeit, wohl
aber vor der endgültigen Vernichtung.[186] Ein Vergleich mit
Röm 2,6-11 unterstreicht diese These. Dort spricht Paulus von
einem Endgericht nach den Taten unter Absehung vom πνεῦμα.
Die Menschen, die mit ihren schlechten Werken als Zeichen
ihrer sündhaften Existenz konfrontiert werden, haben die vernichtenden Folgen des göttlichen Gerichts zu tragen: ὀργὴ καὶ
θυμός (2,8). Nur der den Christen durch Gott verliehene Geist
schützt vor dieser letzten Konsequenz des richtenden Handelns
Gottes.
Doch zurück zu 1Kor 3,15 und der Bedeutung des Gerichtsgedankens für die besondere Situation, in die Paulus hier spricht.
Auch der Apostel, der sein Werk 'richtig' ausführt, ist nach
Paulus ein Sünder, doch enthüllt sich dies erst im Gericht
und führt erst dort zur Bestrafung. Dadurch, daß Paulus im
Gegensatz zu 1Kor 5,5 und 11,29-32 die Bestrafung der sündhaften Wirklichkeit der Apostel, was die Ausübung ihres Auftrags
betrifft, allein dem jenseitigen richterlichen Handeln Gottes
überläßt, entzieht er der Gemeinde in Korinth geschickt die
Grundlage, das Werk der konkurrierenden Apostel zu beurteilen.

---

184 Paulus spielt an dieser Stelle wahrscheinlich auf einen 'sakral-
     pneumatischen Rechtsakt' an, der zu dem Vollzug der Todesstrafe
     führt (vgl. Conzelmann, 1Korintherbrief, 117f.).

185 Es geht in 1Kor 11,31 nicht um die richtige Selbstbeurteilung der
     Christen (Conzelmann, 1Korintherbrief, 239), sondern die gegenseitige
     Beurteilung will auf konkrete Verhaltensänderung zielen!

186 Vgl. Mattern, Verständnis, 177f.

Paulus geht es hierbei grundsätzlich , wie auch in der gesamten vorhergehenden Argumentation, um die Legitimation seines
apostolischen Werkes auf dem Hintergrund konkreter Autoritätskonflikte innerhalb der korinthischen Gemeinde.[187] Dies
schließt   ein, daß Paulus unter ἔργον in 1Kor 3,5-15
speziell sein in der Heidenmission konkret werdendes apostolisches Werk versteht, durch das er sich angesichts des aktuellen Konflikts in Korinth zu legitimieren sucht. Dabei sichert
der Apostel seine Position in dreifacher Weise ab. Indem er
durch die funktionale Bestimmung der Apostel als 'Diener'
gegenüber dem einen Herrn den Anspruch irdischer Autoritäten
abbaut und eine Gleichstellung der Gemeindelehrer postuliert
(3,5-8), entzieht er sich geschickt einer vergleichenden Wertung mit konkurrierenden Aposteln durch die korinthische Gemeinde. So geschützt vor einem direkten persönlichen Vergleich,
kann er auf das unbestrittene Faktum verweisen, daß die Gemeinde in Korinth 'sein Werk' ist (3,10). Dieses Werk stellt seine
Legitimation dar, faktisch unbestreitbar und auch -davon geht
Paulus aus- vor Gott bestehend. Um diese letzte eschatologische Legitimation seines missionarischen Werks deutlich zu
unterstreichen, greift Paulus auf die Vorstellung eines quali-
tativ prüfenden Endgerichts zurück, um damit gleichzeitig der
Gemeinde für den konkreten Fall des apostolischen Werks die
Möglichkeit von Sanktionen (vgl 1Kor 5,5) zu entziehen.[188]
Von Bedeutung für die Gesamtbeurteilung des Gerichtsgedankens
bei Paulus ist dabei, daß er trotz der schwierigen Situation
einer offensichtlichen Legitimationskrise und der dadurch evo-
zierten pointierten Darstellung des Gerichtsgedankens als
Prüfung des hypostasierten Werks an einem Grundgedanken seiner
Sicht des eschatologischen Gerichts festhält: Nach seiner Auf-
fassung gibt es wegen des Geistbesitzes der Christen kein
vernichtendes Endgericht trotz der Sündhaftigkeit auch der
Glaubenden. Paulus macht dabei eine Ausnahme, auf die er in
3,16f. zu sprechen kommt:
Die abschließenden Verse 16+17 richten sich nun, wie die ein-

---

187 Zum soziologischen Hintergrund dieses Konflikts: Theißen, Legiti-
     mation.

188 Vgl. Theißen, Legitimation, 225. Zur Polemik Käsemanns, der bestrei-
     tet, daß Paulus sich aus seinem Werk heraus legitimiere: Theißen,
     Legitimation, 225 Anm. 1.

leitende rhetorische Frage οὐκ οἴδατε und das 3,17 abschlies-
sende ἐστε ὑμεῖς zeigen, an alle Christen, nicht nur an die
Apostel. In Aufnahme eines apokalyptischen Bildes[189] identifiziert Paulus die Gemeinde mit dem endzeitlichen Tempel, der
der Wohnort des göttlichen πνεῦμα ist (3,16). Wer diesen Tempel verdirbt, verfällt der göttlichen Talio (3,17). Damit zeig
Paulus den Christen in Korinth deutlich den Punkt, an dem für
sie das göttliche Gericht bedrohend wird: Die Sünde wider den
Heiligen Geist besteht darin, dem Mitchristen den Geistbesitz
und damit das Christsein abzusprechen.[190] Auf dem Hintergrund
der Gemeindesituation in Korinth kann dies nur heißen, daß der
der die durch den Geist konstituierte Einheit der christlichen
Gemeinde dadurch aufzuspalten versucht, daß er bestimmten
Gemeindegliedern das Christsein abspricht, dem göttlichen Vernichtungsgericht verfällt. Dieser Aussage liegt die verbreitet
Vorstellung[191] zugrunde, "daß dann Gott selbst affiziert wird,
wenn 'etwas von ihm' (sein Name, sein Heiliger Geist, sein
Bild) in Menschen affiziert wird, die dessen Träger sind."[192]
Wenn man 1Kor 3,16f. mit dem Logion Mk 3,28f. vergleicht, dann
fällt auf, daß Paulus die 'Sünde gegen den Geist', die auch den
Christen unwiderruflich in das Vernichtungsgericht führt,
eindeutig ekklesiologisch verortet. Bereits anhand der Ana-
layse von Gal 5,19-6,10 konnten wir zeigen, daß sich die
pneumatische Existenz des Christen im 'Miteinander' konkretisiert. Die gleiche Anschauung setzt Paulus auch hier voraus,
wobei hier wie dort die eschatologische Verantwortung im Gericht jeweils dem Einzelnen zugesprochen ist.
Paulus schildert somit in 1Kor 3,5-17 drei Gerichtsszenen.
In jeder ist das Werk als auf den Menschen selbst weisendes
Zeichen Grundlage des Urteils. Die Möglichkeit einer Vernichtung im endzeitlichen Gericht ist jedoch nur in der dritten
Szene angedeutet. Bei einer Sünde gegen den Geist ist mit der
Talio zu rechnen.
In diesem Sinn sind auch die drei verwendeten Bilder zu ver-

---

189 Zu der für unsere Stelle spezifischen Aufnahme des Tempelbildes:
     Conzelmann, 1Korintherbrief, 97.
190 Vgl. Käsemann, Sätze, 69.
191 Zahlreiche Belegstellen bietet Berger, Amen-Worte, 36-40.
192 Berger, Amen-Worte, 39.

stehen: ordentlich bauen und dafür Lohn erhalten; unordent-
lich bauen und dafür nach der Bestrafung gerettet werden; den
Bau verderben und dafür selbst verdorben werden.

1Kor 3,5-17 hat für die Beurteilung des Gerichts nach den
Taten wesentliche neue Aspekte aufgezeigt, die wir hier knapp
zusammenfassend darstellen:
1. Das Gericht nach den Werken hat für den gerechtfertigten
Christen reale Folgen. Seine pneumatische Existenz schützt
den christlichen Sünder zwar vor dem vernichtenden Zorn Gottes, nicht aber vor der Bestrafung.
2. Auch ein Christ kann unter das vernichtende Urteil Gottes
fallen, wenn er gegen den göttlichen Geist, dessen Träger er
ist, sündigt.
3. Wie sich die pneumatische Existenz des Glaubenden für
Paulus vornehmlich im 'Miteinander' realisiert, so hat auch
die 'Sünde gegen den Geist' eine grundsätzlich ekklesiologische
Dimension. Paulus interpretiert sie als Spaltung der gemeind-
lichen Einheit, die durch die Einwohnung des Geistes konstituiert ist.

d. Exegese von Joh 3,16-21. Die ethische Applikation der johanneischen Sendungslehre

Neben der Aufnahme der Vorstellung vom eschatologischen Gericht nach den Werken in der paulinischen Theologie spielt
diese Vorstellung auch innerhalb der joh Sendungschristologie
eine wichtige Rolle, auf die wir am Beispiel von Joh 3,16-21
eingehen werden.
Das Gespräch zwischen Jesus und Nikodemus wird durch die von
Dualismen geprägten Verse 3,16-21 abgeschlossen. Dieser Schlußabschnitt hat einen für Paränesen und Gebotsverkündigungen
typischen doppelteiligen Schluß, der sich auf Gute und Böse
bezieht. Von daher bestimmt 3,18 die vorangehende Rede Jesu
der Form nach als Predigt.[193] Der Abschnitt schließt direkt
an das argumentative Zentrum der Nikodemusperikope, der
christologischen Entfaltung der für die theologische Konzeption

---

193 So Berger, Exegese, 22.

des Johev entscheidende Sendungslehre, an.[194] Aus diesem direkten Anschluß des Schlußabschnittes an die zentrale theologische Aussage der Perikope lassen sich bereits Hinweise auf
die argumentative Funktion des Schlußabschnittes entnehmen:
Unter enger Anbindung an die vorausgehende Darstellung der
Konzeption vom Weg des Gesandten[195] soll in einer Abfolge
dogmatischer und ethischer Aussagen die Relevanz der göttlichen Botensendung für die mit dieser Sendung konfrontier-
ten Menschen entfaltet werden. Diese Ethisierung der joh
Christologie vollzieht sich durch eine Verschränkung der in
3,13-15 bereits entworfenen Sendungsaussagen mit traditioneller Gerichtsterminologie[196] und durch eine unter Aufnahme
traditioneller Wortfelder, die alle als Gemeinsamkeit das
feste Element ἔργον führen, sich vollziehenden Zuspitzung der
'dogmatischen' Aussagen auf die konkrete Situation der Rezipienten (3,19-21).

Die 'dogmatischen' Aussagen der Verse 13-15 werden, durch
Elemente apokalyptischer Gerichtsterminologie angereichert,
in 3,16-18 wiederaufgenommen und mit Hilfe des stilistischen
Mittels strenger paralleler Gliederung mit der anschließenden
ethischen Applikation der joh Sendungschristologie (3,18-21)
verbunden; wobei der Herausarbeitung der anthropologischen

---

194 Bühner, Gesandte, 186f, hat eindrucksvoll die Bedeutung der 'kata-
     batischen Menschensohnlehre' für die Theologie des Johannes aufge-
     zeigt. Zu 3,13-15 bemerkt er: "Joh 3,13-15 enthüllen... das christo-
     logische Grundschema des 4.Ev in seinem Ursprung: dem Abstieg des
     zum Menschensohn Gewandelten entspricht die im Kreuz geschehene
     Erhöhung und Verherrlichung. Der Weg des Menschensohn-Christus
     führt über die Katabase zur Erhöhung im Kreuz, die einer Erhöhung
     auch über die Himmlischen ist und deshalb im anschaulichen Hinter-
     grund als Entrückung zu verstehen ist."
     Auch Becker, Johannesevangelium, 144, sieht in diesen Versen, wie
     auch in den folgenden Versen 16-18, den Versuch der Entwicklung
     einer "Theologie in Grundzügen".

195 3,16 ist durch Stichwortverknüpfung und Wiederholung fest mit der
     in 3,13-15 dargestellten Lehre vom Weg des Gesandten und der nach-
     folgenden explizierten Typologie, die die Erhöhung der Schlange
     in der Wüste mit der Erhöhung des Menschensohnes vergleicht, ver-
     bunden: Die Wiederaufnahme des Finalsatzes ἵνα πᾶς ὁ πιστεύων
     weist ebenso auf die Verse 13-15 zurück wie die nochmalige Er-
     wähnung des Stichwortes ζωὴ αἰώνιος.

196 Zu den aus der Gerichtsterminologie stammenden gegenüber 3,13-15
     neuen Motiven sind zu rechnen:
     μὴ ἀπόληται (3,16); κρίνειν τὸν κόσμον (3,17); οὐ κρίνεται (3,17);
     vgl. Bühner, Gesandte, 171 Anm.50.

Bedeutung die Verwendung hierfür typischer Traditionen korrespondiert (s.u.). Die formale Parallelität von ὁ θεός ἠγάπησεν
(3,16) und ἠγάπησαν οἱ ἄνθρωποι (3,19) in Verbindung mit der für
Joh typischen definitorischen Eingangsformel αὔτη ἐστιν ἡ
κρίσις (vgl. 1,19; 15,2; 17,3) gliedert den Abschnitt bereits
formal in zwei Hälften, deren Aufbau in entscheidenden Elementen Parallelität aufweist:
Dem Geben (3,16: τὸν υἱὸν ἔδωκεν) bzw. Senden des Sohnes
(3,17: ἀπέστειλεν τὸν υἱὸν) durch Gott entspricht die Aussage
vom Kommen des Lichts in die Welt (3,19: τὸ φῶς ἐλήλυθεν),
wobei die für Joh kennzeichnende metaphorische Ausdrucksweise
durch die Aufnahme des Licht-Bildes für den Sohn bzw. durch
die Verwendung des Gegensatzes 'Licht-Finsternis' deutlich
zum Ausdruck kommt. Damit ist dem Verhalten Gottes (ὁ θεὸς
ἠγάπησεν τὸν κόσμον, 3,16) das Verhalten des Menschen entgegengestellt (ἠγάπησαν οἱ ἄνθρωποι μᾶλλον τὸ σκότος, 3,19).
Aus diesem Widerspruch der beiden Verhaltensweisen begründet
sich die Notwendigkeit des Kommens des Lichtes als einer Ge-
richtsinstanz. Wird die Bedeutung der Sendung des Sohnes in
den Versen 16-18 von der theologischen Seite aus beleuchtet,
so werden in den Versen 19-21 die aus dem Verhalten des Menschen resultierenden Konsequenzen der göttlichen Sendung angesprochen. Dieser Verlagerung des Blickwinkels in der zweiten
Hälfte der Argumentation entspricht die dortige Aufnahme des
Gegensatzpaares ὁ φαῦλα πράσσων und ὁ δὲ ποιῶν τὴν ἀλήθειαν
(3,20f.) anstelle des Gegensatzpaares ὁ πιστεύων und ὁ δὲ μὴ
πιστεύων (3,18).
Damit ist die theologisch dargestellte 'Annahme des göttlichen
Rettungswillens',[197] wie sie sich in der joh Formel πᾶς ὁ
πιστεύων (3,16a) ausdrückt, funktional auf das konkrete
menschliche Verhalten bezogen. Das πιστεύω konkretisiert sich
angesichts des kommenden Gerichts im ποιεῖν τὴν ἀλήθειαν (3,21).
Zum Verständnis des genauen Begründungszusammenhangs der Verse
19-21 soll nun eine Analyse des traditionsgeschichtlichen
Hintergrunds dieser Aussagen folgen; dabei ist der Begriff
ἔργον als das verbindende Element mehrerer in diesem Abschnitt
verschränkter Traditionen anzusehen. Im einzelnen können in
den abschließenden Versen 16-21 folgende traditionsgeschicht-

---

197 Bühner, Gesandte, 172.

liche Zusammenhänge isoliert werden:

1. Das Offenbarwerden der Taten im göttlichen Gericht nach der Werken.

2. ῎Εργον als Bezeichnung des Modus der Zugehörigkeit innerhalb des ethischen Dualismus 'Licht-Finsternis'.

ad 1: Den Hintergrund der Verbindung des göttlichen Gerichts mit dem Topos der Aufdeckung der menschlichen Taten bildet die im zwischentestamentlichen Schrifttum zur allgemeinen Überzeugung gewordene Ansicht, daß Gott alle Werke der Menschen kennt.[198] Dieser Topos, nach dem mit einer Offenbarung der menschlichen Taten aufgrund der Allwissenheit Gottes gerechnet werden muß, ist in den weisheitlichen Schriften bereits oftmals mit Aussagen über das göttliche Vergeltungshandeln nach den Taten der Menschen verbunden. Neben der Betonung der Objektivität des göttlichen Richteramtes liegt das beiden Traditionen gemeinsame intentionale Moment in einem paränetischen Interesse: der Warnung vor dem heimlichen Sündigen[199] und der Aufforderung zur Umkehr von den schlechten Werken. So ist in PsSal 2,7.16-17 das Wortfeld von der Vergeltung der menschlichen Taten durch den göttlichen Richter ohne Ansehen der Person mit dem Topos vom Aufdecken der menschlichen Sünden (2,17: ἀνεκάλυψας τὰς ἁμαρτίας αὐτῶν,...) innerhalb eines historischen Rückblicks verbunden. Die Hoffnung des Sünders, bei seinem Tun nicht gesehen zu werden, wird regelmäßig mit dem Hinweis auf die göttliche Tatvergeltung zunichte gemacht (Sir 16,17-23; Sir 23,18-21; vgl. PsSal 4,5.7). Die paräne-

---

198 Für das weisheitliche Schrifttum: Sir 42,18-20; 17,15.19f; 39,19; TestJud 20; PsSal 9,2f; für das apokalyptische: äthHen 84,3; syrApkBa 83,2f.

199 Mit dem selben Wortfeld kann aber auch der Typ des öffentlichen Sünders bezeichnet werden, wie dies etwa in PsSal 2,12-18 geschieht: "(12) Sie spotteten ihrer Schandtaten, die diese zu tun pflegten, vor der Sonne stellten sie ihre Verbrechen zur Schau."
In 2,17 wird der Hinweis auf die göttliche Vergeltung nach den Taten (2,16) mit dem Topos des Offenbarwerdens der Werke ausgeführt: "Du (sc. Gott) hast ihre Sünden aufgedeckt, damit dein Gericht offenbar werden könne." Abschließend wird in V.18 dann betont, daß Gott als gerechter Richter ohne Ansehen der Person sein Richteramt wahrnimmt.
Auf ähnliche Weise weist Philo in Conf 116 die Mächtigen, die ihre Freveltaten bescheinen lassen und die Kunde über ihre Untaten sogar durch Boten öffentlich verbreiten lassen, auf die zu erwartenden göttlichen Strafen hin.

tische, auf Verhaltensänderung zielende Tendenz, die der Verbindung von 'Offenbarwerden der Taten' und der Betonung der
Verantwortlichkeit für das Tun inhärent ist, kann bei Sirach
durch die ausdrückliche Bezugnahme auf die vorhandene Möglichkeit der Umkehr verstärkt werden. Sir 17,19ff. gliedert sich so:

V.19	Gott sieht alle Werke der Menschen ("Alle ihre Werke liegen wie die Sonne vor ihm und seine Augen ruhen stets auf ihren Werken")
V.20	Gott kennt alle schlechten Werke der Menschen
V.23	Hinweis auf die göttliche Tatvergeltung
Vv.24ff.	Eröffnung der Möglichkeit einer Umkehr zu besserem Tun

Innerhalb dieses Argumentationszusammenhanges ist das Interesse eindeutig auf die abschließende Eröffnung einer Chance
zur Umkehr abgestellt.[200]
In den apokalyptischen Gerichtsszenarien wird besonders vor
den für die Sünder peinlichen Folgen gewarnt, die ein Offenbarwerden der heimlich begangenen Sünden in einem himmlischen
Gerichtsprozeß nach sich ziehen kann. Nach syrApkBar 83,1-3
erforscht Gott als der Richter die geheimen Werke der Menschen
und bringt deren geheime Gedanken mit Tadel an die öffentlich-
keit. Ephraem der Syrer weiß um die Verspottung der verstorbenen Seele, die umringt von ihren schlechten Taten dasteht,
so daß nichts mehr verborgen werden kann:

> "Plötzlich erstaunt die Seele, und sie macht Schluß
> mit der Verwirrung, und sie gerät in Furcht und Zittern,
> da die geheimen Dinge enthüllt werden. Und es ergeht ihr
> wie einem, der nach einem Traum aufwacht... Schwindel
> ergreift ihn beim Durchforschen seiner Gedanken; denn
> seine bösen Taten umgeben ihn wie dunkle Finsternis...
> Denn wohin er auch geht, um sich zu verstecken, vor
> ihm stehen seine bösen Taten. Dann kommt der Böse und
> wird für die Seele zum Einforderer... Nackt stellt er
> sie hin und verspottet und verhöhnt sie."[201]

Die Verbindung von Aussagen über die menschliche Verantwortung
für die begangenen Taten im Rahmen des göttlichen Vergeltungs-

---

200 Auch in den Targumim findet sich die Verbindung der göttlichen
Kenntnis aller Taten mit dem Aufruf, deswegen Buße zu tun, relativ
häufig: TgJon zu Gen 18; TgJon zu Gen 19; TgO zu Dtn 32.
Zu vergleichen ist auch das syrJubFrgm 37,19: "Wisset, daß es einen
Gott gibt, und er sieht die geheimen Dinge und vergilt jedem nach
seinen Werken." Die Verbindung von Offenbarwerden der geheimen
Werke mit einem Aufruf zur Umkehr findet sich auch in 2Klem 16,1-4.

201 SyrEphraem Serm IV 109-129.

handelns oder auf dem Hintergrund apokalyptischer Gerichtsszenarien mit dem Topos des Offenbarwerdens der geheimen Werke
bildet den allgemeinen traditionellen Vorstellungskreis, in
dem sich eine Sondertradition vom kommenden Menschensohn, der
die geheimen Taten der Menschen als Richter offenbar macht,
entfalten konnte. Diese spezielle Tradition hat auch die Argumentation in Joh 3,19-21 mitbeeinflußt: das Kommen des Menschensohnes zum Gericht (zuerst Dan 7,13ff.) kann als ein
Erscheinen zum Gericht nach den Werken expliziert werden.[202]
Innerhalb dieser eschatologischen Überlieferung im äthHen
wird das Kommen des himmlischen Richters als ein zukünftiges
Ereignis vorgestellt, wobei die Funktion des Richters zwischen
Gott und dem Menschensohn als seinem Stellvertreter wechseln
kann. Die Apokalypse im Henochbuch setzt mit einer eschatologischen Theophanie (1,3c-7b) ein, der die Nennung der Folgen
des Kommens des himmlischen Richters für die Gerechten (1,8)
und die Ungerechten (1,7c.9) folgt.[203] Die Richterfunktion
ist in diesem einleitenden Abschnitt nicht auf den Menschensohn übertragen, doch finden sich alle sonst für diese Tradition wesentlichen Elemente:

1. Das Gericht beginnt mit dem Kommen des Richters

2. Das Gericht findet über alle Menschen statt
   V.9: "..., ποιῆσαι κρίσιν κατὰ πάντων",vgl. Joh 3,19:
   κρίσις/οἱ ἄνθρωποι

3. Die Taten der Sünder werden tadelnd offenbart
   V.9: "... καὶ ἐλέγξει πᾶσαν σάρκα περὶ πάντων ἔργων τῆς
   ἀσεβείας αὐτῶν...", vgl. Joh 3,20: "... ἵνα μὴ ἐλεγχθῇ"

4. Das Gericht hat für die Ungerechten Unheil zur Folge:
   "καὶ ἀπολέσει πάντας τοὺς ἀσεβεῖς" (V.9) und für die
   Gerechten Heil: "Mit den Gerechten aber wird er Frieden
   schließen und die Auserwählten behüten. Gnade wird über
   ihnen walten, und sie werden alle Gott angehören. Sie
   werden sein Wohlgefallen haben und gesegnet sein, und
   das Licht Gottes wird ihnen scheinen ("καὶ φανέσεται
   αὐτοῖς φῶς", V.8); vgl. die Opposition von ἀπόλλυμι
   (Joh 3,16) und σώζω (3,17).

Rau bemerkt zu dieser Stelle, daß das Kommen Gottes eine
Korrespondenz von Heil und Unheil zeitigt.[204] Diese Korres-

---

202   So: Mt 16,24-28; 25,31ff.

203   Häufig findet sich auch die Vorstellung, daß mit dem Kommen des gött-
      lichen Richters die Beseitigung der schlechten Taten verbunden ist:
      äthHen 91,7; 4Esr 6,18; vgl. 1Klem 34,3.

204   Eine genaue Analyse der Theophanieschilderung bietet Rau, Kosmologie,
      35.

pondenz schlägt sich auch in der dualistischen Struktur von
Joh 3,16-21 nieder und ist ein wesentliches gemeinsames Element. Es fällt ebenfalls auf, daß das Kommen des Richters in
äthHen 1,8 bereits mit dem Erscheinen des Lichts verglichen
werden kann.

Innerhalb der zweiten Bildrede (äthHen Kap. 47-50) tritt in
48,2 der Menschensohn als Richter auf. Er kann dies, weil er
an Gottes Geist teilhat und damit auch an der göttlichen Allwissenheit partizipiert. Der Menschensohn wird die verborgenen
Dinge richten (49,4). Sein Kommen hat Heil für die Auserwählten
und Heiligen sowie Unheil für die Sünder zur Folge (50,1f.).
Die Entsprechung von Heil und Unheil kann innerhalb dieses
Abschnittes auch durch die Stichworte 'untergehen' (50,4; vgl.
Joh 3,16) und 'retten' (48,8; 50,3; vgl. Joh 3,17) beschrieben
werden.

In äthHen 61-63 wird das Auftreten des Menschensohnes als
Prüfer und Richter der menschlichen Taten (61,9) als Richten
über die bisher verborgenen Dinge näher beschrieben (61,10).
Nach äthHen 38,1-3 werden mit dem Erscheinen des 'Gerechten'
(V.2) die "Geheimnisse der Gerechten offenbar werden" (V.3).
Für die Sünder hat das Offenbarwerden der Taten Vertreibung
zur Folge (V.3).[205] Neben der Verbindung vom Kommen des Rich-
ters und dem Offenbarwerden der geheimen Taten spielt hier die
Lichtmetaphorik bei der Charakterisierung der 'auserwählten
Gerechten' eine gewisse Rolle (V.2: "..., und das Licht den
auf dem Festland wohnenden auserwählten Gerechten leuchten
wird,...").

Wir fassen zusammen: Nach Joh 3,16-21 kommt das Licht der Welt
bzw. der Sohn Gottes in richtender Funktion in die Welt.
Sein Kommen hat für den Menschen Heil oder Unheil zur Folge,
denn seine Taten werden offenbar werden. Hinter diesen Aussagen steht das Wissen, daß bei dem Gericht nach den Werken
auch die geheimen und verborgenen Taten offenbar werden werden.
Traditionell wird dieses Wissen mit einer paränetischen Intention vermittelt. Es wird zu einer Verhaltensänderung aufgefordert, was sich direkt in einem Ruf zur Umkehr äußern kann,
aber auch indirekt durch die Schilderung der Peinlichkeit, die
ein Offenbarwerden der Sünden für den Täter mit sich bringt,

---

205   Vgl. Bousset, Religion, 279f.

erreicht werden kann. Ein Nachhall letzterer Vorstellung kann
in der Scheu der Sünder, zum Licht zu kommen, gesehen werden
(Joh 3,20).

Besonders erscheint Joh 3,16-21 von der Schilderung der escha-
tologischen Theophanie bzw. dem Kommen des Menschensohnes in
der äth. Henochapokalypse beeinflußt. Dort sind das Kommen des
Richters und das Offenbarwerden der Taten fest verbunden. Das
Kommen des himmlischen Richters hat eine Korrespondenz von
Heil und Unheil zur Folge, die sich auch in der dualistischen
Struktur und der Opposition ἀπόλλυμι/σώζω in Joh 3,16-21 findet. Während jedoch in Joh 5,27-29 ungebrochen das Gericht
nach den Taten, das durch den Menschensohn vollzogen wird, in
Anlehnung an die apokalyptische Schilderung des Menschensohnes
als Erlöser- und Gerichtsfigur funktional beschrieben wird,
liegt in Joh 3,16-21 diese Tradition lediglich als ein "Ver-
satzstück", welches mit anderen Traditionen verschränkt ist,
vor. Hinzu kommt, daß die übliche Intention der Tradition,
nämlich der Aufruf zur Umkehr, sich in einer Umgestaltung der
Eschatologie niedergeschlagen hat. Hier und jetzt entscheidet
sich am Sohn Heil oder Unheil des Menschen. Durch das Kommen
des Lichtes hat sich der Mensch für oder gegen das Heil zu
entscheiden. Das Licht vollzieht eine Zuordnung entweder zu
der Heils- oder Unheilsmacht. Die Sendung des Lichtes bewirkt
eine Scheidung von Guten und Bösen, die sich durch die Werke
selbst der Heils- oder Unheilssphäre zuordnen. Dies führt zu
einer zweiten Tradition von 'Werk-Aussagen', die in 3,19-21
miteingeflossen ist:

ad 2: Innerhalb der dualistischen Aussagen von 3,19-21 kommt
den Werken der Menschen eine spezifische, traditionell bereits
vorgegebene, und auch in anderen Schriften des NT verbreitete
Funktion zu: die Zugehörigkeit zur Finsternis vollzieht sich
durch das Tun der ἔργα πονηρά (3,19). Damit werden die Taten
der Menschen zu dem Kriterium, an dem sich der Modus der Zugehörigkeit zu einem positiv oder negativ qualifizierten Bereich
entscheidet. In Joh 3 sind diese beiden Entscheidungssphären
durch den Gegensatz von Licht und Finsternis gekennzeichnet.

Aus unserer Sicht ist für das Verständnis von Joh 3,19-21 entscheidend,
wie man die Funktion der dualistischen Aussagen bewertet.
Besonders im Gefolge Bultmanns wurden die sogn. johanneischen Dualismen
gnostisierend gedeutet; der Dualismus wurde rein soteriologisch interpretiert: Man sah in ihm eine Darstellung der Erlösung als Befreiung des Men-

schen aus der Gefangenschaft im Kosmos. Becker[206] versucht dieses Interpretationsmodell mit einigen Modifikationen zu erhalten, indem er eine
Verschränkung eines aus jüdischen Quellen erhobenen (besonders aus Qumran
und TestPatr) "deterministischen Entscheidungsdualismus" mit einem gnosti-
schem Denken nahestehenden "kosmischen Dualismus" auf der dem Evangelisten
zugehörigen Radaktionsstufe postuliert.
Schnackenburg[207] hebt hingegen das Moment der Entscheidung besonders hervor
und vollzieht die religionsgeschichtliche Herleitung aus der Gnosis nicht
mit.

Die Beurteilung der Funktion der Werke hängt wesentlich von
der Wertung der dualistischen Aussagen mit ab. Wir gehen von
den dualistischen Aussagen in den TestPatr und in 1QS aus,
in denen die ἔργα formal ebenso wie in Joh 3,19-21 den Modus
der Zugehörigkeit zu einer bestimmten Macht bzw. Sphäre bezeichnen, denen jeweils Heil oder Unheil zugeordnet ist.

1. In dem großen dualistisch geprägten Abschnitt 1QS 3,13-5,26
sind in 4,17 die Taten der Ungerechtigkeit עלילות עולה ,[208]
den Wegen der Wahrheit, דרכי אמתי , entgegengesetzt, wobei
דרך auf der positiven und עלילה auf der negativen Seite
jeweils den Modus der menschlichen Zugehörigkeit zur Heil bzw.
Unheil bringenden Sphäre bezeichnen.
Das gleiche kann für die Werke des Trugs, מעשי רמיה (4,23),[209]
angenommen werden; auch hier sind die Werke der Modus, mit dem

---

206 Becker, Johannesevangelium, 147-151.

207 Schnackenburg, Johannesevangelium I, 428ff.

208 עלילה bezeichnet im hebräischen AT besonders die Handlung des
     Menschen und kann dort bereits als böse Tat negativ qualifiziert
     werden: Ez 20,43f; 21,29; 24,14; 36,17; Zeph 3,11; Ps 99,8. Dieser
     Sprachgebrauch setzt sich in 1QS fort, wobei עלילות in 4,1 positiv
     und neben 4,17 noch in 4,21 negativ qualifiziert ist.

209 Der Plural מעשים , der Singular findet sich nur in 3,25 und 4,4,
     ist die in 1QS am häufigsten vorkommende Bezeichnung der menschlichen
     Taten. In der hebräischen Bibel kann der Begriff besonders die
     schlechten Werke bezeichnen: 1Sam 8,8; Neh 6,14. Dieser Begriff ist
     als 'Inbegriff der Taten eines Menschen' (Gesenius, Wörterbuch, 448)
     in der LXX regelmäßig mit ἔργον wiedergegeben (vgl. Konkordanz).
     In 1QS kann er allgemein die Werke des Menschen bezeichnen (3,14.25;
     4,16.25).
     Häufig sind die מעשים näher qualifiziert: als schlechte Taten
     in 2,5.7; 3,22; 4,10.23; 5,18.19; 8,18 und als gute Werke in 1,5.
     Braun, Radikalismus I, 25 Anm.3, weist mit guten Argumenten darauf
     hin, daß nach 1QS zu den guten Taten auch diejenigen zu rechnen
     sind, die Kriterium für die Aufnahme der Novizen sind, bzw. in
     der Zeit nach der Aufnahme in die Gemeinschaft über die Zuwei-
     sung eines Rangplatzes innerhalb der Hierarchie entscheiden:
     5,21.23.24; 6,14.17.18.

man sich der Sphäre des Trugs aktiv zuordnet.

Bei der dualistischen Aufnahme der jüdischen Geisterlehre
spielt auch das Gegensatzpaar 'Licht und Finsternis' in 3,25
eine Rolle: dort sind die Geister des Lichts denen der Finster
nis gegenübergestellt.

2. Nach TestNaph 2,10 bezeichnen Licht und Finsternis zwei
Entscheidungssphären, denen man sich durch seine Werke als
zugehörig erweist (2,9f.):

> "So laßt nun, meine Kinder, alle eure Werke (πάντα τὰ ἔργα
> ὑμῶν A) in Ordnung zum Guten in der Furcht Gottes gesche-
> hen und vollbringt nichts Ungeordnetes in Verachtung noch
> außer seiner Zeit. (10) Denn wenn du zum Auge sprichst:
> Höre! wird es (das) nicht können. So könnt ihr auch in
> Finsternis nicht Werke des Lichts tun (οὕτως οὐδὲ ἐν
> σκότει δυνήσεσθε ποιῆσαι ἔργα φωτός)."

3. Nach TestLev 19,1 werden, nachdem Offenbarungswissen mitgeteilt worden ist, die Rezipienten dazu aufgefordert, zwischen
Licht und Finsternis, Gott und Beliar, zu wählen, wobei ἔργα
die aktive Weise der Zugehörigkeit kennzeichnen:

> "Und jetzt, meine Kinder, habt ihr alles gehört.
> Wählt euch das Licht oder die Finsternis,
> das Gesetz des Herrn oder die Werke Beliars."[210]

Neben den jüdischen Texten, in denen innerhalb dualistischer
Redeweise unter Verwendung der 'Licht/Finsternis-Metaphorik'
die Werke des Menschen den Modus der Zugehörigkeit zu einer
Heils- bzw. Unheilssphäre bezeichnen, findet sich dieser
Sprachgebrauch von ἔργον auch innerhalb des NT und in spä-
teren christlichen Texten:

In Röm 13,11 wird das "Ablegen der Werke der Finsternis"
(ἔργα τοῦ σκότους) und das "Anlegen der Waffen des Lichts"
zum Signal für den Wechsel der menschlichen Gesamthaltung,
wobei sich die Zugehörigkeit zur Finsternis in den Werken

---

210 Zu vergleichen ist Sib II, 313ff: Dort bezeichnet φῶς die himmlische
     Heilssphäre, wohin die Gerechten aufgrund ihrer ἔργα καλά durch En-
     gel geführt werden. In diesem Sinn steht ζωή parallel zu φῶς. Zu
     dieser Struktur findet sich unter umgekehrten Vorzeichen eine späte
     Parallele in dem apokryphen Johannesbuch (ed. Fabricius), S.894:
     Es wird dort betont, daß die schlechten Werke nicht zum Licht füh-
     ren werden. "Quia omnia opera illorum (sc. der Sünder) mala sunt
     et non veniunt ad lumen." 'Ad lumen' entspricht dem εἰς φῶς in Sib II
     Vergleichbar ist auch 2Kor 11,14f. Dort wird die Erscheinung des Sa-
     tans als Lichtengel erwähnt und die Anhänger des Satans mit der Ver-
     geltung gemäß ihren Taten bedroht, so daß auch hier indirekt die Werke
     als Kennzeichen der Zugehörigkeit zu der dem Engel des Satans zugeord-
     neten Unheilssphäre angesehen werden können.

manifestiert. Eine vergleichbare Struktur liegt auch -allerdings unter Ausblendung der 'Licht/Finsternis-Metaphorik' in der Abfolge von Tugend- und Lasterkatalog in Gal 5 vor. Durch die ἔργα erweist man sich als zur σάρξ gehörig, durch die erbrachte Frucht (καρπός) als zum πνεῦμα gehörig. Ähnlich wie in Röm 13,11ff. sind auch hier die Taten durch eine katalogartige Zusammenstellung von Einzelwerken noch näher bestimmt. Vergleichbar sind auch die Wendungen ὁ καρπὸς τοῦ φωτός (V.9) und τοῖς ἔργοις τοῖς ἀκάρποις τοῦ σκότους (V.11) aus Eph 5, sowie die Gegenüberstellung des 'Weges des Lichts' und des 'Weges des Schwarzen' in Barn 19,1, wobei der Weg des Lichts durch die ἔργα beschritten werden kann, die dann auch hier inhaltlich im einzelnen aufgezählt werden. Eine zu Joh 3,19-21 wahrscheinlich analoge Argumentationsstruktur, in der ἔργον den Modus der Zugehörigkeit bezeichnet, liegt in der Rezeption A der sogn. Epistula Christi (ed. de Santos) vor (S. 378f.): Der Gegensatz von 'Finsternis lieben' und 'Licht hassen' ist hier innerhalb eines endgerichtlichen Kontextes auf den Widerspruch von Bekenntnis und Ethik bezogen. Die Finsternis lieben heißt Christus "lieben", gleichzeitig jedoch den Nächsten hassen. Die Finsternis lieben heißt auch die Werke des Teufels tun, wobei ἔργον hier wieder den Modus der Zugehörigkeit bezeichnet. Dieser Text ist ein Beispiel dafür, wie sich traditionelle Argumentationsstrukturen einer veränderten kirchengeschichtlichen Situation unter Beibehaltung ihres spezifischen Aussagecharakters anpassen können. Es geht nicht mehr um die missionarische Mahnung zur Entscheidung angesichts des gekommenen Lichts, sondern um die Ermahnung einer erschlafften Gemeinde, den Dienst am Nächsten nicht zu vernachlässigen. Beidesmal sind es jedoch die ἔργα, an denen sich die jeweils auf eine unterschiedliche Situation bezogene Heils- bzw. Unheilssphäre ausrichtet.

Von entscheidender Bedeutung für das Verständnis von Joh 3,16ff. ist nun die Frage nach der intentionalen Funktion dieser relativ häufigen Zuordnung von ἔργον als Modus der Zugehörigkeit zu einem besonders durch die 'Licht-Finsternis-Metaphorik' gekennzeichneten dualistischen Sprachgebrauch, dem eine Heils- bzw. Unheilssphäre korrespondiert. Es soll im folgenden gezeigt werden, daß es sich bei Joh um einen Entscheidungsdua-

lismus handelt, der in besonderer Weise auf den Zustand vor
und nach der Bekehrung bezogen sein kann und dem damit sowohl
missionarische als auch paränetische Funktion zukommen kann.
Innerhalb dieser Struktur kann durch das ἔργον dasjenige Verhalten bezeichnet werden, durch das sich der Wechsel der Zugehörigkeit, konkret die Bekehrung vollzieht.

Der in 1QS 3,13-5,26 vorliegende Dualismus wird häufig als
rein deterministisch beschrieben,[211] ohne daß dabei die intentionale Funktion des Abschnitts genauer mit in Rechnung gestellt wird. Diese Funktion wird aus dem direkt folgenden Ruf
zur Umkehr, der in 1QS zum Eintritt in die Gemeinde der Essene
auffordert, deutlich (5,1):

> "Und dies ist die Ordnung für die Männer der Gemein-
> schaft, die sich willig erweisen, umzukehren
> von allem Bösen und festzuhalten an allem, was er befoh-
> len hat nach seinem Wohlgefallen,..."

Im folgenden wird die 'Versammlung der Männer des Frevels'
(V.2) der 'Gemeinschaft im Gesetz' (V.2) gegenübergestellt.
Obwohl nur in dem vorausgehenden dualistischen Abschnitt von
'Werken' gesprochen wird (s.o.), wird auch aus diesem abschließenden Umkehrruf deutlich, daß die als Übertritt verstandene Bekehrung als Änderung des Tatverhaltens verstanden
ist. Der vorgeschaltete dualistische Abschnitt hebt die Ra-
dikalität der Umkehr hervor und unterstreicht die Unerläßlichkeit der Änderung des Tatverhaltens in der Bekehrungs-
situation. Durch die Eintragung der Vorstellung von dem Gericht nach den Taten wird die eschatologische Verantwortlichkeit für die eigenen Handlungen als zusätzliche Motivation
betont (1QS 4,18-20). Braun hat den Charakter der Bekehrungsforderung treffend beschrieben: "Die Unerläßlichkeit des Tuns
fällt besonders in die Augen bei der Bekehrungsforderung:
ohne Bekehrung, d.h. ohne Eintritt in die Sekte, womit aber
die Bereitschaft zu einer besonders strengen Torabefolgung
verbunden ist, gibt es kein Heil. Die dualistisch gefaßte
Prädestination und das Prävalieren vor den Taten im Tugendkatalog tun dem grundsätzlichen Tatcharakter frommer menschlicher Existenz keinen Abbruch."[212]

---

211 So zuletzt durch Becker, Johannesevangelium, 147-151.
212 Braun, Radikalismus I, 25f; vgl. ders.,Umkehr.

Auf diesem Hintergrund findet die dualistische Struktur in Verbindung mit "Werk" als Bezeichnung des Modus der Zugehörigkeit
ihren intentionalen Platz, nämlich, was an den folgenden Belegen deutlich wird, daß sich durch die Taten der Übertritt
von der Unheils- in die Heilssphäre vollzieht, wobei die Werke
gleichzeitig die Zugehörigkeit des Menschen zum Heils- oder
Unheilsbereich signalisieren.
Der Entscheidungs- und Tatcharakter des dualistischen Predigtschemas kommt in der Abfolge der Vermittlung von Offenbarungswissen und Aufruf zur Entscheidung in TestNaph 19,1 zum Ausdruck. Der Mitteilung des theologischen Wissens folgt der
Aufruf zur Entscheidung (vgl. den Text von 19,1 auf S.226).
Die Entscheidung erfolgt durch die Tat. Wer die Werke Beliars
tut, hat sich dem Bösen angeschlossen und sich wider die zuvor
als Offenbarungswissen vermittelte Lehre gestellt.
Ganz analog ist auch die Struktur in TestNaph 2,8-3,2. Berger[213] beschreibt den Aussageduktus dieses Abschnittes wie
folgt: "Aus der Tatsache, daß Gott alles ἐν τάξει geschaffen
hat (2,8), wird abgeleitet, daß auch die Werke der Angeredeten
ἐν τάξει εἰς ἀγαθόν und ohne Hochmut (καταφρόνησις) sein müssen (2,9). Nach der Aufstellung einer Alternative zwischen
dem Willen Gottes und dem Willen Beliars (3,1) wird der theologische Grundsatz von 2,8f wiederholt: Aus der Tatsache, daß
die Gestirne ihre τάξις nicht verändern, wird abgeleitet:
'οὕτως καὶ ὑμεῖς μὴ ἀλλοοιώσητε νόμον Θεοῦ ἐν ἀταξία πράξεων
ὑμῶν, 3,2." Im folgenden wird diese Paränese durch geschichtliche Beispielreihen begründet. V.10 greift den Dualismus
Licht/Finsternis aus V.7 wieder auf, wobei dualistisch zwei
Entscheidungssphären gekennzeichnet sind, denen man sich durch
seine Werke als zughörig erweist: "Denn wenn du zum Auge
sprichst: Höre! wird es (das) nicht können. So könnt ihr auch
nicht in Finsternis Werke des Lichts tun" (V.10). Ἔργον als
Modus der Zugehörigkeit und der dualistische Gebrauch des Be-
griffspaares Licht/Finsternis korreliert wie bereits in
TestNaph 19 eine Abfolge von Vermittlung theologischer Lehre
und Aufruf zur Entscheidung, der hier noch durch geschichtliche
Beispielreihen zusätzlich begründet wird. Diese Beispielreihen
erhöhen ebenso wie die inhaltliche Füllung der Werke durch

---

213   Berger, Hartherzigkeit, 35.

Tugend- und Lasterkataloge den motivatorischen Charakter der
Umkehrforderung. Ziel dieser für das jüdisch-hellenistische
Schrifttum typischen Predigtschemata ist die Konfrontation der
Rezipienten mit einer dualistischen Vermittlung von Aussagen
über Heil oder Unheil. Hierdurch wird der Angeredete vor die
Entscheidung gestellt, durch seine Werke die Wahl für oder
gegen einen der beiden Bereiche zu treffen.
Gleichzeitig kann der dualistische Sprachgebrauch auch der
Beschreibung des Zustandes vor und nach der vollzogenen Umkehr
dienen. Verwandt mit diesem Schema sind Predigten, die einen
Tugend- und einen Lasterkatalog gegenüberstellen (vgl. Philo
Virt 179ff; Gal 5).
Innerhalb des NT wurde dieses Schema einer Umkehrpredigt neben
Joh 3,16ff. in Röm 13,11ff. und Eph 5,5-14 im Rahmen einer
Homilie an die Gemeinde (Eph 4,17-6,17) teilweise modifiziert
aufgenommen:
Röm 13,11ff. schließt   innerhalb der paränetischen
Kapitel 12+13[214] an eine lehrhafte Zusammenfassung der Paränesen in 13,8-10 an. Zwischenmenschliches Verhalten hat sich
danach an dem Gebot der Nächstenliebe auszurichten, worin Paulus die Erfüllung des ganzen Gesetzes sieht. In 13,9 veran-
schaulicht dies der Apostel an den Geboten der zweiten Dekalog
tafel.[215] Diesem kurzen lehrhaften Teil folgt ein eschatologischer Schlußabschnitt (13,11-14), in dem "schließlich...
diese Option für das Gute mit dem Hinweis auf die Bekehrung
begründet (wird), aus der folgt, daß die Christen 'die Werke
der Finsternis ablegen' und die 'Waffen des Lichts anlegen'
sollen."[216] Das Näherrücken des eschatologischen Zeitpunktes
soll die Annahme der vermittelten Lehre (13,8-10) dringlich
machen. Dabei dient der Dualismus Licht/Finsternis als Signal
für den Wechsel der Gesamthaltung, der sich nur durch die ἔργα
vollziehen kann. In der Wendung ἔργα τοῦ σκότους bezeichnen die
Taten wieder den Modus, durch den zeichenhaft signalisiert

---

214 Thema dieser Kapitel ist das zwischenmenschliche Verhalten; ab
     12,17 charakterisiert durch die Leitworte 'Böses tun' und 'Gutes
     tun': 12,17.21; 13,3.4 (2x).10.

215 Vgl. Berger, Gesetzesauslegung z.St.

216 Wilckens, Römer 13,1-7, 209.

wird, daß man sich dem Bereich der Finsternis zuordnet. Die inhaltliche Exemplifizierung der ἔργα in einem Katalog ethischen Normalverhaltens (V.13) zeigt, daß es sich hier tatsächlich um die Betonung des Tatverhaltens handelt, durch das Bekehrung ausschließlich vollzogen werden kann.

Mit der Predigt in Joh 3,16-21 lassen sich die folgenden Elemente direkt vergleichen:

1. Der durch die 'Licht/Finsternis-Metaphorik' bestimmte dualistische Aufbau.

2. Der Gebrauch von ἔργον als Modus der Zugehörigkeit zu Heil oder Unheil.

3. Die argumentative Abfolge von vermittelter Lehre (Joh 3,16-18; Röm 13,8-10) und dem Aufruf, sich durch Tatverhalten für oder gegen die Lehre zu entscheiden.

4. Die eschatologische Perspektive, die Rettung dem verheißt, der sein Tatverhalten geändert hat, d.h., der gläubig geworden ist (Joh 3,16f; Röm 13,11).

Eph 5,8-14 ist noch stärker mit der Schlußpassage von Joh 3 verwandt. Denn dort stimmen sowohl die Funktion von ἔργον als Benennung des Modus der Zugehörigkeit wie auch dessen Funktion als Bemessungskriterium im Endgericht nach den Taten auf dem Hintergrund einer zweifachen Applikation der 'Licht-Finsternis-Metaphorik' überein. Licht hat wie in Joh 3,16-21 die Funktion der Offenlegung der menschlichen Werke und ist gleichzeitig im Gegensatz zur Finsternis kennzeichnendes Element des Heils.

Der Gedankengang in Eph 5,8-14 ist klar gegliedert:
Der Kontext weist darauf hin, daß es darum geht, sich nicht denen anzuschließen, die mit leeren Worten betrügen, da diesen das gerichtliche Handeln Gottes sicher ist (V.6f.). Es folgt unter Aufnahme des Dualismus von Licht und Finsternis eine Abfolge von motivierenden Argumentationselementen (V.8f.),[217] Paränese (V.10f.) und begründender Argumentation, teils mit sentenzhaftem Charakter (Vv.12-14). Dem Zustand von einst und jetzt wird Finsternis und Licht zugeordnet (φῶς ἐν κυρίῳ bezeichnet die heilvolle Immanenz, wobei es um das Bleiben bei

---

217 Die Aufnahme des Einst-Jetzt-Schemas in V.8 erinnert an die bereits vollzogene Bekehrung, deren Kraft in Taten unter Beweis zu stellen ist.

dem, der Leben gibt, geht; vgl. 1Joh 2,5; 2,9f.).

Die Zugehörigkeit zu dem Bereich heilvoller Immanenz wird in
V.8b durch die Wendung τέκνα φωτός ausgedrückt, die in Opposition zu den 'Söhnen des Ungehorsams' (V.6) steht. Zugleich
wird in V.9a das Ergebnis dieser Zugehörigkeit als καρπὸς τοῦ
φωτός bezeichnet. Vers 10 leitet zu der folgenden Paränese
über, die das 'wie' des Bleibens in der heilvollen Immanenz
konkretisiert. Eine Beteiligung an der Finsternis durch die
Taten soll vermieden werden, und in Analogie zu dem offenbarenden Handeln des göttlichen Richters sollen die unfrucht-
baren Werke strafend aufgedeckt werden. Das Adjektiv ἄκαρπος
nimmt καρπός aus V.9 wieder auf und betont die Ergebnislosig-
keit einer Teilhabe an der Finsternis. V.13f. erinnert an
die Funktion des Lichtes im Gericht, das dort die Aufgabe
haben kann, die Taten aufzudecken (vgl. CD 20,2-5).

Die Licht-Theophanie kann als Ursprung für die Offenbarung im Gericht
angesehen werden, wie die folgenden Belege zeigen, die von einer
richterlichen Funktion des Lichts sprechen:
In syrApkBar 19,3f. ist es das Gesetz, das als Licht das Richteramt
wahrnimmt: "Aber nach seinem Tod (sc. des Mose) sündigten sie (sc. die
Israeliten) und übertraten, obwohl sie wußten, daß sie das Gesetz hatten,
das sie überführen würde, und das Licht, in dem nichts verborgen bleiben
kann, auch die Sphären, die zeugen und mich; (4) und über alles, was da
ist, bin ich Richter."
Aalen[218] zeigte, daß es hier das Gesetz ist, welches tadelndes und
überführendes Licht ist und in engem Zusammenhang mit Gottes richter-
licher Funktion steht. Ebenso wird die richterliche Funktion des Lichtes
in slavHen 46,3 Rez.A deutlich:
"Und wenn der Herr das große Licht senden wird, in dem wird sein ein
gerechtes Gericht ohne Ansehen der Person des Gerechten und den Ungerechten, und niemand wird dort verborgen bleiben."
Eindeutig richtet das Licht in einem Gericht ohne Ansehen der Person,
wobei der Vergleichspunkt die aufhellende Funktion des Lichtes ist,
so daß hier bereits das Licht Bild für die zu erwartende Theophanie
ist.

Wir fassen zusammen: Durch die Möglichkeit, das richterliche
Handeln Gottes, wie in Gal 6 durch Paulus geschildert, zu
antizipieren, wird den Gemeindegliedern die Möglichkeit
gegeben, rechtzeitig von schlechten Taten abzukehren, die
im Endgericht als Zeichen der Zugehörigkeit zu der Sphäre
des Unheils von unkorrigierbarer Relevanz sind. In Joh 3,16ff.
geht es darum, angesichts des in die Welt gesandten Lichts
jetzt zwischen Heil und Unheil durch das Tun zu wählen.
Im Eph wird mit Blickrichtung auf die Möglichkeiten einer

---

218 Aalen, Begriffe, 294.

bereits etablierten Ortsgemeinde das Gleiche thematisiert:
Für die Gemeindeglieder geht es darum, jetzt durch ihre Werke
in der heilvollen Immanenz zu bleiben, denn im Gericht ist
alles Licht (V.14a). Die Identifikation des Lichtes mit
Christus in dem abschließenden traditionellen Weckruf rückt
den Text Eph 5,6-14 noch näher an Joh 3,19-21 heran. Nur ist
die missionarische Funktion des Predigtschemas zugunsten innergemeindlicher Paränese zurückgetreten.

Ergebnis der Untersuchung zu Joh 3,16-21: Aus der traditionsgeschichtlichen Analyse des Abschnittes haben sich zwei
wichtige Ergebnisse herauskristallisiert:
1. Joh greift auf die Tradition des zum Gericht kommenden
Menschensohnes, dessen Kommen das Offenbarwerden der Taten bewirkt, in der Gestalt zurück, daß er sie mit einem aus der
zwischentestamentlichen Literatur stammenden Predigtschema
kombiniert, das unter häufiger Verwendung des Gegensatzes von
Licht und Finsternis mit Hilfe dualistischer Rede zur Umkehr
motivieren möchte. Joh kann beide Traditionen   verbinden,
weil sie in zwei Elementen übereinstimmen: Beide führen ἔργον
als jeweils festes Element in dem zur Tradition gehörenden
semantischen Feld, und beide Traditionen sind bereits traditionell auf das Thema Bekehrung/Umkehr bezogen. Damit bedarf
der dualistische Aufbau von Joh 3,19-21 keiner besonderen
religionsgeschichtlichen bzw. redaktionsgeschichtlichen Erklärung. Die bereits zur Tradition gehörende Abfolge von Lehre
und paränetischer Anwendung ermöglicht Joh mit Hilfe der Aufnahme des Predigtschemas eine ethisch-missionarische Applikation seiner theologischen Grundaussage von der Sendung des
göttlichen Boten zum Heil der Menschen. Das ethische Moment
wird noch dadurch unterstrichen, daß bereits im äthHen mit
der Sendung des Menschensohnes als dem von Gott stellvertretend gesandten Richter über die Taten der Menschen, das Offenbarwerden der Werke verbunden ist.
2. Für die spezielle Verwendung von ἔργον ergibt sich eine
für die joh Redeweise typische Verschränkung verschiedener
traditioneller sprachlicher Anwendungen.
Ἔργον bezeichnet   den Modus der Zugehörigkeit zu dem
dualistisch gefaßten Heils- bzw. Unheilsbereich. Damit ist der

grundsätzliche Tatcharakter von 'Bekehrung' deutlich herausgestellt. Der Umkehr kommt deshalb hohe eschatologische Relevanz zu, weil im endzeitlichen Gericht die Taten offenbar
werden. An ihnen manifestiert sich die Folge der im Jetzt
vollzogenen Entscheidung für oder gegen das Heil. Denn das
Ergehen der Menschen bestimmt sich durch die im eschatologischen Gericht offenbar werdenden Taten.

4. Zur Bedeutung der Werke innerhalb apokalyptischer Gerichtsszenarien

Die hier angestrebte Untersuchung wird durch die äußerst un-
übersichtliche und heterogene Diskussion in der Apokalyptik-
forschung erschwert.[219] Unsere Analyse wird sich auf einen
schmalen Ausschnitt apokalyptischen Denkens beschränken, nämlich auf eine Untersuchung der Bedeutung der menschlichen
Werke innerhalb apokalyptischer Gerichtsschilderungen, die
wir auf dem traditionsgeschichtlichen Hintergrund des sich
aus den at.lichen Vergeltungsaussagen entwickelnden Topos
'Gericht nach den Werken ohne Ansehen der Person' zu verstehen versuchen. Für diese grundlegende These lassen sich
einige gewichtige Argumente anführen:
1. Innerhalb apokalyptischer Gerichtsszenarien kann das richterliche Handeln regelmäßig als Vergeltung nach den Taten
zusammenfassend interpretiert werden.[220]
2. Funktional zielen auch die apokalyptischen Gerichtsszenarien
auf die Betonung des Zusammenhangs von Tat und Ergehen, wobei
die Verlagerung der Tatfolge in einen überirdischen Bereich
seit der sogn. 'Krisis der Weisheit' bereits in Aussagen über
die göttliche Vergeltung nach den Taten angelegt ist. Analog
können dabei auch die apokalyptischen Gerichtsschilderungen
an der empirischen Diskrepanz von irdischem Tun und Ergehen
ausgerichtet sein und durch den Verweis auf die Wiederher-
stellung der gerechten göttlichen Ordnung im Jenseits auf

---

219 Zur Forschungsgeschichte und zum Stand der heutigen Forschung:
     Schmidt, Apokalyptik.

220 SlavHen 50,4; 4Esr 7,32-38; äthApkEsr (ed. Leslau) S.180-182;
     grApkBar 11-17; äthAbbaEliah (ed. Leslau) S.48; Te'ezaza Sanbat
     S.31; äthApkGor S.88; syrApkPls 2-4; äthApkPetr 5; Apk 20,12f.

die Angesprochenen tröstend wirken:

Innerhalb der Schilderung des Weltgerichtes an den Völkern in 4Esr 7,32-38
dient die Gerichtsaussage dem Aufweis, daß der sich im Gericht vollziehende Erweis der göttlichen Weltherrschaft in der Bestrafung der Ungläubigen bestätigt.
Nach TestAbr A 10-13 wird Abraham deshalb an den himmlischen Gerichtsort
geführt, weil er die Sünder bereits auf Erden bestrafen wollte: "Abraham
sündigt nicht, aber er erbarmt sich nicht der Sünder" (Kap.10). Nachdem
Abraham das Geschick der Sünder gesehen hat, bedauert er, sie verflucht
zu haben. Von daher ergibt sich die Absicht der folgenden Gerichtsschilderung: So wie Abrahams Erregung über das gute Leben der Sünder auf Erden
angesichts des göttlichen Gerichts vergeht, so soll auch der Rezipient
nicht mehr am guten Ergehen der Sünder auf Erden irre werden, denn er
weiß nun, daß dem gerechten Gericht niemand entgehen kann.
In GrEphraem (ed. Assemani) III (S.66-70) werden die Bedrängten unter
Hinweis auf die göttliche 'Buchführung' im Buch der Taten getröstet;
vgl. TJon zu Gen 4, dort wird die weisheitliche Skepsis über den Zusammenhang von Tun und Ergehen durch den Hinweis auf das göttliche Gericht
nach den Taten bestritten.

3. Analog zu der Entwicklung der Vergeltungsaussagen kann
auch innerhalb später Gerichtsschilderungen der strenge Zusammenhang von Tat und Ergehen durch das Einwirken der göttlichen
Gnade relativiert werden:

Besonders eindrücklich sind in diesem Zusammenhang Schilderungen göttlicher Manipulationen an der Gerichtswaage, auf der die guten gegen die
schlechten Werke abgewogen werden:
Nach KoptHen fol.7 legt Gott immer dann, wenn sich die mit den schlechten
Taten gefüllte Waagschale zu senken beginnt, seinen Stab auf die Schale
mit den guten Werken. Nach PesR 45,2 verdeutlicht sich die göttliche Gnade
gegenüber Israel dadurch, daß Gott hinter dem Rücken des anklagenden
Teufels die schlechten Werke immer wieder aus der Waagschale herausnimmt
und versteckt.

4. Ähnlich den Aussagen über die göttliche Tatvergeltung können
Berichte über göttliche Gerichtsszenarien auf eine Verhaltensänderung der Hörer auf Erden abzielen, wobei den Gerichtsschilderungen auch eine gemeindeparänetische Funktion zukommen
kann:

Dies wird besonders dann deutlich, wenn die gerichtsrelevanten Taten inhaltlich als Werke der Barmherzigkeit bestimmt sind:
In einer Verbindung von paränetischen Teilen und Elementen apk. Gerichtsschilderung in slavHen 44-54 wird die Bedeutung der Almosen besonders
hervorgehoben (51,1+4). In der anonym. Apk (ed. Steindorff) S.24 werden
die Verweigerung von Liebeswerken und Almosen ausdrücklich als Sünden
genannt; vgl. Te'ezaza Sanbat S.31 und die Betonung der griechischen
Tugend der Fremdenliebe in Verbindung mit dem Hinweis auf den himmlischen
Schatz guter Werke in Const Ap II,36.
Häufig dient auch der Bericht über das endzeitliche Gericht nach den
Taten dazu, zu einer Umkehr während des diesseitigen Lebens zu motivieren: grApkBar (slav. Version) 11-17; äthApkGor (ed. Leslau) S.88;
syrApkPls 5.

Diese auffallenden Analogien apk. Gerichtsschilderungen zu
Aussagen über die göttliche Vergeltung nach den Taten lassen

die These einsichtig erscheinen, daß die Funktion der menschlichen Taten innerhalb apk. Gerichtsszenarien bereits durch
die jüdisch-christliche Bewertung der Werke im Rahmen der
Vorstellungen über das göttliche Vergeltungsgericht maßgeb-
lich vorgezeichnet worden ist. Damit ist auch eine Erklärung
für das relativ späte Vorkommen ausführlicher Werkgerichts-
schilderungen in apk. Texten gefunden:
Wir sehen in den Werkgerichtsszenarien der Apokalyptik die
letzte Stufe einer Entwicklung, die mit der Eschatologisierung
und Theologisierung des weisheitlichen Zusammenhangs von Tat
und Ergehen einsetzt, der durch die Eintragung at.licher Gerichtsterminologie in die Vorstellung vom 'Gericht nach den
Werken des Menschen ohne Ansehen der Person' mündete (vgl. die
betreffenden Abschnitte in dieser Untersuchung). Die Vorstellung vom göttlichen Werkgericht konnte dann unter Beibehaltung
wesentlicher Elemente als szenarisch ausgeführtes eschatologisches Individualgericht in die apk. Gerichtsschilderungen
mit einfließen.
Was diesen Teilbereich der apk. Gerichtsvorstellungen betrifft,
ist der Einfluß religionsgeschichtlicher Parallelen auf die
bloße Ausgestaltung des Szenariums begrenzt, was wir in dieser
Untersuchung anhand der Topoi 'Gerichtswaage' und 'Prüfung der
Werke durch Feuer' nachweisen werden. Die in den apk. Werkge-
richtsdarstellungen eingeflossenen Elemente aus dem 'fremdre-
ligiösen Umfeld' unterstreichen lediglich die Intention aller
jüdisch-christlichen Aussagen über das Gericht nach den Taten:
die grundsätzliche Unparteilichkeit und Gerechtigkeit des
himmlischen Gerichts auf dem Hintergrund entgegengesetzter
irdischer Erfahrung.
Auf diesem Hintergrund entfalten sich die Aussagen über die
menschlichen Taten im Rahmen apk. Gerichtsszenarien in zwei
Richtungen:
1. Die Objektivität und Genauigkeit des erwarteten Gerichts
bedingt eine genaue Kenntnis der begangenen Einzeltaten durch
Gott. Dieser himmlischen Registrierung der menschlichen Werke
dienen in apk. Texten im allgemeinen vier Vorstellungen, die
miteinander verbunden sein können: a. die Vorstellung vom
Buch der Taten; b. die Vorstellung vom Schatz an Werken im
Himmel; c. die Vorstellung, daß die menschlichen Taten Gott
durch Boten kontinuierlich bekanntgegeben werden und d. die

Überzeugung, daß alle Werke der Menschen im Gericht offenbar werden.

a. Die Vorstellung vom Buch der Taten

Das Motiv der himmlischen Tatenbücher ist von Rau eingehend traditionsgeschichtlich untersucht worden.[221] Rau erkennt richtig, daß der Ursprung dieser Tradition in dem Motiv vom 'Öffnen der Bücher' im Rahmen einer Gerichtstheophanie zu suchen ist, ohne daß dabei bereits die Taten erwähnt wären (Dan 7,10; 4Esr 6,20).[222] Weiterhin wies Rau für unseren Zusammenhang nach, daß es sich bei den 'Büchern der Lebenden' ursprünglich nicht um Tatenbücher gehandelt hat, sondern um Bücher, in denen die Namen der zum Leben bestimmten Märtyrer verzeichnet sind.[223] Daß Rau richtig interpretiert, zeigt besonders die Analyse von Apk 20,11-15, wo die Öffnung des Buches der Lebenden (20,12.15) noch deutlich von den Büchern, in denen die Taten der Menschen als Grundlage des Richterspruchs verzeichnet sind (20,12b), unterschieden werden können.

In späten Texten werden die Vorstellungen vom Buch der Taten und vom Buch des Lebens deutlich systematisiert:
Nach dem apokryphen Liber Johannis (S.895) bewirkt das Öffnen der Bücher des Lebens ("libri aperientur vitae") das Offenbarwerden der Gottlosigkeit der Völker und die Verherrlichung der Gerechten aufgrund ihrer Taten. Die Wirkung des Lebensbuches erstreckt sich hier auch auf die Gottlosen, weil es als Tatenbuch, in dem alle Werke der Menschen verzeichnet sind, interpretiert ist.
In der KoptEliasApk (ed. Steindorff) werden die Bücher der Taten, in die Schreiberengel die Sünden und die guten Werke der Menschen beständig eintragen, zur Grundlage für die Eintragung in das Buch der Lebenden. Ein Botenengel bringt die Schriftrolle mit den guten Werke zu Gott, der den Eintrag in das Lebensbuch vornimmt (Kap. 3+4). Die Schriftrolle, auf der die schlechten Taten verzeichnet sind, dient dem Ankläger im himmlischen Prozeßgericht als Anklage- und Beweisschrift (11,1-12,1). Abgeändert liegt diese Struktur auch in der Anastasia-Apk (ed. Homburg) Kap.5 vor. Das Buch der Taten dient hier lediglich zur Registrierung der Sünden und Ungerechtigkeiten durch die Schreiberengel, während die Namen der Gerechten in das Buch des Lebens eingetragen werden.

---

221 Rau, Kosmologie, 312-335; vgl. Bousset, Religion, 258f; Volz, Eschatologie, 290-292.303f; vGall, Basileia, 312-315; Koep, Buch, 18ff.

222 Rau, Kosmologie, 312.

223 Rau, Kosmologie, 312; vgl. äthHen 47,1-2.4.

GrEphraem (ed. Assemani) II,214-216 hat die Verbindung von Thronvision
und Öffnen des Buches bewahrt. Doch sind in diesem Buch die Taten der
Menschen verzeichnet: "... βίβλιοι, ἔνθα γεγραμμένα εἰσὶ τὰ ἔργα ἡμῶν
καὶ οἱ λόγοι". Die Unterscheidung zwischen dem Buch der Taten, in dem
die schlechten Werke verzeichnet sind, und dem Buch des Lebens hat sich
auch in Const Ap VIII,8 erhalten. Der besondere Skopus dieser Aussage besteht in der Auswirkung der Buße auf die Registrierung der Sünden. Denn
derjenige, der sich von den schlechten Taten abwendet, erreicht die
Streichung seiner verzeichneten Sünden und die Eintragung in das Buch des
Lebens.

In dem von dem Buch des Lebens zu unterscheidenden Buch der
Taten waren ursprünglich nur die schlechten Werke der Menschen
verzeichnet. Unter Hinweis auf 4Esr 6,20 und syrApkBar 24,1
wurde dies mit Recht von Rau betont.[224] Obwohl sich diese ursprüngliche Festlegung auf die Verzeichnung der Sünden punktu-
ell bis in sehr späte Texte erhalten konnte,[225] finden sich in
späteren Texten auch Belege dafür, daß alle Werke in einem
Tatenbuch verzeichnet sind:

So heißt es in den beiden Versionen des slavHen: "Ich habe das Werk eines
jeden Menschen in einer Schrift niedergelegt..." (50,1). Auch in syrEphr
Ser V wird ausdrücklich betont, daß alle Werke in einem Buch verzeichnet
sind, und die Öffnung des Buches beschreibt TestAbr 12 mit folgenden Worten: "Da öffnete er (sc. ein Engel im Auftrag Gottes) das Buch und fand
ihre Sünden und ihre gerechten Taten, die sich die Waage hielten."

Die ursprüngliche Funktion des Tatenbuches als Verzeichnis für
die Sünden der Menschen findet in späten Texten darin ihren
Niederschlag, daß das Tatenbuch zu einem typischen Element
des himmlischen Verhörs der sündigen Seele wird. Das Buch der
Taten hat dabei die Funktion des unwiderlegbaren Beweismittels.
Nach dem Verlesen (meist durch Henoch) der Taten wird jede
Leugnung der begangenen Sünden zwecklos (TestAbr B 10; äthApk
Esr (ed. Leslau) S.181f; äthTestAbr (ed. Leslau) S.99f; vgl.
1QH 1,23f.).

Durch das Wissen um ein Tatenbuch weiß sich der Mensch darin
bestärkt, daß keine geschehenen Taten vor Gott unbekannt bleiben. Ein Wissen, das den Gerechten trösten mag und den Sünder
zur Änderung seines Verhaltens bewegen könnte.

Die Vorstellung des Tatenbuches ist grundsätzlich auf die Aufzeichnung der irdischen Werke bezogen. Diese Registrierung ist

---

224   Rau, Kosmologie, 315. Rau betont die tröstende Funktion dieses Mo-
      tivs: "Gericht und Öffnung der Bücher, in denen die Sünden der Men-
      schen verzeichnet sind, (sc. dienen) der Vergewisserung der baldigen
      Befreiung von der Herrschaft der Sünder...", ebda. 315.

225   Anastasia-Apk Kap.5; syrEphr Ser III.

bei Beginn des Gerichtsverfahrens abgeschlossen, so daß das
Tatenbuch nur Beweismittel im himmlischen Prozeßgericht ist.
Die Vorstellung vom Tatenbuch muß deshalb grundsätzlich von
der Protokollierung des Prüfergebnisses menschlicher Werke
durch Schreiberengel unterschieden werden (gegen Rau und seine
Analyse des TestAbr). Die Protokollierung der Ergebnisse der
Prüfung menschlicher Taten im Gericht ist fest mit der Vorstellung der Gerichtswaage verbunden und gemeinsam mit dieser
aus der Vorstellungswelt der ägyptischen Religion übernommen
(s.u.).

b. Die Vorstellung vom Schatz an Werken im Himmel

In einem Aufsatz über den 'Schatz im Himmel' arbeitete Koch
heraus, daß ursprünglich diese Vorstellung nicht dem Bereich des eschatologischen Gerichts nach den menschlichen Werken zugerechnet werden kann,[226] sondern auf dem Hintergrund
des eschatologisierten strengen Zusammenhangs von Tat und Tatfolge verstanden werden muß.[227] Die hypostasierten menschlichen Werke trennen sich von dem Täter, um in einem himmlischen Vorratsraum aufbewahrt zu werden, wobei auf dieser
Stufe der Tradition grundsätzlich nur an die guten Werke gedacht ist (4Esr 7,77; 8,36; syrApkBar 14,12).
Aufgrund dieser im Himmel aufbewahrten Werke empfangen dann
die Gerechten Lohn (4Esr 8,36) oder ewiges Leben (syrApkBar
14,12). Im NT wurde dieses Motiv unter dem Gesichtspunkt des
Aufrufs zur Umkehr zu einem Bestandteil der Predigt Jesu.
Kennzeichnend für diese paränetische Anwendung der Schatzvorstellung ist, daß dem himmlischen, unvergänglichen Schatz ein
stets irdischer, vergänglicher Schatz gegenübergestellt wird,
den der Angesprochene als Zeichen seiner Umkehr den Armen geben soll.[228]
Für Mk 10,21 konnte Berger mit einer Analyse des Aufbaus von
Mk 10,13-31 nachweisen, daß das Motiv des Besitzverzichtes
in den Dienst der Motivation zur Nachfolge Jesu gestellt

---

226 Koch, Schatz, 52.

227 Koch, Schatz, 56f.

228 Tob 4,9f; Mk 10,21par; Mt 6,19f; in entradikalisierter Form: 1Tim
     6,17-19 und Const Ap II,36; vgl. für das NT Koch, Schatz, 50-52.

ist.[229] Das bedeutet, daß der Verweis auf einen künftigen
Schatz im Himmel der paränetischen Intention der Gesamtargumentation untergeordnet ist.

Bereits J. Weiß[230] hat für die Parallele Lk 12,33 ein Zurücktreten des
sozialen Moments feststellen können. Weiß sieht dort das religiöse Motiv stärker betont: "Um der eigenen Seele willen soll er sich von seinem
Reichtum lösen, denn für einen Reichen ist es fast unmöglich ins Reich
Gottes zu kommen." Berger beschreibt die Umformung von Mk 10,21 durch
Lukas: "Ursprünglich liegt der Ton auf der Abfolge von Hingabe und Lohn,
nicht auf der Vollständigkeit des Armseins. In Lk 12,33 ist der Anfang
des Satzes nach Lk 18,22 und in Übereinstimmung mit Apg 4,34f umgeformt
(πωλήσατε τὰ ὑπάρχοντα), der Gedanke vom Schätzesammeln ist hier aus Q
(Mt 6,20) beibehalten."[231]

Diese stark paränetische Ausrichtung der Vorstellung vom
Schatz im Himmel bleibt auch dann erhalten, wenn sich das
Motiv im Umfeld apk. Gerichtsszenarien findet. Der Verweis auf
einen Schatz an guten Werken findet sich nämlich kaum innerhalb der Gerichtsschilderung, sondern ist dieser im Rahmen
eines paränetischen Kontexts stets vorgeordnet. So ist in
slavHen 50,5 die ursprünglich ermahnende Funktion der Schatzvorstellung dadurch erhalten, daß der himmlische Schatz dem
irdischen Reichtum gegenübergestellt wird und eine Paränese
zum Tun von barmherzigen Werken in Kap.51 direkt anschließt.
Diese Mahnung ist in die Schilderung des göttlichen Waage-
gerichtes eingebunden.[232] Analog hierzu findet sich die
Mahnung zum Besitzverzicht zusammen mit dem Hinweis auf die
zukünftigen himmlischen Schätze und in Verbindung mit einer
sich anschließenden Armutsparänese auch in äthAbbaEliah (ed.
Leslau) S.48.

Lediglich in Belegen, die den Schatz im Himmel als einen
Schatz aufbewahrter Sünden interpretieren, fällt eine direkte
funktionale Verbindung mit dem göttlichen Gerichtshandeln
auf, wobei an keiner Stelle von einem apk. Gerichtsszenarium
gesprochen werden kann:

In den Targumim konnte sich die Vorstellung vom Schatz der Taten mit
dem Topos 'Gott kennt die Werke der Menschen (Sünder)' verbinden. Beide

---

229 Berger, Gesetzesauslegung, 396ff.

230 Weiß, Urchristentum, 51.

231 Berger, Gesetzesauslegung, 456.

232 In Kap.49 wird betont, daß Waage und Maß bereits an der Gerichts-
    stätte bereitstehen, und in 52,15 wird das Motiv des Gerichts nach
    der Paränese wieder aufgenommen.

Vorstellungen wollen einerseits die Objektivität und Gerechtigkeit der
göttlichen Tatvergeltung unterstreichen und auf der anderen Seite den
Sünder an die 'Unverlierbarkeit' seiner begangenen Taten erinnern.
Diese Übereinstimmung der Intention verursachte das Eindringen der
Schatzvorstellung in die Vorstellung des göttlichen Vergeltungshandelns
(TgO zu Dtn 32): "Sind nicht alle ihre Werke mir bekannt, niedergelegt
in meinen Schatzkammern für den Tag des Gerichts? Ihre Bestrafung ist
vor mir, und ich werde vergelten...". Deutlich dienen die Schatzvorstellung und die Allwissenheit Gottes dem Ziel, das göttliche Vergeltungs-
handeln im Gericht zu begründen (vgl. TgPsJon zu Dtn 32: auch dort liegt
die intentionale Verbindung der Schatzvorstellung mit der Allwissenheit
Gottes vor).
Deutlich sichtbar wird die Ausrichtung des Schatzmotivs auf die Werke
der Sünder in TgJerushalmi II zu Dtn 32:
"Die Bestrafung ist für die Bösen vorbereitet, niedergelegt in meinen
Schatzkammern für den Tag des großen Gerichts." Innerhalb dieser Anwen-
dung der Vorstellung vom Schatz im Himmel steht auch die paulinische
Wendung θησαυρίζειν ἑαυτῷ ὀργήν (Röm 2,5), die bekanntlich mit der
Schilderung des Gerichts nach den Taten in Röm 2,6-11 verbunden ist.[233]
Auch in syrEphr Ser V weiß der Sünder um den Zusammenhang von göttlicher
Vergeltung und dem Schatz an bösen Werken: "Und das wird meine Vergeltung
am Tag des Gerichts sein: einen bösen Schatz hab ich mir hinterlegt.
Wehe mir, wenn jene Dinge dort (im Jenseits) mich treffen werden am
letzten Tag: Feuer, Finsternis und Qual und große Schmach vor allen Men-
schen" (V,341-347).
Die obige Stelle beweist wegen ihres relativ geringen Alters die Festigkeit der traditionellen Verbindung von Gericht und Schatz an bösen Werken.[234]

c. Das Überbringen der Werke zu Gott

Nach äth Te'ezaza Sanbat (ed. Leslau) bringen Engel an jedem
Sabbat die Taten der Menschen vor Gott, der diesen Bericht
dann zur Grundlage seines vergeltenden Gerichts macht (S.31):

"They (sc. die Engel) reported the deeds of men to God on the day
which was known to men as the Sabbath and they brought them before
Gott. God rewarded them according to their deeds, their alms and their
praises. God let the angels know their parts."

Das Überbringen der menschlichen Taten durch die Botenengel
findet -analog zu dem beständigen Aufschreiben der Taten in
ein Buch- kontinuierlich während des Lebens eines Menschen
statt. Dabei berichten einige Texte davon, daß jedem Menschen
ein Botenengel zugewiesen ist (vgl. grApkBar 13,1). Während

---

233 GrEphraem II 217F: "... καὶ σωρεύσαντες τὸ οὐαὶ ἐξῆλθον ἐκ τοῦ
     βίου παντὸς ἔργου ἀγαθοῦ ἔρημοι, πάσης ἀκαθαρσίας πεπληρωμένοι."

234 Bei IgnPol 6,2 ist die Schatzvorstellung als eine himmlische Bank
     interpretiert, auf der die guten Werke die Einlagen (τὰ δεπόσιτα)
     bilden. Hierbei handelt es sich, wie Koch, Schatz, 49, feststellte,
     um eine Nachwirkung des Schatzmotivs, die auch im rabbinischen
     Judentum anzutreffen ist; vgl. Bill I,430f.

jedoch das Tatenbuch als ein Beweismittel im göttlichen Gericht
Verwendung finden kann (s.o.), vollzieht hier Gott eine sofortige Vergeltung der guten Werke.

Ausführlich ist das Überbringen der guten Werke durch die
Engel in grApkBar 12-15 dargestellt, wobei sich der Handlungs-
ablauf wie folgt skizzieren läßt:

1. Der Erzengel Michael tritt mit einer Schale (φιάλη) auf,
in die die Tugenden der Gerechten kommen (αἱ ἀρεταὶ τῶν δικαίων καὶ ὅσα ἐργάζονται ἀγαθά), um vor Gott gebracht zu werden (11,8f.).

2. Die Engel der Gerechten kommen mit vollen Körben und
füllen die Tugenden der Gerechten in die Schale des Erzen-
gels (12,1-5).

3. Es folgen Engel mit halbvollen Körben. Michael und die
Botenengel sind darüber betrübt, daß die Schale nicht voll
wird (12,6-8).

4. Eine dritte Engelgruppe mit leeren Körben tritt auf und
beginnt, über die Bosheit der ihnen zugeordneten Menschen zu
klagen. Diese Engel bitten darum, die Sünder verlassen zu
dürfen (13,1-5).

5. Michael bringt die Tugendwerke vor Gott (14,1f.).

6. Michael kehrt zurück und überbringt den Lohn für die
überbrachten Tugenden, den die Engeln den Menschen übermitteln
sollen. Denen, die eifrig waren in guten Werken (τοῖς ἐμπόνως
ἐργασαμένοις τὰ καλὰ ἔργα) wird mit hundertfältigem Lohn vergolten. Denen, die halbvolle Körbe brachten, geschieht eine
adäquate Vergeltung der Tugenden (ἀπολάβετε τὸν μισθὸν καθὼς
ἠνέγκατε; 15,1).

7. Diejenigen, die keine guten Werke taten, erhalten irdische
Strafe (als Züchtigung), doch wird ihnen die Begleitung durch
die Engel nicht entzogen (16,1-4).

Es handelt sich hier um die gleiche Struktur wie in Te'ezaza
Sanbat: Die Engel überbringen gute Werke, und Gott reagiert mit
der sofortigen Vergeltung dieser Taten. Es handelt sich somit
um kein Gerichtsszenarium; dies ist durch die sofortige Ver-
geltung der beständig überbrachten guten Werke ausgeschlossen.
Vielmehr handelt es sich um eine ausgeführte Darstellung der
Ethisierung des Opfergedankens. Die guten Werke haben die
Opfer ersetzt. Hierauf weist besonders die Bezeichnung der
Schale, in die die guten Werke gelegt werden, um Gott über-

bracht zu werden. Φιάλη ist t.t. für die Opferschale.[235] Aus
der im Hintergrund stehenden Opfervorstellung erklärt sich
auch, daß ausschließlich von guten Werken die Rede ist und
daß die guten Taten von Gott sofort vergolten werden.[236] Die
slav. Version der grApkBar nimmt diesen Gedanken mit gering-
fügigen Änderungen auf,[237] ändert aber gegenüber der griech.
Version die Intention der Argumentation. In der grApkBar geht
es um den Schutz auch derer, die keine guten Werken vorweisen
können und deshalb von Gott gezüchtigt werden, vor dem Zugriff
des Bösen. Denn den Engeln kommt nach 13,2 die Aufgabe zu, die
Menschen vor dem Feind zu schützen:

> "Und es sprach Michael: Ihr könnt nicht von ihnen (sc.
> den Sündern) weichen, auf daß nicht zum Schluß der
> Feind Macht (über sie) gewinne."

Auch in der slav. Version werden die Engel angewiesen, bei
den Sündern auszuharren, doch nun wird dies mit dem Gedanken
der Umkehr begründet:

> "Hört, alle Engel Gottes. Es ist euch doch nicht geboten,
> von den sündigen Menschen zu weichen, sondern euch ist
> geboten, ihnen zu dienen, bis sie bereuen... Gehet und
> dienet den Sündern bis sie bereuen."

In den Versionen der ApkPls ist die Vorstellung dahingehend
systematisiert, daß nun auch die schlechten Werke von den
Engeln zu Gott gebracht werden:

> "Denn zu dieser Stunde gehen alle Engel zum Herrn, um
> ihn anzubeten und die Werke der Menschen ihm zu bringen,
> die ein jeder Mensch von früh bis zum Abend wirkt,
> seien es gute oder böse (latApkPls 7; nach syrApkPls 6+7
> halten die Engel die guten Werke in den Händen bzw.
> tragen die schlechten Taten).

Der Skopus zielt auch in der ApkPls auf die Umkehr, die bis
zum Tode des Sünders durch den Dienst der Engel erreicht werden soll:

> "Ne cessetis ministrare illis, si forte poeniteat eos;
> si vero eos non poeniteat, ad me venient, et ego iudi-
> cabo ergo eos iudicium iustum" (syrApkPls 7; vgl. lat
> ApkPls 10).

---

235 Vgl. Bauer, Wörterbuch, 1697 und die dort angeführten Belege.

236 Die Ethisierung der Opfervorstellung durch Ersetzung der Opfer durch
     gute Werke hat eine lange Tradition, die nicht nur auf den christlich-
     jüdischen Bereich beschränkt ist, sondern auch in pagan-hellenisti-
     schen Texten belegt ist: Dio Chrys Or 3,51-53; Philostr Vit I c.10;
     vgl. Apg 9,36; 10,4; 4Qflor I,6f; SapSal 3,5ff. etc.

237 Es fehlt hier die zweite Engelgruppe. Die den Sündern zugeordneten
     Engel begründen ihre Weigerung, zu den Menschen zurückzukehren, mit

Auch in der syr. Didaskalie wird der Mensch während seines
Lebens von zwei Engeln begleitet, die die Aufgabe haben, die
Werke des Menschen zu Gott heraufzubringen:

> "Und es ordnete Gott vor den Menschen an zwei Engel,
> den einen für den Lauf des Tages, den anderen für den
> Lauf der Nacht, heraufzubringen ihre Werke vor Gott.
> Der Herzenskenner aber kennt alles" (c.12).

Hier wird nun nicht mehr zwischen einem Engel für die bösen
und einem Engel für die guten Taten des Menschen unterschieden,
sondern nun geht es besonders darum, daß die Werke zu jeder
Zeit zu Gott gebracht werden.

d. Die Bedeutung der hypostasierten Werke für die Seele der Verstorbenen

In den Paulusapokalypsen wird davon berichtet, daß in der Todesstunde eines Menschen seine Werke neben ihm stehen:
GrApkPls 15: Es handelt sich um einen Gerechten, der dem Tode
nahe gekommen ist:

> "Und siehe, alle seine Werke standen neben ihm in der
> Stunde der Not" (καὶ ἴδον πάντα τὰ ἔργα αὐτοῦ,..., στα-
> θέντα αὐτοῦ).

LatApkPls c.14:

> "Und ich (sc. Paulus) blickte hin und sah einen Menschen
> im Begriff zu sterben. Und der Engel sagte zu mir: Der,
> den du siehst, ist ein Gerechter. Und wiederum blickte
> ich und sah alle seine Werke (et iterum aspexi et vidi
> omnia opera eius), die er getan hatte um des Namens
> Gottes willen...".

SyrApkPls c.10 berichtet ebenfalls in analoger Weise von der
Todesstunde eines Menschen:

> "Vidi autem omnia opera eius, quae ille fecerat
> propter Deum, quae stabant ante eum in hora egressus
> eius de mundo."

Berger hat nachgewiesen, daß sich an diesen hypostasierten
Werken entscheidet, welcher Engel über die Seele Macht gewinnt.
Die Werke werden zum Kriterium dafür, ob die Seele nach der
Trennung von ihrem Körper an einen heilvollen oder unheil-
vollen Ort durch die Engel geführt wird. An den Taten ent-
scheidet sich der Streit des guten und des bösen Engels um die

---

dem drastischen Topos des 'Gestanks der schlechten Werke'; vgl.
zu diesem Topos: grEphraem (ed. Assemani) III S.148f; syrApkPls
S.17: "odor suorum operum malorum"; äth Buch der Engel (ed. Leslau)
S.52: "eine Seele mit guten Taten riecht gut".

Seele.[238] Drastisch beschreibt syrEphr die Verspottung der
Seele, nachdem sie von ihren schlechten Werke unentfliehbar
umringt ist (4,121-129):

> "Herangekommen sind alle seine Häßlichkeiten, und er
> weiß nicht, wohin er fliehen soll. Denn wohin er auch
> geht, um sich zu verstecken, vor ihm stehen seine bösen
> Taten. Dann kommt der Böse und er wird für die Seele
> zum Einforderer. Er fordert von ihr die Träume der Welt
> ein, um sie zerfließen zu lassen... Nackt stellt er sie
> hin und verspottet und verhöhnt sie."

Nicht die Engel, sondern die guten Werke sind nun für die
Seele in der Todesstunde der einzige Schutz. Dreimal fleht
in der Todesstunde die Seele zu den Engeln, ohne Hilfe zu erhalten, um dann noch einmal ihre Stimme zu erheben:

> "Sie schreit mit der vierten Stimme und spricht:
> Meine guten Werke, meine guten Werke, kommt und rettet
> mich vom Gerichte des Todes.[239] Der vierte Engel antwor-
> tet und spricht zu ihr: Jetzt hast du die Wahrheit an-
> gerufen, wie es heißt (Jes 58,7): Und vor dir her ziehet
> deine Gerechtigkeit (dein gutes Werk)."[240]

Auch in der islamischen Eschatologie hat sich dieses Motiv
erhalten:

> "... wenn die Bahre hingesetzt wird, damit das Gebet
> verrichtet werde, so wird wiederum dreimal gerufen
> und zwar: O Sohn Adams, alles, was du getan hast, wirst
> du bald sehen. War dein Werk gut, so wirst du es als
> ein gutes sehen, war es aber böse, so wirst du es als
> ein böses sehen."[241]

Ebenso wie das Erscheinen der hypostasierten Taten in der Todesstunde des Menschen das Schicksal der Seele entscheidet,
kann auch ihr Auftreten im Endgericht über das Urteil bestimmen. So ist in der Schilderung des göttlichen Zorngerichtes
in der äthApkPetr der Auftritt der Werke dem göttlichen Vergeltungshandeln direkt vorgeordnet:

> "Und er (sc. Gott) wird ihnen befehlen, daß sie in den
> Feuerbach gehen, während die Taten jedes einzelnen von
> ihnen neben ihm stehen. Es wird vergolten werden einem
> jeden nach seinem Tun" (c.5).

Nach grEphraem (ed. Assemani) II S.193 überdenken kurz vor

---

238 Berger, Streit, 1-18.

239 In den Midraschim kann auch öfters vom 'Gericht des Grabes' gesprochen
     werden; vgl. Wünsche, Lehrhallen III, 91ff.

240 Wünsche, Lehrhallen, 91.

241 Wolff, Eschatologie, c.7.

Beginn des Gerichtes die Menschen ihre Taten, um sie dann vor
sich stehen zu sehen:

> "Deinde etiam videbit propria opera coram
> se posita sive bona sive mala."[242]

Wenn man nach dem Ursprung der Hypostasierung fragt, dann
kann man wahrscheinlich die Antwort in der Richtung suchen,
daß hier der Stil der Diatribe in einem apokalyptischen Horizont verwendet worden ist.

e. Die Begleitung der Seele durch ihre Taten

In diesem Abschnitt geht es hauptsächlich um den religionsgeschichtlichen Hintergrund von 1Tim 5,14f, der in den Kommen-
taren bis heute so gut wie nicht beachtet wurde.
In einem knappen Ausblick auf das Endgericht betont der Verfasser des 1Tim, daß die Sünden und guten Werke dem Menschen
ins Gericht vorangehen oder nachfolgen (προάγουσαι εἰς κρίσιν... καὶ ἐπακολουθοῦσιν) und dort nicht verborgen bleiben
können.
Ähnliches berichtet lat4Esr 7,35 (et opus subsequetur, et
merces ostendentur...) und im Midrasch L[e] 'Olam wird in
einer Betrachtung über die Notwendigkeit des Torastudiums ausgeführt:

> "Immer verringere der Mensch Geschäfte und Handel,
> setze Zeiten für die Tora fest; denn in der Stunde,
> wo der Mensch abscheidet, begleiten ihn nicht Silber
> und Gold, sondern nur Tora und gute Werke."[243]

Einen Hinweis auf den religionsgeschichtlichen Hintergund dieser Vorstellung kann ein Beleg aus den Ps.-Klementinen geben.
Dort geht es in einer eschatologischen Paränese um die zeitliche Trennung von Werk und Lohn (operum hic locus, hoc tempus est, meritorum saeculum futurum, Rec II 21,2). In einem
Vergleich werden nun die Werke, die man auf Erden tut, mit dem
Reisegeld verglichen, das ein Reisender braucht, wenn er in
eine fremde Stadt aufbricht:

> "..., ut tamquam iter acturi, abundanti viatico bonis
> operibus repleamur, quo possimus ad regnum dei tam-
> quam ad urbem maximam pervenire" (Rec II 21,3).

---

242 Vgl. Te'ezaza Sanbat, S.21-23, wo auch davon berichtet wird, daß die
     Sünder kurz vor der Verurteilung ihre Taten sehen werden.

243 Wünsche, Lehrhallen IV, S.8.

In einem Midrasch[244] wird davon gesprochen, daß die guten Werke
zur Wegzehrung auf der Reise ins ewige Leben dienen:

> "Spende Almosen und übe Liebeswerke mit deinem Ver-
> mögen. Das werde sein Begleiter sein ins ewige Leben,
> und er werde Zehrung für den Weg haben."

Die Werke werden auf dem Weg der Seele durch das Jenseits zum
einen als Begleiter und Führer der Seele dargestellt und können
zum anderen als Reiseproviant für diesen Weg metaphorisch um-
schrieben werden.

Die gleiche Funktion kommt den menschlichen Taten in der
Schilderung der Wanderung der Seelen durch die 'Wachthäuser'
des Jenseits im Ginza der Mandäer zu: "Was sind eure Werke, ihr
Bösen, daß eure Reisezehrung so ausschaut (Ginza L III 99f.).
Die Schwierigkeit auf dem Weg durch das Jenseits, die Prüfun-
gen zu bestehen, wird mit folgenden Worten beschrieben:

> "Nein, jeden einzelnen bringen nur Lohnzahlung und
> Almosenspende heran und bringen ihn herüber. Nur seine
> Werke gehen als Führer vor ihm einher..." (Ginza L I 13).

Analogien zu dieser Vorstellung finden sich auch in der per-
sischen Religion, besonders im Rahmen der 'Jenseitsbrücke', die
jede Seele auf ihrer Wanderung überschreiten muß.

f. Zur Prüfung der menschlichen Taten in apokalyptischen Gerichtsszenarien

Die Bedeutung der menschlichen Werke für das Ergehen im Jenseitsgericht kann in apk Texten besonders dadurch betont
werden, daß die hypostasierten Werke selbst zum Gegenstand
der richterlichen Prüfung werden. Neben der mehr quantitativen Prüfungsmethode der Abwägung von guten und schlechten
Taten auf der himmlischen Gerichtswaage finden sich Schilderungen über die Prüfung der Tat durch Feuer, wodurch der qualitative Aspekt des Prüfungsverfahrens mehr hervorgehoben wird.
Daneben steht das Verhör der (lügnerischen) Seele vor dem
himmlischen Gerichtshof; dort treten die Werke selbst als Zeugen auf oder aber werden durch den Ankläger aus dem Buch der
Taten (s.o.) vorgelesen.
Der religionsgeschichtliche Vergleich gewinnt bei der Darstellung der beiden zuerst genannten Prüfungsmethoden einen besonderen Stellenwert, weil sowohl das Motiv der Waage als auch

---

244 Wünsche, Lehrhallen IV, S.136.

das der Feuerprüfung eindeutig aus den Religionen der Umwelt
übernommen worden sind. Es kann bereits an dieser Stelle betont werden, daß diese religionsgeschichtlichen Beeinflussun-
gen den Grundgedanken des jüdisch-christlichen Gerichts nach
den Taten nicht berührt haben. Mit Hilfe der Prüfung der
menschlichen Werke wird lediglich die eschatologische Verantwortlichkeit für das eigene Tun besonders unterstrichen. Der
Zusammenhang von Tat und eschatologischem Ergehen bleibt auch
innerhalb dieser apk. Gerichtsschilderungen erhalten und grund
legend. Ebenso bleibt die Ausrichtung der Gerichtsszenarien
auf das irdische Tatverhalten genauso erhalten wie die Spannun
zwischen göttlicher Gerechtigkeit und göttlicher Gnade (vgl.
den Topos 'Manipulation der Gerichtswaage'). Die Aufnahme von
Vorstellungen aus dem religiösen Umfeld konnte nur deshalb geschehen, weil das jüdisch-christliche Gericht nach den Werken
und die aus anderen religiösen Vorstellungskreisen stammenden
Motive über die Prüfung der Taten in einem intentionalen Element übereinstimmen: der grundsätzlichen Unparteilichkeit
und Objektivität des göttlichen Gerichts.

Exkurs: Das Gericht nach den Werken ohne Ansehen der Person
          in der ägyptischen Religion

1. Voraussetzungen für die Herausbildung der Idee eines allge-
     meinen Totengerichtes nach den Taten

Seit der 4. Dynastie ist durch die sogn. Drohformeln ein Jenseitsgericht mit strukturell anderem Charakter als das allgemeine Totengericht, in dem ausnahmslos jeder Sterbliche sich
vor der himmlischen Instanz zu verantworten hat, belegt.
Es handelt sich hierbei um ein sogn. Prozeßgericht, dessen
Eigenart Fecht beschreibt: "Seit der 4. Dynastie ist die
Drohung mit dem Gericht belegt, vor dem jeder, der dem Toten
irgendwie schadet, von dem 'Großen Gott' abgeurteilt werden
soll. Ob die 4. Dynastie nur infolge der spärlichen Überlieferung als terminus ante quem non erscheint, ist unge-
wiß."[245] Durch die Androhung einer Gerichtsverhandlung vor
dem 'Großen Gott' versucht sich der Tote vor potentiellen
Grabräubern zu schützen. Es besteht jedoch kein Gerichtszwang,

---

245   Fecht, Vorwurf, 136. Zu den 'Drohformeln im Speziellen: Edel, 12-15.

d.h., daß das Gericht nur dann in Funktion tritt, wenn es an-
gerufen wird.[246] Ein direkter Zusammenhang zwischen irdischem
Wandel und jenseitigem Ergehen besteht nicht. Doch konnte
Fecht darauf hinweisen, daß in den positiv gewendeten Drohformeln sozialen und ethischen Gehalts die Möglichkeit einer
Ethisierung der Jenseitshoffnung enthalten sein könnte.[247]
Neben dem Sonderfall eines Prozeßgerichtes ist die Jenseitsvorstellung des Alten Reiches durch die in ein nicht hinter-
fragtes Wertsystem eingebette Annahme geprägt, daß eine Struk-
turgleichheit von irdischem und postmortalem Ergehen bestünde.
Der Sinn der Grabausstattungen läßt sich auf diesem Hintergrund
als der Versuch einer Konservierung der diesseitigen Lebensverhältnisse deuten. Diese "naive Gleichsetzung von Rechtschaffen-
heit, Wohlstand und Seligkeit"[248] bildet den Rahmen, in dem
sich, durch äußere Katastrophen bewirkt, die Vorstellung von
einem allgemeinen Totengericht entwickeln konnte.

Während der Schritt zu der Vorstellung eines allgemeinen Totengerichtes
erst auf dem Hintergrund der geistigen und politischen Umwälzungen der
ersten Zwischenzeit (7.-10. Dynastie) in der Lehre des Königs Merikare
vollzogen wurde,[249] wies Fecht auf eine Stelle aus der Lehre des Ptahotep
(5. Dynastie) hin, die unter Umständen auf ein Totengericht anspielt und
Veranlassung zu dem Schluß gibt, "daß die Anfänge dieser Idee des allgemeinen Totengerichtes am Ende der 5. Dynastie faßbar werden".[250] Die von
Fecht auf ein Gericht nach dem Tod gedeutete Stelle lautet: "Man straft
den, der die Gesetze (der Maat) übertritt, (doch) dem Habgierigen (=Proto-
typ des Bösen) scheint das etwas Fernes. Die Bosheit kann (zwar) die Lebenszeit, doch nie ist das Vergehen unverseht (im Jenseits) gelandet."[251]
Ist die Deutung von Fecht und Morenz richtig, dann klingt hier die Vorstellung eines jenseitigen Gerichtes an, das die guten Taten belohnt und
die schlechten bestraft. Doch ist die Begrifflichkeit im Vergleich zu
späteren Totengerichtstexten unspezifisch, so daß hier sehr vorsichtig
argumentiert werden sollte.

In der Lehre des Königs Merikare kam es zu einer ersten Ausprägung von einem transzendenten, rein ethisch ausgeformten
Totengericht. Der geschichtlich-soziologische Hintergrund
ist das Zusammenbrechen der alten Ordnung durch den Einfall der
Hyksos in der ersten Zwischenzeit. Das Zerbrechen der staat-

---

246   Vgl. Bonnet, Jenseitsgericht, 334.

247   Fecht, Vorwurf, 138.

248   Brunner, Wertung, 336.

249   Text in deutscher Übersetzung: vBissing, Lebensweisheit, 55.

250   Grieshammer, Jenseitsgericht, 46.

251   Morenz, Herabkunft, 17; zuerst bei: Fecht, Habgierige, 15ff.

lichen Ordnung führte zu einer tiefen geistigen Krise, die man
am Hofe des Königs Merikare dadurch zu überwinden suchte, daß
dort "die göttliche Ordnung zu einer Gerechtigkeit Gottes geworden (sc. ist), deren ausgleichende Tätigkeit... nicht im
logischen Ablauf menschlichen Geschehens, sondern erst in
Ewigkeit in Kraft tritt".[252] Der Text lautet in der Übersetzung
von Bissings (vgl. Anm. 249):

> "Vertrauen nicht auf die Länge der Jahre, das Leben
> gleicht einer Stunde, aber was ein Mann war, bleibt nach
> seinem Tod übrig, und seine Taten werden zuhauf neben
> ihn gelegt.[253]
> Die Ewigkeit aber währt es, daß man im Totenreich ist,
> und ein Tor ist, wer die Totenrichter verachtet. Wer zu
> ihnen kommt, ohne daß er gesündigt hat, der wird im To-
> tenreich wie ein Gott sein, frei schreitend wie die se-
> ligen Toten."[254]

Es wird hier ein allgemeines Totengericht geschildert. Jegliche
magische Praktik, die die absolute ethische Verantwortung mil-
dert, ist ausgeschlossen. Der Text verweist implizit auf einen
doppelten Ausgang des Gerichts, wobei der eigentliche Vollzug
des Gerichtsaktes nicht geschildert wird.

Häufig wird in der Literatur auf den bereits in der zweiten Hälfte des
Alten Reichs wirksam werdenden Einfluß des auf magischer Identifikation
beruhenden Osirisglaubens verwiesen, durch den in vielen Fällen eine
ethische Ausrichtung der Totengerichtsvorstellung überlagert worden
sei.[255]

Der vorliegende Ausschnitt aus der Lehre des Königs Merikare
ist das älteste Zeugnis für die Vorstellung, daß hypostasiert
gedachte menschliche Taten Bedeutung in einem jenseitigen Ge-
richtsverfahren erlangen. Der Ursprung dieser Vorstellung
wird von Müller[256] durch die Annahme einer Übertragung der

---

252 Anthes, Lebensregeln, 19. Inwieweit diese auf hohem Niveau ge-
     leistete Bewältigung der geistigen Krise auch Einfluß auf brei-
     tere Volksschichten gehabt hat, kann nicht eindeutig beantwortet
     werden; vgl. Fecht, Vorwurf, 146.

253 Helck, Kleine Texte, 33, merkt zu dieser Übersetzungart mit Blick
     auf die ähnlich lautende Übersetzung Fechts an: "Die Übersetzung
     'Haufen' für $^cb^cw$ hat Fecht, Vorwurf, 228 gegen Müller, Grabaus-
     stattung, 117ff, verteidigt, der 'Rationen, Vorräte' übertragen
     wollte."

254 Vgl. die Übersetzung von Erman, Zeugnisse, 112.

255 Vgl. Spiegel, Idee, 20; Bonnet, Jenseitsgericht, 377, der besonders
     auch auf den magischen Charakter der Sargtexte verweist. Zu dem
     magischen Charakter der Sargtexte ist auch zu vergleichen: Gries-
     hammer, Jenseitsgericht, 47f.

256 Müller, Grabausstattung, 123.

alten Funktion der Grabausstattung auf die Taten der Menschen
erklärt, worin sich wieder der stark ethisierende Zug in der
Lehre des Merikare äußere. Hatten in älteren Vorstellungen die
Grabausstattungen die Funktion, die Toten in ihrem jenseitigen
Leben zu versorgen, so sind es nun die Taten, von denen die
Toten wie von 'Rationen' im Jenseits zu zehren hätten.
Auf die Schwierigkeit 'Rationen' zu übersetzen, wie es Müller
tut, haben wir bereits hingewiesen.

Da es sich bei diesem alten Text um eine Totengerichtsschil-
derung handelt, die von magischen Praktiken unbeeinflußt geblieben ist, kann man in ihm einen Beweis für die ursprünglich ethische Konzeption der ägyptischen Totengerichtsvorstellungen sehen.[257] Doch fehlen in der Lehre für den König Merikare
wesentliche Elemente späterer ägyptischer Totengerichtsvorstellungen. So fehlen hier noch sowohl die Wägung der Taten
als auch eine ausgeführte Beschreibung des Gerichtsaktes;
auch ist hier noch nicht an eine Verknüpfung der Totengerichtsvorstellung mit dem Gedanken einer Belohnung oder Bestrafung
des einzelnen Menschen gedacht.[258]

Wir fassen zusammen: Die Lehre für den König Merikare ist das
erste faßbare Zeugnis für ein ethisch konzipiertes Totengericht. Weiterhin wird in ihr erstmalig die Vorstellung von
hypostasierten Taten, die beim Totengericht eine Funktion haben, belegt. Es fehlen jedoch konstitutive Elemente späterer
Werkgerichtsvorstellungen: der Gedanke an eine qualitative
Differenzierung der Werke, der Prüfung oder der Wägung der
Taten und der Gedanke der Belohnung oder der Bestrafung des
zu Richtenden. Durch den starken Einfluß magischer Praktiken
auf die Totengerichtsvorstellungen bleibt die Wirkungsgeschichte dieses Textes weitgehend im Dunkeln, so daß hier von

---

257 Diese Anschauung vertritt besonders Morenz, Religion 139f; ders.,
     Gott, 127ff; ders., Totenglaube, 418ff.

258 Die erstmalige Verbindung der Totengerichtsvorstellung mit dem Motiv
     der Waage findet sich auf der 'Stele des Antef' (11. Dynastie), die
     behandelt wurde von: J.J. Clère, Un passage de la Stèle du Général
     Antef: BIFAO 30 (1931) 425-447; E. Lüddeckens, Alter und Einheitlich-
     keit der ägyptischen Vorstellung vom Totengericht: JAWLM (1953) 182-
     199; die neueste Übersetzung findet sich bei W. Schenkel, Memphis,
     Herakleopolis, Theben. Die epigraphischen Zeugnisse der 7.-11. Dyna-
     stie Ägyptens: ÄgAbh 12, 298f. Eine Verbindung von Totengericht noch
     ohne Nennung der Taten und dem Belohnungs- bzw. Bestrafungsgedanken
     belegen zuerst die 'Jenseitsführer'; vgl. Zandee, Death, 35.

einer direkten Beeinflußung der Totengerichtsschilderungen in
den späten biographischen Inschriften und den Weisheitslehren
nicht gesprochen werden kann.

2. Bestimmende Elemente des Topos 'Gericht nach den Werken'
    in der ägyptischen Religion

Spiegel[259] rechnet die Vorstellung von der Waage als Ort der
Prüfung hypostasierter Taten zu den ursprünglichen Elementen
der von ihm konstruierten 'reinen Form' des ägyptischen Totengerichts. Diese stark idealistisch ausgerichtete Deutung
Spiegels ist in der Forschung nicht unwidersprochen geblieben.
So wurde der von Spiegel postulierte überindividuelle Charakter des Totengerichts,[260] den er   auf die Annahme gründet,
es ginge im Totengericht nicht um die Spannung von Vollkommen-
heit und Unvollkommenheit, sondern "um die bloße objektive
Feststellung... (sc. des) Lebensresultates, durch die dieses
für alle Zeiten zum bleibenden Bestande erhoben wird,"[261] bereits von Junker[262] bestritten. Es geht Junker besonders auch
um die Betonung des Stellenwertes von Buße und Reue. Zumindest
für die Zeit des Neuen Reiches scheint die Kritik Junkers berechtigt zu sein, da er in der Lage ist, für diese Zeit Texte
anzuführen, die seine These belegen.[263]
Junker behauptet damit gegenüber Spiegel die Existenz eines
Sündengefühls,[264] in dem zumindest ein Erlösungsgedanke mit
anklingt. Diese These Junkers kann man für die Spätzeit durch
den dort nachweisbaren Topos der differenzierten Abwägung der
einzelnen Taten im Endgericht (vgl. etwa den Setnaroman) erhärten, da sich eine derart auf den einzelnen abgestellte ge-

---

259 Spiegel, Idee, 54. Spiegel definiert das Wesen dieser Vorstellung:
     Das Wesen dieser Idee liegt in dem Gedanken, daß jeder Tote
     im Jenseits vor einem Gericht zu erscheinen hat, um dort über
     sein vergangenes Leben Rechenschaft abzulegen, und daß das Ergebnis
     dieser Prüfung seine Stellung im Jenseits bedingt"; ders., Idee, 14f.

260 Spiegel, Idee, 78.

261 Spiegel, Idee, 78.

262 Junker, Pyramidenzeit, 102ff.

263 Junker, Pyramidenzeit, 105f.

264 Dem schließt sich Morenz, Religion, 140, an.

richtliche Prüfung nicht in den von Spiegel postulierten über-
individuellen Charakter des Totengerichts einfügt.

Ob die Kritik Junkers generell zutrifft, kann an dieser Stelle
nicht entschieden werden. Man kann jedoch darauf hinweisen,
daß die Waage in der Lehre für König Merikare nicht vorkommt,
jedoch in dem Ausdruck 'berechnen der Differenz' aus den stark
magisch geprägten Sargtexten die Waagevorstellung anklingt.[265]
Wesentliches Element der Waagevorstellung, auf die wir nun
eingehen werden, ist die von Seeber[266] nachgewiesene Verbindung
mit dem Gott des Schreiber- und Rechenwesens Thot.[267] Thot, der
ja auch bereits im Osirismythos die Untersuchung am Gerichtshof des RE leitet, ist der Garant für die Unparteilichkeit
und Unbeeinflußbarkeit des Gerichtsaktes. Innerhalb des Gerichts erfüllt damit Thot die gleiche Funktion wie die Waage,
was ermöglicht, daß beide als Garanten der Objektivität in
einem Gerichtsszenarium problemlos in der Gestalt miteinander
verbunden werden, daß Thot die auf der Waage gemessenen Resul-
tate notiert.[268]

Die Verbindung des Jenseitsgerichtes mit dem Motiv der Waage
nimmt in den Texten des Totenbuches einen breiten Raum ein.
Das im 125. Kapitel des Totenbuches geschilderte Jenseitsgericht ist sowohl unausweichlich als auch unbestechlich. Die
Grundlage des Urteils bildet die Abwägung des Herzens gegen
die zumeist in Schriftzeichen dargestellte Maat.[269] Eine Abwägung der guten gegen die schlechten Taten findet sich auf
den Vignetten zu Kap. 125 des Totenbuches noch nicht dargestellt, so daß Kretzenbacher richtig feststellen kann: "Noch
ist die volle Sinbildkraft der absoluten Maßgerechtigkeit des
Jenseitsschicksals für das Diesseitswirken im Sinne der Dop-
pelschalen für Gut und Böse nach den Taten des zu Richtenden
nicht gegeben... Die Vorstellung des 'Totenbuches' beruht da-

---

265 Grieshammer, Jenseitsgericht, 49. Greishammer weist eine Umdeutung des
Begriffes nach, nach der das Gericht nur dem Übeltäter gelten soll.

266 Seeber, Untersuchungen, 148.

267 Diese Verbindung läßt sich in Darstellungen ab der 18. Dynastie belegen. Literatur über Thot bei Seeber, Untersuchungen, 148 Anm.655.

268 Spiegel, Totengericht, 55 Anm.2 zeigt, daß der Ausdruck 'richtig und
gerecht wie Thot' ein beliebtes Beiwort für Beamte ist.

269 Vgl. die Untersucung der Totenbuchvignetten bei Seeber, Untersuchungen.

rin, daß auf der Doppelschalenwaage nicht gute und böse Taten
gegeneinander abgewogen werden, sondern das Herz gegen die
Wahrheit abgewogen wird."[270] Doch zeigt das der Vignette beige
gebene sogn. 'negative Bekenntnis', aufgrund dessen der Verstorbene seine Übereinstimmung mit der Ordnung im einzelnen
und damit seine Wesenseinheit mit der Maat feststellt,[271]
die potentielle Abhängigkeit des jenseitigen Ergehens von dem
Tatverhalten im Diesseits.[272]

Die Jenseitsgerichtsdarstellungen des Totenbuchs stehen in
einer, die ethischen Elemente umdeutenden, magischen Tradition
In diesem Zusammenhang spielt der gegen Ende des Alten Reichs
zu großem Einfluß gekommene Osirismythos eine wesentliche Rolle. Denn zum einen wird das Jenseitsgericht durch die Identifikation des Toten mit Osiris allgemeinverbindlich. Zum anderen
tritt jedoch die ethische Verantwortlichkeit zurück, da diese
Identifikation mit Osiris auf magischem Weg zu erreichen versucht wird. Deutlich zeigt sich die Rolle der Magie in der Bedeutung des Herzensskarabäus in Kap.30 des Totenbuchs, mit dessen Hilfe der Ausgang des Gerichts beeinflußt werden soll.
Ähnlich kann auch das 'negative Bekenntnis' magische Funktion
gewinnen, wie auch als Elemente magischer Umdeutung der ethischen Konzeption des Totengerichts die Personifikation der
Waage in Kap.17 des Totenbuchs und das Auftreten des Osirisbe-
gleiters Anubis neben dem ursprünglichen Waagegott Thot gewertet werden können.

In der Spätzeit Ägyptens bildete sich in den Weisheitslehren
und biographischen Texten an zentraler Stelle der Glaube an
ein Jenseitsgericht heraus, in dem die Menschen ohne Ansehen
der Person nach ihren irdischen Werken gerichtet werden.[273]
Den Hintergrund dieser Gerichtsvorstellungen bildet weiterhin
der auf den Totenbuchvignetten dargestellte himmlische Ge-
richtsakt, bei dem sich der Verstorbene einer jenseitigen Prü-

---

270   Kretzenbacher, Seelenwaage, 25f.

271   Vgl. Bergman, Ägypten, 470.

272   Zum negativen Bekenntnis: Griehammer, Jenseitsgericht, 60.63.

273   Die für die Vorstellung eines Totengerichts ebenfalls wichtigen 'Un-
      terweltsbücher' behandeln mehr die Folgen des Gerichtsakts in den
      Kategorien 'Belohnung/Bestrafung' bzw. 'Erhöhung/Vernichtung', wäh-
      rend in den Sargtexten und Totenbuchschilderungen tendenziell die
      Linie der magischen Umdeutung sich fortsetzt.

fung seines diesseitigen Lebenswandels zu unterziehen hat.
Eine systematische Untersuchung der in Frage kommenden Texte
erleichtert eine Bestimmung der zu diesem Vorstellungskreis
gehörenden Motive; man gewinnt ein Wortfeld, dessen sämtliche
Bestandteile nicht in jedem einzelnen Text vorkommen müssen.
Die in der folgenden Zusammenstellung aufgeführten Texte finden
sich mit Quellenangabe in dem dieser Untersuchung beigegebenen
Anhang:

1. Der jenseitige Gerichtsort: Setnaroman (in Übernahme der in
   Kap. 125 des Totenbuches geschilderten Vorstellung der himmlischen Gerichtshalle); Stele des Enotes.
2. Der himmlische Gerichtsherr: Totenbuch Kap. 30; Pfortenbuch, 4. Stunde (unteres Register); Lehre des Schreibers
   Iniy; Stele des Petehorneb-Chem; Lehre für den König Merikare. Der Waage- und Schreibergott Thot wird ausdrücklich
   genannt in: Petosiris II; Petosiris III; Setnaroman; Stele
   des Enotes; 2. Prophet des Amun Harsiese.
3. Die Waage: Petosiris III; Totenbuch Kap. 17.30.125; Setnaroman; Stele des Enotes; 2. Prophet des Amun Harsiese; Inschrift des Montemhet; Stele des Pethoreb-Chem.
4. Kein Ansehen der Person: Petosiris I; Petosiris III; Stele
   des Enotes.
5. Relevanz der irdischen Taten: Petosiris I; Petosiris II;
   Petosiris III; Totenbuch Kap. 17.30.125; expliziert als
   hypostasierte Taten: Lehre für Merikare; Setnaroman.
6. Doppelter Gerichtsausgang: Setnaroman; Pfortenbuch; Lehre
   für Merikare; Eulogie des Amun RE; in der Form der Zuordnung
   von Lohn und Strafe: Totenbuch Kap. 3=; Stele des Enotes;
   2. Prophet des Amun Harsiese; Inschrift des Montemhet; Stele
   des Petehorneb-Chem.
7. Wiegen/Prüfen/Berechnen: Petosiris I; Petosiris III; Totenbuch Kap. 17.125; Setnaroman; Pfortenbuch; 2. Prophet des
   Amun Harsiese.

Bei dieser Zusammenstellung wurden weisheitliche Texte nicht
berücksichtigt, die mit teilweise ähnlicher Begrifflichkeit
wie die oben angeführten Belege in der Linie eines rein irdischen Zusammenhangs von Tat und Ergehen stehen.

Die zusammengestellten Topoi machen deutlich, daß innerhalb der ägyptischen Religion mit einer Entwicklung zu einer differenzierten Prüfung der Werke zu rechnen ist. Während noch in den Totenbuchtexten das Herz als das Symbol der Reinheit gegen die Wahrheit (Maat) abgewogen wurde, drückt sich das Bewußtsein der Unmöglichkeit menschlicher Sündlosigkeit in dem Abwiegen der guten und schlechten Taten im Setnaroman in sehr differenzierter Form aus.[274] Auch wurde deutlich, daß die ausführliche Schilderung des Gerichts nach den Taten, wie sie im Setnaroman vorliegt, innerhalb der ägyptischen Tradition durchaus nicht isoliert dasteht. Der Setnaroman kann als ein Zeugnis der ägyptischen Frömmigkeit gewertet werden; eine Herleitung der dort verwendeten Motive aus dem religiösen Umfeld erscheint uns nicht zwingend geboten.[275]

Die Vorstellung der Gerichtswaage findet besonders in den Darstellungen der Gerichts nach den Taten ihren festen Ort. Grieshammer wies auf den in sehr frühen Texten vorkommenden Terminus 'berechnen der Differenz' (vgl. oben) als Hinweis auf das Vorliegen der Waagegerichtsvorstellung hin.[276] Die Gerichtswaage verbürgt die Objektivität der Urteilsfindung und kann von daher mit dem Topos des 'Nicht-Ansehens-der-Person' verbunden sein, wie die folgende sogn. 'Große biographische Inschrift' des Petosiris belegt:

> "Man lobt Gott wegen eines Mannes, der ihn erreicht hat. Keiner gelangt zu ihm, wenn nicht sein Herz aufrichtig war dadurch, daß er Gerechtigkeit übte. Es wird nicht der Geringere vom Höheren unterschieden, außer wenn er fehlerlos befunden wird, wenn die Waage und die beiden Gewichte vor dem Herrn der Ewigkeit stehen. Keiner ist frei davon, daß er nicht berechnet würde. Thot als Pavian trägt sie (sc. die Waage), um jeden Mann zu berechnen nach dem, was er auf Erden getan hat."

Das Waagegericht nimmt auf keine Standesunterschiede Rücksicht; das Prinzip der Unparteilichkeit wohnt dieser Vorstellung inne und ist in diesem Text direkt auf die Bedeutungslosigkeit von Standesunterschieden bezogen. Für den religionsgeschichtlichen Vergleich mit jüdischen Gerichtsdarstellungen ergeben sich die folgenden Anknüpfungspunkte:

---

274   Vgl. Bonnet, Totengericht, 340f.
275   Anders: Gressmann, Vom reichen Mann und armen Lazarus, ADAW 7, 1918.
276   Grieshammer, Jenseitsgericht, 52.

1. Die seit dem Anfang des Alten Reichs bestehende Betonung der
Verantwortlichkeit für die auf Erden getätigten Werke einer
göttlichen Instanz gegenüber, wie sie in einem Teil der vorliegenden Texte zum Ausdruck kommt (in der sogn. "ethischen
Linie"), bietet einen möglichen Vergleichspunkt.
2. Als Waagegericht ergeht das Gericht in der ägyptischen Religion in Überparteilichkeit ohne Ansehen der Person.
3. Die menschlichen Taten (als hypostasierte Werke) können als
ein unverlierbarer Besitz für das Jenseits angesehen werden.
4. Die Totengerichtsvignetten stellen oftmals Thot als den
das Ergebnis der Prüfung aufschreibenden Gott dar; von hierher
ist das Moment der Notifikation der Taten als ein weiterer An-
knüpfungspunkt gegeben.

g. Das Motiv der Gerichtswaage in jüdisch-christlichen Gerichtsszenarien

Bei der Schwierigkeit eines religionsgeschichtlichen Vergleichs,
der in den zumeist fehlenden genauen traditionsgeschichtlichen
Analysen der Quellentexte begründet ist, müssen alle Belege,
die das Motiv der Waage aufnehmen, ohne es ausdrücklich mit der
Abwägung der hypostasierten menschlichen Werke zu verbinden,
ausgeschieden werden. Dies gilt besonders für den metaphori-
schen Gebrauch der Waagevorstellung in frühen weisheitlichen
Texten,[277] aber auch für Vorstellungen aus dem Bereich der
Kerostasie bzw. der Psychostasie.[278]
Die Aufnahme ägyptischer Totengerichtsvorstellungen fällt be-
sonders bei einem Vergleich des TestAbr mit dem aus helle-
nistischer Zeit stammenden Setnaroman auf. Der Verfasser des
TestAbr A entwickelt in Aufnahme von Elementen der ägyptischen
Totengerichtsvorstellung eine eigenständige Konzeption des Ge-

---

277   Vgl. Prv 16,2; 21,2 und 24,12: Bereits B. Gemser (HAT 16, 2.Aufl.
      1963) bestreitet für Prv 16,2 eine Herleitung aus dem ägyptischen
      Totengericht und begründet dies mit einer recht interessanten reli-
      gionsgeschichtlichen These: nach Gemser wurde der Gedanke eines
      postmortalen Gerichtsverfahrens zunächst im immanenten Sinn abgebo-
      gen, um dann in apokalyptischen Kreisen in seinem ursprünglichen Sinn
      verwertet zu werden. Diese These sieht richtig den fließenden Prozeß
      religionsgeschichtlicher Beeinflußung. Uns erscheint aber nicht rich-
      tig, von punktuellen Beeinflussungen a priori auszugehen.

278   Vgl. Hi 31,5f. und Kretzenbacher, Seelenwaage, der für diese Vor-
      stellungen einige Belege aus dem paganen Griechentum gesammelt hat.

richtsszenariums, indem er zum einen die Prüfung der Taten
durch Feuer mit dem Motiv der Abwägung der Taten verbindet
(c.12) und auf der anderen Seite die zur Waagevorstellung gehörende Notifikation des Prüfungsergebnisses mit der davon un-
abhängigen Tradition der Tatenbücher (vgl. oben) verbindet (c.
12). In der Rez B (c.10.11) fehlt die Prüfung der Tat durch
Feuer, an deren Stelle findet sich das Verhör der lügnerischen
Seele in einer ausführlichen Darstellung. Henoch ersetzt als
himmlischer Protokollführer die beiden Schreibeengel, auch
erwähnt die Rezension B zwei Tatenbücher.

Die Vorstellung der Abwägung der Taten auf der Gerichtswaage
enthalten beide Rezensionen, wobei die Übereinstimmungen mit
dem Setnaroman in der Rez.A größer sind:

1. Das individuelle Gericht ist an einem transzendenten Ort
szenarisch ausgestaltet.

2. Im Setnaroman wird der richtende Gott Osiris auf der Rechte
und der Linken von je einem Schreibgott, Thot und Anubis, gerahmt. Diese Anordnung ist in TestAbr, christlich interpretiert, aufgenommen: der Sohn Gottes wird zur Rechten und zur
Linken von je einem Schreibeengel begleitet.

3. Als Mittel der Prüfung der guten und schlechten Werke, die
hypostasiert vorgestellt sind, hat das TestAbr die Gerichtswaage übernommen.

4. Die Werke der Menschen finden sich in beiden Texten in
hypostasierter und ausdifferenzierter Form; sie werden in
quantitativem Sinn gegeneinander abgewogen.

5. In beiden Darstellungen entscheidet die Prüfung der Werke
über den Ausgang des Gerichts; in beiden Texten ist das Problem der Ausgewogenheit von guten und schlechten Taten durch
die Annahme eines 'mittleren Ortes' als jenseitigen Aufenthaltsort für diese Gruppe im Blick.

Der Vergleich der beiden Gerichtsdarstellungen ergibt eine
große Ähnlichkeit der Struktur, der Motive und Vorstellungen.
Dieser Befund bestätigt die Vermutung einer Umarbeitung des
TestAbr in Ägypten.[279]

---

279 Schmidt, Le Testament d'Abraham, Diss. Straßburg 1971, Bd.1, 117ff;
     Janssen, JSHRZ III/2; auch Delcor, Testament, 139f, betont, daß das
     Bild vom Wägen der Taten nicht aus metaphorischen Anklängen an das AT
     sondern aus der ägyptischen Totengerichtsvorstellung stammt.

Es geht sowohl im Setnaroman als auch im TestAbr um die Offenbarung himmlischer Geheimnisse; in beiden Schriften dient
diese Offenbarung der Ermahnung derer, die auf Erden leben.[280]
Die Verbindung der Waagegerichtsvorstellung mit dem Motiv der
Tatenbücher charakterisiert auch die Darstellung des Gerichtes
nach den Werken im slavHen:
49,2 klingt das Motiv der Gerichtswaage an ("... ich habe einen
Ort des Gerichts bereitet einer jeden Seele und ein Maß und
eine Waage") und wird durch den Hinweis auf das Buch der Taten,
in dem die Werke der Menschen verzeichnet sind, in 50,1 ergänzt ("Ich habe das Werk eines jeden Menschen in einer Schrift
niedergelegt, und keiner kann sich verbergen,..., noch wird
sein Werk verborgen bleiben").
Während im TestAbr und slavHen die ursprünglich unterschie-
denen Traditionen der Prüfung der Taten auf der Gerichtswaage
und der Registrierung der Werke in einem Tatenbuch als Elemente
des Gerichtsszenariums miteinander verbunden sind, wird in
äthHen 61 das Gericht über die Gerechten mit Hilfe der Gerichtswaage vollzogen, während in Kap. 62 das Gericht über die Ungerechten aufgrund des noch als reines Sündenregister aufgefaßten
Tatenbuchs vollzogen wird (vgl. äthHen 41,1f: dort wird das
Waagegericht auf alle Menschen bezogen). Obgleich die Prüfung
mittels der Waage die Objektivität des Gerichtsverfahrens unterstreicht, kann auch hier das göttliche Erbarmen Einfluß auf
den Ausgang der eschatologischen Prüfung nehmen:
Nach TestAbr Kap. 12f. werden diejenigen, bei denen sich gute
und schlechte Werke die Waage halten, an einen 'Ort der Mitte'
geführt. Für diese Gruppe ist aufgrund der Fürbitte Abrahams
göttliches Erbarmen möglich. In der äthSchenuteApk (ed. Grohmann) führt das Erbarmen für die, die Recht und Sünde zugleich
getan haben, zu einer Manipulation des Wiegevorgangs:

> "Und am Tage des Gerichts wird man ihre Gerechtigkeit auf
> der Waage mit vierfachem Gewicht und ihre Sünden mit ein-
> fachem Gewicht wiegen" (4,10).

Ganz ähnlich ist auch die Darstellung in PesR 45,2. Dort klagt

---

280 So sagt Si-Osire zu seinem Vater Setna, nachdem er die himm-
lischen Geschehnisse sah: "Beherzige das, mein Vater Setna:
Wer auf Erden gut ist, zu dem ist man auch im Totenreich gut..."
Das Testament Abrahams schließt in Kap. 20 mit einem Aufruf zur
Nachahmung Abrahams, da man in der Nachahmung dieses Beispiels
ewiges Leben erlangen könne.

der Teufel das personifiziert dargestellte Israel vor Gott an.
Auch hier halten sich Schlechtigkeit und gute Werke die Waage.
Während der Teufel auszieht, um neue schlechte Werke Israels
zu sammeln, nimmt Gott Sünden von der Waagschale. Damit ist
das Waagegericht der Darstellung der beständigen Gnade Gottes
gegenüber Israel dienstbar gemacht. Ebenso berichtet auch der
koptHen (fol. 7) über die Manipulation an der Waage zugunsten
der Sünder. Auch die Aufnahme der Waagevorstellung in das
apk Gerichtsszenarium schließt also die Gnade Gottes für die
Sünder nicht grundsätzlich aus.

In der anonymen kop. Apk (ed. Steindorff) und dem äthEngelbuch
(ed. Leslau) entscheidet die Wägung der guten und schlechten
Werke der Menschen über den Streit des guten und des bösen
Engels um die Seele.[281] Traditioneller Hintergrund dieser Darstellungen bildet die bereits erwähnte Verbindung von Waagegericht und Tatenbuch:

> "There are two angels, one of the right and one of the
> left. They record all the good and the bad deeds we do.
> The Angel of Light records the good deeds, the Angel of
> Darkness records the (bad) deeds; they vie with another
> until death. When the time arrives for the departure
> of man from this world, they bring the books before God.
> Michael and Berna'el place the books (that record) the
> good and the bad actions which man has done on the scales
> before God" (S.52).

Auch in der anonymen kopt. Apk sind es die Engel, die -an der
Himmelspforte sitzend- die guten und schlechten Taten getrennt
verzeichnen, wobei dann die Abwägung des Guten und des Bösen
auf der Waage über den Streit entscheidet (S. 150-153).

h. Die Prüfung der menschlichen Tat durch Feuer

Neben der Prüfung der menschlichen Taten durch das Abwägen
auf der Gerichtswaage berichtet das TestAbr A Kap.13 auch über
die Prüfung der menschlichen Taten mit Feuer durch den Erzengel
Pyruel:

> "Er prüft die Taten der Menschen durch Feuer (δοκιμάζει τὰ
> τῶν ἀνθρώπων ἔργα διὰ πυρός). Wenn das Feuer das Werk
> eines Menschen verbrennt, dann nimmt ihn der Engel des
> Gerichtes und bringt ihn zum Ort der Sünder, dem aller-
> bittersten Strafort. Wenn das Feuer das Werk eines Men-
> schen prüft und es nicht angreift, dann ist dieser ge-
> rechtfertigt, und der Engel der Gerechtigkeit nimmt ihn

---

281 Vgl. zu diesem Topos: Berger, Streit.

und bringt ihn hinauf, damit er im Lose der Gerechten
gerettet werde."

Auf die sprachlichen und motivgeschichtlichen Gemeinsamkeiten
dieser Darstellung mit 1Kor 3,13-15 wurde in der Forschung
bereits mehrmals hingewiesen.[282] Auch Paulus spricht von einer
Prüfung des Werks durch Feuer am Tag des eschatologischen Gerichts, wobei sich seine Darstellung, wie die folgende Gegenüberstellung zeigt, sprachlich der des TestAbr annähert:

1Kor 3	TestAbr A 13
V.13:	
καὶ ἑκάστου τὸ ἔργον ὁποιὸν ἐστιν τὸ πῦρ αὐτὸ δοκιμάσει	καὶ δοκιμάζει τὰ τῶν ἀνθρώπων ἔργα διὰ πυρός.
V.14:	
εἴ τινος τὸ ἔργον μενεῖ	εἴ τινος δὲ τὸ ἔργον τὸ πῦρ δοκιμάσει καὶ μὴ ἄψεται αὐτοῦ
V.15:	
εἴ τινος τὸ ἔργον κατακαή-σεται	εἴ τινος τὸ ἔργον κατακαύσει τὸ πῦρ

Die entscheidende Übereinstimmung beider Darstellungen liegt
in der Prüfung durch Feuer ohne Substanzverlust. Es geht nicht
um die Bestrafung oder Vernichtung durch Feuer, sondern allein
um die Prüfung der Taten.

Damit kommt hier dem Feuer eine grundsätzlich von anderen Gerichtsdarstellungen unterschiedene Funktion zu, die stärker den Aspekt der Strafe
und der Vernichtung im Blick haben:
Der Gedanke, daß sich das Gericht durch Feuer offenbart, findet sich sowohl in den Qumrantexten[283] als auch in den späten at.lichen Schriften[284]
und in einigen zwischentestamentlichen Texten.[285] Das Feuer kann im Endgericht unterschiedliche Funktionen ausüben, die sich aber fast immer auf
den ganzen Menschen, nicht nur auf seine Werke beziehen. Für die Ungerechten kann das Feuer ewige Strafe sein (äthHen 10,12f; 90,24-26; 100,9; 108,
4-6; 4Esr 7,36; syrApkBar 44,15b; 59,2). Die Ursache der Feuerstrafe kann
in den Werken der Sünder begründet liegen (äthHen 100,9; 4Esr 7,35f.). Das
Feuer kann Mittel der göttlichen Vernichtung sein, die sich an den Gottlosen vollzieht (äthHen 102,1; 102,8; PsSal 15,4f.: "... des Feuers Flamme
und der Zorn über die Gottlosen... zu vernichten der Gottlosen ganzes
Wesen"). Selten finden sich Belege, die davon zeugen, daß nur Produkte
derer, die vor Gericht stehen, vernichtet werden, nicht aber sie selbst:
"Darum wird Feuer ihre Pläne fressen, und durch die Flamme sollen die

---

282 James, The Testament of Abraham, Cambridge 1892. Die Abhängigkeit des
     TestAbr von Paulus bestritt mit guten Gründen: Fishburne, Corinthians
     III.

283 1QpHab 10,3; 1QS 2,15; vgl. 1QpHab 10,13; 1QH 6,18; 1QS 4,13.

284 Mal 3,2-3: der Tag des Herrn wird wie das Feuer des Schmelzers
     sein; vgl. Zep 1,18.

285 Jub 9,15: am Tag des Gerichts wird der Herr mit Feuer und Schwert
     richten; vgl. äthHen 102,1; PsSal 15,4-6; OrSib 4,159f.

Erwägungen ihrer Nieren geprüft werden, denn es wird kommen der Richer
und nicht verzeihen" (syrApkBar 48,39). Zwar ist hier von einer Prüfung
durch Feuer die Rede, doch V.39b weist darauf hin, daß bei negativem
Ausgang dieser Prüfung mit der Vernichtung des ganzen Menschen zu rechnen
ist.

Eine echte religionsgeschichtliche Parallele zu der Prüfung
durch Feuer ohne Substanzverlust findet sich in dem von einer
Gruppe persischer Magier verfaßten Orakel des Hystaspes.[286]
Dieser Beleg hat auch deshalb besonderes Gewicht, weil seine
historische Vermittlung keine Probleme aufwirft. Er wird durch
Laktanz bezeugt und kann als ein bekanntes Zeugnis persischer
Apokalyptik in nt.licher Zeit angesehen werden.
Der Text lautet nach Lactantius Div Inst VII 21,3:

> "Aber auch die Gerechten wird Gott, wenn er geurteilt
> hat, mit Feuer prüfen (examinavit). Dann werden die, deren
> Sünden nach Gewicht oder Zahl überwiegen, mit dem Feuer
> in Kontakt kommen und angebrannt werden. Die aber volle
> Gerechtigkeit und Reife der Tugend eingefärbt hat, wer-
> den jenes Feuer nicht spüren. Denn sie haben etwas in sich
> von Gott, welches die Kraft der Flamme zurücktreibt und
> abweist...".

Auch hier scheint, wie im TestAbr, dem Prüfen durch Feuer ein
quantitatives Bemessen der guten und schlechten Taten vorgeordnet zu sein. Die Prüfung mittels Feuer bewirkt nicht die
Vernichtung derer, deren Sünden überwiegen; sie werden in Analogie zu dem paulinischen ζημιωθήσεται (1Kor 3,15) lediglich
"angebrannt".
Das Orakel des Hystaspes stimmt mit beiden Parallelstellen an
den Punkten überein, an denen sie sich untereinander unterscheiden. Von daher könnte man die Frage nach den Abhängig-
keiten zwischen TestAbr und 1Kor 3,13-15 dahin auflösen, daß
mit einer gemeinsamen aus Persien stammenden Tradition zu
rechnen ist, auf die beide Verfasser zurückgegriffen haben.

i. Das Verhör der Seele im eschatologischen Gericht

Neben der Prüfung der menschlichen Werke mittels Feuer oder
auf der Waage kann auch das Verhör der Seele durch den Ge-
richtsherrn der Urteilsfindung dienen.
Ausgangspunkt des Verhörs bildet zumeist die Leugnung der

---

286   Vgl. zu diesem Text: K.-H. Müller, Die Ansätze der Apokalyptik,
      Literatur und Religion des Frühjudentums, 33-41.

begangenen Taten durch die Seele. Darauf wird die Seele entweder durch das Verlesen ihrer Übeltaten aus dem Buch der Taten
oder durch das Auftreten ihrer hypostasierten schlechten Werke
der Lüge überführt. Der Seele ist danach weiteres Leugnen und
Lügen unmöglich gemacht; es folgt ihre Verurteilung.
Nach äthTestAbr (ed. Leslau) nimmt das Verhör den folgenden
Ablauf (S.99f.):
1. Auf die Bitte des Richters hin erscheint Henoch mit dem
Buch der Taten und liest alle Taten, die darin enthalten sind,
vor.
2. Die Seele bekommt fürchterliche Angst vor dem Richter und
leugnet.
3. Die Leugnung wird mit dem Argument verworfen, daß im Gericht
keine Lüge mehr möglich ist.
4. Die Seele schweigt und wird in den tiefsten Teil der Gehenna
geschickt.
In TestAbr B wird das Verhör der lügnerischen Seele einer Gat-
tenmörderin geschildert. Die Reihenfolge der Elemente weicht
von der in äthTestAbr in Einzelheiten ab, doch ist auch hier
das Buch der Taten wieder das Beweismittel zur Überführung
der Seele:
1. Henoch erscheint mit dem Buch der Taten.
2. Leugnung der begangenen Tat durch die Seele.
3. Überführung der Seele anhand der im Buch der Taten verzeichneten Sünden.
4. Reaktion der Seele: "Wehe mir, wehe mir, denn alle meine
Sünden, die ich in der Welt getan habe, habe ich vergessen.
Dort aber sind sie nicht vergessen" (Kap. 10).
5. Bestrafung der Seele durch die Übergabe an ihre Peiniger.

Die Reaktion der Seele zeigt, welche Wirkung mit der Schilderung des Verhörs erreicht werden soll: es soll daran erinnert
werden, daß alle Menschen für ihre Taten zur Verantwortung gezogen werden und keine Tat vergessen wird. Nach der äthEsrApk
(ed. Halévy), S.180-182, schließt sich dem Verhör über die begangenen Taten die Verlesung der guten und schlechten Werke
aus dem Buch der Taten durch Henoch an.
Die Überführung der leugnenden Seele wird in der syrPlsApk
Kap. 16 dadurch besonders eindringlich dargestellt, daß neben
der Verlesung der Taten aus der Schriftrolle die Werke der

Seele auch noch herbeigetragen werden (in latApkPls wird nur
die Schriftrolle erwähnt).
Durch die Darstellung des Verhörs der lügnerischen Seele wird
dem Leser deutlich vor Augen geführt, daß er im eschatologischen Gericht mit seinem gesamten Tatverhalten konfrontiert
werden wird, ohne daß ihm eine Möglichkeit der Ausflucht
bleibt.
Damit liegt in diesem Motiv lediglich eine szenarische Ausgestaltung des geläufigen Topos 'Gott kennt alle Werke der Menschen' vor.

5. Das pagan-griechische Motiv gegenseitiger Vergeltung von Wohltaten

Unsere Analyse des Zusammenhangs von Tat und Vergeltung im
Sprachgebrauch der griechischen Übersetzungen des AT erbrachte
hauptsächlich die folgenden Ergebnisse: Der in der synthetischen Lebensauffassung des Volkes Israel wurzelnde Gedanke
der schicksalwirkenden Tatsphäre tritt in diesen Texten merk-
lich in den Hintergrund, ohne jedoch völlig einem Denken zu
weichen, daß mit einer Vergeltung der Taten durch eine handelnde Instanz rechnet. Auch dient in den weitaus meisten Fällen
der Gedanke an eine aktive göttliche Vergeltung der einzelnen
Taten der Betonung der ethischen Relevanz menschlicher Werke.
Im jüdischen Denken ist die Vorstellung einer göttlichen Tatvergeltung auch deshalb von großer Bedeutung, da theologisch
die oftmalige kollektive und individuelle Erfahrung, daß mit
einer sofortigen Vergeltung von erlittenem Unrecht oder be-
gangener guter Taten nicht gerechnet werden kann, verständlich
gemacht werden kann, ohne den grundsätzlichen Zusammenhang
von Tat und Ergehen aufzuheben. Der zeitliche Abstand zwischen
Tat und Vergeltung kann in der Geschichte dieser Vorstellung
dann so groß werden, daß die Vergeltung erst nach dem Tod des
Menschen oder erst am Ende der Geschichte vollzogen wird.
Auch ermöglicht der Glaube an eine allmächtige göttliche Instanz, die die Taten der Menschen belohnen oder bestrafen
wird, eine Ethik, die scheinbar "selbstlose" Taten fordert,

also Werke, die dem Täter keinen unmittelbaren Vorteil ein-
bringen.[287] Auf sprachlicher Ebene ergab die Untersuchung über
das Motiv 'Vergeltung der Taten' in den griechischen Übersetzungen des AT ein verhältnismäßig fest geprägtes semantisches Feld, dessen Hauptbestandteil die durchgängige Verbindung der Wendung ἀποδίδωμι κατὰ τὰ ἔργα mit θεός/κύριος
ausmacht. Bemerkenswerterweise konnte in diesem Zusammenhang
festgestellt werden, daß zu einer positiven Bewertung der Taten nicht die im paganen Griechisch für "Wohltaten" bzw.
"Wohltun" Verwendung findenden Begriffe εὐποιία/εὐ ποιεῖν/
εὐεργεσία und εὐεργετεῖν Verwendung finden. Dies ist umso er-
staunlicher, da der auch im griechischen Denken eine Rolle
spielende Gedanke einer Vergeltung der Taten in der Regel mit
Hilfe dieser Begrifflichkeit zum Ausdruck gebracht wird.
In seiner glänzenden, bis heute, was die Darstellung des
griechischen Denkens betrifft, nicht überholten Untersuchung
"Wohltätigkeit und Armenpflege im vorchristlichen Altertum"
hat H. Bolkestein in ausreichender Weise auf das Motiv der
Vergeltung der Wohltaten im klassisch-griechischen Denken Bezug genommen.[288]
Wir referieren im folgenden kurz die wichtigsten Ergebnisse
Bolkesteins, um uns dann eingehend der Frage zuzuwenden, auf
welche Weise die griechische Vorstellung von der gegenseitigen
Vergeltung der Wohltaten im jüdisch-hellenistischen Schrifttum
aufgenommen worden ist.
Allgemein kann als Ergebnis der Untersuchung Bolkesteins genannt werden, daß der Grieche eine direkte Vergeltung einer
von ihm begangenen guten Tat erwartet. Im Vergleich mit dem
'orientalischen', ägyptischen Denken kann formuliert werden:
"Während aber in Ägypten beinahe als ausschließliche Trieb-
feder des Wohltuns genannt wird: die Aussicht auf Vergeltung
im Falle späterer Not, und zwar dann von der Seite eines jeden
Wohlhabenden, rechnet der 'Wohltäter' in Griechenland mit
Sicherheit und binnen kurzer Zeit auf Vergeltung seitens des
Empfängers selbst."[289] Der Grieche hat weder eine diesseitige

---

287 Vgl. zu diesem Aspekt den 1983 in NovTest erscheinenden Aufsatz:
     R.Heiligenthal, Werke der Barmherzigkeit oder Almosen?
288 Bolkestein, Wohltätigkeit, 156-170.
289 Bolkestein, Wohltätigkeit, 168.

noch eine jenseitige Vergeltung der guten Taten durch eine
Gottheit im Blick und kann von daher mit Nachdruck den Gesichtspunkt der Gegenseitigkeit jedes guten Werkes betonen.[290]
Die Erwartung der Vergeltung als ein Motiv für gutes Handeln
kann auch im Verkehr mit den Göttern ganz selbstverständlich
ausgesprochen werden: das Opfer wird in der Erwartung einer
ἀμοιβή dargebracht.[291] Bezeichnend für dieses Denken ist das
Fehlen des Vergeltungsmotivs bei Taten an Armen, Unglücklichen
Hilfesuchenden oder ungerecht Behandelten. Diese Gruppen sind
in der Regel nicht in der Lage, die gute Tat zu vergelten,
auch wird, wie bereits betont, mit einer Vergeltung von göttlicher Seite im Gegensatz zum orientalischen Denken nicht gerechnet.[292] Der Topos 'gegenseitige Vergeltung der Wohltaten
läßt sich auch sprachlich fixieren. Nach der Untersuchung Bolkesteins können folgende Begriffe als Elemente eines semati-
schen Feldes "Vergeltung der guten Taten" genannt werden:

1. Für "Wohltat":

a.   εὐεργεσία   (AristRhet ad Alex 1447)
b.   χάρις   (DittSyll³ 354)
c.   δῶρον   (Plato Def 414a)

2. Für "eine gute Tat tun"

a. εὖ ποιεῖν   (Dem XX 141)
b. εὖ δρᾶν   (Soph Phil 672)
c. εὐεργετεῖν   (Xen Mem II 9.8)

Für die folgenden Verben konnte Bolkestein einen synonymen Gebrauch zu εὖ ποιεῖν nachweisen: βοηθεῖν, ὠφελεῖν, χαρίζεσθαι.[293]

3. Für "Vergeltung"/"vergelten":

a. ἀμοιβή, ἀμείβειν   (Democr 96 bei Diels II⁵)
b. ἀποδίδωμι   (Arist Rhet ad Alex 1447)

Es fällt auf, daß der häufig in den klassischen Texten verwendete Begriff ἀμοιβή in der LXX überhaupt nicht als Ausdruck für
"Vergeltung" verwendet wird. Dies kann als ein erstes sprach-

---

290   Dies findet seinen sprachlichen Ausdruck bereits in der zweifachen
      Bedeutung von χάρις als 'Dienst' und 'Gegendienst/Dank'; weitere
      sprachliche Indizien bei Bolkestein, Wohltätigkeit, 159f.

291   So: Bolkestein, Wohltätigkeit, 157.

292   Bolkestein, Wohltätigkeit, 160.

293   Bolkestein, Wohltätigkeit, 95.

liches Kriterium für die Entscheidung dafür gewertet werden, ob
in jüdisch-hellenistischen Schriften at.liche oder pagan-griechische Vergeltungsaussagen den Hintergrund bilden.

4. Von folgenden Menschengruppen erwartet der Grieche vornehmlich eine Vergeltung der erwiesenen Wohltaten:

a. von Verwandten   (Stob III S.119H)

b. von Freunden   (Spoh Phil 672)

c. von Mitbürgern/Staat   (Dem XX 64)

d. von Gästen/Fremden   (Od I 138)

Für unseren Zusammenhang sollte man noch die Tatsache beachten,
daß ein weiteres Hauptmotiv für das Tun guter Taten die Erwartung von Ehre und Ansehen sein kann. Diese besonders dem Würdigen (häufig verwendetes Stichwort: ἄξιος) von einer übergeordneten Instanz (Eltern, Erzieher, Staat usw.) als Lohn erwiesene Auszeichnung stellt Bolkestein in einem gesonderten
Abschnitt ausführlich dar,[294] wobei nicht recht einleuchtet,
warum dieses Motiv nicht auch als eine Form der gegenseitigen
Vergeltung angesehen werden kann. Bedenkt man zudem noch die
dreifache Bedeutung von χάρις im Sinne von Geschenk, Gegenge-
schenk und Dank,[295] so erscheint uns die Unterscheidung Bolkesteins zwischen materieller und ideeller Gegenleistung nicht
angemessen, zumal gerade Auszeichnungen von Seiten des Staates
durchaus materielle Vorteile mit sich bringen können.[296]

Einer Untersuchung der Aussagen über die gegenseitige Vergeltung von guten Taten in den jüdisch-hellenistischen Schriften
können wir die folgenden Ergebnisse zugrundelegen:

Mit einer Vergeltung der Taten wurde nicht nur im orientalischen Raum gerechnet, sondern auch in Griechenland. Es fallen
jedoch merkbare Unterschiede auf. Der Grieche rechnet im Gegensatz zu den Ägyptern und Juden[297] mit einer direkten Ver-

---

294 Bolkestein, Wohltätigkeit, 152-156; zum Brauch Fürsten und andere
     mit dem Titel εὐεργέτης zu schmücken vgl. Deissmann, Licht, 215f.

295 Die dreifache Bedeutung von χάρις definiert die peripatetische Schule
     wie folgt: χάριν δὲ λέγεσθαι τριχῶς, τὴν μὲν ὑπουργίαν ὠφελίμου αὐτοῦ
     ἐκείνου ἕνεκα, τὴν δ'ἄμειψιν ὑπουργίας ὠφελίμου, τὴν δὲ μνήμην ὑπουρ-
     γίας τοιαύτης, Stob Eclogae II, S.143W.

296 Vgl. Bolkestein, Wohltätigkeit, 164f.

297 Im rabbinischen Judentum konnte auch mit einer gegenseitigen Ver-
     geltung der Wohltaten gerechnet werden; vgl. StraBill IV, 571i.

geltung durch das Objekt seines Wohltuns. Der Gedanke einer
Vergeltung durch eine dritte Instanz (Gott) oder die Hoffnung
auf eine postmortale Vergeltung erlangt nicht den herausragen-
den Stellenwert wie im orientalischen Denken. Es lassen sich
auf der sprachlichen Ebene die folgenden charakteristischen
Merkmale angeben:

Auffallend ist die Verwendung von ἀμοιβή/ἀμείβειν für "Vergeltung", die häufige Zuordnung von χάρις zu den Vergeltungsaussagen, die Verwendung der positiv qualifizierten Begriffe
εὐεργετεῖν/εὖ ποιεῖν u.a. innerhalb der Aussagen über das Vergeltungshandeln, dort wo die LXX überwiegend die neutralen
Begriffe ἔργον/πρᾶξις gebraucht. Weiterhin ist das weitgehende
Fehlen einer Gottheit als vergeltender Instanz ebenso wie das
Fehlen der "Armen, Witwen und Waisen" als Bezugsgruppe für das
Tun guter Taten im Gegensatz zu dem Sprachgebrauch der LXX
zu notieren. Aufgrund dieser Kriterien erscheint es möglich,
Einflüsse des griechischen Denkens auf die Vergeltungsaussagen
im jüdisch-hellenistischen Schrifttum als solche zu erkennen
und in einem eigenständigen Abschnitt zu besprechen.

a. Der Einfluß des Motivs gegenseitiger Vergeltung der Wohl-
taten auf das jüdisch-hellenistische Schrift-
tum

In einem ersten Durchgang werden wir uns auf solche Texte konzentrieren, die die griechischen Vergeltungsaussagen unverändert übernommen haben. Häufig können diese Aussagen dann der
Interpretation biblischer Traditionen dienen. Sie können als
typische Beispiele für die Hellenisierung jüdisch-biblischen
Denkens gewertet werden. So wird das Motiv der Vergeltung der
empfangenen guten Taten durch den Fremden von Philo in seiner
Schrift De Josepho zur Begründung für die Weigerung des als
kosmopolitischen Weisen dargestellten Joseph, mit Potiphars
Frau die Ehe zu brechen, herangezogen (46-48). Joseph nennt
Potiphar seinen Wohltäter (εὐεργέτης), dessen Geschenke (δῶρον) und Gnadenbeweise (χάρις) er nicht durch einen Ehebruch
mit dessen Frau zu vergelten (ἀμείβειν) gedenkt.
Da er als ein Fremder (ξένος) mannigfache Wohltaten (εὐεργεσία) empfangen hat, kann er dem Wunsch von Potiphars Frau
nicht nachkommen. Philo, der in seinen Schriften De Josepho

und De Abrahamo Abraham und Joseph als Typoi des griechischen
Weisen darzustellen beabsichtigt, interpretiert unter voll-
ständiger Aufnahme des griechischen Wortfeldes biblische Tradition mit Wertvorstellungen seiner pagan-hellenistischen Umwelt. Einflüsse des at.lich-jüdischen Vergeltungsdenkens sind
in diesem Text nicht zu erkennen. Der in hellenistischer Zeit
zunehmende Einfluß orientalischen Denkens macht sich lediglich
in der Typisierung Potiphars als des εὐεργέτης bemerkbar.
Diese in dem Untergang der griechischen Stadtstaaten und im
zunehmenden Einflusses monarchischer Regierungsformen begründete Akzentverschiebung ist aber nur ein Zeichen für die allgemeine Hellenisierung des gesamten Mittelmeerraumes und keine
von Philo bewußt vollzogene Angleichung griechischen Denkens
an at.lich-jüdische Vorstellungen. Philo teilt in diesem
Punkt die allgemeine Überzeugung seiner griechischen Umwelt:
derjenige, der Wohltaten empfangen hat, soll diese auch aus
Dankbarkeit vergelten (vgl. Philo, Virt 166; Sacr 52-58).

In Sir 14,13 wird die Tat, mit der dem Freund wohlgetan werden soll, mit
εὖ ποιεῖν bezeichnet. Eine der Tugenden Davids besteht nach der Meinung
des Josephus darin, sich derer zu erinnern, die ihm Gutes getan haben
(εὖ ποιεῖν).[298] Der Weise tut dem Freund (φίλος) nach Prv 3,27-29 Gutes
(εὖ ποιεῖν). Joseph erweist nicht nur seinem eigenen Volk, sondern auch
den Ägyptern Wohltaten (εὐεργετεῖν), weil er nach TestJos 20,63 mit ihnen
Mitleid empfindet. Dieser Grundsatz des Erweises von Wohltaten an Freunden
oder auch Fremden wird von Philo in De Virtutibus noch einmal ausdrücklich
mit Blick auf die Behandlung von Beisassen betont: Die Beisassen (μέτοικοι)
haben als Geschenk (δῶρον) Wohltaten (εὖ ποιεῖν) empfangen. Dies ist für
Philo ein Gebot der Philanthropie. Die entsprechende Reaktion der Empfänger
soll dann nach Philo in dem Erweis von Ehre (τιμή) für die Wohltäter bestehen (Virt 105).
Diese knappe Blütenlese ließe sich für das jüdisch-hellenistische Schrifttum beliebig erweitern. Es wird deutlich, daß der Erweis von Wohltaten an
Freunden oder Fremden in jüdisch-hellenistischen Kreisen zu einer gängigen
Wertvorstellung geworden ist, die sie nicht von ihrer Umwelt abhebt.

Die oben angeführte Stelle aus Philos De Josepho weist uns bereits auf die Möglichkeit einer Übernahme der Tradition der
gegenseitigen Vergeltung von guten Taten hin: sie kann als ein
Interpretament biblischer Tradition verwendet werden. Es ist
möglich, daß diese Angleichung an Wertvorstellungen der Umwelt
dem Interesse des Autors entspringt, apologetisch nachzuweisen,
daß historische Gestalten der jüdischen Tradition mit den Ide-
albildern der hellenistischen Welt übereinstimmen. Joseph wird
als der ideale Weise geschildert, der in vorbildlicher Weise

---

298 Jos A 7,111.

Prinzipien der hellenistischen Popularethik in seinem Leben
vertritt. Er weigert sich, die Pflicht, seinem Wohltäter die
empfangenen Taten zu vergelten, zu verletzen.[299]

Diese Tendenz wird nachdrücklich durch eine weitere Passage
aus De Josepho unterstrichen. Dort wird Joseph abschließend
gewürdigt, indem Philo berichtet, man habe ihm seine Wohltaten
(εὖ ποιεῖν) noch lange nach der Hungersnot in Ägypten dadurch
vergolten (ἀμοιβή), daß man ihn in Ehren hielt (τιμάω; Jos
267). Τιμή als Vergeltung für empfangene Wohltaten war bereits
im klassischen griechischen Denken eine häufige Form der Vergeltung, wie umgekehrt auch die Hoffnung auf Ehre ein starkes
Motiv zur Wohltätigkeit sein konnte.[300]

Auf eine ganz ähnliche Weise verwendet auch Josephus unser
semantisches Feld, diesmal jedoch zur Darstellung des Verrates
der Hure Rahab an Jericho. Nach dieser Darstellung würdigt Josua die guten Taten (εὐεργεσία), die Rahab für Israel vollbracht hat, versichert seine große Dankbarkeit (χάρις) und
teilt Rahab mit, daß seine Vergeltungen (ἀμοιβή) nicht zu gering ausfallen werden. Die Ehre (τιμή), die Josua Rahab als
Dank erweist, findet dann auch ihren materiellen Ausdruck in
der Schenkung von Ackerland (Jos A 5,30). Unter Verwendung
aller Elemente des semantischen Feldes "gegenseitige Vergeltung guter Taten" interpretiert damit Josephus wie vorher
Philo eine biblische Tradition im Lichte der Wertvorstellungen
seiner Zeit. In seiner Wiedergabe von Ex 2,11-22 (Moses Flucht
nach Midian und dortige Verheiratung) steigert Josephus sogar
das Prinzip der gegenseitigen Vergeltung noch (A 2,262):
Das vollständige Wortfeld (εὐεργετεῖν/ εὐποιία/ἀμοιβή/χάρις/
εὐεργεσία/ξένος) interpretiert die Verse 17-22 (Mose hilft den
Töchtern Jethros und wird zum Dank durch den Priester Midians
belohnt), wobei von Jethro gesagt wird, er wolle die Wohltaten
nicht nur mit gleichem, sondern mit noch viel größerem Dank
vergelten ("... καὶ τῷ μεγέθει τῆς ἀμοιβῆς ὑπερβάλλειν τὸ
μέτρον τῆς εὐποιίας").

---

299 Zu den apologetischen Tendenzen bei Philo im allgemeinen: C. Colpe,
    Art. Philo: RGG³, 345.

300 Vgl. Bolkestein, Wohltätigkeit, 152ff.

Neben der Interpretation biblischer Texte findet das Wortfeld
auch zur Schilderung politischer Begebenheiten Verwendung; die
Erwartung und das feste Vertrauen auf die gegenseitige Vergeltung guter Taten wird quasi zur Geschäftsgrundlage des Verhältnisses zwischen Regierungen. Das gute Verhältnis der Juden zu
den Athenern und Römern findet nach Josephus seine ausschließliche Grundlage in dem Prinzip der absoluten Gegenseitigkeit
bei der Vergeltung von erwiesenen Wohltaten (Jos A 14,152-155;
Stichworte: ποιεῖν ἀγαθόν; χάρις; τιμή; ἀμοιβή). Auch kann der
Hinweis auf die Vergeltung der Taten zu einem Mittel der politischen Taktik werden. Nach Jos A 15,18 versucht Herodes Hyrka-
nus habhaft zu werden, indem er ihm Vergeltung für empfangene
Wohltaten verspricht, und nach Jos A 14,295 wird die berechen-
bare Erwartung auf die Vergeltung guter Taten zu einem Mittel
der Bündnispolitik.

Doch blieb das Prinzip der gegenseitigen Vergeltung nicht unwidersprochen. Dies läßt sich am Beispiel der Wiedergabe der
Episode um Saul und die 'Hexe von Endor' durch Josephus deutlich zeigen: Dort wird berichtet, daß eine arme Frau ihr einziges Kalb schlachtet, um den König bewirten zu können (A 6,
337-339). An diese Schilderung schließt sich eine Wertung der
Episode an, in der das Verhalten der Wahrsagerin als beispielhaft hingestellt wird. Beispielhaft deshalb, weil sie -entgegen
der natürlichen Veranlagung des Menschen (φύσει τῶν ἀνθρώπων),
nur dem Gutes zu erweisen,von dem man bereits einen Vorteil erlangt hat (ἡ παρ'ὧν ἄν δύνωνται λαβεῖν ὄφελος τούτους προθερα-
πευόντων; 6,341)- ohne Aussicht auf den geringsten Lohn oder
auf zukünftigen Dank (ἀμείβειν/χάρις) trotz eigener Armut Wohltaten an dem König vollbracht hat . Josephus kann dieses un-
eigennützige Verhalten deshalb als motivierendes Beispiel aufnehmen, weil die Tat der Seherin als eine Gott wohlgefällige
Tat angesehen wird (6,342). An dieser Stelle wird zwar nicht
ausdrücklich von der göttlichen Vergeltung der guten Tat gesprochen, doch kann man als richtig annehmen, daß diese Erwartung den Hintergrund der Kritik des Josephus an dem utilita-
ristischen Prinzip der gegenseitigen Vergeltung bildet. Zumindest ist aber die gute Tat in eine direkte Beziehung zu Gott
gesetzt.

b. Formen der Theologisierung pagan-griechischer Vergeltungsaussagen

Die Rezeption von 1Sam 28 durch Josephus weist bereits eine
einfache Form der Theologisierung des semantischen Feldes
"gegenseitige Vergeltung der guten Tat" auf: die menschliche
gute Tat wird als gottgefällig bezeichnet (vgl. o.). Damit ist
ihr ein direkter Einfluß auf die Beziehung Gottes zu den Menschen zuerkannt. Eine weiterer Hinweis auf eine derartige Tendenz findet sich in der Interpretation des vierten Gebotes
durch Philo in seiner Schrift De Decalogo. In bereits darge-
stellter Weise verwendet Philo das Wortfeld der gegenseitigen
Vergeltung der Taten als Interpretament biblischer Tradition.
Die im griechischen Denken und auch im jüdisch-hellenistischen
Schrifttum häufig zu findende Anwendung des Prinzips der gegenseitigen Vergeltung der Taten auf das Verhältnis von Eltern und Kindern[301] wird in De Decalogo 111-117 als ein Teil
der Auslegung des vierten Gebotes verwendet. Typische Elemente
des Wortfeldes finden sich an folgenden Stellen der Argumentation:

112: Dort findet sich der Gedanke, daß die Eltern den Kindern
so große Geschenke (δωρεάς) gemacht haben, daß diese kaum
fähig sein werden, die Wohltaten zu vergelten (ἀμοιβὰς ἐν-
δέχονται).

114: In einer scharfen Polemik fordert Philo diejenigen, die
die Eltern nicht ehren, dazu auf, dem Beispiel der Tiere zu
folgen. Denn diese haben gelernt, ihren Wohltätern (τοὺς
ὠφεληκότας) Gegendienste zu erweisen (ἀντωφελεῖν ἐκεῖνα).
Entscheidendes innovierendes Element bildet nun die Verknüpfung von Elternliebe und Gottesliebe (119), mit deren Hilfe
Philo das pagan-griechische Wortfeld theologisiert. Die Betonung der engen Zusammengehörigkeit von Elternliebe und Gottesliebe, von Menschenliebe und Frömmigkeit[302] wird sich als
eine für Philo typische Möglichkeit der Theologisierung erweisen. Indem Philo die Eltern als Nachahmende Gottes (111)

---

301 Vgl. Sir 7,28; Aristot EthNic VIII 16p 1163b17; Philo SpecLeg II,226;
     VitMos II,207f; Jos A 7,387.

302 Vgl. Cohn, Werke Philos von Alexandrien I, 317.

oder als Diener Gottes bezeichnet (119), kann der Verstoß gegen
die Pflicht der gegenseitigen Vergeltung der Wohltaten sowohl
als Feindschaft gegen die Menschen als auch als Gottlosigkeit
(111) hingestellt werden. Dem entspricht auch die doppelte
Verantwortung für solches Fehlverhalten. Man wird schuldig vor
dem menschlichen und vor dem göttlichen Richterstuhl (111).
Mit dieser Interpretation erreicht Philo eine gelungene Verbindung griechischen und jüdischen Denkens. Ohne den Charakter
des Dekalogs als Gottesrecht zu mindern, interpretiert er das
vierte Gebot mit Hilfe der dem pagan-griechischen Denken entstammenden Forderung, daß die Kinder den Eltern die empfangenen Wohltaten zu vergelten haben.[303] Damit begründet Philo
die den Wertvorstellungen seiner Umwelt entsprechende Forderung nach Vergeltung der von den Eltern empfangenen guten Taten
theologisch, wie er ja auch insgesamt in der Frömmigkeit bzw.
dem Gottesglauben die höchste menschliche Tugend überhaupt
sehen kann.[304]

Die adäquate Vergeltung der von Gott den Menschen erwiesenen
Wohltaten besteht nach Philo in der Frömmigkeit, dem Gottesglauben bzw. dem Gottesdienst.[305]

Die Vorstellung, daß Gott in Analogie zu dem hellenistischen Königsbild
als derjenige zu betrachten ist, der den Menschen aus seiner eigenen
Gnade Wohltaten zukommen läßt, beeinflußt Philos Gottesbild. Nach Op 23
erweist Gott der gesamten Natur Wohltaten (εὐεργετεῖν) und zwar nicht
nach der Größe seiner Gnade (χάρις), sondern nach Maßgabe der Kräfte ihrer
Empfänger.[306] In dieser Struktur entspricht das aktive εὖ ποιεῖν dem
passiven εὖ παθεῖν der Empfänger. Gott ist der, der sich den Menschen
freundlich zeigt (χαρίζομαι) durch einen Überfluß von dargebrachten Wohltaten (εὐεργεσία).[307] Gott ist der φιλόδωρος θεός, der die Gabe (χάρις)
seiner Wohltaten (εὐεργεσία) besiegelt (Migr 30). Doch würdig der Gnade
(ἄξιος χάριτος) ist das Geschaffene nicht. Der Grund für Gottes εὐεργετεῖν liegt in seiner unermeßlichen Güte (Imm 108).[308]

Da der Mensch die göttlichen guten Taten, die ihm zukommen,
nicht gleichwertig vergelten kann, hat er die Pflicht, seinem

---

303 Vgl. Berger, Gesetzesauslegung, 278-290, bes. 288f.

304 Vgl. LegAll I,63ff. und Dihle, Art. Ethik: RAC VI, 699.

305 So ist nach I VitMos 259 die menschliche Reaktion auf die göttliche
      εὐεργεσία das πιστεύειν θεῷ; vgl. Tob 4,14.

306 Vgl. Philo Cher 99; Makarios Homilie 29.

307 Philo Sacr 10.

308 Vgl. Sir 14,11; Tat OrGraec 9,2; Just Appendix 6,2.

Wohltäter (εὐεργέτης) durch Worte und Lobpreisungen zu vergelten (εὐλογεῖν καὶ ἐπαινεῖν αὐτον, Sobr 58), was beispielhaft
für den 'Freund Gottes' genannten Sem durch Philo verdeutlicht
wird. Entscheidendes Stichwort ist auch hier ἀμείβειν. Die
Struktur der gegenseitigen Tatvergeltung dient dazu, den Gottesdienst als die einzige Form der menschlichen Reaktion auf
die gnadenvolle Zuwendung Gottes zu betonen. Jedoch gilt das
utilitaristische Prinzip, nur denjenigen Dienste zu leisten,
die den Tätern selbst einen Vorteil bringen können (Det 56),
nicht für das Verhältnis Gottes zum Menschen. Denn auch der
Gottesdienst selbst ist für Gott ohne Nutzen (ὁ δὲ θεὸς οὐ
χρεῖος, Det 56), und nur der Mensch kann aus dem Gottesdienst
für sich selber Nutzen ziehen. Das jüdischer Tradition entstammende Gottesbild Philos läßt eine ungebrochene Anwendung
des Prinzips der gegenseitigen Vergeltung auf das Verhältnis
zwischen Gott und Mensch nicht zu.

Im ersten Teil eines Midrasch über Gen 4,3 (Sacr 52-72) entfaltet Philo in einer breiten Erörterung den Dienst an Gott al
die Grundlage der menschlichen Ethik mit Hilfe des Wortfeldes
der gegenseitigen Vergeltung der Taten. An diesem Abschnitt
erhärtet sich die These, daß neben der Verbindung von Gottes-
und Nächstenliebe,[309] deren kennzeichnendes Element die Zuordnung der Begriffe εὐσέβεια und δικαιοσύνη/φιλανθρωπία ist, ein
weitere Möglichkeit besteht, mit der Philo die Zusammengehörig
keit von Gottesverehrung und Ethik denken kann. Charakteristisch ist für diese Möglichkeit die Anwendung des pagan-griechischen Wortfeldes der gegenseitigen Vergeltung der guten Wer
ke auf das Verhältnis Gott-Mensch. Indem Philo diesen Gedanken
mit der ihm eigenen Aufnahme der stoischen Tugendlehre -die
höchste Tugend ist ja bei Philo bekanntlich die Frömmigkeit-[31]
verbindet, gelingt es ihm als ἔργον ἄριστον die Gottesverehrun
mit dem Tun der καλὰ τὰ ἔργα zu verbinden (53+68). Die Pflicht
zur Gottesverehrung wird dann mit der Notwendigkeit des Ver-
geltens empfangener guter Taten begründet. Für diese Argumentationsform scheint die auch bei Philo zu beobachtende Betonun
der Notwendigkeit, gute Werke an den sozial Benachteiligten zu

---

309   Vgl. Berger, Gesetzesauslegung, 156ff.
310   Vgl. Pohlenz, Stoa I, 377.

üben, nicht im Vordergrund zu stehen.[311]

Aus dem in Sacr 52 zugrundegelegten und zitierten Vers Gen 4,2
leitet Philo zwei Vorwürfe gegen die Selbstsüchtigen ab, deren erster ("der eine (sc. Vorwurf), daß er nach einigen
Tagen, nicht aber sofort seinen Dank Gott abstattete", 52) in
seiner Entfaltung für unsere Problematik von Bedeutung ist.
Aus diesem Vorwurf wird in 53 das Thema des gesamten ersten
Teils des Midrasch entwickelt: Es ist notwendig, gute Werke
zu tun (δεῖ πράττειν τὰ καλὰ τῶν ἔργων), wobei deren bestes
(ἔργον ἄριστον) der Dienst an Gott ist.
Man muß das ἔργον ἄριστον tun, weil man zur Vergeltung ver-
pflichtet ist (Stichwort ἀποδίδωμι).
Der erste Teil des Midrasch ist durch die Wiederaufnahme des
Schriftzitates Gen 4,2 und durch eine abschließende Drohung
an die, die den Wahrheitsgehalt des Gesagten bezweifeln, klar
nach hinten abgegrenzt (Sacr 71). Die in Sacr 52 beginnende
Explikation des ersten Vorwurfs erstreckt sich in einer Abfolge
von instruktiven und argumentativen Textteilen, die durch
Schriftbeweise und Fallbeispiele ergänzt sind, bis zu der den
bisherigen Argumentationsverlauf motivierend zusammenfassenden
Paränese in Sacr 58.
Es schließt als ein zweiter Abschnitt die Darstellung des
Weges an, auf dem der Gläubige die thematische Forderung nach
sofortigem Erweis von Ehre für Gott praktisch umzusetzen ver-
mag. Hierbei steht der Vollzug des Gottesdienstes als Mysterium
(58-63) und der Mimesis-Gedanke (64-68; vgl. Arist 210) im
Vordergrund.[311]
Beide Abschnitte finden ihren argumentativen Zielpunkt in der
Paränese Sacr 68, die durch eine nachklappende Warnung an
Zweifelnde nachdrücklich unterstrichen wird (Sacr 69-71).
Wir kommen nun zur spezifischen Verwendung des Wortfeldes
'gegenseitige Vergeltung der guten Taten' in Sacr 52-72:
Die Möglichkeit, Elemente dieses Wortfeldes zu verwenden, ist
dadurch gegeben, daß semantisches Feld und auszulegender Bibel-
vers (Gen 4,3) in einem intentionalen Element übereinstimmen:

---

311 Richtig betont Pohlenz den Stellenwert des Gedankens der 'Nach-
    ahmung Gottes' bei Philo: "Da der Mensch nach Gottes Bilde ge-
    schaffen ist, ergab sich auch von selbst die Folgerung, daß sein
    Ziel das 'Gottähnlichwerden' sei, die ὁμοίωσις θεῷ, wie sie der
    zeitgenössische Platonismus verlangte"; Pohlenz, Stoa I, 377f.

Philo macht den zeitlichen Aspekt, das Moment der sofortigen
Reaktion auf die empfangene Tat zu dem verbindenden Element
in der allegorischen Auslegung. Bolkestein machte ja bereits
deutlich, daß nach pagan-griechischer Anschauung der Wohltäter
mit der sofortigen Vergeltung seiner guten Taten rechnete.[312]
Dieses Moment der sofortigen Vergeltung greift Philo heraus
und macht es zu dem leitenden Gedanken, der Bibelvers und allegorische Auslegung durchgehend verbindet. Der Gedanke der gegenseitigen Vergeltung wird in zweifacher, uns bereits bekannter Weise, aufgenommen:

In 52-57 wird die unveränderte Struktur, daß erwiesene gute
Taten ihre Vergeltung fordern, auf das Verhältnis von Gott und
Mensch angewendet. Nach 53 bedeutet dies für den Menschen, der
Erhofftes erlangt hat, Gott dafür umgehend zu ehren. Oder aber
negativ formuliert in 54: Diejenigen, die die empfangenen Wohl-
taten (ὧν εὖ πεπόνθασι) vergessen, büßen alle εὐχαριστίας ein.

In Sacr 57 erfährt die Gegenseitigkeitserwartung eine bedeut-
same Korrektur. Der Mensch erweist gerade dem Würdigen seine
Wohltat, Gott jedoch schenkt diese ohne Verdienst der Menschen:

> "Nicht um der Gerechtigkeit und deines lauteren Herzens
> willen gelangst du in das Land, um einen Anteil an ihm zu
> erhalten, sondern zum ersten um des Frevels dieser Völker
> willen, denen Gott das Verderben für ihre schlechten Taten
> bringt, zum andern, damit er den Bund erfülle, den er
> unsern Vätern zugeschworen (5 Mos 9,5). Unter dem Bunde
> Gottes aber sind sinnbildlich seine Gnadengaben zu ver-
> stehen; nach göttlichem Gesetzes aber hat nichts Unvoll-
> kommenes an seiner Gnade teil, so daß alle Geschenke des
> Ewigen ganz und vollkommen sind."

In 58 wird der Gedanke in einer anderen Akzentuierung wiederaufgenommen. Nur der Vollkommene ist überhaupt fähig, die Gaben
Gottes (δωρεαί) zu empfangen, nichts Unvollkommenes ist fähig,
in adäquater Weise zu danken (χαρίζεσθαι). Unter den existie-
renden Dingen sind aber vollkommen nur die ἀρετὴ καὶ αἱ κατ'
ἀρετὴν πράξεις (Sacr 57). Der entscheidende Gedanke besteht
in der Rückführung aller ethischen Handlungen auf Gott als den
Urheber, der diese schenkt. Damit geht Philo über die alt-
stoische Tugendlehre hinaus und übertrifft auch die mittel-
stoische, nach der "bonus vir sine deo nemo est" (Sen Ep 41,2).
So kann nach Sacr 53.68 die beste tugendhafte Tat nur in der

---

312 Bolkestein, Wohltätigkeit, 168.

Verehrung Gottes bestehen, in dem Dank für die göttlichen Wohltaten. Das Gute zu tun, findet seine Steigerung in dem ἔργον
κάλλιστον, nämlich der τιμή θεοῦ (68). Nicht der Gegensatz von
Glauben und Werken leitet das Interesse Philos, sondern der
Glaube, die Gottesverehrung sei als ἔργον κάλλιστον die einzig
adäquate menschliche Reaktion auf die Wohltaten, die Gott den
Menschen zukommen läßt. Die Haltung der Zweifler brandmarkt
Philo abschließend konsequent, indem er sie als   μή
πιστεύειν τῷ σωτῆρι θεῷ bezeichnet und ihnen den Vorwurf der
ἀσέβεια (70f.) macht.

Philo stellt die Frage nach der adäquaten menschlichen Reaktion
auf die göttlichen Gnadengaben (Stichworte: εὖ ποιεῖν/χάρις/
δῶρον), er sieht diese Reaktion nur in der ἀρέσκεια, in dem
Aufruf ὑστεριοῦμεν γνησίου θεραπείας, im πιστεύειν τῷ σωτῆρι
θεῷ, in der τιμή θεοῦ. Gott ist in seiner Gnade der Urheber der
guten menschlichen Werke. Dieser aus dem pagan-griechischen Topos der gegenseitigen Vergeltung der Wohltaten hergeleitete Gedanke wird uns bei der traditionsgeschichtlichen Analyse des
Gegensatzes von göttlicher Gnade und menschlichen Taten bei
Paulus noch beschäftigen.

Nicht die guten Werke, sondern die Gottesverehrung, so betont
Philo, sind die adäquate Vergeltung des Menschen für die mit
δῶρον , εὐεργεσία, χάρις, εὖ ποιεῖν bezeichnete göttliche Zuwendung.

Daß es sich hierbei nicht um eine spezifisch philonische Gedankenführung handelt, sondern um eine allgemein aus dem jüdisch-hellenistischen Denken stammende Lösung der Frage nach
der 'richtigen' menschlichen Gegenleistung für die erfahrene
Zuwendung Gottes durch gute Taten, zeigt die folgende Parallele aus den 'Altertümern' des Josephus (8,111f.):

> "Als der König (sc. Salomo) so zum Volk geredet, wandte er
> sich wieder nach dem Tempel hin, streckte seine Rechte über
> das Volk aus und sprach: Unmöglich können die Menschen mit
> Werken (ἔργοις) Gott für die erhaltenen Wohltaten danken
> (ἀποδοῦναι θεῷ χάριν ὑπὲρ ὧν εὖ πεπόνθασιν), denn die Gott-
> heit bedarf nicht und ist zu erhaben, als daß ihr damit
> vergolten werden könnte (κρεῖττον τοιαύτης ἀμοιβῆς). Du
> hast uns aber, o Herr, über die anderen Geschöpfe gesetzt,
> und es ziemt sich uns daher, deine Majestät zu loben und
> dir für alles zu danken (εὐλογεῖν/εὐχαριστεῖν), was du
> meinem Haus und dem Volk der Hebräer erwiesen hast.
> Denn womit können wir besser deinen Zorn besänftigen und
> deine Güte und Gnade über uns erflehen als mit dem Worte,
> das wir aus der Luft entnehmen und durch die Luft wieder

zu dir hinsenden? Für dieses Geschenk (χάρις) gebührt dir
besonderer Dank (ὁμολογεῖν)...".

Wir haben hier eine exakte Parallele zu den Aussagen Philos vo
uns. Die verwendete Begrifflichkeit (Stichworte: ἔργον/ἀποδί-
δωμι χάριν/εὖ ποιεῖν/ἀμοιβή/εὐχαριστεῖν) weist auf den traditionsgeschichtlichen Hintergrund hin. Auch Josephus legt das
pagan-griechische Wortfeld der gegenseitigen Vergeltung der
guten Taten zugrunde und wendet es auf die Bestimmung des Verhältnisses zwischen Gott und dem Menschen an. Auch die vorliegende Korrektur der Gegenseitigkeitserwartung fanden wir
bei Philo ebenfalls vor.

Zur Begründung der Unmöglichkeit einer adäquaten Vergeltung
der göttlichen Zuwendung wurde das Prinzip der gegenseitigen
Vergeltung der Wohltaten mit dem Topos der 'Bedürfnislosigkeit
Gottes'[313] verbunden. Wegen der 'Bedürfnislosigkeit des Schöpfergottes' können ihm die Menschen nicht mit Werken, sondern
nur durch Lob danken.

Wir fassen zusammen: In der jüdisch-hellenistischen Schöpfungs
theologie kann die Beziehung zwischen Gott und den Menschen
mit Hilfe des Gegensatzes ἔργον/χάρις ausgeführt werden (Jos
A 8,111; Philo LegAll III 77-79).[314]
Den traditionsgeschichtlichen Hintergrund dieser Aussagen
bildet die dem pagan-griechischen Denken entstammende Forderun
nach direkter Vergeltung der erwiesenen Wohltaten, wobei die
doppelte Bedeutung von χάρις als 'Geschenk' und 'Dankesgabe'
zugrunde liegt. Die Betonung der Allmacht und Majestät des
Schöpfergottes läßt eine adäquate menschliche Reaktion in Gestalt einer Vergeltung der empfangenen guten Taten nicht zu,
so daß die menschliche Reaktion nur im Gottesdienst, in dem
lobenden und ehrenden Dank für die gnadenvolle Zuwendung Gottes gesehen werden kann. Diejenigen Menschen, die Gott die ge-
bührende Ehre nicht erweisen, können bei Philo als die bezeich
net werden, die nicht an den heilbringenden Gott glauben (Sacr
71). Für das Verhältnis von göttlicher Gnade und menschlichen
Werken wird im Rahmen dieser Theologie der Aspekt der Urheberschaft Gottes als wesentlich herausgestellt.

---

313 Vgl. Philo Det 56f; Apg 17,25; slavHen 45,3; Norden, Theos, 13f.
314 Vgl. Heiligenthal, ἔργον, 126.

III. Werke und Gnade: Die Werke des Gesetzes in der paulini-
     schen Rechtfertigungslehre am Beispiel von Röm 2,12-4,8

1. Einleitende Bemerkungen

Die folgenden Beobachtungen wollen sich ganz auf den Aspekt
der Werke innerhalb der paulinischen Rechtfertigungsdiskussion
von Röm 2,12-4,8 konzentrieren.

Dabei stellt sich die Frage, ob Paulus, wenn er sagt, daß
aufgrund von Gesetzeswerken niemand gerechtfertigt wird (Röm
3,20), das Rechtfertigungsgeschehen im Rahmen der Alternative
von göttlichem Geschenk und menschlicher Leistung diskutiert.
Hat Bultmann recht, wenn er 'Gesetzeswerke' mit 'Werken' allgemein gleichsetzt und diese als 'Leistungen' dem Bereich der
todbringenden ἁμαρτία zuordnet?[315] Welche Funktion hat die für
Paulus untypische Opposition von Werken und Glauben in Röm
4,4f? Warum konnte die paulinische Rechtfertigungslehre in
das Mißverständnis führen, der Apostel verneine angesichts
Gottes menschliche Aktivität überhaupt?[316]
Stellt man die Frage nach der Bedeutung der Gesetzeswerke im
Rahmen der paulinischen Rechtfertigungslehre, dann stellt sich
zwangsläufig auch die Frage nach der Stellung des Paulus zum
Gesetz und damit zum Judentum seiner Zeit überhaupt. Zu diesem
Problem haben wir am Beispiel von Gal 2 bereits eine Antwort
zu geben versucht.
Liest Bultmann Paulus richtig, wenn er behauptet, der Apostel
lehne die Gesetzeswerke deshalb ab, weil das Gesetz selbst
grundsätzlich in eine falsche, für den Menschen tödliche
Richtung führe?[317] An diesem Punkt stellt sich die Frage nach
der Ebene der Konkretheit der paulinischen Aussagen. Geht
es hier darum, den Heilsweg 'Gesetz' grundsätzlich auszuschließen, oder geht es konkret um die Erwählung von ("heidnischen") Sündern mangels Werken?

---

315 Deutlich wird die Gleichsetzung der ἔργα νόμου mit 'Leistungen' all-
    gemein bei Bultmann bes. in: Theologie, 283. Dort setzt er sich mit
    der These Mundles auseinander, daß Paulus mit den Gesetzeswerken nur
    die von der Mosetora geforderten Gebotserfüllungen meine.

316 Vgl. Blumenberg, Legitimation und die mit diesem Ansatz bei Wilckens,
    Eschatologie, geführte Auseinandersetzung.

317 Bultmann, Theologie, 268.

Die entscheidenden Aussagen zum paulinischen Verständnis der
Werke innerhalb der Diskussion des Rechtfertigungsgeschehens
finden sich in Röm 3,17-31. Sie sind gerahmt von zwei Schriftbeweisen (3,10-18; 4). Diese Tatsache kann für die Interpretation wichtig werden, denn es ist davon auszugehen, daß Paulus
in den Schriftbeweisen für seine Argumentation gewichtige Aussagen sieht und daß sich an ihrer Interpretation durch den
Apostel Innovationen ablesen lassen. So nimmt Paulus das ὁ
ποιῶν (3,12) in der substantivischen Wendung ἐξ ἔργων νόμου
(3,20) auf und sieht damit die negative Rechtfertigungsaussage
im Gesetz selbst begründet. Analog hierzu leitet er die positiven Rechtfertigungsaussagen, die sich um die Begriffe χάρις/
πίστις/δικαιόω/δίκαιος und δικαιοσύνη gebildet haben, mit Hilfe des Zitates von Gen 15,6 in 4,3 ebenfalls aus dem Gesetz
her, obwohl in der Abrahamstelle nur eine Verbindung der Begriffe δικαιοσύνη und πίστις vorgegeben ist. Es bleibt eine
Aufgabe dieser Untersuchung, den in 3,19-31 vollzogenen Aus-
legungsprozeß traditionsgeschichtlich und "innerpaulinisch"
verständlich zu machen.

Wir haben bereits darauf hingewiesen (vgl. S.128), daß Käsemann mit seiner rein inhaltlichen Bestimmung der ἔργα νόμου
als 'Gebotserfüllungen' zugestimmt werden kann. Es ist richtig, daß Paulus unter den 'Gesetzeswerken' inhaltlich die
Erfüllung der von der Tora geforderten Gebote versteht.[318]
In der rabbinischen Theologie entsprechen den ἔργα νόμου die
מעשי מצות oder die עוכרי מצותא , die terminologisch von
den 'guten Werken' (מעשי טובים) zu unterscheiden sind.[319]
Für das zwischentestamentliche Schrifttum wird allgemein auf
einen vergleichbaren Sprachgebrauch in syrApkBar 57,2 hingewiesen. Dort wird parallel mit dem Gesetz von den Werken der
Gebote gesprochen:

> "Denn zu jener Zeit war das Gesetz ungeschrieben bei
> ihnen bekannt, und die Werke der Gebote wurden damals
> vollbracht,..." (vgl. PsClem Rec V 34,5: 'opera manda-
> torum').

---

318 Dies ist in der Forschung mit Ausnahme von Bultmann und einigen ihm
verbundenen Exegeten seit dem Artikel von Bertram, ἔργον, 631ff,
kaum bestritten worden; vgl. Wilckens, Römerbrief, 173; Michel,
Römerbrief, 144.

319 Vgl. Billerbeck III, 160ff; IV 559ff.

Dies kommt dem paulinischen Sprachgebrauch recht nahe.
Direkt von 'Werken des Gesetzes', die in der Heilszeit vollständig getan werden, wird auf dem Hintergrund einer ethi-
sierten Opfervorstellung in 4Qflor 1,7 gesprochen:

> "(6)... Und er sagte, daß man ihm ein Heiligtum
> unter Menschen bauen solle, indem sie ihm als Rauch-
> opfer (7) vor ihm Taten des Gesetzes darbringen sollten."

Die inhaltliche Bestimmung der Wendung ἔργα νόμου als 'Erfüllung der Gebote', die das Gesetz fordert, muß jedoch notwendig
nach zwei Seiten ergänzt werden:

Nur im Kontext einer am Gesetz orientierten Zusprechung von
Gerechtigkeit im eschatologischen Gericht verwendet Paulus den
Ausdruck ἔργα νόμου. Damit umschließt diese paulinische Formel
nicht nur die Gebotserfüllung, sondern bestimmt auch funktional
die Erfüllung des Gesetzes zu dem einzig möglichen Maßstab des
eschatologischen Gerichts. Es lassen sich aus dieser spezifischen Verwendung des Terminus 'Gesetzeswerke' keine generellen
Rückschlüsse auf die Bedeutung der 'Werke' als Ausdruck menschlicher Aktivität im allgemeinen bei Paulus ziehen.

Ein weiteres Desiderat bildet die Untersuchung des traditionsgeschichtlichen Hintergrunds, von dem Paulus ausgeht, wenn er
in 3,20ff. von 'Gesetzeswerken' spricht.

2. Die paulinische Sicht der ἔργα auf dem Hintergrund des Verhältnisses von Erwähltheit und Gerechtigkeit vor Christus (Röm 2,12-3,20)

In Röm 3,20 zieht Paulus für alle Menschen (πᾶς ὁ κόσμος, 3,19)
das Fazit aus der bisherigen Diskussion mit Blick auf das endzeitliche Gericht: dort wird "kein Fleisch als gerecht anerkannt
werden" und zwar, der Apostel fügt dies dem Zitat aus Ψ 143,3
ausdrücklich hinzu, ἐξ ἔργων νόμου.[320] Weil es das Gesetz
selbst bezeugt, daß keiner das Notwendige tut (ὁ ποιῶν χρηστότητα, 3,12). Der Bezug auf das Gesetz ist durch das unmittelbar
vorhergehende Schriftzitat gegeben. Dadurch, daß der Apostel
die Wendung ἐξ ἔργων νόμου hinzufügt, macht er schlaglichtartig
sein gesamtes Verständnis des Verhältnisses von Gott und Mensch

---

320   Das Futur δικαιωθήσεται kann nur dann als gnomisch angesehen werden
      (so Käsemann, Römerbrief, 83; Bultmann, Theologie, 274), wenn die
      Möglichkeit einer göttlichen Gerechtsprechung aufgrund von Gesetzes-
      werken als prinzipiell ausgeschlossen angenommen wird.

in der Zeit vor Christus deutlich. Innerhalb dieses Konzeptes
nimmt das Gesetz eine zentrale Stellung ein:
In Anschluß an die Schilderung des Gerichtes über die Heiden
und Juden in Röm 2,1-11 setzen die Verse 2,12f. thesenartig[321]
neu ein: für Juden und Heiden ist die Einhaltung des Gesetzes
Maßstab im Gericht.[322] Der durch das begründende γάρ ange-
schlossene zweite Teil der These (2,13) verdeutlicht dies, indem dort für Juden und Heiden die Alternative, Hörer oder Täter des Gesetzes zu sein, aufgestellt wird. So betont Paulus
bereits in der These mit Nachdruck, daß nur der Täter des Gesetzes gerechtgesprochen wird.[323]
Im folgenden führt Paulus diese thetisch vorangestellte Aussage
für beide Gruppen getrennt aus: in 2,14-16 für die Heiden und
in 2,17-3,8 für die Juden.

a. Röm 2,14-16

Den Heiden ist das ἔργον τοῦ νόμου in die Herzen geschrieben.
Dadurch daß Paulus nicht νόμος, sondern die Genitivverbindung
ἔργον νόμου verwendet, bringt er zum Ausdruck, daß er keine
Gleichstellung von Heiden und Juden in Bezug auf das Gesetz als
heilsgeschichtliches Privileg intendiert, sondern daß der fordernde Wille Gottes auch den Heiden -und zwar φύσει- bekannt
ist. Der Singular ἔργον deutet an, daß es Paulus nicht um die
Kenntnis aller Einzelgebote der Tora,   sondern um die
grundsätzliche Kenntnis des Willens Gottes, der sich für Israel im mosaischen Gesetz manifestiert, auch der Heiden geht.
Wir stimmen Bornkamm zu, der in diesem Sinn den Skopus von
2,14f. bestimmt: "Denn V.14f sind keineswegs daran interessiert, daß es Nicht-Juden gibt, die errettet werden, sondern
einzig an der Tatsache, daß auch die Heiden eine Kenntnis des
Gottes-Gesetzes haben, um derentwillen auch sie vor Gott verantwortlich sind."[324] Bornkamm hat uneingeschränkt Recht, wenn

---

321   Vgl. Berger, Exegese, 24.

322   Die Begriffe ἄνομος und ἐν νόμῳ können als "Kennworte" für Juden
      und Heiden angesehen werden.

323   Die Futurformen κριθήσονται (2,12) und δικαιωθήσονται (2,13)
      machen den Bezug auf das endzeitliche Gericht deutlich.

324   Bornkamm, Gesetz, 99.

er sagt: "Νόμος meint also das eine und gleiche Gottesgesetz,
das Juden und Heiden nur in verschiedener Weise gegeben ist.
Das wird auch durch τὸ ἔργον τοῦ νόμου in V.15 bestätigt."[325]
Doch was versteht Paulus nun genau unter dem 'Werk des Gesetzes'
in 2,15?

Lackmann[326] versucht die Wendung von der auf Bultmann zurück-
gehenden Gleichung 'Gesetzeswerk' = 'Leistung' her zu verstehen und sieht in dem ἔργον τοῦ νόμου den Gegensatz zu dem
ἔργον τῆς πίστεως, während Flückinger die diskriminierende These
eines sogn. 'atomisierten Werkverständnisses' des Judentums
aufgreift und das 'Gesetzeswerk' von der Vielzahl der Einzelwerke, mit denen der Mensch (der Jude) einen Anspruch vor Gott
zur Geltung bringen will, abgrenzt. Er sieht in dem 'Gesetzeswerk' dasjenige Werk, das Gott selbst an den Heiden getan
habe.[327]

Beide auf den ersten Blick so unterschiedliche Deutungen haben
denselben Ausgangspunkt. Sie sehen in den 'Werken' Leistungen,
mit denen sich die Menschen vor Gott einen einklagbaren und damit illegitimen Anspruch erwerben wollen und interpretieren auf
diesem Hintergrund -positiv oder negativ- auch das ἔργον τοῦ
νόμου in Röm 2,15. Damit ist eine bestimmte Sicht der paulinischen Rechtfertigungslehre in einen Kontext eingetragen, in dem
der Apostel seine Sicht einer Rechtfertigung aus Gnade überhaupt noch nicht thematisiert. Es geht Paulus hier um nichts
anderes als um die Gleichstellung von Juden und Heiden angesichts des fordernden Willens Gottes. Paulus nimmt zu diesem
Zweck die Vorstellung der ἄγραφα νόμιμα aus der pagan-griechischen Philosophie auf[328] und formuliert in bewußter Anlehnung[329] an Jer 38 (31),33: γραπτὸν ἐν ταῖς καρδίαις αὐτῶν.

---

325   Bornkamm, Gesetz, 101.

326   Lackmann, Geheimnis, 222.

327   Flückinger, Werke, 35.

328   Bornkamm, Gesetz, 101ff; Belege bei Kuhr, Röm 2,14ff.

329   Bornkamm, Gesetz, 107 Anm. 30, macht darauf aufmerksam, daß es sich
      um die Umschreibung eines pagan-griechischen Motivs mit einer at.-
      lichen Wendung handeln könnte. Gründlich widerlegt wurde die These,
      daß Röm 2,14f. von Jer 31,31ff. aus zu verstehen sei, durch Wolff,
      Jeremia,136f. Sachliche Parallelen zu Röm 2,14f. finden sich so-
      wohl im paganen Griechentum als auch im jüdisch-hellenistischen
      Schrifttum (Philo Abr 176 ProbLib 46).

Wie syrApkBar 57,2 zeigt, konnte diese Vorstellung durch das hellenistische Judentum vermittelt sein:

> "Denn zu jener Zeit war das Gesetz ungeschrieben bei ihnen allgemein bekannt, und die Werke der Gebote wurden damals vollbracht..."

Einen weiteren wichtigen Hinweis auf die konkrete Funktion des ἔργον innerhalb der Verbindung 'Gesetzeswerk' gibt das im direkten Umfeld stehende ἐνδείκνυμαι. Das den Heiden zuerkannte 'innere Gesetz' kann sich nur an dem nach außen tretenden Werk als wirklich vorhanden erweisen.[330] In Anschluß an pagan-griechischen Sprachgebrauch (vgl. Teil A) hebt ἔργον hier nicht so sehr auf die 'menschliche Leistung' ab, sondern hat die Funktion eines zeichenhaften Beweismittels für das tatsächlich Vorhandensein eines νόμος ἄγραφος unter den Heiden und steht damit neben dem Gewissen als einem inneren Gerichtshof[331] als zweites Beispiel dafür, daß auch die Heiden grundsätzlich zur Gesetzeserfüllung fähig sind.[332] Damit stellt sich im paulinischen Sinn auch für die Heiden die Alternative, der Stimme ihres Gewissens zu folgen (Täter des Gesetzes zu sein) oder den Gehorsam zu verweigern (Hörer des Gesetzes zu sein) und damit dem Gericht zu verfallen (2,16).

b. Röm 2,17-3,8

Für Israel stellt sich im Gegensatz zu den Heiden nicht die Frage der Kenntnis des Gesetzes, sondern Paulus muß es nun darum gehen, die Bedeutung von 2,13 angesichts der heilsgeschichtlichen Privilegien Gesetz und Beschneidung zu erweisen. Ziel der folgenden Argumentation ist der Nachweis, daß im Endgericht diese Privilegien als solche keine Bedeutung haben.[333] Dieses Ziel erreicht Paulus dadurch, daß er zwei im Judentum beheimatete Vorstellungen von der Funktion des Ge-

---

330   Pohlenz, Paulus, 75 Anm. 17 vermutet, daß der häufige Gegensatz von Wort und Tat dem Verständnis von ἔργον in Röm 2,15 zugrunde gelegt werden müßte.

331   Vgl. Sen Ira III 36; fragm 14; Philo Fug 131; Det 23.

332   Formal treten als dritter Beweisgrund noch die 'Gedanken' hinzu.

333   Im Judentum gelten traditionell sowohl der Besitz des Gesetzes (Dtn 7,6-11; syrApkBar 48,24) als auch die Beschneidung (Gen 17,1-14 Jub 15,34) als heilsgeschichtlich relevante Zeichen der Auserwählung Israels.

setzes -nämlich das Gesetz als Richtschnur zur Erlangung der
Gerechtigkeit und das Gesetz als Zeichen der Erwählung- in der
Weise diskutiert, daß diese durch Verabsolutierung jener aus-
geschlossen wird.

Im apk Judentum konnte das Problem der 'Sünder in Israel' dadurch bewältigt werden, daß Gott im Gericht seinen Erwählten
Gnade und Barmherzigkeit zukommen läßt.[334] Diese Möglichkeit
hat Paulus bereits mit der Intention der Gleichheit aller vor
Gericht in 2,1-11 ("Herzensverstocktheit Israels") erstmals in
ausschließender Weise thematisiert. In 2,17-29 macht der Apostel nun die Erfüllung des Gesetzes zur alleinigen Voraussetzung
der Gültigkeit und Wirksamkeit der Erwählungszeichen Gesetz
und Beschneidung. Angesichts der durch eine Aufzählung von Tat-
sünden (2,21-23) dokumentierten Übertretung und Entehrung des
Gesetzes durch die Juden (2,23) ist ein Rühmen aufgrund der
Erwählung von Seiten Israels ausgeschlossen (2,17.23). Erwählung konstituiert sich nach Paulus nur in der Gesetzeserfüllung. Dies erreicht der Apostel dadurch, daß er Gesetz und
die im Gericht zuzusprechende Gerechtigkeit einander für die
Zeit vor Christus exklusiv zuordnet.[335] In dieser Weise radikalisiert gilt Paulus vor Christus Erwählung als allein in
der Gesetzeserfüllung begründet. Dies gilt für alle, für Heiden und Juden (2,25-27).

In 3,1-8 muß sich Paulus nun mit verschiedenen Einwänden
seiner Gesprächspartner auseinandersetzen:
Er schützt seine Argumentation gegen das Mißverständnis, als
könne die Untreue der Menschen die Erwählungstat Gottes an
Israel in Frage stellen. Von Gott aus gilt weiterhin, daß er
zu den Israel anvertrauten Verheißungen trotz der Übertretungen des Gesetzes steht. Insofern bleibt Paulus in seinem Denken
im Rahmen des jüdischen Verständnisses der Heilsgeschichte. Es
ergibt sich so für ihn eine dialektische Sicht dieser Geschichte: Einerseits gilt ihm von Israel her die Erwählung in

---

334 PsSal 9,6-11; 4Esr 8,32f; syrApkBar 48,18-20; vgl. 75,6ff; 81,2ff;
     84,10f.

335 Die semantische Zuordnung von Gesetz und eschatologischer Gerech-
     tigkeit ist vor Paulus nicht nachweisbar. Die hierfür meist ange-
     führten und hier ergänzten Belege betonen nur, daß es auf das Tun
     des Gesetzes ankommt: Aboth 1,17; 3,9.15.17; 4,5; 6,4; syrApkBar
     46,4f; 1QpHab 7,11; 8,1; TgJes 56,1; grApkBar c.12-16; 4Esr 7,72f.

der Gesetzeserfüllung als erlangbar (2,17-29), andererseits
aber gilt gleichzeitig, daß Gott sich in seinem Handeln treu
bleibt, daß er weiterhin zu seinen Verheißungen steht (3,1-4).
Aufgrund dieser 'dialektischen' Sicht der Heilsgeschichte
wehrt sich Paulus mit Schärfe (μὴ γένοιτο, V.6) gegen den
weiteren sophistischen Einwand, daß, wenn Gott sich in jedem
Fall als gerecht erweist, weiterhin böse gehandelt werden
darf (3,8). An dieser Betonung des menschlichen Tuns zeigt
sich deutlich, daß das Handeln die Grundlage des
Verhältnisses der Menschen zu Gott auch auf dem Hintergrund
der von jüdischer Seite erhobenen Einwände bleibt. "Wie nämlich die jüdische Tradition im Tun den Bereich sieht, in dem
sich sowohl Gottes als auch der Menschen Gerechtigkeit verwirklicht, so auch Paulus;" betont Wilckens.[336] Das menschliche Handeln konstituiert in 2,12-3,8 durchgängig das
Verhältnis zu Gott für Heiden und Juden:
Dies erreicht der Apostel zum einen mit der These der natürlichen Gotteserkenntnis der Heiden (2,14-16), daß das am Gesetz orientierte Handeln (ἔργον νόμου) auch für Nicht-Juden
alleiniges Kriterium im Gericht ist (2,16).
Zum anderen gilt auch für das von Gott erwählte Israel, daß
Gerechtigkeit im Endgericht nur durch die Erfüllung der Gebote des Gesetzes erlangbar ist. Schließlich ist drittens
die Funktion von Gesetz und Beschneidung als Erwählungszeichen im Sinne des Paulus sowohl durch die Herzensverstocktheit
Israels (2,5) als auch durch die ausschließliche Bindung der
Erwählung an die Gebotserfüllung (2,17-29) ausgeschlossen.
Paulus ordnet Gesetz und endzeitliches Gericht in der Weise
einander zu, daß vor der eschatologischen Wende, mit Blick
auf das Endgericht (2,16.29; 3,20; 2,12f.), dem Gesetz in
seiner Funktion als fordernder Wille Gottes für Juden und
Heiden entscheidende Bedeutung zukommt. Maßstab für Gerechtigkeit ist bei Paulus das Erfüllen oder Übertreten des Gesetzes:

2,13:   οἱ ποιηταὶ νόμου δικαιωθήσονται

2,14:   τὰ τοῦ νόμου ποιεῖν

2,23:   παράβασις τοῦ νόμου

2,25:   νόμον πράσσειν

2,26:   φυλάσσειν τὰ δικαιώματα τοῦ νόμου

---

336   Wilckens, Römerbrief, 167.

2,27:   τελέω τὸν νόμον

2,25.27:   παραβάτης νόμου

Es folgt in 3,10-18 eine Zitaten-Katene, die an hervorgehobener Stelle[337] das Tun der Menschen unter dem Aspekt der Schuld aller thematisiert: οὐκ ἔστιν ὁ ποιῶν χρηστότητα (3,12b). Es fällt auf, daß der Abschnitt 3,19-31 jeweils durch Stücke, die einen Schriftbeweis beinhalten, gerahmt ist. Denn auch 4,1-25 läßt sich als eine 'midraschartige Auswertung'[338] ansehen, die mit direkten Schriftzitaten durchsetzt ist. Geht man davon aus, daß für Paulus das Schriftzitat nicht "Nebenkriegsschauplatz" ist, sondern durchaus die Hauptaussage tragen kann, dann läßt sich folgern: für den Apostel ist sowohl die negative Rechtfertigungsaussage in 3,20 als auch deren positives Gegenstück in 3,21-31 bereits im Gesetz bezeugt. Ein grundsätzlicher Antinomismus kann aufgrund dieser Tatsache für die paulinischen Rechtfertigungsaussagen im Römerbrief nicht angenommen werden. Die Schriftbeweise in 3,10-18 und 4 sind einander so zugeordnet, daß der Rechtfertigung aus Werken in Kap.3 die Möglichkeit der Rechtfertigung aus Glauben in Kap.4 gegenübergestellt ist. Die Begründung für diese Gegenüberstellung bringt Paulus in dem Abschnitt ohne Schriftbeweis (3,19-31): Da es, wie wir gezeigt haben, Paulus nicht auf die Erwählungsfunktion des Gesetzes, sondern auf den fordernden Willen Gottes, dessen Einhaltung allein zu Gerechtigkeit führt, ankommt, ergänzt er das Psalmzitat in 3,20 durch den Ausdruck 'Gesetzeswerke', eine Wortbildung, die die für den Abschnitt 3,12-20 entscheidenden Gesichtspunkte beinhaltet: das eschatologische Gericht, in dem Gott Gerechtigkeit nur aufgrund der Werke zusprechen wird (2,6-11.16), und das Gesetz, das für Paulus einziger Maßstab des Gerichtes für Heiden und Juden bildet.[339] Rechtfertigung und Verurteilung des Menschen sind dem endzeitlichen Richten Gottes vorbehalten. Dies zeigt die parallele

---

337   Vgl. Wilckens, Römerbrief, 173.

338   Wilckens, Römerbrief, 181.

339   Lohmeyer, Gesetzeswerke, ist insoweit recht zu geben, als er die ἔργα νόμου als von Gott gesetzte Form der religiösen Existenz der Menschen beschreibt und betont, daß die von Gott gesetzte Ordnung nicht durch das Nicht-Erfüllen auf Seiten des Menschen in Frage gestellt wird. Allerdings übersieht Lohmeyer, daß die 'Gesetzeswerke' nicht nur 'metaphysisches Prinzip' sind, sondern deutlich auch die Handlungen im Sinne von Gebotserfüllungen beschreiben wollen.

Stellung von κρίνω und δικαιόω in 2,12f. sowie das dort verwendete eschatologische Futur. Die Erwählung Israels an sich verbürgt noch keine Gerechtigkeit, so daß Juden und Heiden auf
die Erfüllung der im Gesetz offenbarten Willensäußerung Gottes
verwiesen sind. Zwar hat Israel gegenüber den Heiden den Vor-
zug des durch Gott verliehenen Gesetzes; angesichts des allein
Gerechtigkeit zusprechenden Endgerichtes sind aber auch die
Juden ausschließlich auf 'Gesetzeswerke' angewiesen. Entscheidend bleibt für Paulus die Trennung der aus Gottes Gnade
entspringenden Erwählung einerseits und der aufgrund von ἔργα
νόμου im Endgericht vollzogenen Rechtfertigung andererseits.
Die Erwählung stiftende Funktion des Gesetzes im Endgericht ist
mit dessen fordernder Intention so zusammengesehen, daß jene
sich dieser unterordnet. Angesichts der Sündhaftigkeit kann
das Gesetz in dieser Zusammensicht nur zur Erkenntnis der
Sünde führen (3,20). Paulus geht es also in der ganzen Diskussion 2,12-3,20 nicht um den Vorwurf der Werkgerechtigkeit,[340]
sondern gerade umgekehrt: der Apostel unterstreicht die Notwendigkeit der Gesetzeswerke für die endzeitliche Anrechnung
der Gerechtigkeit mit Blick auf Juden und Heiden.

3. Die paulinische Sicht der ἔργα angesichts der Rechtfertigung
        aus Gnade in Christus (Röm 3,21-4,8)

Nachdem Paulus in 1,18-3,20 das Verhältnis zwischen Gott und
Mensch vor Christus als unter der göttlichen ὀργή stehend beschrieben hatte, wendet er sich nun (3,21: νυνὶ δέ) der neuen
Wirklichkeit nach Christus zu.
Das Perfekt πεφανέρωται signalisiert die in der Gegenwart bereits vollzogene Offenbarung der neuen Wirklichkeit. Im paulinischen Sinn beginnt mit Christus ein neuer Äon, der von dem
alten in radikaler Weise unterschieden ist: die neue Zeit ist
qualifiziert durch die Offenbarung der δικαιοσύνη θεοῦ. Im
Judentum wurde die Gerechtigkeit regelmäßig mit dem Gesetz
zusammengesehen,[341] nun qualifiziert Paulus die neue Wirklichkeit in 3,21 bereits thetisch als 'Offenbarung der Gottesgerechtigkeit ohne Gesetz'.[342] Die berechtigte Kritk Käsemanns und

---

340   Dies betont nachdrücklich: Hübner, Gesetz, 93.
341   Berger, Material, 272.

Stuhlmachers an einem einseitig individualistischen Verständnis
der Gerechtigkeit Gottes bei Bultmann aufnehmend, verstehen wir
die Offenbarung der δικαιοσύνη θεοῦ in 3,21 als apokalyptisch-
kosmisches Geschehen. Inhaltlich qualifizieren wir sie im
Sinne Bergers als lebensspendende und fordernde Kraft Gottes
im Sinne einer neuen Lebensmöglichkeit im neuen Äon.[343] Das
Verständnis der Relation von Gott und Gerechtigkeit im Sinne
eines Genitivus subjectivus wird für unseren Abschnitt dadurch
unterstrichen, daß in 3,26 die Wendungen πρὸς τὴν ἔνδειξιν τῆς
τῆς δικαιοσύνης αὐτοῦ und εἰς τὸ εἶναι αὐτὸν δίκαιον, parallel
gestellt, sich gegenseitig interpretieren.[344] Als ausschließlich
Gott qualifizierend beschreibt 'Gerechtigkeit Gottes' die heilvolle Beziehung Gottes zu den Menschen. Insofern ist sie in
der Tat positiver Relationsbegriff, wie er bereits im AT angelegt ist.[345] Sie ist Kraft Gottes, aus der Heiligkeit und Leben
kommen, aber sie ist nicht 'selbst gerecht machend'.[346] Das
Verhältnis von Gerechtigkeit Gottes und Gerechtigkeit des Menschen bestimmt sich also nicht auf die Weise, daß diese in
jener gründet, vielmehr kann der Mensch der Gerechtigkeit als
der Heiligkeit Gottes nur als Gerechter, d.h. frei von Sünden,
begegnen. Dies läßt sich an der Antithetik von 'Sünde' und
'Gerechtigkeit Gottes' deutlich machen.[347]
In den folgenden Versen beschreibt nun Paulus, wie angesichts
der Offenbarung der δικαιοσύνη θεοῦ als neuer Lebensgabe dem
Menschen der Zugang zu Gottes Heiligkeit ermöglicht wird.
Die Sündhaftigkeit aller, auf die der Apostel in 3,22b.23 nochmals hinweist, ist durch das Heilshandeln Gottes in Jesus
Christus für alle aufgehoben (3,24b.25). Die Sündentilgung
gilt als ein Akt göttlicher Gnade (3,24) und ist universal
ausgerichtet (3,23f.). Den menschlichen Zugang zu dem gött-

---

342   Die Gerechtigkeit Gottes wird in der apokalyptischen Literatur erst
      in der Endzeit offenbar: 1QH XIV 15f; TgJes 45,8; 56,1; 61,11;
      vgl. Berger, Material, 269 Anm.14.

343   Vgl. Berger, Material, 272.

344   Vgl. Wilckens, Römerbrief, 187.

345   Vgl. Wilckens, Römerbrief, Exkurs: Gerechtigkeit Gottes, 202-233.

346   Gegen Bultmann, δικαιοσύνη, 471, der δικαιοσύνη θεοῦ mit δικαιοῦσθαι
      gleichsetzen kann.

347   2Kor 5,21; Röm 3,5; vgl. Berger, Material, 273.

lichen Gnadenhandeln bezeichnet Paulus als πιστεύω. Die Recht-
fertigung des Menschen geschieht so aufgrund des Sühnetodes
Jesu und durch den Glauben und bildet die Voraussetzung für
die Zugehörigkeit zu der eschatologischen Zeit, die durch die
'Gerechtigkeit Gottes' qualifiziert ist. Nachdem wir damit den
Gedankengang des Paulus in groben Zügen nachgezeichnet haben,
können wir nun in die genaue Untersuchung der Bedeutung der
'Gesetzeswerke' in den paulinischen Rechtfertigungsaussagen
Röm 3,21-4,8 eintreten.
Ersten Aufschluß erhoffen wir uns von der Analyse des tradi-
tionsgeschichtlichen Hintergrunds des für die Argumentation
grundlegenden Gegensatzes von Werken und göttlicher Gnade.

a. Zum traditionsgeschichtlichen Hintergrund des Gegensatzes von Werk und Gnade bei Paulus

Grundlage unserer Überlegungen soll eine Verortung des Gegensatzes von Gnade Gottes und menschlichen Werken in der jüdisch-
alexandrinischen Schöpfungstheologie sein.[348]
Zwei Indizien weisen darauf, daß dieser Vorstellungskreis auch
im Hintergrund der Argumentation von Röm 3,20-4,8 stehen könnte
Die Aufnahme des auch im Judentum geläufigen Topos "Kein Fleisc
ist vor Gott gerecht" in 3,20[349] und die Betonung des geschenkhaften (δωρεά, 3,24; vgl. Philo Op 23; 66; 77; Sacr 57; LegAll
III 78) Charakters der göttlichen Gnade.
Die ausführliche Analyse von Philo Sacr 52-72 (vgl. Teil D.5)
hatte zeigen können, daß dort die dem pagan-griechischen Denker
entstammende Forderung nach direkter Vergeltung der erwiesenen
Wohltaten aufgenommen und auf die jüdische Schöpfungs- und Bun-
destheologie übertragen worden ist. Die im göttlichen Schöpfungshandeln vorleistungsfrei erbrachte Tat wird als göttliches
Geschenk (χάρις) aufgefaßt, das der Mensch vergelten müßte.
Durch die Gleichsetzung von χάρις und διαθήκη (Sacr 57) wird
das göttliche Handeln im Licht des Erwählungsgedankens interpretiert. Auf die solchermaßen bestimmte Hinwendung Gottes

---

348 Dieser erweitert und modifiziert dargestellte Ansatz geht auf den
     Aufsatz Bergers, Gnade im frühen Christentum, NedThT 27, 1-25
     zurück; vgl. Heiligenthal, ἔργον, 123-127.
349 Vgl. Ψ 143,3; äthApkHen 81,5; 1QH 9,14f; 11QPs[a].

kann der Mensch deshalb nicht adäquat reagieren, weil Tugend
und tugendhafte Handlungen selbst als göttliche Gnadengaben
verstanden sind, so daß dem Menschen als ἔργον ἄριστον nur
die τιμή θεοῦ bleibt. Die menschliche Reaktion auf die Zuwendung Gottes in der Erwählung versteht Philo als von Gott geschenkte Möglichkeit zu einem am Gesetz orientierten Handeln
(Sacr 57f.). Philo eröffnet einen Weg, auf die als Erwählung
gedachte Zuwendung Gottes zu reagieren, wobei allerdings das
Ziel dieses Weges die 'Nachahmung Gottes' und nicht die eschatologische Feststellung des 'Gerecht-Seins' der Erwählten vor
Gott ist.
Auf diesem Hintergrund treten bei Philo Gottes Schöpfergnade
und das menschliche Werk in einen notwendigen Gegensatz, was
deutlich in den geschichtlichen Beispielreihen LegAll III,77-79
dargestellt ist: Gottes Gnade reagiert nicht auf die menschliche Tat (77). Noah findet Gnade vor Gott (χάριν εὑρεῖν ἐναντίον κυρίου, 77), "ohne daß er vorher,..., eine edle Tat
vollbracht hat" (77). "Denn Geschenk (δωρέα), Wohltat (εὐεργεσία) und Gnadengabe (χάρισμα) Gottes sind alle Dinge in der
Welt und die Welt selbst" (78). Damit diskutiert Philo das Verhältnis von χάρις und ἔργον unter der Frage nach dem Urheber
der Gnade. Gott ist in seiner Gnade auch der alleinige Urheber
aller Werke. Die menschlichen Handlungen werden hier noch unter dem Gesichtspunkt der Leistung gesehen.
Der Gegensatz von Gnade und Werken findet sich auch in einer
weiteren frühjüdischen Tradition, ohne daß dort der Leistungsaspekt im Vordergrund steht.[350] In einigen Texten wird betont,
daß nur ein geringer Teil des Volkes Israel aufgrund seiner
guten Werke im eschatologischen Gericht Lohn erhalten wird
(4Esr 8; OrMan; GrApkEsra). "Gottes Gnade besteht aber darin,
sich derer zu erbarmen, die keine 'substantia' an guten Werken
haben."[351] So heißt es 4Esr 8,32:

> "Denn gerade weil wir nicht Werke der Gerechtigkeit
> (opera iustitiae) haben, wirst du, wenn du einwilligst,
> uns zu begnadigen, der Gnädige heißen."

---

350   Vgl. Berger, Gnade, 14.
351   Berger, Gnade, 14.

Angesichts der Sündhaftigkeit aller in Israel (8,35) tritt hier
im Horizont der Auserwählung die göttliche Gnade in einen Gegensatz zu den (schlechten) menschlichen Werken. Das Leistungsmo-
ment der gerechten Taten tritt zugunsten der in der Auserwählung Israels begründeten göttlichen Gnade stark zurück. Es
geht dem Verfasser des 4Esr in erster Linie nicht darum zu betonen, daß 'eigene Werke' (8,33) für die Zusprechung von Gerechtigkeit notwendig sind, sondern darum, daß die Auserwählung
im Besitz des Gesetzes konstituiert ist und demzufolge die
göttliche Gnade der at.lichen Bundestreue entspricht.[352]
Es läßt sich innerhalb der nt.lichen und frühchristlichen
Überlieferung zeigen, daß diese aus der jüdisch-alexandrinischen Schöpfungstheologie und der frühjüdischen Tradition des
'besonderen Gerechten' stammende traditionelle Opposition von
Werk und Gnade eine Wirkungsgeschichte hatte, die über das
geniun paulinische Schrifttum hinausweist.
Eine Aufnahme dieser Tradition findet sich in Eph 2,1-10:
Der Verfasser des Eph übernimmt, wahrscheinlich durch Paulus
vermittelt, aus der jüdisch-hellenistischen Schöpfungstheologie den geschenkhaften Charakter der göttlichen Gnade (θεοῦ τὸ
δῶρον, 2,8), die, da sie ohne menschliche Vorleistungen gegeben worden ist, im direkten Gegensatz zu den menschlichen Werken steht (2,8f.). Mit Hilfe des 'Einst-Jetzt-Schemas' (2,2)
und der Immanenzformel ἐν Χριστῷ (2,5.6.7.10) ist der Gedanke
der vorleistungsfreien Schöpfung Gottes auf seine Neuschöpfung
'in Christus' durchgängig übertragen.[353] Ziel und Zweck dieser
Aufnahme der Schöpfungstheologie (vgl. das begründende γάρ in
2,8) ist der Aufruf zum Wandel in guten Werken (2,10). Denn
Gott hat durch die neue Schöpfung in Christus den Bekehrten
ohne Vorleistung (δῶρον) zu guten Werken 'im voraus' bereitet,
damit er darin wandeln soll (2,10).
Merkwürdig erscheinen Versuche, die schöpfungstheologische
Konzeption in 1Klem 30-33 auf dem Hintergrund "der" paulinischen Rechtfertigungslehre zu interpretieren.[354] Der Verfasser
des 1Klem eröffnet die Argumentation in Kap.30 mit einem Blick

---

352   So bereits Berger, Gnade, 14.

353   Vgl. die Parallelisierung von ποίημα θεοῦ und κτισθέντες ἐν Χριστῷ
       in 2,10.

354   Zuletzt -mit Differenzierungen-: Lindemann, Paulus, 184ff.

auf die konkrete Situation seiner Gemeinde, indem er in direkter Paränese das 'Wie' christlicher Orthopraxie in zwei Richtungen thematisiert:

1. Für den Christen als ἀγία μερίς (V.1) gilt es, Anspruch und Wirklichkeit seines Handelns nicht auseinandertreten zu lassen (V.3). Die Aufnahme des Gegensatzes von Wort und Tat in 30,3 erklärt sich weder aus dem Versuch, die paulinische Rechtfertigungslehre zurückzuweisen,[355] noch daraus, daß etwaige Gegner des Verfassers Anhänger der Glossolalie gewesen seien,[356] sondern durch die Aufnahme einer in der gesamten hellenistischen Rhetorik weitest verbreiteten Argumentationsform, die den Konflikt zwischen Anspruch und Wirklichkeit auf den Begriff bringt (vgl. Teil A).

2. Da die göttliche Gnade nur dem Demütigen gegeben ist (30,2), sollen die guten Taten (ἀγαθῆς πράξεως, 30,7) nicht zum eigenen Lob getan werden (30,4-7). Die einleitende Gemeindeparänese schließt durch einen in das Schema von Segen und Fluch eingebetteten Tugend- und Lasterkatalog bekräftigend ab.

Zur Legitimation der Paränese sind in Kap.31 historische Beispiele unter Aufnahme des Stichwortes 'Segen' (31,1) angefügt, die mit 32,1 zur theologischen Begründung für die Notwendigkeit des Tuns von guten Werken überleiten.

Die voraussetzungsfreie Rechtfertigung des Menschen wird mit dem göttlichen Schöpfungshandeln begründet, wobei dieses auch auf Gottes Handeln in der Geschichte ausgezogen ist (31,2f.).[357]

Auf dem Hintergrund der vorleistungsfreien Schöpfertätigkeit ist auch der vieldiskutierte Satz 32,4 zu lesen:[358]

> "Auch wir, die wir durch seinen Willen in Christus Jesus berufen wurden, werden also nicht durch uns selbst gerechtfertigt, noch durch unsere Weisheit, Einsicht, Frömmigkeit oder durch Werke die wir in Heiligkeit des Herzens vollbrachten, sondern durch den Glauben, durch den der allmächtige Gott alle von Anbeginn an gerechtfertigt hat...".

Der in 31,4 eigentlich zu erwartende Gebrauch von χάρις, an

---

355 So etwa Lohse, Aufsätze, 292 Anm.6.

356 Diese abstruse These vertritt Meinhold, Geschehen, 111.

357 32,1 bringt gleich zu Beginn ein entscheidendes Stichwort: δωρεά.

358 Aleith, Paulusverständnis, 4, nimmt eine höfliche Verbeugung vor Paulus an. Lindemann, Paulus, 186, sieht das Grundschema paulinischer Rechtfertigungslehre aufgenommen und mißt ἔργον, da auch er von einem Zusammenhang von Werk und Gesetz nichts findet, nur ethischen Wert bei.

dessen Stelle πίστις getreten ist, erklärt sich aus der Eintra
gung der christologischen Perspektive, die nicht unbedingt aus
einer Abhängigkeit von paulinischen Gedanken erklärt werden mu
Πίστις bezeichnet seit frühester Zeit im Christentum die Zugehörigkeit zu Jesus Christus.[359] Noch in 2Pol 1,3 ist der Gegensatz von göttlicher Gnade und menschlichen Werken mit dem Glau
ben an Jesus Christus verbunden, denn das Wissen um die Erret-
tung aus Gnade und nicht aus Werken bewirkt den Glauben an
Christus. Analog zu der Argumentation bei Philo (Sacr 64-67)
begründet 1Klem in Kap.33 dann die Notwendigkeit des Tuns guter Werke mit Hilfe des Schöpfungsgedankens: Welt und Mensch
(33,3f.) sind als Schöpfung ein gutes Werk Gottes (33,1.7).
Daraus leitet sich für den Menschen die Verpflichtung ab, Gott
in guten Werken nachzuahmen (33,8).
Auch Paulus kann den ihm aus der Tradition vorgegebenen Gegensatz von Gnade und Werken außerhalb von Röm 1-4 und Gal 2.3
aufnehmen, ohne ihn in den Gegensatz von Glaube und Werken ein
münden zu lassen:
Der Gegensatz von göttlicher Gnade und menschlichen Werken begründet nach Röm 11,5f. (vgl. Röm 3,3f.) die unverbrüchliche
Treue Gottes zu Israel. Paulus beruft sich hier allerdings
nicht auf eine jüdische Schöpfungstheologie, sondern nimmt die
Diskussion über die Erwähltheit aus Gnaden mangels Werken aus
dem zwischentestamentlichen Judentum auf (κατ᾽ἐκλογὴν χάριτος,
11,5).[360] Das Judentum führt diese Diskussion in dem Bewußtsei
daß nur dem "besonderen Gerechten" Rechtfertigung aufgrund von
Werken geschenkt wird. Es weiß darum, daß Gott nur eine Minder
heit aufgrund von gerechten Taten rechtfertigt (OrMan 8; grApk
Esr IV; 4Esr 8,32f; syrApkBar 48,18ff.), die Auserwähltheit
der Mehrheit sich aber in der Gnade des Herrn gründet. Exemplarisch sei nochmals 4Esr 8,32f. zitiert:

> "Denn gerade weil wir nicht Werke der Gerechtigkeit haben,
> wirst du, wenn du einwilligst, uns zu begnadigen, der
> Gnädige heißen. Denn die Gerechten, denen viele Werke be-
> wahrt sind bei dir, werden aus eigenen Werken den Lohn
> empfangen."

Die Gerechten haben aufgrund eines "Schatzes im Himmel" Anspruc

---

359 Vgl. Wengst, Formeln.
360 Vgl. Berger, Gnade, 14f.

auf Rechtfertigung; ihre hypostasiert vorgestellten Werke sind hierfür der Garant (vgl. 4Esr 7,77). "Gottes Gnade aber besteht darin, sich derer zu erbarmen, die keine 'substantia' an guten Werken haben. Die Sünder in Israel sind aber noch deutlich von jenen unterschieden, die kein Gesetz haben."[361]

Wir stark die Gnade in der Auserwähltheit Israels wurzelt, zeigt syrApkBar 48,18-20:

> "Beschirme du uns in deiner Gnade, und in deinem Erbarmen
> hilf uns! (19) Blicke hin auf die Wenigen, die sich dir
> unterworfen haben und errette alle die, die sich dir nahen.
> Und nimm unserem Volk nicht seine Hoffnung weg und ver-
> kürze nicht die Zeiten der Hilfe für uns. (20) Denn das
> ist das Volk, dem gleich du keines gefunden hast."[362]

Unkorrigiert durch die in Röm 3 geführte Diskussion nimmt Paulus diese Überzeugung in ihrer vollen Gültigkeit in Röm 11,5f. auf. Von daher sind alle Versuche einer Systematisierung mit Röm 3 problematisch.[363]

Doch zurück zu der Argumentation in Röm 3,20-4,8! Auch der von dem Apostel in 3,20 aufgenommene Topos 'Kein Fleisch ist vor Gott gerecht' wurde bereits im zwischentestamentlichen Schrifttum zur Interpretation schöpfungstheologischer Aussagen verwendet. Der Mangel an menschlicher Gerechtigkeit vor Gott wird in äthHen 81,5 mit dem Schöpfersein Gottes begründet:

> "Verkündige alles deinem Sohn Methusalah und zeige
> allen deinen Kindern, daß kein Fleisch vor dem Herrn
> gerecht ist, denn er ist ihr Schöpfer."[364]

Auch im Zusammenhang von syrPs 3,8 spricht der Psalmist von den Schöpfungswerken Gottes (V.10), ebenso wie in 1QH 9,14f. betont wird, daß die Unterschiede in der Gerechtigkeit unter den Menschen[365] im Vergleich zu der göttlichen Schöpferkraft nichts gelten. Wilckens relativiert die Grundsätzlichkeit und den Ernst dieser Aussagen innerhalb der frühjüdischen Theologie, wenn er darauf hinweist, daß es sich lediglich um ein 'Kontrast-

---

361 Berger, Gnade, 14.

362 Vgl. auch: syrApkBar 75,6ff; 81,2f; 84,10f.

363 Etwa anders als Michel, Römerbrief, 340: "Das Gnadenverständnis der
     Rechtfertigung interpretiert auch die Erwählung."

364 Vgl. die Verbindung von Schöpferkraft und Gnade der Auserwählung
     in SapSal 11,23; auch Berger, Gnade, 14f.

365 Vgl. Wilckens, Römerbrief, 174 bes. Anm. 473.

motiv' innerhalb exhomologetischer Aussagen handele.[366] Die
These kann mit Einschränkung deshalb in Frage gestellt werden,
weil die besonders in der alexandrinisch-jüdischen Schöpfungstheologie vertretene Auffassung, daß der Mensch prinzipiell
nicht dazu fähig ist, auf die göttliche Zuwendung adäquat zu
reagieren, zeigt, daß der in Röm 3,20 übernommene Gedanke im
Judentum nicht nur als ein Kontrastmotiv gedacht werden konnte

b. Die Aufnahme und Interpretation des Gegensatzes von göttlicher Gnade und menschlichen Werken in Röm 3,20-4,8

Paulus übernimmt für seine Argumentation in Röm 3,20-4,8 aus
der bei Philo ausführlich dargestellten Tradition jüdisch-
alexandrinischer Schöpfungstheologie das Moment der als Erwäh-
lungshandeln qualifizierten Hinwendung Gottes zu den Menschen,
wie es sich dort in dem semantischen Gegensatz von göttlicher
Gnade und menschlichen Werken konkretisieren kann. Die menschliche Reaktion auf das göttliche Gnadenhandeln können Philo
und Paulus analog beschreiben. Beide sehen nicht in den Taten,
sondern in der Gottesfurcht bzw. dem Glauben die dem Menschen
gemäße Reaktion.[367] Wichtigster Hinweis darauf, daß diese im
Horizont des göttlichen Erwählungshandelns stehende Tradition
für Paulus bei der Abfassung von Röm 3,20ff. mitbestimmend
war, ist die Aufnahme der Wendung δωρεὰν τῇ αὐτοῦ χάριτι in
3,24, die nicht einem von Paulus zitierten und fest geprägten
'hymnischen Fragment' zuzurechnen ist.[368] Denn durch eine genaue stilistische Analyse konnte Lohse[369] und ausführlicher
Wengst[370] wahrscheinlich machen, daß Paulus bis auf den Ausdruck ἀπολύτρωσις (3,24) eigenständig formuliert und die zi-
tierte Tradition durch einen relativischen Anschluß mit 3,25
einsetzt.[371] Charakteristisch ist nun, daß Paulus zwar den

---

366 Wilckens, Römerbrief, 174; der Begriff 'Kontrastmotiv' in diesem
     Zusammenhang stammt von Rau, Kosmologie, 424f.

367 Für Philo vgl. bes. Sacr 63 in Verbindung mit 70.

368 In Anschluß an Bultmann sah Käsemann, Verständnis, 150-154, ein
     von Paulus zitiertes hymnisches Fragment.

369 Lohse, Märtyrer, 149 Anm.4.

370 Wengst, Formeln, 87.

371 Vgl. Stuhlmacher, Exegese, 315f.

traditionellen Gegensatz von Gnade und Werken, wie er bereits
bei Philo belegt ist, aufnimmt, ihn aber in den apokalyptisch-
kosmologischen Zusammenhang der Offenbarung der Gerechtigkeit
Gottes ohne Gesetz stellt, wobei er in Aufnahme des traditionellen Sprachgebrauchs (vgl. Teil D II.5) mit Hilfe der Wendung ἔργα νόμου die Taten der Menschen eng an das Gesetz bindet. Dabei gibt die Beobachtung, daß der Ausdruck 'Werke des
Gesetzes' in Opposition zu 'Gnade' vor Paulus nicht belegt
werden kann, einen wichtigen Hinweis auf die von Paulus be-
zweckte Gedankenführung. Die als ἔργα νόμου qualifizierten Werke ordnet Paulus der Zeit vor der nun erfolgten eschatologischen Offenbarung der Gerechtigkeit Gottes ohne Gesetz zu,[372]
während er 'Gnade' eng mit dem die eschatologische Wende be-
wirkenden Christusgeschehen in Röm 3,24-26 verbindet. Die eigentliche paulinische Innovation besteht nun darin, daß Gesetz und Gnade getrennt werden.[373] Es geht nicht mehr um das
'geschenkweise' in der Schöpfung begründete und Auserwählung
stiftende Bundesgesetz Gottes (vgl. Philo Sacr 57), das den
Weg zu Umkehr und Heil eröffnet, denn nun   tritt an diesen
funktionalen Ort des Gesetzes Jesus Christus.
Doch was bedeutet das in Christus geschehene Heil für die
Sicht der Werke? Eine Frage, die innerhalb der Diskussion des
Rechtfertigungsgeschehens Röm 3,20-4,8 in zweifacher Weise be-
deutsam wird:
Einmal muß man der von Bultmann aufgestellten These nachgehen,
ob Paulus durch die in Röm 3,20-31 vorgenommene strenge Zuordnung von Gesetz und Werken eine prinzipielle Kritik des Werke
fordernden νόμος intendiert. Hat Bultmann mit seiner Sicht des
Gesetzes recht, nach der der νόμος weder als Zeichen der Erwählung gelten kann noch jemals ein Weg war, auf dem die Men-

---

372 Deutlich ist dem von Paulus 'targumartig' paraphrasierten Zitat
     von Ψ 143,2 (so: Michel, Römerbrief, 144) der Zusatz ἐξ ἔργων
     νόμου vorangestellt.

373 Hierin zeigt sich ein entscheidender Unterschied zu den diesbezüg-
     lichen Aussagen aus Qumran: "In 1QS und 1QH wird sehr häufig der
     Eintritt in den Bund auf die Fülle der Gnade... zurückgeführt.
     Die Mitglieder der Sekte sind im Bund der Gnade, sie erfüllen
     dort Gottes Gebote und tun gute Werke" (Berger, Gnade, 6).
     Gottes Gnade zeichnet hier einen am Gesetz orientierten neuen Weg
     zum Heil vor, der, und hier besteht Analogie zu paulinischen Aus-
     sagen, durch den Eintritt in die Gemeinschaft initiiert wird.

schen Gerechtigkeit erlangen konnten?[374] Daran schließt sich
unsere zweite Fragestellung eng an, mit der wir den Blick auf
das Problem richten wollen, ob Paulus in Röm 3,20-4,8 die
menschlichen Werke überhaupt primär unter einem Leistungsaspekt diskutiert und wie sich unter einer solchen Fragestellung der Gegensatz von Glauben und Werken in Röm 4,5 erklären läßt.

<u>ad 1</u>: Mit Röm 3,27 nimmt Paulus die Diskussion aus 2,17ff.
wieder auf: Er hatte dort schon das heilsgeschichtliche Rühmen
der Juden aufgrund ihrer Gesetzesübertretungen abgelehnt. Nun
thematisiert der Apostel die Absurdität eines sich rühmenden
Berufens auf Gesetz und Beschneidung als heilsgeschichtliche
Privilegien angesichts der Gnadentat Gottes in Jesus Christus.
Der Sich-Rühmende meint, sich weiterhin auf seine Erwähltheit
verlassen und auf dem Weg der Gesetzeswerke gerecht werden zu
können. Dies ist aber im Sinne des Paulus seit Christus, weil
in dieser Heilstat Gottes überboten, nicht mehr möglich. Angesichts dieser "Überbietung" stellt sich die Alternative
zwischen 'grundsätzlicher'[375] und 'faktischer'[376] Ausgeschlos-

---

374 Deutlich   tritt Bultmanns Gesetzesverständnis in dem folgenden Zitat
     hervor (Theologie, 268):
     "Sein (sc. Paulus) Vorwurf gegen die Juden und Judaisten ist nicht der:
     der Gesetzesweg ist deshalb falsch, weil er infolge der Übertretungen
     nicht zum Ziele führt, sondern weil seine Richtung eine verkehrte ist,
     weil es der Weg ist, der zu ἰδία δικαιοσύνη führen soll (Röm 10,3;
     vgl. Phil 3,9). Nicht allein und nicht erst die bösen Taten machen den
     Menschen verwerflich vor Gott; sondern schon die Absicht, durch Ge-
     setzeserfüllung vor Gott gerecht zu werden, sein καύχημα zu haben, ist
     Sünde." Damit interpretiert Bultmann auch die vom Gesetz geforderten
     Taten aus einer anthropologisch-psychologisierenden Sicht: die Recht-
     fertigung gilt ihm als existential-individueller Prozeß der Aneignung
     der von Gott offenbarten Gerechtigkeit. Damit verwirft Bultmann nicht
     nur die Werke als Form der Aneignung des in seiner Sicht grundsätz-
     lich verkehrten Gesetzesweges, sondern bereits die Absicht, dieses zu
     tun.

375 Die auf Bultmann zurückgehende Ansicht, daß der Versuch mit Hilfe
     von 'Gesetzeswerken' Gerechtigkeit zu erlangen, prinzipiell in die
     Sünde führt, wird auch von der neuesten Monographie über das paulini-
     sche Gesetzesverständnis geteilt (Hübner, Gesetz, 104): "Wer nämlich
     das Gesetz als 'Gesetz der Werke' begreift, pervertiert es. Die For-
     derungen des Gesetzes können nicht als 'Werke' erfüllt werden. Wer das
     Gesetz mit der Absicht erfüllt, sich selbst gerecht zu machen, handelt
     egozentrisch und verspielt, um sein Leben zu gewinnen, eben dieses
     sein Leben."

376 Wilckens, Werke, 106f, bestreitet in ausdrücklicher Auseinandersetzung
     mit Bultmann, daß der Mensch, der sich in seinen Werken am Gesetz
     orientiert, von einer grundsätzlich falschen, in die Sünde führenden

senheit des Weges, über das Gesetz das Heil zu erlangen, für
Paulus so nicht. Denn wer weiterhin versucht, über Gesetzeswerke Heil zu gewinnen, ist blind für den im Glauben eröffneten
Zugang zur göttlichen Gerechtigkeit und kann so der χάριτι geschenkten Rechtfertigung nicht teilhaftig werden. Dennoch behält nach 3,31 das Gesetz auch weiterhin seine Gültigkeit.
In welcher Weise kann Paulus angesichts der Offenbarung der
Gerechtigkeit χωρὶς νόμου noch von der Gültigkeit des Gesetzes
sprechen? In der Literatur finden sich, wenn man etwas schema-
tisiert, drei Lösungsversuche, die Hübner so beschreibt:[377]
1. Im Lichte von Röm 3,21: "Die 'Aufrichtung' des Gesetzes geschieht offenbar darin, daß 'Gesetz und Propheten' die im
Christusgeschehen offenkundig gewordene Gottesgerechtigkeit be-
zeugen."[378]
2. Im Lichte von Röm 3,20: "Wir richten das Gesetz auf' (V.31)
will hier allein auf seine Wirkung bezogen sein, die Sünde
praktisch zur Erfahrung zu bringen und damit die Schuldverhaftung aller zu besiegeln (3,20), aber damit (!) zugleich über
sich hinausweisend die Gerechtigkeit Gottes aus Gnaden zu be-
zeugen (V.21)."[379]
3. Im Lichte der Forderung von 3,31a: Das Gesetz ist in 3,31 als
sittliche Forderung gefaßt. Diese ist es, die Paulus nicht außer
Geltung setzen will.[380] Demnach will er, wenn er das Gesetz hin-
stellt, die sittlichen Forderungen des Gesetzes aufrechterhal-
ten.
Soweit die aus der Literatur von Hübner zusammengestellten
Lösungsversuche, deren Stärken und Schwächen er ausführlich be-
spricht.
Aus unserer Sicht gibt 3,27 einen ersten Hinweis zur Lösung
des Problems: auf dem Hintergrund der Frage nach dem heilsgeschichtlichen Ruhm stellt Paulus dort den νόμος πίστεως dem

---

Grundhaltung bestimmt ist. Nach Wilckens geht es Paulus nicht um
eine grundsätzliche Gesetzeskritik, sondern um die Tatsächlichkeit
der Gesetzesübertretungen, die den Menschen in der Sünde festhalten.

377 Hübner, Gesetz, 122.

378 Wilckens, Rechtfertigung, 42; vgl. auch Lietzmann, Römerbrief, 52;
     Michel, Römerbrief, 97.

379 Bornkamm, Wandlungen, 111.

380 Delling, καταργεῖν, 453.

νόμος τῶν ἔργων antithetisch gegenüber. Wenn man nicht davon
ausgehen will, daß Paulus von zwei verschiedenen νόμοι redet,
indem er etwa das Gesetz des Glaubens im unspezifischen Sinn
als 'allgemeines Ordnungsprinzip' versteht,[381] so stellt sich
die Frage nach der Qualität der Genitivverbindungen νόμος
πίστεως und νόμος τῶν ἔργων. Zur Klärung dieser Frage können
die Verse 9,31f. hilfreich sein:

In einem antithetischen Parallelismus stellt Paulus hier das
Geschick Israels und das der Heiden einander gegenüber.
Der Aussage, daß ἔθνη... δικαιοσύνην κατέλαβεν (9,30), entspricht in 9,31 die Wendung 'Ισραὴλ... εἰς νόμον οὐκ ἔφθασεν.
Durch diese Parallelisierung sowie durch die Bestimmung des
νόμος als νόμος δικαιοσύνης (9,31α) wird das hier zugrunde-
liegende paulinische Verständnis des Gesetzes deutlich. Paulus hält an der für ihn grundlegenden Bestimmung des Gesetzes
als Offenbarung des göttlichen Willens und Weg der Gerechtigkeit fest.[382] Dies gilt eben auch für die Situation nach
Christus, die in Röm 9-11 unzweideutig im Blick ist. Seit
Christus ist die Erlangung dieser vom Gesetz intendierten Gerechtigkeit aber nicht mehr über die Gesetzeswerke, sondern
mittels der Orientierung an Christus im Glauben möglich. Insofern gilt: τέλος γὰρ νόμου Χριστὸς εἰς δικαιοσύνην παντὶ τῷ
πιστεύοντι (10,4). Genau dies hat der Apostel im Blick,
wenn in hinsichtlich Israels in 9,32 ἐκ πίστεως und ἐξ ἔργων
antithetisch zuordnet. Angesichts seiner Sündhaftigkeit (9,27-
29) kann Israel die Gerechtigkeit nicht auf dem Wege der Gesetzeswerke gewinnen, und weil es das τέλος νόμου nicht aner-
kannte, konnte es auch die bleibende Forderung des Gesetzes

---

381   In der Regel wird 'Gesetz' in der Wendung 'Gesetz des Glaubens' nich
      als 'mosaisches Gesetz', sondern im uneigentlichen Sinn als Ordnung
      bzw. 'Heilsordnung' verstanden: Lietzmann, Römerbrief, 52; Bultmann,
      Theologie, 260; Kuß, Römerbrief, 176; Käsemann, Römerbrief, 95;
      Michel, Römerbrief, 155; van Dülmen, Theologie, 87. Hübner, Gesetz,
      119f, erkennt richtig, daß es nicht möglich ist, im Zusammenhang
      von Röm 3,27 von zwei verschiedenen 'Gesetzen' bzw. 'Heilsordnungen'
      zu sprechen.
      Wir teilen jedoch nicht Hübners Deutung, daß es sich bei dem 'Gesetz
      der Werke' und dem 'Gesetz des Glaubens' um die falsche bzw. richtig
      menschliche Verhaltensweise gegenüber dem offenbarten Willen Gottes
      handelt. Hübner setzt bei dieser Deutung die auf Bultmann zurück-
      gehende Deutung der Werke als in die Selbstgerechtigkeit führende
      Leistungen voraus, eine Deutung die wir im folgenden bestreiten.

382   Vgl. syrApkBar 67,6; auch 51,3.

über den Glauben als durch Christus eröffnete Möglichkeit
nicht erreichen.[383] Von der Analyse dieser Verse kann sich
ein besseres Verständnis der Genitivverbindungen in 3,27 ergeben, denn Röm 9,31f. läßt die Ebene der Konkretheit erkennen,
auf der Paulus im Rahmen seines Gesetzesverständnisses Glaube
und Werke in Opposition stellen kann:
Angesichts der bleibenden Forderung des Gesetzes nach Gerechtigkeit und der am Beispiel Israels deutlich gemachten Sündhaftigkeit der Menschen geht es Paulus sowohl darum, den positiven Heilserwerb durch Gesetzeswerke abzulehnen, als auch konkret um die Erwählung von Sündern, die keine Werke zur Gerechtigkeit haben. Auf dem Hintergrund dieser Diskussion spricht er
vom νόμος πίστεως als der auf den Glauben hinweisenden, als
der den Glauben bezeugenden Tora (vgl. 3,21).[384] Indem der
Apostel das Gesetz des Glaubens dem Gesetz der Werke gegenüber-
stellt, spielt er nicht, wie es etwa Bultmann annahm,[385] mit
verschiedenen Bedeutungsvarianten des Begriffes νόμος, sondern
stellt das Gesetz in seiner auf den Glauben hinweisenden Eigenschaft seiner Eigenschaft als Gesetz, das von den Werken
spricht, das Werke fordert, gegenüber. Paulus faßt damit das
eigentlich Neue des Schriftbeweises in Kap.4 gegenüber dem
Schriftbeweis in Kap. 3,10-18 in eigene Worte: Am Beispiel
Abrahams weist die Schrift den Sünder selbst auf die Notwendigkeit hin, Gerechtigkeit auch ohne Werke im Glauben zu erlangen
(4,3). Es bleibt die Frage, warum das Gesetz des Glaubens im
Unterschied zu dem Gesetz der Werke den Ruhm ausschließt. Die
in der Tradition Bultmanns stehende Forschung versteht unter der
durch das Gesetz des Glaubens ausgeschlossenen καύχησις den
Selbstruhm der Juden aufgrund eigener am Gesetz orientierter
Leistungen.[386] Wilckens[387] will dagegen den in 3,27 erwähnten

---

383   Auch geht es Paulus nicht darum, das Gesetz als Leistung fordernde
       Instanz abzulehnen (etwa gegen Käsemann, Römerbrief, 265), sondern
       darum auf dem Hintergrund der konkreten Sündhaftigkeit den Glauben
       als Möglichkeit auch für den Sünder, Gerechtigkeit zu erlangen, den
       Gesetzeswerken gegenüberzustellen.

384   Zur Zeugenfunktion des Gesetzes: Wilckens, Römerbrief, 246.

385   Bultmann, Theologie, 260 und die meisten Ausleger. Anders: Friedrich,
       Gesetz, 414.

386   Vgl. Hübner, Gesetz, 96.

387   Wilckens, Römerbrief, 246.

Ruhm als heilsgeschichtliches Rühmen des Juden verstehen. Der
Jude rühme sich seiner Erwähltheit, in der auch seine Gesetzesübertretungen aufgehoben seien. Wir behalten diesen heilsgeschichtlichen Aspekt der καύχησις im Auge, wenn wir uns nun
einem weiteren Moment des Rühmens zuwenden, das mit Sicherheit
für Paulus in 3,27f mit eine Rolle spielt: das Verhältnis von
Ruhm und Werken im eschatologischen Kontext. Grundsätzlich
kennzeichnet 'Ruhm' keine negative menschliche Grundhaltung
gegenüber Gott, sondern bezeichnet die von Gott eschatologisch
dem Menschen zugesprochene Anerkennung aufgrund gerechter Taten. So heißt es in Jub 7,34:

> "Jetzt aber, meine Kinder, hört, übt Recht und Gerech-
> tigkeit, auf daß ihr in Gerechtigkeit auf der Oberfläche
> der ganzen Erde gepflanzt werdet, und euer Ruhm hoch
> werde vor meinem Gotte, der mich aus der Sintflut er-
> rettet hat."

Der Mensch wird für seine irdischen Handlungen von Gott eschatologischen Ruhm empfangen (4Esr 8,48). Wie die bösen Taten
am Ende der Zeiten offenbar werden, so wird auch der Ruhm Judas
dann allen offenbar sein (4QpNah III,3f.). Wer sich allerdings
seiner schlechten Taten rühmt, wird der eschatologischen Vernichtung entgegengehen (slavHen 10,4). Der Ruhm ist für den
ausgeschlossen, der keine gerechten Werke hat. Das Gesetz des
Glaubens schließt den Ruhm deshalb aus, weil es den Sündern
eine Möglichkeit der Rechtfertigung bezeugt, die sich weder in
gerechten Taten noch in 'Heilsprivilegien' gründet. Das im Gesetz manifeste Wort Gottes verbietet dem Sünder das Rühmen.
Damit wird zugleich vorausgesetzt, daß nur das Gesetz das Rühmen verbieten kann, womit die exklusive Stellung des νόμος
auch für Paulus erhalten bleibt. Das Gesetz ist dem Apostel
eine Instanz, die entweder Werke fordert oder vom Glauben
spricht. Er schließt das Rühmen nicht als ein Zeichen menschlicher Selbstgerechtigkeit vor Gott aus, sondern weil es an
Werken des Gesetzes mangelt und der Mensch deshalb auf den
bereits im Gesetz bezeugten Glauben, der in Christus (3,24f.)
den Sünder gerechtmacht (3,26), angewiesen ist. Aus der Sicht
des Paulus rühmten sich die Juden auch ohne gerechte Werke aufgrund des Besitzes von Gesetz und Beschneidung (2,17ff.). Für
ihn jedoch sind Erwählung und Gerecht-Sein getrennt. Wer sich
rühmt, muß auch gerecht sein (2,23). Mit der Opposition von
'Gesetz des Glaubens' und 'Gesetz der Werke' geht es Paulus

nicht darum, die neue im Glauben an Christus sich konstitu-
ierende Heilsordnung gegenüber der Werke fordernden und in töd-
lichen Selbstruhm führenden Tora abzugrenzen.[388] Sondern:
Die iustificatio impii, ermöglicht durch den die Sünden der
Menschen tilgenden Sühnetod Christi auf dem Weg des Glaubens,
ermöglicht bereits das Gesetz. Der Glaube an Jesus Christus gibt
nun allen Menschen trotz des Mangels an guten Werken die Möglichkeit Gerechtigkeit zu erlangen. Angesichts dieser Möglichkeit haben die heilsgeschichtlichen Privilegien der Juden keine
Bedeutung mehr.

Doch warum spricht Paulus so ausdrücklich und wiederholt von
den Werken und nicht, was nahe läge, etwa von den Geboten des
Gesetzes? Warum kann er in Röm 4,5 Glaube und Werke direkt
einander entgegenstellen. Geht es Paulus um die Disqualifikation menschlicher Leistungen angesichts der Rechtfertigung aus
Gnade? Wir wollen uns diesen Fragen nun zuwenden.

ad 2: Einen Zugang zu dieser Problematik kann die für Röm 3,21-
4,8 konstitutive Zuordnung der Begriffe πίστις und χάρις (Röm
3,22-24; 4,4-5) eröffnen. Diese Zuordnung ist exklusiv und nicht
traditionell.[389] Dabei ist entscheidend, daß die Gnade aufgrund des Sühnetodes Jesu Christi erfolgte (Röm 3,24) und daß
sie ohne Gesetz gegeben wurde (Röm 3,21).[390] In diesem Zusammenhang bezeichnet πίστις den 'Modus der Zugehörigkeit'[391] zu
dem Bereich der Gnade und Gerechtigkeit (vgl. Röm 5,2). An diese
enge Verflechtung von Gnade und Glaube kann Paulus nun den
traditionellen Gegensatz von Gnade und Werken[392] mit dem Ziel
herantragen, eine weitere, vom Glauben unterschiedene, Begrifflichkeit zur Beschreibung des Modus der Zugehörigkeit diesmal
zum Gesetz zu gewinnen. Πίστις und χάρις sind so exklusiv zuge-

---

388   Vgl. Hübner, Gesetz, 95-97.

389   Bei Paulus ist die Verbindung von Gnade und Glaube auf den Röm
      (vgl. noch 4,16; 5,2) und den Gal (5,4-6) jeweils im Rahmen der
      Frage nach der Gerechtigkeit des Menschen beschränkt (vgl. Eph 2,8).

390   Richtig Wilckens, Römerbrief, 190: "Da Paulus von der Rechtfertigung
      auf dem Boden der Sünde aller (V.23) und darum χωρὶς νόμου spricht,
      tritt die Erlösung ἐν Χριστῷ Ἰησοῦ als Fundament der Gerechtigkeit
      an die Stelle der Verurteilung der Sünde ἐν νόμῳ."

391   Vgl. Berger, Gnade, 22.

392   Vgl. 290ff.

ordnet, daß sich von da aus dann Gesetz und Werke als Oppositionen nahelegen, vor allem zunächst aufgrund des traditionellen Gegensatzes zur Gnade die Werke. Denn Glaube und Gesetz
sind zwar für das Judentum kein Gegensatz,[393] sie sind es aber
in der antiochenischen Mission geworden.[394] Die Opposition von
Glaube und Gesetz besteht für Paulus wohl auch nicht im absoluten Sinn,[395] sondern nur sofern Glaube und Gnade verbunden
sind.[396] Hierbei hat die Gnade zunächst den Charakter eines
Heilsgutes, das ebenso wie der Glaube den Menschen nun im Zeichen der Offenbarung der Gerechtigkeit ohne Gesetz (3,21) zukommt. Dieses Verständnis der Gnade als eschatologisches Heilsgut findet sich auch in grApkHen 5,7:[397]

> "Den Auserwählten aber wird Licht, Gnade und Frieden
> zu teil werden, und sie werden das Land erben."

Deutlich steht bei diesem jüdischen Gnadenbegriff nicht der
Leistungsaspekt im Vordergrund, sondern die Auszeichnung durch
die Huld; die dadurch erreichte Nähe zum Geber ist das bestimmende Motiv dieses eschatologischen Gnadenverständnisses.
Mit diesem Zurücktreten des Leistungsaspektes korrespondiert
bei Paulus auch sein Verständnis der Taten. In Röm 3,21-4,8
geht es an keiner Stelle um die Qualität der Werke, sondern um
die Dimension des Handelns überhaupt. Paulus thematisiert mit
Hilfe des Gegensatzes von Glaube und Gesetz nicht die Möglichkeit positiven Heilserwerbs durch Werke, sondern es geht ihm
um die Erwählung von Sündern, die Mangel an guten Werken haben.
Allein hierin sehen wir die Ebene der Konkretheit, auf der
Paulus hier denkt (Röm 3+4,6-8). Mit dieser Auffassung unterscheidet sich Paulus sowohl von seinen neuzeitlichen Exegeten
als auch von Philo und 4Esr, die den Gegensatz von Gnade und
Werken anders verwenden.

---

393   4Esr 5,27.29; syrApkBar 54,5; 57,2; TestLev 16 u.ö.

394   Vgl. Apg 6,13 in Verbindung mit Apg 7.

395   Hierauf deutet u.a. die Wendung 'Gesetz des Glaubens' in Röm 3,27.

396   Röm 3,21-24; 4,4-5.

397   Vgl. Wilckens, Römerbrief, 189: "Die Gnade ist in ihrer Wirkung
      ungleich kräftiger und radikaler als die Barmherzigkeit,...:
      Sie ist die eschatologische Heilsmacht, in der Gott die Sünde
      aller und ihre Verurteilung durch das Gesetz aufgehoben hat
      (vgl 5,20). Ihr Mittel ist die Erlösung, die in Jesus Christus
      geschehen ist."

Philo[398] geht es wesentlich darum aufzuzeigen, was den Menschen
zu tugendhaften Handlungen befähigt. Hierbei diskutiert er im
Rahmen seines schöpfungstheologischen Ansatzes die Befähigung
des Menschen zu guten Werken unter dem Aspekt der göttlichen
Urheberschaft. Der Mensch ist allein aufgrund der Gnadengaben
Gottes dazu in der Lage, tugendhaft zu handeln. Auf diesem
Hintergrund können menschliche Werke und göttliche Gnade in
einen Gegensatz treten.[399]

Auch 4Esr sieht das Verhältnis von Gnade und Werken unter dem
Gesichtspunkt der Qualität der menschlichen Handlungen. Gnade
kommt nach 4Esr 8,35f. denen in Israel zu, die Mangel an guten
Werken haben. Aufgrund der Auserwählung Israels tritt die
Gnade Gottes als Geschenk an die Stelle des göttlichen Zorns
(8,34), wenn Mangel an guten Werken besteht:

> "(34) Was aber ist der Mensch, daß du ihm zürnen solltest,
> was das sterbliche Geschlecht, daß du ihm so grollen
> könntest? (35) Denn in Wahrheit niemand ist der Weibge-
> borenen, der nicht sündigt, niemand der Lebenden, der
> nicht gefehlt. (36) Denn dadurch wird deine Gerechtigkeit
> und Güte, Herr, offenbar, daß du dich derer erbarmst,
> die keinen Schatz von guten Werken haben."

Der Gegensatz von göttlicher Gnade und menschlichen Werken
wird hier unter dem Blickwinkel der Opposition von göttlichem
Geschenk und menschlicher Leistung angesprochen. Die Verwandtschaft dieser Argumentation zu Auslegungsversuchen von Röm 3.4
in der neueren Exegese wird hier erkennbar. Bultmann diskutiert
die ἔργα unter dem Leistungsaspekt. Dabei betont er mit Recht
den für Paulus grundsätzlichen Gegensatz von Gnade und Werken.[400] Im Gegensatz etwa zum 4Esr unterscheidet Bultmann
jedoch nicht mehr zwischen guten und schlechten 'Leistungen',
sondern sieht in den menschlichen Werken eine Haltung des Menschen, "der aus eigener Kraft bestehen will."[401] In diesem Bemühen steckt nach Bultmann 'die eigentliche Sünde', 'der Hochmut des Menschen', 'die Selbstillusion, aus sich selbst leben
zu können'.[402] Diese existentiale Ausformung der dialektischen

---

398   Philo, Sacr 52-72.
399   Philo, LegAll III 77-79.
400   Bultmann, Theologie, 282.
401   Bultmann, Theologie, 284.
402   Bultmann, Theologie, 284.

Theologie bedingt für den Menschen eine Haltung äußerster Demu
vor Gott, die eine Legitimation eigenen Handelns bereits als
Haltung sündhaft darstellt. Mit Recht wurde diese 'leistungs-
feindliche' Interpretation der paulinischen Rechtfertigungslehre in der neueren Philosophie heftig kritisiert.[403] Diese
Auffassung Bultmanns wirkte auch stark in die neuere katholische Exegese, wie sich an der Arbeit Blanks über die 'Gesetzeswerke'[404] zeigen läßt, wobei auch hier die existentiale
Interpretation der Werke hervortritt: "Das Tun, die Leistung
in Gestalt der Werke soll die Existenz des Menschen im Sinne
zu gewinnender δικαιοσύνη, einer ungebrochenen Existenzsicher-
heit, aufbauen."[405] Blank teilt auf diesem Hintergrund mit Bultmann die heute nicht mehr haltbare Auffassung vom Gesetz als
einer den Menschen unter 'Leistungszwang' stellenden Instanz,
die in eine 'tödliche Überforderung' führe.[406]
Aber auch die sich mit dem Ansatz Bultmanns kritisch auseinan-
dersetzenden Entwürfe interpretieren in der Regel das Verhältnis von menschlichen Werken und göttlicher Gnade unter dem
Aspekt des Gegensatzes von Leistung und 'leistungsfreiem'
göttlichen Geschenk. Zu nennen wären hier zuerst Versuche,
einer grundsätzlich negativen Beurteilung des menschlichen
Leistungswillens dadurch zu entgehen, daß man die Gesetzeswerke nicht generell mit 'Leistungen' gleichsetzt, sondern
auf die von der Tora geforderten Gebote einschränkt: Nach
Mundle handelt es "sich bei der paulinischen Antithese gegen
die Gesetzeswerke nicht um den Protest gegen jede Art 'menschlicher Leistung, durch die man sich etwas beschaffen und ver-
dienen könnte',... sondern um den sehr viel konkreteren Gegensatz gegen das mosaische Gesetz mit seinen Forderungen... überall da, wo Paulus von dem Gegensatz von Gnade und Werken...
oder von der δικαιοσύνη χωρὶς ἔργων redet, ist nur an diese
Werke des Gesetzes gedacht."[407] Dieser Ansatz wurde von van
Dülmen aufgegriffen, nach deren Auffassung nicht der anthro-

---

403   Vgl. Wilckens, Römerbrief, 145 bes. Anm. 371.
404   Blank, Paulus.
405   Blank, Paulus, 85.
406   Blank, Paulus, 85.
407   Mundle, Glaubensbegriff, 99f.

pologische Aspekt menschlicher Selbstbehauptung, sondern der
kosmologische Aspekt des Gegensatzes zwischen dem 'Unheilsweg
des Gesetzes' und des 'Heilsweges des Glaubens in Jesus
Christus' den Bezugsrahmen für die Bestimmung der Funktion
der Werke bildet.[408] Entscheidend bleibt auch für sie die Verwerfung der Werke in ihrer Bestimmtheit durch das Gesetz und
nicht in ihrer Funktion als menschliche Leistung: "Wie entscheidend für die Verwerfung der Werke aber ihre Bestimmtheit
durch das Gesetz ist, zeigt sich gerade darin, daß immer die
Frage der Gerechtsprechung den Rahmen für die Gegenüberstellung von Glauben und Werken bildet... Die Abwendung von der
Unheilsmacht Gesetz bedeutet für Paulus nicht so sehr die
Unterstellung unter Gottes Gnade, als vielmehr die Zuwendung
zu Christus, dem alleinigen Heil. Die πίστις ist dabei nicht
Verzicht auf Leistung, sondern Bezogenheit auf diesen Christus."[409] Auch hier ist die schematische Gegenüberstellung
der 'Negativgröße' Gesetz gegenüber dem neuen Heilsweg Christus
für das Verständnis der Gesetzeswerke konstituierend. Erst
Wilckens hat mit seiner heilsgeschichtlichen Interpretation
von Röm 1-4 diese pauschale Disqualifizierung von Gesetz und
damit auch von den durch das Gesetz geforderten Werken über-
wunden. Er wendet sich vehement gegen Interpretationen, die
das paulinische Evangelium als 'Werk-feindlich' darstellen.
"Der Glaube, den Paulus verkündigt und zu dem er ruft, enthält keineswegs eine ursprüngliche Verneinung aller Aktivität
des Menschen, dem Guten in der Welt Bahn zu brechen und dem
Bösen zu wehren. Das Evangelium fordert keinen Verzicht auf
eigenes Handeln; es provoziert zu keinerlei Resignation, die
sich als Passivität gegenüber Gott, dem Handeln allein zu-
stehe, auslegt."[410] In Ablehung der Differenzierung Bultmanns
zwischen 'Werk' im Sinne von Leistung und 'leistungsfreier
Tat'[411] betont er die empirisch faßbare Sündhaftigkeit des
Menschen, die es ihm de facto verunmöglicht durch Gesetzeswerke Gerechtigkeit zu erlangen.[412] Damit sieht Wilckens, daß
es Paulus nicht darum geht, "daß er das Streben des Menschen,

---

408   van Dülmen, Theologie, 179.
409   van Dülmen, Theologie, 179.
410   Wilckens, Römerbrief, 145.

durch Erfüllung des Gesetzes sich vor Gott als gerecht zu erweisen, als solches tadelt; geschweige denn, daß er einem
wirklich aufgrund von Werken Gerechten seine Gerechtigkeit
streitig machen würde. Aber Paulus beurteilt alle Menschen
faktisch als Sünder, weil alle gesündigt haben."[413] Obwohl
mit diesem Ansatz richtig erkannt wird, daß es Paulus nur daru
geht, daß der Sünder, der keine Werke besitzt, auch gerechtfertigt wird,[414] und obwohl mit Recht betont wird, daß es Paulus weder um eine Disqualifikation der menschlichen Leistung
allgemein noch der Gesetzeswerke im besonderen geht, interpretiert auch Wilckens den Gegensatz von Gnade und Werken mit Hil
fe des Rasters von Geschenk und Leistung: "Die rechtfertigende
Gnade negiert die Negation des Werkes der Sünde. In diesem
Sinne ist der Glaube allererst radikal auf Gott gerichtet: Da
er nichts mehr von seinem Tun erhoffen kann, hofft er, wo
nichts zu hoffen ist, auf Gottes Tat und nur auf sie."[415]
Erkennt man jedoch den Charakter eines eschatologischen Heilsgutes, den die χάρις aus unserer Sicht auch bei Paulus besitzt
dann erschließt sich für den Gegensatz von Gnade und Werken ein
weitere Denkalternative, die von der wenig hilfreichen Bestimmung des menschlichen Werkes primär als Leistung fortführt:
Wir gehen dabei davon aus, daß χάρις zunächst und besonders
im frühen Christentum[416] ein Heilsbegriff ist und somit nicht
in erster Linie der Beschreibung des Verzichts auf menschliche Taten dient. Dann erweist sich in der göttlicher Gnade
zuallererst die Stabilität der göttlichen Heilsgarantie. Ist
die Erwählung durch das Gesetz nach Paulus an den Besitz gerechter Werke gebunden, so ist in der göttlichen Gnade das Hei
sicher. Die Werke, mit denen das Heil des Gesetzes erreicht

---

412   Wilckens, Paulus, 78.

413   Wilckens, Paulus, 107.

414   Wilckens, Paulus, 104: "Durchweg ist es die faktische Sünde, die ein
      Gerechtigkeit aus Werken unmöglich macht."

415   Wilckens, Römerbrief, 263.

416   Dies zeigt sich besonders in den traditionellen Grußformeln
      am Beginn oder Ende der Briefes, wo χάρις mit εἰρήνη (= Heil)
      kombiniert wird; vgl. Bultmann, Theologie, 291.

werden kann, sind wesensmäßig ambivalent; sie sind Zeichen für
all das, was durch das eschatologische Gericht noch hindurch
muß. Denn auch vom Christen gilt aus der Sicht des Paulus,
daß die schlechten Taten verbrannt werden (1Kor 3). Die Gnade
jedoch steht als bereits jetzt hereingebrochene eschatologische Wirklichkeit (3,21) jenseits des Gerichtes und kennzeichnet die Auszeichnung des Glaubenden durch die Huld Gottes,
kennzeichnet die mit ihr erreichte Nähe zum Geber der Gnade.
Die enge und für Paulus primäre Verbindung der göttlichen Gnade
mit dem Glauben an Jesus Christus weist den einzig möglichen
Weg, auf dem der Mensch diese eschatologische Nähe zu Gott
erreichen kann: nur durch den Glauben an Jesus Christus und
nicht aufgrund von Gesetzeswerken (3,28).
Mit dem Gegensatz von Gnade und Werken geht es Paulus besonders
um die Qualität des Erreichten, darum, daß das in Christus
erreichte Heil nicht durch Mangel an gerechten Werken wieder
in Frage gestellt wird. Im Gegensatz zur Gnade mangelt den
Werken die eindeutige Qualität, wobei sie vor Christus in
jedem Fall böse sind (3,12; 4,7-8). Gnade ist daher ein ein-
deutigerer und sicherer Weg zu Gerechtigkeit und Heil.
Es sollte bei unserer Fragestellung vermieden werden, die
Frage nach den Werken einseitig nach dem Maß der menschlichen
Qualität zuzuspitzen. Daher kann Paulus in Röm 4,4f. die
Werke ablehnen, obwohl es sich hier nicht eindeutig um Ge-
setzeswerke handelt.
Auf diesem Hintergrund erklärt sich auch die Opposition von
Glauben und Werken, von der Paulus in Röm 4,4-5 spricht.
Schon in 3,21 weist der Apostel thetisch darauf hin, daß der
in den folgenden Versen beschriebene Zugang zur Gerechtigkeit
Gottes χωρὶς νόμου vom Gesetz und den Propheten bezeugt ist.
Das Gesetz selbst weist, wie wir bereits gesehen haben, über
sich hinaus. In Röm 4 wird nun am Beispiel Abrahams die Rich-
tigkeit der in 3,21 aufgestellten These nachgewiesen. Anknüp-
fungspunkt für die paulinische Aufnahme des Abrahambeispiels
bildet die in der jüdischen Tradition wurzelnde Verbindung
von Glaube und Gerechtigkeit (vgl. oben). Von daher erklärt
sich auch die auffällige Häufung des Stammes πιστ- in dem Abschnitt 3,21-26.[417] In Röm 4,1-8 werden nun der an den Werken

---

417   3,22 (2x); 3,25 als pln. Zusatz in vorgeprägter Tradition; 3,26.

orientierte Heilsweg des Gesetzes und die durch den Glauben an
Jesus Christus das Heil garantierende Gnade als eschatologische Wirklichkeit gegenübergestellt. Dies läßt sich mit Hilfe
einer Analyse der paulinischen Redaktion verschiedener jüdischer Traditionselemente nachweisen:
In allgemeiner Form[418] nimmt Paulus den traditionellen Gegensatz Gnade/Werke in Röm 4,4 auf, mit dessen Hilfe er bereits
in 3,20.24 die Gesetzeswerke der Gnade gegenübergestellt hat.
Der Gegensatz von Gnade und Zorn (4,15f.) ist ebenfalls bereit
in der Tradition nachweisbar.[419] In Aufnahme dieses Gegensatzes kommt Paulus zu der eigenständigen Aussage, daß das Gesetz den Zorn bewirkt (4,15). Dies ist Paulus möglich, weil er
schon in Röm 3,20.24 Gnade und Gesetz trennte und dabei das Ge
setz nicht der Gnade, sondern den Werken zuordnete. Diese
Trennung ist redaktionell und in der Tradition nicht belegt.
Gnade und Gesetz sind dadurch einander ausschließende Begriffe
geworden, da nun die Wirkung des Gesetzes ausschließlich im
Zorn besteht. Die in 4,3.5 vorliegende Zuordnung von Glaube
und Gerechtigkeit findet sich in fester Verbindung bereits in
der Abrahamtradition des Judentums.[420] Ebenso bilden auch Gnad
und Gerechtigkeit ein bereits traditionelles Begriffspaar.[421]
Aus dem frühen Christentum übernimmt Paulus die formelhafte Ve
bindung von Glaube und Jesus Christus (3,26)[422] und ordnet
die Gnade exklusiv der πίστις zu. Damit kann der Apostel nun
durch die Verwendung aller angeführten Elemente seine These
von der Überbietung des Gesetzes als Heilsweg durch den neuen
Heilsweg Jesus Christus wie folgt begründen:

---

418   κατὰ χάριν/κατὰ ὀφείλημα; vgl. aus dem 'Kreditwesen' PlatLeg IV
      717b; Phryn 463; Pollux 3,84; DittOr 90,13; und im allgemeinen
      Sinn von 'Pflichtleistung' die Parallele Thuc II 40,4: οὐκ ἐς
      χάριν, ἀλλ᾽ ὡς ὀφείλημα τὴν ἀρετὴν ἀποδώσων.

419   SyrApkBar 48,17f: "Was ist nun unsere Kraft, daß wir deinen Zorn
      tragen könnten, und was sind wir, daß wir dein Gericht aushalten
      könnten. Beschirme du uns in deiner Gnade und in deinem Erbarmen
      hilf uns!"; vgl. auch: LibAnt 6,9f.; 9,4, wo es um den Gegensatz
      von Zorn und Bund geht.

420   Vgl. Wilckens, Römerbrief, 264ff. mit Belegen.

421   PsSal 18,8f; 9,4-6; TestJud 24; 1QH XIII,17.

422   Vgl. Vielhauer, Geschichte, 9ff.

<u>Jüdische Tradition:</u>

Gnade $\longleftrightarrow$ Werke

Gnade $\longleftrightarrow$ Zorn

Gerechtigkeit/ Gnade

Gerechtigkeit/ Glaube   ABRAHAMTRADITION

<u>Paulinische Redaktion:</u>

Gnade $\longleftrightarrow$ Werke des Gesetzes

Gnade $\longleftrightarrow$ Zorn
                    (vom Gesetz bewirkt)

Gerechtigkeit/ Gnade

Glaube/ Gnade

Gerechtigkeit Glaube
                    an J.Chr.   FRÜHCHRISTL: TRADITIO

Der von der Schrift bezeugte Zugang zur Gerechtigkeit ohne
Gesetzeswerke ist -das will Paulus durch die Abrahamgeschichte
paradigmatisch verdeutlichen- nur durch das gnädige Erwäh-
lungshandeln Gottes, das sich in der Gabe der Gnade als eschatologischer Heilsmacht vollzieht, möglich. Wie Abraham sein
Glaube aufgrund der Gnade Gottes und nicht aufgrund einer auf
Gesetzeswerken gegründeten Schuldigkeit zur Gerechtigkeit angerechnet wurde (4,4f.), so sind auch aufgrund der gnädigen
Heilstat Gottes in Jesus Christus alle, die glauben, gerechtfertigt.

TEIL E: Zusammenfassende Wertung der Ergebnisse

Die Analyse des pagan-griechischen Sprachgebrauchs von ἔργον/
πρᾶξις hat ergeben, daß die menschlichen Taten in zahlreichen
Texten unter dem Gesichtspunkt ihres Erkenntniswertes Verwendung finden. Grundlage vieler pagan-griechischer "Werk-Aussagen" ist die sogn. 'allgemeine Erfahrungsregel', nach der die
Werke des Menschen die nach außen tretenden Zeichen seines
inneren Seins sind. Damit sind sie ein wesentliches Kriterium
der Beurteilung des Menschen sowohl in seinem individuellen
Verhalten und Sein als auch in seinen Beziehungen zu der ihn
umgebenden Umwelt.
Für die frühchristlichen Gemeinden konkretisiert sich dieser
'Zeichencharakter' der menschlichen Werke für den Bereich des
innergemeindlichen Lebens in der Forderung nach der Einheit
von Bekenntnis und Ethik und, was die Beziehung der Gemeinden
zu ihrer paganen Umwelt betrifft, in Strategien konformer
Ethik, die darauf zielen, mit Hilfe einer Anpassung an die
ethischen Wertmaßstäbe und politischen Ordnungen der Umwelt
Freiraum für die kultische und missionarische Betätigung zu
schaffen. Diese Anpassungsstrategien finden jedoch dort ihre
Grenze, wo konformes Verhalten zu einer Aufgabe christlicher
Identität führen könnte.
Die soziale Dimension der Werke für das Verhältnis der Menschen untereinander kristallisiert sich im Jakobusbrief besonders deutlich heraus. Der von Jakobus aufgenommene Gegensatz von Glaube und Werken sollte weniger im Rahmen einer Auseinandersetzung mit der paulinischen Rechtfertigungsdiskussion
als auf dem Hintergrund sozialer Spannungen gesehen werden,
die sich in den frühen hellenistischen Ortsgemeinden aufgrund
ihrer sozialen Vielschichtigkeit entwickelten.
Auch für die Lösung auftretender Autoritätskonflikte in diesen
frühen Ortsgemeinden gewinnen die Taten große Bedeutung. Dies
gilt sowohl für die Beurteilung der 'rechten' Lehrer (Mt) als
auch für die Absicherung der Einheit von Lehre und ethischem
Verhalten (Past).
Religionssoziologisch gesehen bildeten die frühen christl-
lichen Ortsgemeinden eine missionierende Minderheitenkirche,
deren Ausstrahlungskraft nach "außen" ganz entscheidend von

von ihren vorbildhaften Handlungen abhing. So konnten die vorbildhaften guten Werke der Christen ausdrücklich in den Dienst
der frühchristlichen Missionswerbung gestellt werden (1Petr;
Mt). Hierin kommt besonders klar zum Ausdruck, daß die Taten
sowohl für Christen als auch für Heiden einen gleichermaßen
hohen Stellenwert zur Beurteilung des menschlichen Verhaltens
hatten.

Am Beispiel der Rechtfertigungsdiskussion im Galaterbrief haben
wir versucht zu zeigen, daß die "Gesetzeswerke" auch im soziologischen Sinn Zeichen der Gruppenzugehörigkeit sein können.
Wenn Paulus in diesem Kontext von ihnen spricht, meint er konkret Speisegebote und Beschneidung. Indem er die 'Gesetzeswerke' für seine Missionsgemeinden ablehnt, eröffnet er ihnen
die Möglichkeit zu einem eigenständigen Bewußtsein jenseits der
religiösen und ethnischen Grenzen des Judentums. Gleichzeitig
hält er an den soteriologischen Verheißungen und an dem ethischen Impuls der jüdischen Gesetzesreligion fest, nur daß er den
Zugang zu beidem nun ohne soziale Schranken für alle Menschen
öffnet. Damit hat Paulus den Grundstein für die Attraktivität
der christlichen Mission gelegt, die nun weder jüdische noch
pagane Konkurrenz zu fürchten brauchte.

Neben der sozialen Funktion der Werke als Zeichen für andere
Menschen in zahlreichen pragmatischen Kontexten steht die theo-
logische Bedeutung der Werke vor Gott. Während der Mensch beim
Urteil über andere Menschen auf deren "Werke" angewiesen ist,
kann nach at.lichem-jüdischen Glauben Gott schon die Gedanken
und Intentionen durchschauen. An der Verbindung des Gedankens
vom göttlichen Endgericht, in dem Gott seine Allwissenheit dem
Menschen offenbart, und Bußmahnungen für das Tatverhalten der
Menschen auf Erden, wird deutlich, daß Gottes Allwissenheit und
Herzenskenntnis auch Rückwirkungen auf die soziale Bedeutung
der Taten im Sinne einer Normverschärfung haben kann.

Die Vorstellung eines Endgerichtes nach den Werken muß gegenüber dem auch noch für die griechischen Übersetzungen des AT
als konstitutiv anzusehenden Abfolgeschema von Tat und Ergehen
als eine traditionsgeschichtliche Fortentwicklung angesehen
werden. Unsere Untersuchung versuchte zu zeigen, daß der Zusammenhang von Tun und Ergehen zwar in Form des göttlichen Vergeltungshandelns individualisiert und theologisiert wurde,
aber noch nicht eschatologisiert. Ein göttliches Endgericht nach

den Werken ist erst im zwischentestamentlichen Bereich zu finden. Die Entwicklungslinie von den einfachen Vergeltungsaussagen über deren Theologisierung und Eschatologisierung setzt
sich bis zu den ausführlich geschilderten Gerichtsszenarien
aus nachneutestamentlicher Zeit fort. Durchgehend läßt sich
auch hier der Zeichencharakter der Taten nachweisen.
In den durch die Aufnahme von Traditionen aus dem religionsgeschichtlichen Umfeld ('Gerichtswaage'; 'Prüfung der Werke im
Feuerstrom') beeinflußten apk. Gerichtsschilderungen tritt
sehr viel stärker der Aspekt der qualitativen und quantitativen
Bemessung der Einzeltaten in den Vordergrund.
Paulus konnte die Vorstellung von einem endzeitlichen Gericht
nach den Taten in seiner bereits ausgeführten Form übernehmen
(1Kor 3). Dabei legt er aber charakteristischerweise das Gewicht
auf das menschliche Gesamtwerk und nicht auf die Einzeltaten.
Hinzu kommt, daß er die Funktion der Werke als empirisch faßbare Zeichen des 'inneren Seins' mit der Pneumatologie verbindet. Die Taten des Christen sind Zeichen seines Pneumabesitzes
(Gal 5). Damit kommt den Werken der Menschen aus paulinischer
Sicht nach der rechtfertigenden Geistgabe in der Taufe eine
grundsätzlich andere Qualität zu als vorher: Sie zeugen nun
von der real vollzogenen neuen inneren Wirklichkeit des Glaubenden und sind in dieser Funktion auch dem Gericht unterworfen. Durch den Geistbesitz ist der Christ vor der vernichtenden Wirkung des göttlichen Werkgerichtes geschützt; jedoch
nicht vor dem strafenden Handeln Gottes aufgrund seiner
schlechten Taten (1Kor 3).
Auch im Rahmen seiner Rechtfertigungslehre kommt Paulus zu
sachlich ähnlichen Aussagen. Bei der Rechtfertigung der Sünder geht es dem Paulus nicht so sehr um eine Disqualifikation
des Gesetzes als leistungsfordernder Instanz. Im Mittelpunkt
des paulinischen Denkens steht die Stabilität der Heilsgarantie für Juden und Heiden angesichts der Offenbarung der göttlichen Gnade in Jesus Christus. In Aufnahme des bereits in der
jüdisch-alexandrinischen Schöpfungstheologie belegten Gegensatzes von Gnade und Werken gelten die Taten Paulus nicht als
gottfeindliche 'Leistungen', sondern als dem Gericht unter-
worfene Handlungen, die deshalb in ihrer soteriologischen Funktion für den Menschen ambivalent sind. Dem stellt der Apostel
die göttliche Gnade als ein Heilsgut gegenüber, das in Christus

alle, die glauben, bereits vor Eintritt in das göttliche Gericht
rechtfertigt.

Im Johannesevangelium haben die Werke vornehmlich die Bedeutung
eines göttlichen Legitimationszeichens für den in die Welt gesandten Christus. Charakteristisch für die johanneische Theologie ist dabei die Verschränkung von unterschiedlichen "Werk-
Traditionen" zu eben diesem Zweck.

Johannes greift die Vorstellung eines göttlichen Gerichts nach
den Taten in der Weise auf, daß er diese ganz in den Dienst der
jetzt zu vollziehenden Entscheidung für oder gegen den Christus
stellt (Joh 3). An den Taten manifestieren sich endzeitlich die
Folgen der im Jetzt vollzogenen Entscheidung für oder gegen das
Heil, denn auch nach Johannes bestimmt sich das Ergehen der
Menschen durch die im Gericht offenbar werdenden Taten.

Eine pauschale Disqualifizierung der menschlichen Werke als
Zeichen menschlicher Selbstrechtfertigung läßt der neutestamentliche Befund nicht zu. Für eine differnziertere Beurteilung
ihrer Relevanz erscheint uns eine Unterscheidung zwischen der
sozialen Bedeutung der Taten im Zusammenleben der Menschen auf
dieser Erde und ihrer Bedeutung vor Gott notwendig. Angesichts
des in Christus geschehenen Heilshandelns Gottes und der Sündhaftigkeit der Menschen treten in ihrer soteriologischen Funktion die Werke der Menschen zugunsten der göttlichen Gnade zurück. Das heißt aber nicht, daß den Werken des gerechtfertigten
Sünders als den Zeichen seines neuen inneren Seins keine Bedeutung für das Zusammenleben unter Christen und in dieser
Welt angesichts Gottes mehr zukommt.

TEIL F

I. Anhang mit Texten zur ägyptischen Vorstellung des Jenseitsgerichtes

1. <u>Pfortenbuch</u>, 4.Stunde, unteres Register

(Text nach Hornung, Unterweltsbücher, 226)

Enstehungszeit: "Für die genaue Entstehungszeit dieses
zweiten großen Unterweltbuches fehlen uns sichere Kriterien.
Mir scheint, daß es noch vor der Revolution Echnatons ent-
standen ist, aber nicht allzulange davor -vielleicht in den
späten Jahren Amenophis' III oder in den Anfangsjahren Echnatons, also zwischen 1380 und 1360 v.Chr..." (Hornung, Unterweltsbücher, 21).

TEXT:

"Die Achu (sc. die Verklärten) gehören der Furcht vor dir,

die Toten deiner Autorität,

Ersatz gehört dieser Binde.

Ich bin dein Sohn Horus,

ich überprüfe den Schaden daran (an der Binde).

Diese Götter des Chontamenti sagen:

Du bist doch Unterweltlicher!

Dein Sohn Horus ersetzt deine Binde,

er verklärt dich und bestraft deine Feinde.

Es schwellen für dich die Muskeln

an deinen Armen, Osiris-Chontamenti!"

Bemerkungen: "Osiris-Chontamenti": Dieser ungewöhnliche Ausdruck bezeichnet das Wiederaufleben des Osiris. Zandee, Death, 35, bemerkt zu
dieser Stelle: "A double judgement, a favourable fate for the righteous
and an unfavourable one for the sinners is mentioned in the following
places...".

2. Der <u>Setna-Roman</u> zitiert aus: Brunner, Wertung, 337f.

Entstehungszeit: hellenistische Zeit (so: Brunner, Wertung,
336).

TEXT:

"Sie gingen zur fünften Halle, da sah Setna die erhabenen

Verklärten an ihren Plätzen stehen und die, gegen welche

eine Anklage wegen Freveltaten vorlag, wie sie an der Tür

betend standen, während der Angelzapfen des Tores der fünften

Halle in das rechte Auge eines Mannes eingelassen war, der
betete und laut jammerte...

Sie traten in die siebte Halle ein, da sah Setna die Erschei-
nung des Osiris, des großen Gottes,..., mit Anubis, dem
großen Gott zu seiner Linken, und dem großen Gott Thot zu
seiner Rechten, während die Götter des Gerichts der Unter-
weltsbewohner links und rechts von ihnen standen und die Waage
in der Mitte von ihnen aufgestellt war, und sie die Sünden
gegen die guten Taten abwogen, indessen Thot, der große Gott
schrieb und Anubis seinem Gefährten, Angaben machte. Wessen
Sünden zahlreicher befunden wurden als seine guten Taten; der
wird der Verschlingerin des Herrn des Totenreiches überant-
wortet werden, man vernichtet seine Seele und seinen Leib
und läßt ihn nicht wieder atmen. Wessen gute Taten zahlreicher
befunden wurden als seine Sünden, den versetzt man unter die
Gerichtsgötter des Herrn des Totenreiches, während seine
Seele mit den erhabenen Verklärten zum Himmel geht. Wessen
guten Taten den Sünden gleich befunden wurden, den versetzt
man unter die trefflichen Verklärten, die Sokaris-Osiris
dienen...

Das ist der Arme, den du ohne Gefolge in eine Matte gewickelt,
aus Memphis tragen sahst. Er wurde zur Unterwelt gebracht,
und seine Sünden wurden gegen seine guten Taten, die er auf
Erden getan hatte, abgewogen: Man fand seine guten Taten
zahlreicher als seine Sünden im Verhältnis zu seiner Lebenszeit, die Thot ihm schriftlich zugeteilt hat und im Verhältnis zu seinem Glück auf Erden...

Dieser reiche Mann, den du sahst, wurde in die Unterwelt gebracht, und seine Sünden wurden gegen seine guten Taten abgewogen; man fand seine Sünden zahlreicher als seine guten Taten,
die er auf Erden getan hatte, es wurde befohlen im Totenreich
Vergeltung zu üben...

Da sagte Si-Osire: Wahrhaftig, mein Vater Setna, diese Menschen, die du sahst, die Seile drehen, während die Esel sie
hinter ihnen fressen, gleichen den Menschen auf Erden, die
unter dem Gottesfluch stehen, indem sie Tag und Nacht für
ihren Lebensunterhalt arbeiten: da ihre Frauen sie hinter
ihrem Rücken berauben, so finden sie kein Brot zu essen.
Sie sind auch ins Totenreich gekommen, ihre Sünden sind zahlreicher als ihre guten Taten befunden, man fand, daß das, was

ihnen auf Erden zuteil geworden war, auch im Totenreich zuteil werde... Beherzige das, mein Vater Setna: Wer auf Erden
gut ist, zu dem ist man auch im Totenreich gut, und wer auf
Erden böse ist, zu dem ist man auch dort böse...".

3. Ägyptisches Totenbuch, zitiert nach der Übersetzung von
   Gregoire Kolpaktchy.

Entstehungszeit: Die teilweise sehr viel älteren Texte wurden
zuerst in der saidischen Zeit kollektioniert und interpretiert (so: Kolpaktchy, 12).

TEXT:
Aus Kap.17:
"Ra! Vom Dämon erlöse mich,
dessen Antlitz verschleiert:
Seine Augenbrauen sind wie die Balken der Waage,
da in jener vom Schicksal bestimmten Nacht,
bevor sie getilgt, meine Sünden mir vorgerechnet,...".

Aus Kap.30:
"Von der himmlischen Mutter kommt mir das IB-Herz,
vom irdischen Leben kommt mir das HATI-Herz.
Möchten gegen mich stehen keine verlogenen Zeugen!
Die göttlichen Richter seien mir gütig und gnädig!
Wahrheitsliebend seien die Zeugen meines irdischen Wandels,
wenn sie Zeugnis abstatten vor dem Wächter der Gerechtigkeits-
waage...
Heil euch, ihr majestetischen Götter mit leuchtenden Zeptern,
Herren der heiligen Haartracht!
Eure Machtsprüche mögen mich schützen vor Ra!...
Obwohl mein Leib mit der Erde verwachsen,
sterbe ich nicht, da mein Geist in Amenti geheiligt.
Wisse, du Wächter der Gerechtigkeitswaage,
mein Ka bist du wahrlich!
In meinem Körper verbleibst du!...
Möge mein Name nicht stinkend und faulend
dem Herrscher des Jenseits erscheinen,
der die Menschengeschicke waltet und lenkt!
Möge der Götter Gehör froh sein und ihre Herzen zufrieden,
wenn deine Worte gewogen auf der Gerechtigkeitswaage!
Gegen mich seien keine Lügen erhoben,

vor dem Thron des mächtigen Gottes, dem Herren von Amenti!
Wahrlich ich werde dann groß am Tage des Sieges!"

Aus Kap. 125:
"Heil euch, erhabene Götter, die ihr in der lichten Halle
der Wahrheits-Gerechtigkeit weilt!
Ich kenne euch wohl und weiß eure Namen.
Überlasset mich nicht
der Henkersknechte geschäftigen Messern!
Meine Sünden zählet nicht auf, noch erwähnt sie
vor Gott, der euer Herr ist.
Möge ein unheilvolles Schicksal mich nicht ereilen!
Laßt den Weltenherrscher das Wort der Wahrheit hören;
denn ich habe auf Erden nur getan das Gerechte und Wahre...
Der Pfortenriegel sagt:
Ich werde dich nicht hereinlassen,
wenn du nicht meinen verborgenen Namen nennst.
'Das Gleichgewicht der Wahrheits-Gerechtigkeitswaage',
das ist dein Name...".

4. Die <u>Lehre für König Merikare</u> (Text nach vBissing, Lebensweisheit für die erste Stelle und Helck, Kleine Texte).

Enstehungszeit: 10/11. Dynastie.

TEXT:
"Vertraue nicht auf die Länge der Jahre, das Leben gleicht
einer Stunde, aber was ein Mann war, bleibt nach seinem
Tode übrig, und seine Taten werden zuhauf neben ihn gelegt.
Die Ewigkeit aber währt es, daß man im Totenreich ist, und
ein Tor ist, wer die Totenrichter verachtet. Wer zu ihnen
kommt, ohne daß er gesündigt hat, der wird im Totenreich wie
ein Gott sein, frei schreitend wie die seligen Toten."

"Siehe, eine Übeltat geschah zu meiner Zeit: Man zerhackte den
Bezirk von Thinis. Es geschah, ohne daß ich es tun wollte,
und ich erfuhr es auch erst nach der Tat. Siehe, die Schuld
erwuchs aus dem, was ich getan hatte, doch Zerstörung ist
Übel. Es kann ihm nicht nützen, wieder fest zu machen, was
er zerstört, oder zu restaurieren, was er getilgt hat. Sei
davor auf der Hut! Denn ein Schlag wird mit seinesgleichen
vergolten und alle Taten bilden Verknüpfungen."

Bemerkungen: "Neben der Vergeltung im Totengericht steht also die irdische Vergeltung. Das Bewußtsein der Verantwortlichkeit sitzt so tief, daß es zu diesem ganz ungewöhnlichen Schuldbekenntnis eines Königs führt" (Fecht, Vorwurf, 131f.).

5. Die Lehre des Schreibers Iniy für Chensthotes (Text nach vBissing, Weisheitslehren, 76)

Entstehungszeit: 22. Dynastie

TEXT:

"Du wirst immer bei mir sein und dem antworten, der sich lügnerisch gegen mich verging; Gott ist es dennoch, der gerecht richtet. Sein Schicksal kommt, den Bösen zu holen. Opfere deinem Gott und hüte dich davor, gegen ihn zu freveln. Frage nicht nach seiner Gestalt, dein Auge sehe darauf, wenn er zornig ist; er ist es, der Millionen von Menschen Stärke gibt, groß wird nur der, den er groß macht."

6. Lied des Harfners (Text nach vBissing, Weisheitslehren, 144)

Entstehungszeit: Das Lied wurde auf mehreren Gräbern und Papyri des Neuen Reiches gefunden; älteste Rezension: Übergang MR/NR (so: vBissing, Weisheitslehren, 186 Anm.32).

TEXT:

"Unseren Namen wird man vergessen zu unserer eigenen Zeit: Niemand wird sich unserer Werke erinnern."

7. Lehre des Bürgermeisters und Veziers Ptah-hotep (Text nach vBissing, Weisheitslehren, 50f.)

Entstehungszeit: Fecht, Habgieriger, 49, führt fünf Anhaltspunkte an, die für eine Datierung der Urschrift in das AR sprechen und datiert so auf die späte fünfte Dynastie.

TEXT:

"Was ich auf Erden getan habe, ist nicht gering: Ich habe 110 Lebensjahre vollbracht, die mir der König gewährt hat. Meine Belohnungen gehen über die der Vorfahren hinaus, weil ich rechtschaffen handelte gegen den König bis zum Grabe."

8. Texte aus dem Grab des Petosiris (Text nach vBissing, Weisheitslehren für die erste und nach Otto, Inschriften, für
   die weiteren Stellen)

Enstehungszeit: Anfang der Ptolmäerzeit

TEXT: (Petosiris I)
"Man wird behandelt, wie man selbst gehandelt hat, wer freund-
lichen Herzens ist, zu dem wird Gott freundlich sein. Gute
Worte zu sprechen ist ein Denkmal, es ermüdet euren Mund nicht,
greift euren Unterhalt nicht an. Es bringt einen nicht um,
ein gutes Wort zu sagen, es bringt dem, der es tut, nur Vorteil... Ich bin ein Toter, der geehrt zu werden verdient, ich
habe keinem Menschen Übles getan, habe nicht gestohlen, ich
war rechten Herzens und habe immer recht gehandelt. Ich bin ein
Mann, seinem Vater ergeben, von seiner Mutter geliebt, ein
Freund seiner Brüder...
Niemand tritt in das Totenreich, wo die Sündlosen bleiben,
es sei denn sein Herz sei rechtschaffen und bestrebt, gerecht
zu sein. Da gibt es keinen Unterschied zwischen arm und reich;
nur wer frei von Sünden ist, gilt. Ein jeder wird geschätzt
nach dem, was er auf Erden getan hat" (vBissing, Weisheitslehren, 147f.).

"Der jung verstorbene Sohn des Petosiris, Rech-Thot, sagt:
Oh, ihr auf Erden Lebenden, die zu dieser Nekropole kommen!
Jeder, der kommt, um in dieser Nekropole zu opfern: Ach,
nennt meinen Namen bei Wasserspenden! Thot wird euch deswegen gnädig sein. Denn er belohnt den, der für einen, der
nicht mehr handeln kann, handelt. Thot ist es, der es einem
vergelten wird, der für mich etwas tut... Wer aber gegen mich
etwas Schlechtes tut, gegen den wird (ein Gleiches) getan.
Denn ich bin ein Mann, dessen Name man nennen soll" (Otto,
Inschriften, 174).

Gespräch zwischen Petosiris und seinem verstorbenen älteren
Bruder Djed-Thotefanch: (Petosiris II)

"Djed-Thotefanch sagt: Wie schön ist das, was aus deinem Mund
kommt! Mein Herz ist zufrieden, es zu hören. Nichts Schlechtes ist in meinem Herzen gegen dich. Wer (etwas) tut, dem wird
es wieder getan. Wer Gutes tut, dem wird Gutes getan; wer

Schlechtes tut ebenso. Nützlich ist es also für den den, der
Gutes tut. Wenn Thot auftritt deswegen (beim Totengericht nämlich), werde ich dieses über dich vor dem Herrn der Götter
sagen: Deine Lebenszeit soll hochgemacht werden als eines, der
wandelte auf meinem Wasser. Vermehrt werden sollen die Jahre
dessen, der das Grab baute; denn er ist ein Ehrwürdiger seines
Gottes! Dein Sohn soll an deiner sein dir zu Gefallen, wie
du für mich gehandelt hast!" (Otto, Inschriften, 180)

Große biographische Inschrift des Petosiris:
                                        (Petosiris III)

"Man lobt Gott wegen eines Mannes, der ihn erreicht hat. Keiner gelangt zu ihm, wenn nicht sein Herz aufrichtig war dadurch, daß er Gerechtigkeit übte. Es wird nicht der Geringere
vom Höheren unterschieden, außer wenn einer fehlerlos befunden
wird, wenn die Waage und die beiden Gewichte vor dem Herrn
der Ewigkeit stehen. Keiner ist frei davon, daß er nicht be-
rechnet würde. Thot als Pavian trägt sie (sc. die Waage), um
jeden Mann zu berechnen nach dem, was er auf Erden getan
hat" (Otto, Inschriften, 181).

9. Das demotische Weisheitsbuch der Phibis (Text nach vBissing,
   Weisheitslehren)

Entstehungszeit: Hellenismus

TEXT:
"Alles, was gut und ebenmäßig ist, ärgert seinen Herrn nicht.
Alle Dinge, die das Ebenmaß halten, sind schön, alle Dinge,
die größer sind als das Ebenmaß, gehen zugrunde.
Der große Gott Thot hat eine Waage gesetzt, um damit Gleichgewicht auf Erden zu schaffen. Er versteckt sein Herz im
Fleisch, damit sein Herr gleichmütig sei. In der Weise nicht
gleichmütig, reicht sein Wissen nicht aus...
Denn Gott legt das Herz auf die Waage des Wissens wegen, er
kennt den Gottlosen und den Gottesfürchtigen in seinem Herzen.
Fluch und Segen liegen im Charakter, der dem Menschen gegeben
ist, Fluch und Segen in der Lebensweise, die Gott ihm vorge-
schrieben hat; die Befehle, die Gott den Guten gegeben hat,
sind in ihrem Innern. Dummheit wie guter Charakter sind Er-

gebnisse des Herzens eines jeden Menschen. Der Dumme, der
nicht spricht, dessen Stimme wird nicht gehört, da er schweigt,
und er wird nicht gefragt. Das Glück und das Schicksal, das
kommt, wird von Gott bestimmt...
Der schlechte Mensch, dessen Herz nach Schlechtigkeit begehrt,
findet sie. Wer auf Güte denkt, hat Macht durch sie. Das gute
Werk eines Mannes, sein Lohn liegt in ihm...
Gott bringt Licht und Finsternis in das Herz. Er kennt seinen
Liebling und gibt Lohn dem, der ihm spendet...
Ein Frommer vergilt kein Unrecht, auf daß auch ihm nicht vergolten werde...
Es gibt hingegen keine Sorge und kein Unglück zur Zeit, wo
Gott gnädig ist. Der Vergeltung aber fehlt nicht Unglück und
Leid. Der Zufall segnet mit Macht nach seinem (Gottes) Willen.
Gott straft für ein Vergehen, belohnt für eine gute Tat. Er
sendet Hunger nach Sattsein und Sattsein nach Hunger. Man Gott
und der Vergeltung nicht entgehen, wenn er (Gott) ihnen gebietet. Wer jede Kränkung vergilt, dem vergilt Gott mit Kränkung. Wer ein kleines Vergehen hingehen läßt, aber ein Verbrechen anzeigt, findet dabei seinen Frieden. Gewalttat, Unzu-
länglichkeit, Schmeichelei und Unbarmherzigkeit befriedigen
das Herz nicht. Ich tadelte nicht, um Böses anzutun, mein Herz
ist stark, o Gott! Ich habe mich nicht an einem anderen ge-
rächt... Wegen des Vergehens, das ich unwissentlich begangen
habe, seufe ich. Ich rief zu Gott, daß er mir gnädig sein
möge; er beseitigt die Sorge um meine Sicherheit, ohne daß
mich Unglück trifft...".

10. Stele des Enotes, Sohn des Sent (Text nach vBissing, Weis-
    heitslehren, 151)

Entstehungszeit: 12. Dynastie

TEXT:
"Ich bin ein billig urteilender Mensch, wie die Waage des
Gerichts, unparteiisch und gerecht wie Thot."

11. Aus dem Grab des Ibi, des Majordomus des thebanischen
    Gottesweibes Nitokris (Text nach Otto, Inschriften, 154f.)

Entstehungszeit: Zeit der Ptolmäer

TEXT:

"Rede des Fürsten und Grafen, des wirklichen Königsbeamten, den
er liebt, Ibi, des Gerechtfertigten; er sagt: O, ihr auf Erden
Lebenden, die sind und sein werden! Ich erzähle euch meine
guten Taten, die ich auf Erden getan habe. Denn ich weiß, daß
es nützlich ist... Ich tat, was die Menschen lieben und die
Götter loben. Ich bin hierher gekommen zur Stadt der Ewigkeit,
denn ich tat Gutes auf Erden. Ich bin gekommen aus meiner
Stadt, ich bin herausgekommen aus meinem Gau, ich bin herab-
gestiegen in dieses Grab. Ich sprach die Wahrheit und übte Gerechtigkeit, die der Gott liebt. Ich richtete gerecht zwischen
einem Starken und einem Schwachen...
Er ist das Lot an der Waage! Einer mit guter Rede und trefflichen Worten, wenn die Hofleute vor (dem König) versammelt
sind; der zu seiner (richtigen) Zeit sprach; der zu seiner
rechten Stunde antwortete; frei von Hast, fest in der Planung;
der eine Antwort fand in einem verwickelten Spruch der Rede;
den zu hören die Großen warteten; dessen Redeweise Millionen
annahmen; der seine Pflicht kannte; der wiederbrachte, was
vorher verlorengegangen war und leer gefunden wurde; der die
Vorschriften einrichtete; der Verderbtes vorbrachte und alle
Dinge, die zugrundegingen, gleich an Gestalt (d.h. in Ordnung)
der das Zerstörte wiederherstellte; der das Herz derer auf
ihren Stätten erfreute (d.i.: der Toten); der die Seelen auf-
steigen ließ zu den Opferstelen; der wog als wäre er Osiris,
der einzige Freund des Königshauses..., der Gerechtfertigte..."

12. Vierter Prophet des Amun Nachtef-Mut (Text nach Otto,
    Inschriften, 142)

Entstehungszeit: 22. Dynastie

TEXT:

"Denn ich war ein Großer in seiner Stadt, ein Herr seiner
Leute, der sich herabließ zu seinen Mitmenschen unter die,
die geringer als er waren. Denn ich wußte: Der Überfluß an
guten Taten ist ein Schatzhaus, das die Nachkommen später finden werden. Du gabst mir als Lohn: Ein schönes Alter, und
ließest mich Amun täglich schauen nach meinem Wunsch, indem
ich den Königen diente, aber wohlbehalten von ihrem Zorn blieb.

Ich wurde im Alter aufgenommen in dein Haus...".

13. Zweiter Prophet des Amun-Harsiese (Text nach Otto, In-
    schriften, 144)

Entstehungszeit: 22. Dynastie

TEXT:
"Dein Mund wurde geöffnet durch Ptah, sein Mund wurde aufge-
tan durch Sokaris! Thot möge dir dein Herz in deinem Leib
geben. Er möge dir die Kraft deines Ausspruches überantworten!
Du bist geboren in der Stadt Theben, ein Zugehöriger zum Gefolge des Osiris. Seine (Thebens) Häuser haben dich als Kind
versorgt, seine Mauern haben dein Alter empfangen.
Sie werden nicht leer sein, der aus dir hervorging als Hoher-
priester von Karnack. Dein Herz ist richtig befunden worden
auf der Waage der Wahrheit. Dein Bild zieht im Hofe des Tem-
pels herum. Erhebe deine Stirn! Empfange die Spende! Siehe,
dein Sohn gleicht deiner Trefflichkeit."

14. Prophet des Amun Hor (Text nach Otto, Inschriften, 147f.)
Entstehungszeit: 22. Dynastie

TEXT:
"Er beauftragte mich (?) damit, die beiden Länder am Leben zu
erhalten, so daß sie kamen, mich zu rühmen gemäß meiner Taten
auf Erden. Das ist die Wahrheit, die bei mir geschah. Ich voll-
endete Jahre der Zufriedenheit. Das ist die Belohnung für den,
der Nützliches tut, daß der Sohn des Sohnes an meinem Platz
steht...
Belohnung sei mir durch den Hauch eures Mundes (d.h.: durch
Rezitation der Gebete) entsprechend dem, was ich auf Erden
tat. Möget ihr mir 'Brot und Wasser' für meinen Ka sprechen,
möget ihr mir meiner Statue zu jeder Zeit folgen! Der Nord-
wind, den ich freudig einatme, eile zu mir nach meinem Belie-
ben! Denn ich gehöre zum Kreise des Gottes nach jener alten
Satzung."

15. Von den Statuen des Harwa, des Majordomus des thebanischen
    Gottweibes Amenerdais (Text nach Otto, Inschriften, 152)

Entstehungszeit: Ptolmäerzeit

TEXT:

"Ich tat dies, da ich die Belohnung dafür kannte. Der Lohn dafür beim Herrn der Opfer ist: Bleiben im Mund der Lebenden
unvergänglich bis zur Ewigkeit, ein gutes Gedenken noch nach
Jahren. Der Hauch eures Mundes ist nützlich für den Schweigen-
den (= Toten). Es geht ja nicht von eurer Habe ab, (es ist)
Brot für seinen Herrn, Speise für seinen Gott! Die Seele ver-
klären ist nur seines Ka gedenken!"

16. Inschrift des Montemhet, Gouverneurs der Thebais (Text nac'
    Otto, Inschriften, 157)

Entstehungszeit: Beginn der 26. Dynastie

TEXT:

"Man wird es dem, der meiner in Zukunft gedenkt, entgelten,
wenn die Waage (nämlich beim Totengericht) da ist."

17. Stele des Priesters und Offizianten Hor (Text nach Otto,
    Inschriften, 189)

Entstehungszeit: Ptolmäerzeit

TEXT:

"Dann opfere man auch für euch nach dem Tode. Es ist nützlich
für euch später. Wer freundlich ist, zu dem ist Gott freundlich. Wer etwas (Gutes) tut, und schädigt den, der (es) nicht
tut. Re geht auf, um den Handelnden zu sehen. Er vergilt eine
Tat dem, der sie tut."

18. Stele des Priester Petehorneb-Chem (Text nach Otto, In-
    schriften, 199)

Entstehungszeit: Zeit des Hadrian

TEXT:

"Du gehst heraus als ein Guter, als einer, der hinter seinem
Ka ist, du gehst ein als Begnadeter an der Spitze der Begnade-
ten. Die Waage des Gottes bleibt..." (Inschrift bricht ab)

19. <u>Papyrus Insinger 30,23-31,1</u> (Text nach Brunner, Armut, 342)

Entstehungszeit: Ptolmäerzeit

TEXT:

"Langes Leben wird dem Frevler gegeben, damit er von der Vergeltung eingeholt werde, Besitz wird dem Schlechten gegeben,
damit deswegen sein Leben von ihm genommen werde. Man ent-
deckt aber die Absicht Gottes nicht eher als bis das, was er
angeordnet hat, geschehen ist."

II. Quellen- und Literaturverzeichnis

1. Reihen und Zeitschriften sind abgekürzt nach Siegfried
Schwertner, Internationales Abkürzungsverzeichnis für Theologie und Grenzgebiete (ITAG), 1974.

2. Pagan-griechische, jüdische und christliche Autoren und
Schriften, sowie Papyri, Fragmente und Inschriften sind abgekürzt nach dem Abkürzungsverzeichnis des Exegetischen Wörter-
buches zum Neuen Testament, 1978ff.

3. Weniger bekannte, zumeist pseudepigraphe Schriften sind
abgekürzt nach dem "Alphabetischen Verzeichnis der weniger bekannten... pseudepigraphen Schriften apokalyptischen öder
visionären Inhalts" bei Klaus Berger, Die griechische Daniel-
Diegese (StPB 27), 1976, XI-XXIII.

4. Die Abkürzungen der Texte aus Qumran richten sich nach der
von R. de Vaux (RB 60, 1953, 87f.) und J.T. Milik (DJD I, 46f.
eingeführten Abkürzungskonvention.

5. Alle übrigen nicht von 1. - 4. betroffenen Abkürzungen
sind so gewählt, daß sie mühelos aufzulösen sind.

I. Q U E L L E N

1. Bibelausgaben (AT und NT)

E.u.E.Nestle/ K.Aland,	Novum Testamentum Graece, 26. Aufl., 1979
R.Kittel/ P. Kahle,	Biblia Hebraica, 16.Aufl., 1973
A.Rahlfs,	Septuaginta, 7.Aufl., 1962
R.Weber u.a.,	Biblia Sacra Iuxta Vulgatem Versionem, 196!
F.Field,	Origenes Hexaplorum quae supersunt; sive Veterum Interpretum Graecorum in Totum Ve- tus Testamentum Fragmenta, 1875.
J.J.Wettstein,	Novum Testamentum Graecum Editionis Recep- tae, 1752 (Nachdruck 1962)

2. Pagane griechische und lateinische Autoren

Aelius Aristides,	ed. B.Keil, 2.Aufl., 1958
Antiphon,	ed. H.Diels/W.Kranz, Die Fragmente der Vorsokratiker I, 11. Aufl., 1964

Aristoteles,   ed. I.Bekker u.a., 1831ff; 2.Aufl., 1960ff.

Callimachus,   ed. R.Pfeiffer, I-II 1949.1953; I 2.Aufl.,
                          1965

Cicero,   ed. A.Klotz u.a., 1914ff.

Democritus,   ed. H.Diels/W.Kranz, Die Fragmente der Vor-
                          sokratiker II, 11.Aufl., 1964

Demosthenes,   ed. S.H.Butcher/W.Rennie, I-III 1903-1931

Dio Cassius,   ed. U.P.Boissevain, I-V 1895-1931; I-IV Neu-
                          druck 1955; V Neudruck 1969

Dio Chrysostomos,   ed. J.W.Cohoon/H.L.Crosby, I-V 1932-1951;
                          Neudrucke

Diodorus Siculus,   ed. C.H.Oldfather u.a., I-XII 1933-1967;
                          Neudrucke

Diogenes Laertius,   ed. H.S.Long, 1964

Epictetus,   ed. H.Schenkl, 2.Aufl., 1916

Isocrates,   ed. G.Mathieu/E.Brémond, I-IV 1928-1962

Musonius Rufus,   ed. O.Hense, 1905

Philostratus,   ed. C.L.Kayser, I-II 1870.1871; Neudruck
                          1964

Plato,   ed. J.Burnet, I-V 1900-1907; Neudrucke

Plutarchus,   ed. W.R.Paton u.a., 1925ff.

Polybius,   ed. Th.Büttner-Wobst, I-V, 2.Aufl., 1963.
                          1964

Stobaeus Johannes,   ed. C.Wachsmuth/O.Hense, I-V 1884-1923

Xenophon,   ed. E.C.Marchant, I-V 1900-1920

Zenon,   ed. H.Diels/W.Kranz, Die Fragmente der Vor-
                          sokratiker I, 11.Aufl., 1964

3. Pagane griechische Inschriften, Fragmente und Papyri

H.v.Arnim,   Stoicorum Veterum Fragmenta, I-IV 1903-
                          1924; Neudruck 1964

H.Diels/W.Kranz,   Die Fragmente der Vorsokratiker, I-II, 11.
                          Aufl.,1964

W.Dittenberger,   Orientis Graeci Inscriptiones Selectae,
                          I-II, 1903.1905; Neudruck 1960

ders.,   Sylloge Inscriptionum Graecarum, I-IV, 3.
                          Aufl., 1915-1924; Neudruck 1960

F.Hiller von   Die Inschriften von Priene
Gärtingen

J.J.E.Hondius,   Supplementum epigraphicum Graecum, I-IX,
                          1923-1938

K.Preisendanz,   Papyri Graecae Magicae, 1928-1931

4. Apokryphen und Pseudepigraphen des AT und NT

a. Textsammlungen

R.H.Charles,   The Apocrypha and Pseudepigrapha of the Old
                    Testament, I-II, 1913; Neudrucke

J.A.Fabricius,   Codex pseudepigraphus Veteris Testamenti,
                    2.Aufl., 1722

E.Hennecke/   Neutestamentliche Apokryphen in deutscher
W.Schneemelcher,   Übersetzung I. Evangelien II. Apostolisches,
                    Apokalypsen und Verwandtes, I. 4.Aufl., 1968;
                    II 4.Aufl., 1971

E.Kautzsch,   Die Apokryphen und Pseudepigraphen des Alten
                    Testaments, I-II, 1900; Neudrucke

W.G.Kümmel,   Jüdische Schriften aus hellenistisch-römi-
                    scher Zeit, I-V, 1973ff.

J.Rhodes,   Apocrypha Anecdota, 1893

P.Riessler,   Altjüdisches Schrifttum außerhalb der Bibel,
                    1928; Neudrucke

A.de Santos,   Los Evangelios Apócrifos, 1975

C.Tischendorf,   Apocalypses apocryphae, 1866; Neudruck 1966

ders.,   Evangelia apocrypha, 1876; Neudruck 1966

A.M.Denis,   Fragmenta Pseudepigraphorum Quae Supersunt
                    Graeca, 1970 (PVTG 3)

b. Textausgaben

J.A.Assemani,   Sancti Patris nostri Ephraem Syri Opera omnia
                    (graeco-lat), 1732-46; II 192-209: In secun-
                    dum adventum Domini nostri Iesu Christi;
                    209-222: Sermo de communi resurrectione, de
                    poenitentia et de caritate:et in secundum ad-
                    ventum domini nostri Iesu Christi; 222-230:
                    Sermo in adventum Antichristi; 247-258: Sermo
                    in pretiosam et vivificam crucem et in secun-
                    dum adventum et de charitate et eleemosyna;
                    377-393: Interrogationes et Responsiones; III
                    134-140: In Adventum Domini; 140-143: In Ad-
                    ventum Domini; 144-148: De signo crucis quod
                    apparebit in caelo; 215-219: De abrenuntia-
                    tione interrogatio; 371-375: De poenitentia
                    et iudicio et in secundum adventum Domini
                    nostri Iesu Christi

W.Bauer,   Die Oden Salomos, 1933 (KIT 64)

K.Berger,   Die Griechische Daniel-Diegese, 1976 (StPB 27)

J.Bidez/   Les Mages Hellénisés/Zoroastre, Ostanès et
F.Cumont,   Hystaspe d'après la traduction greque, 1938;
                    I Introduction: Hystaspe: L'Apokalypse, 217-
                    222; II Les Textes: Fragments de l'Apocalypse,
                    361-376

M.Black,   Apocalypsis Henochi Graeci, in: A.M.Denis/
                    M.de Jonge, PVTG 3, 1970, 5-44

A.Böhlig/   Koptisch-gnostische Apokalypsen aus Codex V
P.Labib,   von Nag Hammadi im Koptischen Museum zu Alt-
                    Kairo, 1963

C.Bonnet,   The Last Chapters of Enoch in Greek, 1937
                    (StD 8)

G.N.Bonwetsch,   Die Apokalypse Abrahams: SGTK I.1 (1897),
                    12-41

ders.,   Die Bücher der Geheimnisse Henochs. Das soge-
                    nannte slavische Henochbuch, 1922 (TU III,
                    14,2)

G.H.Box,   The Apokalypse of Abraham, 1919

E.Bratke,   Handschriftliche Überlieferung und Bruch-
                    stücke der arabisch-äthiopischen Petrus-Apo-
                    kalypse: ZWTh 36 (1893) 454-493; Übersetzung
                    des arab. (karsch.) Textes: 469-474

S.P.Brock,   Testamentum Iobi: A.M.Denis/M.de Jonge, PVTG
                    2, 1967, 1-59

E.A.W.Budge,   The Queen of Sheba and her only son Menyelej.
                    A complete translation of the Kebra Nagast
                    with introduction, 2.Aufl., 1922. Deutsche
                    Übersetzung: AKglAW, I.Kl.23.Bd.I.Abt., 1905

D.de Bruyne,   Fragments retrouvés d'apocryphes priscillia-
                    nistes: RBen 24 (1907) 318-335

R.H.Charles,   The Greek Versions of the Testament of the
                    Twelve Patriarchs, 1908; Neudrucke

Ch.Ch.McCown,   The Testament of Salomon, 1922 (UNT 9)

J.Geffcken,   Die Oracula Sibyllina, 1902; Neudruck 1967

M.Gidel,   Étude sur une apocalypse de la Vierge Marie:
                    Annuaire de l'Association pour l'encourage-
                    ment des études grecques 5 (1871), 109-113

A.Grohmann,   Die im Äthiopischen, Arabischen und Kopti-
                    schen erhaltenen Visionen Apa Schenute's von
                    Atripe; Text und Übersetzung: ZDMG 67 (1913)
                    187-267; ZDMG 68 (1914) 1-46

J.Halévy,   Te'ezaza Sanbat, 1902

R.Homburg,   Anastasia-Apokalypse, 1903

M.R.James,   The Testament of Abraham, 1892

M.de Jonge,   Testamenta XII Patriarcharum. Edited accor-
                    ding to Cambridge University Library MS Ff
                    I.24 fol 203a-262b, 1964 (PVTG 1)

W.Leslau,   Falasha Anthology, 1951 (YJS 6)

A.Kurfess,   Sibyllinische Weissagungen, 1951

A.Mignana,   The Apocalypse of Peter: Woodbrooke Studies
                    3,2 (1931) 93-152.209-282.349-407

F.Nau,   Une Didascalie de Notre-Seigneur Jêsus-Christ:
                    ROC 2.ser.2 (12) 1907, 225-254

H.Odeberg,   3 Enoch or the Hebrew Book of Enoch, 1928

J.C.Picard,   Apocalypsis Baruchi Graece: A.M.Denis/M.de
                    Jonge, PVTG 2, 1967, 61-96

G.Ricciotti,   Apocalypsis Pauli syriace: Orientalia 2 (1933)
                    1-25.120-149

H.Schmoldt,   Die Schrift "Vom jungen Daniel" und "Daniels
                    letzte Vision". Herausgabe und Interpretation
                    zweier apokalyptischer Texte, Diss.masch.,
                    Hamburg 1972

G.Steindorff,   Die Apokalypse des Elias. Eine unbekannte
                    Apokalypse und Bruchstücke der Sophonias-
                    apokalypse, 1899 (TU 17,3a)

J.C.Thilo,   Codex apocryphus Novi Testamenti I, 1832;
                    884-896: Liber S. Joannis apocryphus

B.Violet,   Die Esra-Apokalypse (IV.Esra), 1910/24
                    (GCS 18/32)

O.Wahl,   Apocalypsis Esdrae. Apocalypsis Sedrach.
                    Visio Beati Esdrae, 1977 (PVTG 4)

A.Werner,   Die Apokalypse des Petrus. Die dritte Schrift
                    aus Nag-Hammadi Codex VII: ThLZ 99 (1974)
                    575-584

5. Sonstige jüdisch-hellenistische Texte

L.Cohn/   Philonis Alexandrini Opera omnia quae super-
P.Wendland,   sunt, 1896-1915; Neudruck 1962

L.Cohn u.a.,   Philo von Alexandrien. Die Werke in deutscher
                    Übersetzung, 1909-1964; Neudruck 1962 (I-IV)

O.Michel/   Flavius Josephus, De Bello Judaico - Der jü-
O.Bauernfeind,   dische Krieg, 1959-1969

G.Kisch,   Pseudo-Philo's Liber Antiquitatum Biblicarum,
                    1949 (PMS 10)

B.Niese,   Flavii Iosephi Opera, 1885-1895; Neudrucke

A.Pelletier,   Lettre d'Aristée à Philocrate, 1962 (SC 89)

M.Philonenko,   Joseph et Asénath. Introduction, texte cri-
                    tique, traductions et notes, 1968 (StBP 13)

6. Qumran

J.M.Allegro,   Discoveries in the Judaean Desert of Jordan
                    V. Qumrân Cave 4, I (4Q158-4Q186), 1968

M.Baillet,   Un recueil liturgique de Qumrân, Grotte 4:
                    "Les paroles des luminaires", RB 68 (1961)
                    195-250

M.Baillet/   Discoveries in the Judaean Desert of Jordan
J.T.Milik/   III. Les 'petites grottes' de Qumrân. Explora-
R.de Vaux,   tion de la falaise. Les grottes 2Q, 3Q, 5Q,
                    7Q à 10Q. Le rouleau de cuivre, 1962

J.A.Fitzmyer,   The Genesis Apocryphon of Qumran Cave I,
                     1971 (BibOr 18A)

E.Lohse,   Die Texte aus Qumran. Hebräisch und Deutsch,
                     2.Aufl., 1971

J.Maier,   Die Tempelrolle vom Toten Meer, 1978

Ders./   Die Qumran-Essener. Texte der Schriftrollen
K.Schubert,   und Lebensbild der Gemeinde, 1973

J.T.Milik,   The Books of Enoch. Aramaic Fragments of
                     Qumrân Cave 4, 1976

7. Rabbinische Literatur

S.Buber,   Midrasch Tanchuma, 1885

Ders.,   Midrasch Tehillim, 1947; dt.: A. Wünsche,
                     1892; Neudruck 1967

R.Le Déaut/   Targum des Chroniques, I-II, 1971 (AnBib 51)
J.Robert,

M.Friedmann,   Pesiqta Rabbati, 1880; engl.: W.G.Braude,
                     Pesiqta Rabbati, 1968 (YJS 18)

L.Goldschmidt,   Der Babylonische Talmud mit Einschluß der
                     vollständigen Mischna, 1897-1935; Neudrucke

A.Jellinek,   Beth-ha-Midrasch. Sammlung kleiner Midraschim
                     und vermischter Abhandlungen aus der ältesten
                     jüdischen Literatur, I-IV, 1853-1877; Neu-
                     druck 1938

J.Z.Lauterbach,   Mekilta de Rabbi Ishmael, 2.Aufl., 1949

Midrasch Rabba   zu den fünf Büchern der Thora und den fünf
                     Megilloth, 1958; dt.: A.Wünsche, Bibliotheca
                     Rabbinica, I-V, 1880-1885; Neudruck 1967

Mischna   Text, Übersetzung und ausführliche Erklärung
                     (begr. von G.Beer/O.Holtzmann; z.Zt.ed. durch
                     K.H.Rengstorf/L.Rost) (Gießener Mischna),
                     1912ff.

S.Schechter,   Aboth de Rabbi Nathan, 1967

A.Sperber,   The Bible in Aramaic, I-IV, 1959-1973

J.F.Stenning,   The Targum of Isaiah, 1949

Talmud jeruschalmi (Krotoschin), 1959-1960; soweit erschienen:
                     Der jerusalemer Talmud in deutscher Über-
                     setzung (Hg.: Institutum Judaicum der Uni-
                     versität Tübingen), 1975ff.

A.Wünsche,   Aus Israels Lehrhallen, I-V, 1907-1910;
                     Neudruck 1967

8. Ägyptische Quellen

H.Brunner,   Die religiöse Wertung der Armut im Alten
                     Ägypten: Saeculum 12 (1961) 319ff.

G.Fecht,   Literarische Zeugnisse zur "Persönlichen
                     Frömmigkeit" in Ägypten, 1965 (AHAW 1965/1)

E.Hornung,   Ägyptische Unterweltsbücher, 1972

E.Otto,   Die biographischen Inschriften der ägyptischen
                    Spätzeit, 1954 (Probleme der Ägyptologie 2)

G.Roeder,   Urkunden zur Religion des Alten Ägypten, 1923

9. Altkirchliche Literatur

J.A.Fischer,   Die Apostolischen Väter. Griechisch und
                    Deutsch, 5.Aufl., 1966 (SUC 1)

F.X.Funk/   Die Apostolischen Väter, 2.Aufl., mit einem
K.Bihlmeyer,   Nachtrag von W.Schneemelcher, 1956 (SQS II
                    1/1)

E.J.Goodspeed,   Die ältesten Apologeten. Texte mit kurzen Ein-
                    leitungen, 1914

R.Joly,   Hermas. Le Pasteur. Introduction, traduction
                    et notes, 2.Aufl., 1968 (SC 53)

G.Krüger,   Ausgewählte Märtyrerakten, 4.Aufl. mit einem
                    Nachtrag von G.Ruhbach, 1965 (SQS 3)

P.A.de Lagarde,   Constitutiones Apostolorum, 1862

R.A.Lipsius/   Acta Apostolorum Apocrypha, I-III, 2.Aufl.,
M.Bonnet,   1972

B.Rehm u.a.,   Die Pseudoklementinen I. Homilien, 2.Aufl.,
                    1969 (GCS 42)

B.Rehm/   Die Pseudoklementinen II. Rekognitionen in
F.Paschke,   Rufins Übersetzung, 1965 (GCS 51)

J.Reuss,   Johannes-Kommentare aus der griechischen
                    Kirche, 1965 (TU 89)

J.M.Robinson/   The Nag Hammadi Library in English. Transla-
u.a.,   ted by Members of the Coptic Gnostic Project
                    of the Institute for Antiquity and Christia-
                    nity, 1977

C.Schmidt,   Pistis Sophia, 3.Aufl., 1962 (GCS 1)

E.Schwartz,   Eusebius Kirchengeschichte. Kleine Ausgabe,
                    3.Aufl., 1922

M.Whittaker,   Die Apostolischen Väter I. Der Hirt des Her-
                    mas, 1956 (GCS 48)

II. H_I_L_F_S_M_I_T_T_E_L

1. Konkordanzen und Indices

K.Aland u.a.,   Vollständige Konkordanz zum Griechischen
                    Neuen Testament unter Zugrundelegung aller
                    modernen kritischen Textausgaben und des
                    Textus receptus, 1975ff (benutzt soweit er-
                    schienen)

J.P.Bauer   Clavis Apocryphorum Supplementum. Complectens
                    voces versionis Germanicae Libri Henoch Slavi-
                    ci/Libri Jubilaeorum/Odarum Salomonis, 1980

Ders.,   Index Verborum in Libris Pseudepigraphis
                          Usurpatorum: C.A.Wahl, Clavis Liborum Ve-
                          teris Testamenti Apocryphorum Philologica,
                          1972, 511-828

E.J.Goodspeed,   Index Apologeticus sive Clavis Iustini Mar-
                          tyris operum aliorumque Apologetarum pristi-
                          norum, 1912; Neudruck 1969

E.Hatch/   A Concordance to the Septuagint and other
H.A.Redpath,   Greek Versions of the Old Testament, 1897;
                          Neudruck 1975

H.Kraft,   Clavis Patrum Apostolicorum, 1963

K.G.Kuhn u.a.,   Konkordanz zu den Qumrantexten, 1960

Ders.,   Nachträge zur Konkordanz zu den Qumrantexten:
                          RdQ 4 (1963) 163-234

H.Lignée,   Concordance de '1Q Genesis Apocryphon':
                          RdQ 1 (1958/59) 163-186

S.Mandelkern,   Veteris Testamenti Concordantiae Hebraicae
                          atque Chaldaice, 1896; Neudruck 1975

G.Mayer,   Index Philonis, 1974

W.F.Moulton/   A Concordance of the Greek Testament Accor-
A.S.Geden,   ding to the Texts of Westcott and Hort, Ti-
                          schendorf and the English Revisors, 5.Aufl.,
                          1978

K.H.Rengstorf,   A Complete Concordance to Flavius Josephus,
                          1973ff (benutzt soweit erschienen)

R.Smend,   Griechisch-Syrisch-Hebräischer Index zur
                          Weisheit des Jesus Sirach, 1907

2. Grammatiken

F.Blass/   Grammatik des neutestamentlichen Griechisch
Debrunner   mit einem Ergänzungsheft von D.Tabachovitz
                          zur 12.Aufl., 13.Aufl. 1970

G.Bergsträßer,   Hebräische Grammatik mit Benutzung der von
                          E.Kautzsch bearbeiteten 28.Aufl. von Wilhelm
                          Gesenius' hebräischer Grammatik, 1918.1929;
                          Neudruck 1962

3. Wörterbücher und Lexika

W.Bauer,   Griechisch-Deutsches Wörterbuch zu den
                          Schriften des Neuen Testaments und der
                          übrigen urchristlichen Literatur, 5.Aufl.,
                          1971

G.Dalman,   Aramäisch-Neuhebräisches Handwörterbuch zu
                          Targum, Talmud und Midrasch, 2.Aufl. 1938;
                          Neudrucke

W.Gesenius/   Hebräisches und Aramäisches Handwörterbuch
F.Buhl,   über das Alte Testament, 17.Aufl., 1915;
                          Neudrucke

M.Jastrow,   A Dictionary of the Targumim, the Talmud
                    Babli and Yerushalmi, and the Midrashic
                    Literature, 1950

L.Köhler/   Lexicon in Veteris Testamenti Libros, 1958
W. Baumgarten,

G.H.W.Lampe,   A Patristic Greek Lexicon, 1961

H.G.Liddell/   A Greek-English Lexicon, 9.Aufl., 1940;
R.Scott,   Neudrucke

C.A.Wahl,   Clavis Librorum Veteris Testamenti Apo-
                    cryphorum Philologica, 1853; Neudruck 1972

III.   S E K U N D Ä R L I T E R A T U R

1.   Aalen, S. Die Begriffe 'Licht' und 'Finsternis' im
       Alten Testament, im Spätjudentum und im Rabbinismus;
       1951 (SNVAO.HF 1)

2.   Almquist, H. Plutarch und das Neue Testament. Ein Bei-
       trag zum Corpus Hellenisticum Novi Testamenti; 1946
       (ASNU 15)

3.   Aleith, E. Das Paulusverständnis in der alten Kirche;
       1937 (BZNW 18)

4.   Althaus, P. Der Brief an die Römer, 12.Aufl.; 1976
       (NTD 6)

5.   Ali, W. Aretalogoi: PRE Suppl.VI, 13-15

6.   Amann, J. Die Zeusrede des Aelius Aristides; 1931
       (TBAW 12)

7.   Anthes, R. Lebensregeln und Lebensweisheit der alten
       Ägypter. Der Alte Orient 32,2; 1933

8.   Bacon, B.W. Studies in Matthew; 1930

9.   Balz, H./Schrage, W. Die katholischen Briefe, 11.Aufl.;
       1973 (NTD 10)

10.   Barnett, A.E. Paul Becomes a Literary Influence; 1941

11.   Barnikol, E. Römer 13. Der nichtpaulinische Ursprung
       der absoluten Obrigkeitsbejahung von Römer 13,1-7:
       Studien zum Neuen Testament und zur Patristik (FS E.
       Klostermann); 1961, 65-133

12.   Barth, G. Untersuchungen zum Gesetzesverständnis des
       Evangelisten Matthäus: Bornkamm, G., Barth, G., Held,
       H.J., Überlieferung und Auslegung im Matthäusevange-
       lium, 7.Aufl., 1975 (WMANT 1)

13.   Barth, K. Der Römerbrief, 2.Aufl.; 1922

14. Bauer, W. Jedermann sei Untertan der Obrigkeit: ders.,
     Aufsätze und kleine Schriften, 1967, 263-284

15. Ders. Das Johannesevangelium, 1933 (HNT 6)

16. Baumgarten, J. Paulus und die Apokalyptik. Die Ausle-
     gung apokalyptischer Überlieferung in den echten Pau-
     lusbriefen; 1975 (WMANT 44)

17. Baur, F.Chr. Vorlesungen über neutestamentliche Theolo-
     gie; hrsg. von F.F. Baur, Neudruck 1973

18. Becker, J. Das Evangelium des Johannes; 1979 (ÖTK 4/1)

19. Berger, K. Art. Abraham II. Im Frühjudentum und Neuen
     Testament: TRE I, 1977, 372-382

20. Ders. Almosen für Israel: NTS 23 (1976/77), 180-204

21. Ders. Die Amen-Worte Jesu. Eine Untersuchung zum Pro-
     blem der Legitimation in apokalyptischer Rede; 1970
     (BZNW 39)

22. Ders. Die Auferstehung der Propheten und die Erhöhung
     des Menschensohnes. Traditionsgeschichtliche Unter-
     suchungen zur Deutung des Geschicks Jesu im frühchrist-
     lichen Texten; 1976 (StUNT 13)

23. Ders. Exegese des Neuen Testaments, 1977

24. Ders. Die Gesetzesauslegung Jesu. Ihr historischer Hin-
     tergrund im Judentum und im Alten Testament. Teil I:
     Markus und Parallelen; 1972 (WMANT 40)

25. Ders. "Gnade" im frühen Christentum: NedThT 27 (1973)
     1-25

26. Ders. Hartherzigkeit und Gottes Gesetz. Die Vorgeschich-
     te des antijüdischen Vorwurfs in Mc 10,5: ZNW 61 (1970)
     1-47

27. Ders. Die impliziten Gegner. Zur Methode des Erschließens
     von "Gegnern" in neutestamentlichen Texten: Kirche (FS
     G. Bornkamm), 1980, 373-400

28. Ders. Die königlichen Messiastraditionen des Neuen
     Testaments: NTS 20 (1973) 1-44

29. Ders. Neues Material zur 'Gerechtigkeit Gottes': ZNW 68
     (1977), 266-275

30. Ders. Zu den sogenannten Sätzen Heiligen Rechts: NTS 17
     (1970), 10-40

31. Ders. Der Streit des guten und des bösen Engels um die
     Seele: JSJ 4 (1973), 1-18

32. Ders. Wissenssoziologie und Exegese des Neuen Testaments
    Kairos NF 19 (1977), 124-133

33. Ders./Preuß, H.D. Bibelkunde des Alten und Neuen Testa-
    ments. Zweiter Teil: Neues Testament; 1980

34. Bertram, G. Art. συνεργός κτλ.: ThW 7 (1964), 869-875

35. Betz, H.D. Galatians. A Commentary on Paul's Letter to
    the Churches in Galatia; 1979

36. Beyer, H.W. Art. διακονέω κτλ.: ThW 2 (1935), 81-93

37. Bieder, W. Christliche Existenz nach dem Zeugnis des
    Jakobusbriefes: ThZ 5 (1949), 93-113

38. Blank, J. Warum sagt Paulus: "Aus Werken des Gesetzes
    wird niemand gerecht?": EKKV I (1969), 79-107

39. Blumenberg, H. Legitimation der Neuzeit; 1966

40. Böklen, E. Die Verwandtschaft der jüdisch-christlichen
    Eschatologie mit der Parsischen Eschatologie; 1902

41. Bolkestein, H. Art. Almosen: RAC 1 (1950), 301f

42. Ders. Wohltätigkeit und Armenpflege im vorchristlichen
    Altertum; Neudruck 1967

43. Bonnet, H. Art. Jenseitsgericht: RÄRG, 1952, 334ff

44. Bornkamm, G. Die Erbauung der Gemeinde als Leib Christi:
    Ders. Das Ende des Gesetzes. Paulusstudien. Gesammelte
    Aufsätze 1, 5.Aufl., 1966 (BEvTh 16), 113-123

45. Ders. Gesetz und Natur. Römer 2,14-16: Studien zu Antike
    und Urchristentum. Gesammelte Aufsätze 2, 3.Aufl., 1970,
    93-118 (BEvTh 28)

46. Ders. Der Lohngedanke im Neuen Testament: Studien zu An-
    tike und Urchristentum. Gesammelte Aufsätze 2, 3.Aufl.,
    1970, 69-92 (BEvTh 28)

47. Ders. Wandlungen im alt- und neutestamentlichen Ge-
    setzesverständnis: Ders. Geschichte und Glaube 2, Ge-
    sammelte Aufsätze 4, 1971, 73-119

48. Bousset, W. Die Offenbarung des Johannes; Neudruck der
    6.Aufl., 1966 (KEK 16)

49. Ders. Die Religion des Judentums im späthellenistischen
    Zeitalter, 3.Aufl., hrsg. von H.Gressmann; 1926 (HNT 21)

50. Ders. Das Wesen der Religion, 4.Aufl.; 1920

51. Brandenburger, E. Fleisch und Geist. Paulus und die dua-
    listische Weisheit; 1968 (WMANT 29)

52. Ders. Das Recht des Weltenrichters. Untersuchung zu Matthäus 25,31-46; 1980 (SBS 99)

53. Brandon, S.G.F. A Problem of the Osirian Judgment of the Dead: Numen 5 (1958), 110-127

54. Braumann, G. Der theologische Hintergrund des Jakobusbriefes: ThZ 18 (1962), 401-410

55. Braun, H. Gerichtsgedanke und Rechtfertigungslehre bei Paulus; 1930 (UNT 19)

56. Ders. Spätjüdisch-häretischer und frühchristlicher Radikalismus. Jesus von Nazareth und die essenische Qumransekte, 2 Bde.; 1957 (BHTh 24)

57. Ders. Umkehr in spätjüdisch-häretischer und frühchristlicher Sicht: ZThK 50 (1953), 243-258

58. Breitenstein, U. Beobachtungen zu Sprache, Stil und Gedankengut des vierten Makkabäerbuches, 1980

59. Brox, N. Die Pastoralbriefe, 4.Aufl.; 1969 (RNT 7/2)

60. Ders. Der erste Petrusbrief, 1979 (EKK 21)

61. Ders. Situation und Sprache der Minderheit im ersten Petrusbrief: Kairos NF 19 (1977), 1-13

62. Brunner, H. Die religiöse Wertung der Armut im Alten Ägypten: Saeculum 12 (1961), 319-344

63. Buchheit, V. Untersuchungen zur Theorie des Genus Epideiktikon von Gorgias bis Aristoteles; 1960

64. Bühner, J.A. Der Gesandte und sein Weg; 1977 (WUNT 2/2)

65. Bultmann, R. Christus des Gesetzes Ende: ders. Glauben und Verstehen, Bd.2, 5.Aufl.; 1968, 32-58

66. Ders. Das Evangelium des Johannes, 19. Aufl.; 1968 (KEK 2)

67. Ders. Glossen im Römerbrief: ders. Exegetica, hrsg. von E.Dinkler, 1967, 278-284

68. Ders. Art. πιστεύω κτλ.: ThW 6 (1959), 174-230

69. Ders. Das Problem der Ethik bei Paulus: ders. Exegetica, hrsg. von E.Dinkler, 1967, 36-54

70. Ders. Der Stil der paulinischen Predigt und die kynisch-stoische Diatribe; 1910 (FRLANT 13)

71. Ders. Theologie des Neuen Testaments; 6.Aufl.; 1968

72. Ders. Der zweite Brief an die Korinther, hrsg. von E.Dinkler; 1976 (KEK Sonderband)

73. Burchard, Chr. Gemeinde in der strohernen Epistel. Mut-maßungen über Jakobus: Kirche (FS G. Bornkamm); 1980, 315-328

74. Ders. Zu Jakobus 2,14-26: ZNW 71 (1980), 25-45

75. Burgess, Th.C. Epideictic Literature; 1902 (Studies in Classical Philology III)

76. Burney, Ch.F. The Poetry of our Lord; 1925

77. Campenhausen, H. von. Zur Auslegung von Römer 13: ders. Aus der Frühzeit des Christentums; 1963, 81-101

78. Conzelmann, H. Der erste Brief an die Korinther, 11. Aufl.; 1969 (KEK 5)

79. Cullmann, O. Der Staat im Neuen Testament; 1956

80. Dahl, N.A. Das Volk Gottes. Eine Untersuchung zum Kirchenbewußtsein des Urchristentums; 1941

81. Dalfen, J. Formgeschichtliche Untersuchungen zu den Selbstbetrachtungen Marc Aurels, Diss.masch.; München 1967

82. Dassmann, E. Der Stachel im Fleisch. Paulus in der frühchristlichen Literatur bis Irenäus; 1979

83. Daube, D. Jewish Missionary Maxims in Paul; 1948

84. Deissmann, A. Licht vom Osten. Das Neue Testament und die neuentdeckten Texte der hellenistisch-römischen Welt, 4.Aufl.; 1923

85. Delling, G. Art. καταργεῖν: ThW I (1933), 453-455

86. Ders. Art. στοιχέω: ThW VII (1964), 666-669

87. Dibelius, M. Der Brief des Jakobus, hrsg. und ergänzt von H. Greeven, 11.Aufl.; 1964 (KEK 15)

88. Ders. Die Christianisierung einer hellenistischen For-mel: NJKA 18 (1915), 224-236

89. Ders. Die Formgeschichte des Evangeliums, hrsg. von G. Bornkamm mit einem Nachtrag von G. Iber, 3.Aufl.; 1959

90. Ders. Die Pastoralbriefe, 4.Aufl.; 1966 (HNT 13)

91. Dihle, A. Art. Ethik: RAC VI (1966), 646-796

92. Ders. Studien zur griechischen Biographie; 1956 (AAWG.PH 37)

93. Ders. Art. ψυχή im Griechischen: ThW IX (1973), 605-614

94.   Donfried, K.P. Justification and last judgment in Paul:
      ZNW 67 (1976), 90-110

95.   Dülmen, A. van. Die Theologie des Gesetzes bei Paulus;
      1968 (SBM 5)

96.   Eckert, J. Die urchristliche Verkündigung im Streit
      zwischen Paulus und seinen Gegnern nach dem Galater-
      brief; 1971 (BU 6)

97.   Eichholz, G. Auslegung der Bergpredigt, 3.Aufl.; 1975

98.   Ders. Glaube und Werk bei Paulus und Jakobus; 1961
      (TEH 88)

99.   Ders. Jakobus und Paulus. Ein Beitrag zum Problem des
      Kanons; 1953 (TEH 39)

100. Ernesti, F.F.Th.L. Die Ethik des Apostels Paulus; 1880

101. Fecht, G. Der Habgierige und die Maat in der Lehre des
      Ptahhotep; 1958 (ADAIK 1)

102. Ders. Der Vorwurf an Gott in den Mahnworten des Jpu-wer;
      1972 (AHAW 1972/1)

103. Fischer, U. Eschatologie und Jenseitserwartung im helle-
      nistischen Diasporajudentum; 1978 (BZNW 44)

104. Fishburne, C.W. I Corinthians III.10-15 and the Testa-
      ment of Abraham: NTS 17 (1970/71), 109-115

105. Flückinger,F. Die Werke des Gesetzes bei den Heiden:
      ThZ 8 (1952), 17-42

106. Förster, W. Art. δαίμων: ThW II (1935), 1-21

107. Frankemölle, H. Jahwebund und Kirche Christi. Studien
      zur Form- und Traditionsgeschichte des "Evangeliums"
      nach Matthäus; 1973

108. Friedrich, G. Das Gesetz des Glaubens Röm 3,27: ThLZ
      79 (1954), 401-417

109. Friedrich J./Pöhlmann, W./Stuhlmacher, P. Zur histo-
      rischen Situation und Intention von Röm 13,1-7: ZThK
      73 (1976), 131-166

110. Gerlach, G. Griechische Ehreninschriften; 1908

111. Gnilka, J. Das Evangelium nach Markus; 1979 (EKK 2/1)

112. Godet, F. Kommentar zu dem Brief an die Römer. Deutsch
      bearbeitet von E.R. Wunderlich; 1881/82

113. Goguel, M. Jésus et les origines du Christianisme. La
      naissance du Christianisme; 1955

114. Goppelt, L. Christentum und Judentum im ersten und zwei-
      ten Jahrhundert. Ein Aufriß der Urgeschichte der Kirche;
      1954 (BFChTh II/55)

115. Ders. Der erste Petrusbrief, hrsg. von F. Hahn, 8.Aufl.;
      1978 (KEK 12/1)

116. Graeser, A. Diskussion zur Funktion des Begriffes 'Gut'
      in der stoischen Ethik: ZphF 26, 417-425

117. Gräßer, E. Die Juden als Teufelssöhne in Joh 8,37-47:
      ders. Text und Situation. Gesammelte Aufsätze zum
      Neuen Testament; 1973, 70-83

118. Grieshammer, R. Das Jenseitsgericht in den Sargtexten;
      1970 (ÄA 20)

119. Grundmann, W. Art. καλός: ThW III (1938), 539-553

120. Ders. Das Evangelium nach Matthäus; 1968 (ThHK 1)

121. Gunkel, H. Zum religionsgeschichtlichen Verständnis des
      Neuen Testaments; 1903 (FRLANT 1)

122. Ders. Vergeltung im Alten Testament: RGG V, 2.Aufl.;
      1931, 1529-1533

123. Haenchen, E. Matthäus 23: ZThK 48 (1951), 38-63

124. Ders. Der Weg Jesu, 2.Aufl.; 1968 (GLB)

125. Harnack, A. von. Geschichte der altchristlichen Litera-
      tur bis Eusebius. Erster Theil: Die Überlieferung und
      der Bestand der altchristlichen Literatur bis Eusebius;
      1893. Zweiter Theil: Die Chronologie der altchristlichen
      Litteratur bis Eusebius. Ersten Band: Die Chronologie de
      Litteratur bis Eusebius nebst einleitenden Untersuchun-
      gen; 1897.

126. Ders. κόπος im frühchristlichen Sprachgebrauch: ZNW 27
      (1928), 1-10

127. Ders. Die Mission und Ausbreitung des Christentums in
      den ersten drei Jahrhunderten I, 4.Aufl.; 1924

128. Hauck, F. Art. κόπος κτλ.: ThW III (1938), 827-829

129. Heiligenthal, R. Art. ἔργον: EWNT II (1980), 123-127

130. Ders. Strategien konformer Ethik im Neuen Testament am
      Beispiel von Röm 13.1-7: NTS 29 (1983), 55-61

131. Heinrichs, F. Die Komposition der antipharisäischen
      und antirabbinischen Weherede bei den Synoptikern,
      MS München (Kath.-Theol. Fakultät); 1950

132. Herrmann, S. Steuerruder, Waage, Herz und Zunge in
      ägyptischen Bildreden: ZÄS 79 (1954), 106-115

133.   Hoheisel, K. Das antike Judentum in christlicher Sicht.
       Ein Beitrag zur neueren Forschungsgeschichte; 1978
       (Studies in Oriental Religions 2)

134.   Holtz, G. Die Pastoralbriefe, 2.Aufl.; 1972 (ThHK 13)

135.   Hoppe, R. Der theologische Hintergrund des Jakobusbrie-
       fes; 1977 (fzb 28)

136.   Horn, H.J. Zur Begründung des Vorrangs der πρᾶξις vor
       dem ἦθος in der aristotelischen Tugendlehre: Hermes 103
       (1975), 292-299

137.   Hübner, H. Das Gesetz bei Paulus. Ein Beitrag zum Wer-
       den paulinischer Theologie, 1978 (FRLANT 119)

138.   Ders. Das Gesetz in der synoptischen Tradition. Studien
       zur These einer progressiven Qumranisierung und Judai-
       sierung innerhalb der synoptischen Tradition; 1973

139.   Iwand, H.J. Glaubensgerechtigkeit nach Luthers Lehre,
       4.Aufl.; 1964

140.   Jepsen, A. Gnade und Barmherzigkeit im AT: KuD 7 (1961),
       261-271

141.   Jeremias, J. Die Briefe an Timotheus und Titus, 11.Aufl.;
       1975 (NTD 9)

142.   Ders. Paulus and James: ET 66 (1954/55), 368-371

143.   Ders. Die Salbungsgeschichte Mc 14,3-9: ZNW 35 (1936),
       75-82

144.   Joest, W. Gesetz und Freiheit, 4.Aufl.; 1968

145.   Jülicher, A. Die Gleichnisreden Jesu, Teil I-II, 2.Aufl.;
       1910

146.   Jüngel, E. Paulus und Jesus. Eine Untersuchung zur
       Präzisierung der Frage nach dem Ursprung der Christo-
       logie, 4.Aufl.; 1972 (HUTh 2)

147.   Junker, H. Pyramidenzeit. Das Wesen der altägyptischen
       Religion, 2.Aufl.; 1956

148.   Käsemann, E. Begründet der neutestamentliche Kanon die
       Einheit der Kirche?: Exegetische Versuche und Besinnungen
       I, 3.Aufl.; 1964, 214-223

149.   Ders. Grundsätzliches zur Interpretation von Römer 13:
       Exegetische Versuche und Besinnungen II, 3. Aufl.; 1964,
       204-222

150.   Ders. An die Römer, 2.Aufl.; 1974 (HNT 8a)

151.   Ders. Römer 13,1-7 in unserer Generation: ZThK 56
       (1959), 316-376

152.   Ders. Sätze heiligen Rechts im NT: Exegetische Versuche
       und Besinnungen II, 3.Aufl.; 1964, 69-81

153.   Ders. Zum Verständnis von Röm 3,24-26: ZNW 43 (1950/51),
       150-161

154.   Kaiser, H. Die Bedeutung des leiblichen Daseins in der
       biblischen Eschatologie. Teil I: Studien zum religions-
       und traditionsgeschichtlichen Hintergrund der Auseinan-
       dersetzung in 2Kor 5,1-10 (und 1Kor 15) im palästini-
       schen und hellenistischen Judentum, Diss. masch.; Heidel
       berg 1974

155.   Kallas, J. Romans 13,1-7: An Interpretation: NTS 11
       (1964/5), 365-374

156.   Kamlah, E. Die Form der katalogischen Paränese im NT;
       1964 (WUNT 7)

157.   Kee, H.C. Das frühe Christentum in soziologischer
       Sicht. Methoden und Anstöße; 1982

158.   Kees, H. Totenglauben und Jenseitsvorstellung der
       Alten Ägypter, 2.Aufl.; 1956

159.   Keyßner, K. Gottesvorstellung und Lebensauffassung im
       griechischen Hymnus; 1932 (Würzburger Studien zur Al-
       tertumswissenschaft 2)

160.   Kittel, G. Der geschichtliche Ort des Jakobusbriefes:
       ZNW 41 (1942), 71.105

161.   Klostermann, E. Das Markus-Evangelium, 3.Aufl.; 1936
       (HNT 3)

162.   Koch, K. (Hrsg.) Um das Prinzip der Vergeltung in Re-
       ligion und Recht des Alten Testaments; 1972 (WdF 125)

163.   Ders. Der Schatz im Himmel: Leben angesichts des Todes
       (FS H.Thielicke); 1968, 47-60

164.   Koep, L. Das himmlische Buch in Antike und Christen-
       tum; 1952 (Theop 8)

165.   Kraus, H.J. Psalmen I-II, 4.Aufl.; 1972 (BK.AT 15/1-2)

166.   Kretzenbacher, L. Die Seelenwaage. Zur religiösen Idee
       vom Jenseitsgericht auf der Schicksalswaage in Hoch-
       religion, Bildkunst und Volksglaube; 1958 (Buchreihe
       des Landesmuseums für Kärnten 4)

167.   Krischer, T. Die enkomiastische Topik im Epitaphios
       des Perikles: Mn 30 (1978), 122-134

168.   Kroll, W. Art. Rhetorik: PRE Suppl.VII, 1039-1138

169.   Kuhr, F. Röm 2,14ff und die Verheißung bei Jer 31,31ff:
       ZNW 55 (1964), 243-261

170. Kuss, O. Der Römerbrief, Lfg. 1 1957; Lfg. 2 1959;
Lfg. 3 1978

171. Lackmann, M. Vom Geheimnis der Schöpfung. Die Geschichte
der Exegese von Röm 1,18-23 und Act 17,22-29 vom 2.Jahrh.
bis zum Beginn der Orthodoxie; 1952

172. Ders. Sola Fide; 1949 (BFChTh.M 50)

173. Leistner, M. Antijudaismus im Johannesevangelium? Darstellung des Problems in der neueren Auslegungsge-
schichte und Untersuchung der Leidensgeschichte; 1974
(Theologie und Wirklichkeit 3)

174. Lietzmann, H. Die Briefe des Apostels Paulus an die
Korinther I-II; 1907/9 (HNT 9)

175. Ders. An die Galater, 4.Aufl.: 1971 (HNT 10)

176. Ders. An die Römer; 1906 (HNT 8)

177. Lindemann, A. Paulus im ältesten Christentum. Das Bild
des Apostels und die Rezeption der paulinischen Theologie in der frühchristlichen Literatur bis Marcion; 1979
(BHTh 58)

178. Lohmeyer, E. Das Evangelium nach Matthäus, hrsg. von
W. Schmauch, 4.Aufl.; 1967 (KEK Sonderband)

179. Ders. Gesetzeswerke: Probleme paulinischer Theologie;
1954, 33-74

180. Lohse, E. Glaube und Werke. Zur Theologie des Jakobusbriefes: ZNW 48 (1957), 1-22

181. Ders. Märtyrer und Gottesknecht, 2.Aufl.; 1963 (FRLANT
64)

182. Ders. Taufe und Rechtfertigung: ders. Die Einheit des
NT. Exegetische Studien zur Theologie des NT; 1973,
228-244

183. Luck, U. Der Jakobusbrief und die Theologie des Paulus:
ThGL 61 (1971), 161-179

184. Lüddeckens, E. Alter und Einheitlichkeit des ägyptischen
Vorstellung vom Totengericht: JAWLM 1953, 182-199

185. Lüdemann, G. Zum Antipaulinismus im frühen Christentum:
EvTheol 40 (1980), 437-455

186. Lührmann, D. Der Brief an die Galater; 1978 (ZBK-NT 7)

187. Ders. Glaube im frühen Christentum; 1976

188. Ders. Wo man nicht mehr Sklave oder Freier ist: WuD 13
(1975), 53-83

189. Luz, U. Rechtfertigung bei den Paulusschülern: Recht-
      fertigung (FS E.Käsemann); 1976, 365-383

190. Mannheim, K. Ideologie und Utopie; 1952

191. Marmorstein, A. The Doctrine of Merits in Old Rabbini-
      cal Literature; 1920 (Neudruck 1968)

192. Mattern, L. Das Verständnis des Gerichtes bei Paulus;
      1966 (AThANT 47)

193. Meinhold, P. Geschehen und Deutung im Ersten Clemens-
      brief: ZKG 58 (1939), 82-129

194. Meyer, A. Das Rätsel des Jakobusbriefes; 1930

195. Michel, O. Der Brief an die Römer, 5.Aufl.; 1978
      (KEK 4)

196. Morenz, S. Die Herabkunft des transzendenten Gottes
      in Ägypten; 1964 (SSAW 109/2)

197. Ders. Rechts und links im Totengericht: ZÄS 82 (1957),
      62-71

198. Ders. Ägyptische Religion; 1960

199. Müller, D. Grabausstattung und Totengericht in der
      Lehre für König Merikare: ZÄS 94 (1967), 117-124

200. Mundle, W. Der Glaubensbegriff des Paulus. Eine Unter-
      suchung zur Dogmengeschichte des ältesten Christentums,
      2.Aufl.; 1977

201. Ders. Das Problem des Zwischenzustandes in dem Abschnitt
      2Kor 5,1-10: Festgabe für A. Jülicher; 1927, 93-109

202. Ders. Das religiöse Leben des Apostel Paulus; 1923

203. Mussies, G. Dio Chrysostom and the New Testament; 1972
      (SCHNT 2)

204. Mußner, F. Der Galaterbrief, 3.Aufl.; 1977 (HThK 9)

205. Ders. Der Jakobusbrief, 3.erw.Aufl.: 1975 (HThK 13/1)

206. Nötscher, F. Das Buch Jeremias; 1934 (HSAT 7,2)

207. Norden, E. Agnostos Theos. Untersuchungen zur Formge-
      schichte religiöser Rede, 6.Aufl.: 1974

208. Ders. Die antike Kunstprosa vom VI.Jhdt.v.Chr. bis in
      die Zeit der Rennaissance I-II, 2.Aufl.; 1909

209. Nyberg, H.S. Die Religionen des alten Iran; 1938

210   Nygren, A. Der Römerbrief, 4.Aufl.; 1965

211. Oepke, A. Der Brief des Paulus an die Galater, 3.Aufl.,
      bearbeitet von J.Rohde; 1973 (ThHK 9)

212. Osten Sacken, P. von der. Römer 8 als Beispiel paulini-
      scher Soteriologie; 1975 (FRLANT 112)

213. Payr, Th. Art. Enkomion: RAC 5 (1962), 332-343

214. Pesch, R. Das Markusevangelium, 2.Aufl.; 1977 (HThK 2/1)

215. Pesch, W. Der Sonderlohn für die Verkündigung des Evange-
      liums: Festschrift für J.Schmid; 1963, 199-206

216. Ders. Theologische Aussagen der Redaktion von Matthäus
      23: Orientierung an Jesus (FS J.Schmid); 1973, 286-299

217   Peterson, E. ΕΙΣ ΘΕΟΣ; 1926 (FRLANT 24)

218. Ders. ΕΡΓΟΝ in der Bedeutung 'Bau' bei Paulus: Bib 22
      (1941), 439-441

219. Pfleiderer, O. Der Paulinismus. Ein Beitrag zur Geschich-
      te der urchristlichen Theologie, 2.Aufl.; 1890

220. Ders. Das Urchristentum II, 2.Aufl.; 1902

221. Pohlenz, M. Paulus und die Stoa: ZNW 42 (1949),69-104

222. Ders. Die Stoa. Geschichte einer geistigen Bewegung I,
      5.Aufl.; 1978

223. Preisker, H. Der Eigenwert des Jakobusbriefes in der
      Geschichte des Urchristentums: ThBl 13 (1934), 229-236

224. Rau, E. Kosmologie, Eschatologie und die Lehrautorität
      Henochs. Traditions- und formgeschichtliche Unter-
      suchungen zum äth. Henochbuch und zu verwandten Schrif-
      ten, Diss. masch.; Hamburg 1974

225. Reiner, H. Diskussion zum Begriff des Guten (Agathon
      in der stoischen Ethik). Antwort an Andreas Graeser:
      ZphF 27, 228-235

226. Ders. Die ethische Weisheit der Stoiker heute: Gymn 76
      (1969), 330-357

227. Reithmayr, F.X. Commentar zum Briefe an die Römer;
      1845

228. Riekkinen, V. Römer 13. Aufzeichnung und Weiterführung
      der exegetischen Diskussion; 1980 (AASF 23)

229. Rudolph, K. Zarathustra -Priester und Prophet-. Neue
      Aspekte der Zarathustra- bzw. Gathaforschung: Numen 8
      (1961), 81-116

230. Schammberger, H. Die Einheitlichkeit des Jakobusbriefes
      im antignostischen Kampf; 1936

231. Schelkle, K.H. Paulus der Lehrer der Väter. Die alt-
     kirchliche Auslegung von Römer 1-11, 2.Aufl.; 1959

232. Ders. Die Petrusbriefe. Der Jakobusbrief, 4.Aufl.;
     1976 (HThK 13/2)

233. Ders. Staat und Kirche in der patristischen Auslegung
     von Röm 13,1-7: ZNW 44 (1952/53), 223-236

234. Schlatter, A. Der Glaube im Neuen Testament, 3.Aufl.;
     1905

235. Ders. Gottes Gerechtigkeit. Ein Kommentar zum Römer-
     brief, 5.Aufl.; 1975

236. Schlier, H. Der Brief an die Epheser, 7.Aufl.; 1971

237. Ders. Der Brief an die Galater, 14.Aufl.; 1971 (KEK 7)

238. Ders. Der Römerbrief; 1977 (HThK 6)

239. Schmidt, H.W. Der Brief des Paulus an die Römer, 3.Aufl.;
     1972 (ThHK 6)

240. Schmidt, J.M. Die jüdische Apokalyptik. Die Geschichte
     ihrer Erforschung von den Anfängen bis zu den Textfun-
     den von Qumran, 2.Aufl.; 1976

241. Schmi thals, W. Paulus und Jakobus; 1963 (FRLANT 85)

242. Ders. Der Römerbrief als literarisches Problem; 1975

243. Schneider, G. Die Apostelgeschichte; 1980 (HThK 5/1)

244. Schrage, W. Die Christen und der Staat nach dem Neuen
     Testament; 1971

245. Ders. Ethik des Neuen Testaments; 1982 (NTD Ergänzungs-
     reihe 4)

246. Ders. Die konkreten Einzelgebote in der paulinischen
     Paräenese. Ein Beitrag zur neutestamentlichen Ethik;
     1961

247. Schulz, S. Das Evangelium nach Johannes, 12.Aufl.; 1972
     (NTD 4)

248. Ders. Die Mitte der Schrift; 1976

249. Schweitzer, A. Die Mystik des Apostels Paulus; 1930

250. Seeber, Chr. Untersuchungen zur Darstellung des Toten-
     gerichtes in der ägyptischen Religion; 1976 (MÄS 35)

251. Spiegel, J. Die Idee des Totengerichtes in der ägyp-
     tischen Religion; 1935 (LÄS 2)

252. Spitta, F. Der Brief des Jakobus; 1896 (Zur Geschichte
     und Literatur des Urchristentums 2)

253.   Soffel, J. Die Reden Menanders für die Leichenrede in
       ihrer Tradition dargestellt, übersetzt und kommentiert;
       1974

254.   Soucek, J.B. Zu den Problemen des Jakobusbriefes:
       EvTh 18 (1958), 460-468

255.   Staudinger, F. Art. ἐλεημοσύνη: EWNT I (1978), 1043-
       1045

256.   Steck, D.H. Israel und das gewaltsame Geschick der
       Propheten; 1967 (WMANT 23)

257.   Stendahl, K. Der Jude Paulus und wir Heiden. Anfragen
       an das abendländische Christentum; 1978 (KT 36)

258.   Stenger, W. Timotheus und Titus als literarische Ge-
       stalten. Beobachtungen zur Form und Funktion der
       Pastoralbriefe: Kairos NF 16 (1974), 252-267

259.   Stock, K. Gott der Richter. Der Gerichtsgedanke als
       Horizont der Rechtfertigungslehre: EvTh 40 (1980),
       240-256

260.   Strathmann, H. Das Evangelium nach Johannes, 4.Aufl.;
       1959 (NTD 4)

261.   Strecker, G. Befreiung und Rechtfertigung. Zur Stellung
       der Rechtfertigungslehre in der Theologie des Paulus:
       Rechtfertigung (FS E.Käsemann); 1976, 479-508

262.   Ders. Der Weg der Gerechtigkeit. Untersuchungen zur
       Theologie des Matthäus; 1962 (FRLANT 82)

263.   Strobel, A. Das Aposteldekret als Folge des antioche-
       nischen Streites. Überlegungen zum Verhältnis von
       Wahrheit und Einheit im Gespräch der Kirchen: Kontinui-
       tät und Einheit (FS F.Mußner); 1981, 81-104

264.   Ders. Furcht, wem Furcht gebührt. Zum profangriechi-
       schen Hintergrund von Röm 13,7: ZNW 55 (1964), 58-62

265.   Ders. Zum Verständnis von Römer 13: ZNW 47 (1956),
       67-93

266.   Struthers, L.B. The Rhetorical Structure of the Encomia
       of Claudius Claudian: HSCP 30 (1919), 49-87

267.   Stuhlmacher, P. Gerechtigkeit Gottes bei Paulus, 2.Aufl.;
       1966 (FRLANT 87)

268.   Ders. Zur neueren Exegese von Röm 3,24-26: Jesus und
       Paulus (FS W.G.Kümmel); 1975, 315-333

269.   Synofzik, E. Die Gerichts- und Vergeltungsaussagen bei
       Paulus. Eine traditionsgeschichtliche Untersuchung;
       1977 (Göttinger theologische Arbeiten 8)

270.   Theißen, G. Zur formgeschichtlichen Einordnung der
        soziologischen Fragestellung: ders. Studien zur Sozio-
        logie des Urchristentums, 1979 (WUNT 19), 3-34

271.   Ders. Legitimation und Lebensunterhalt: ein Beitrag
        zur Soziologie urchristlicher Missionare: ders. Stu-
        dien zur Soziologie des Urchristentums; 1979 (WUNT 19),
        201-230

272.   Ders. Soziale Schichtung in der korinthischen Gemeinde.
        Ein Beitrag zur Soziologie des hellenistischen Ur-
        christentums: ders. Studien zur Soziologie des Ur-
        christentums; 1979 (WUNT 19), 231-271

273.   Ders. Die soziologische Auswertung religiöser Über-
        lieferungen. Ihre methodologischen Probleme am Beispiel
        des Urchristentums: ders. Studien zur Soziologie des
        Urchristentums; 1979 (WUNT 19), 35-54

274.   Ders. Soziologie der Jesusbewegung; 1977 (TEH 194)

275.   Ders. Theoretische Probleme religionsgeschichtlicher
        Forschung und die Analyse des Urchristentums: Studien
        zur Soziologie des Urchristentums; 1979 (WUNT 19), 55-
        76

276.   Ders. Urchristliche Wundergeschichten. Ein Beitrag zur
        formgeschichtlichen Erforschung der synoptischen Evan-
        gelien; 1974 (StNT 8)

277.   Ders. Wanderradikalismus. Literatursoziologische Aspekte
        der Überlieferung von Worten Jesu im Urchristentum:
        ders. Studien zur Soziologie des Urchristentums; 1979
        (WUNT 19), 79-105

278.   Thomas, J. Ein jeder nach dem Maß der Gnade (unveröffn.)

279.   Thyen, H. Der Stil der Jüdisch-Hellenistischen Homilie;
        1955 (FRLANT 65)

280.   Titius, A. Der Paulinismus unter dem Gesichtspunkt der
        Seligkeit; 1900

281.   Trilling, W. Das Wahre Israel. Studien zur Theologie
        des Matthäusevangeliums, 3.Auff.; 1964 (StANT 10)

282.   Unnik, W.C. van. Lob und Strafe durch die Obrigkeit.
        Hellenistisches zu Römer 13,3-4: Jesus und Paulus
        (FS W.G.Kümmel); 1975, 334-343

283.   Ders. Die Rücksicht auf die Reaktion der Nicht-Christen
        als Motiv der altkirchllichen Paräense: Judentum, Ur-
        christentum, Kirche (FS J.Jeremias), 2.Aufl.; 1964, 221-
        234 (BZNW 26)

284.   Ders. The Teaching of Good Works in 1 Peter: NTS 1
        (1954/55), 92-110

285. Ders. De verlossing 1 Peter 1:18-19 en het probleem van
      den eersten Petrusbrief: Mededeelingen der Nederlandsche
      Akademie van Wetenschappen, Nieuwe Reeks, Deel 5, Af-
      deeling Letterkunde, No.1; 1942, 1-106

286. Vielhauer, Ph. Geschichte der urchristlichen Literatur.
      Einleitung in das Neue Testament, die Apokryphen und
      die Apostolischen Väter; 1975 (GLB)

287. Ders. Oikodome; 1939

288. Vögtle, A. Die Tugend- und Lasterkataloge exegetisch,
      religions- und formgeschichtlich untersucht; 1936
      (NTA 16,4/5)

289. Volz, P. Die Eschatologie der jüdischen Gemeinde im
      neutestamentlichen Zeitalter, nach den Quellen der
      rabbinischen, apokalyptischen und apokryphen Literatur
      dargestellt; 1934

290. Walker, R. Allein aus Werken. Zur Auslegung von Jakobus
      2,14-26: ZThK 61 (1964), 155-192

291. Ward, R.B. The Works of Abraham. James 2:14-26: HThR 61
      (1968), 283-290

292. Weiß, B. Die Briefe des Paulus an Timotheus und Titus,
      6.Aufl.; 1894 (KEK 11)

293. Ders. Der Brief an die Römer, 8.Aufl.; 1891 (KEK 4)

294. Weiß, J. Der erste Korintherbrief, 2.Neudruck der 9.
      Aufl.; 1977 (KEK 5)

295. Weizsäcker, C. Das apostolische Zeitalter, 2.Aufl.; 1890

296. Wellhausen, J. Das Evangelium Johannis; 1908

297. Wendland, H.D. Ethik des Neuen Testaments, 2.Aufl.;
      1975 (GNT 4)

298. Wendland, P. Die hellenistisch-römische Kultur in ihren
      Beziehungen zum Judentum und Christentum, 4.Aufl.; 1974
      (HNT 2)

299. Ders. Die urchristlichen Literaturformen; 1912 (HNT I,3)

300. Wengst, K. Der erste, zweite und dritte Brief des
      Johannes; 1978 (ÖTK 16)

301. Ders. Christologische Formeln und Lieder des Urchristen-
      tums; 1972 (StNT 7)

302. Wetter, G.P. Der Vergeltungsgedanke bei Paulus. Eine
      Studie zur Religion des Apostels; 1912

303. Wibbing, S. Die Tugend- und Lasterkataloge im NT und
      ihre Traditionsgeschichte unter besonderer Berücksich-
      tigung der Qumrantexte; 1959 (BZNW 25)

304.   Widengren, G. Die Religionen Irans; 1965

305.   Wilckens, U. Der Brief an die Römer, Teil I 1978. Teil
        2 1980. Teil 3 1982 (EKK 6/1-3)

306.   Ders. Die Missionsreden der Apostelgeschichte. Form-
        und traditionsgeschichtliche Untersuchungen, 3.Aufl.;
        1974 (WMANT 5)

307.   Ders. Die Rechtfertigung Abrahams nach Römer 4; ders.
        Rechtfertigung als Freiheit. Paulusstudien; 1974, 33-49

308.   Ders. Römer 13,1-7: ders. Rechtfertigung als Freiheit.
        Paulusstudien; 1974, 203-245

309.   Ders. Art. ὑποκρίνομαι κτλ.: ThW VIII (1969), 558-571

310.   Ders. Was heißt bei Paulus: "Aus Werken des Gesetzes
        wird kein Mensch gerecht?": ders. Rechtfertigung als
        Freiheit. Paulusstudien; 1974, 77-109

311.   Windisch, H. Die katholischen Briefe, 3.Aufl.; 1951
        (HNT 15)

312.   Ders. Der zweite Korintherbrief, 9.Aufl.; 1924 (KEK 6)

313.   Wolff, A. Muhammedanische Eschatologie; 1882

314.   Wolff, Ch. Jeremia im Frühjudentum und Urchristentums;
        1976

315.   Wrede, W. Charakter und Tendenz des Johannesevangeliums;
        1903

316.   Ders. Paulus; 1904

317.   Zandee, J. Death as an Enemy. According to Ancient
        Egyptian Conceptians; 1960 (SHR 5)

318.   Zeller, D. Zur Pragmatik der paulinischen Rechtferti-
        gungslehre: ThPh 56 (1981), 204-217

319.   Ders. Theologie und Mission bei Paulus: Mission im Neuen
        Testament, hrsg. v. K. Kertelge; 1982, 164-189 (QD 93)

320.   Zmijewski, J. Der Stil der paulinischen Narrenrede. Ana-
        lyse der Sprachgestaltung in 2Kor 11,1-12,10 als Beitrag
        zur Methodik von Stiluntersuchungen neutestamentlicher
        Texte; 1978 (BBB 52)

321.   Zsifkovits, V. Der Staatsgedanke nach Paulus in Römer
        13,1-7; 1964

III. AUTORENVERZEICHNIS

Aalen, S. 123, 232

Aleith, E. 293

Ali, W. 13

Althaus, P. 94, 170, 187

Anthes, R. 250

Bacon, B.W. 55

Barnett, A.E. 71

Barnikol, E. 96

Barth, G. 55, 61, 168

Barth, K. 95

Bauer, W. 39, 40, 86, 93, 113, 243

Baur, F.Chr. 33

Becker, J. 88, 89, 91, 218, 225, 228

Berger, K. 7, 10, 28, 29, 31, 34, 39, 42, 47-51, 55, 59, 67, 72, 73, 75, 78, 81, 85, 86, 88, 96-101, 111, 118, 123, 125, 131, 132, 139, 140, 150, 166, 167, 172, 183, 184, 186, 208, 216, 217, 229, 230, 239, 240, 244, 245, 260, 273, 274, 282, 288-292, 294, 295, 297, 303

Bertram, G. 148, 280

Betz, H.D. 129

Bieder, W. 37

Bieler, L. 91

Bissing, v.W. 249, 250

Blank, J. 306

Blumenberg, H. 279

Bolkestein, H. 46, 105, 265, 266, 267, 270, 276

Bonnet, H. 249, 250, 256

Bornkamm, G. 186, 210, 212, 282, 283, 299

Bousset, W. 210, 223, 237

Brandenburger, E. 205

Braun, H. 168, 185, 187, 190, 195, 197, 198, 225, 228

Breitenstein, U. 9

Brox, N. 68, 69, 124

Brunner, H. 249

Buchheit, V. 8, 9

Bühner, J.A. 84, 88, 135-138, 142 218, 219

Bultmann, R. 33, 37, 49, 50, 55, 86 117, 128, 135, 165, 167, 169, 189, 197, 198, 199, 200, 210, 279-281, 283, 289, 296-298, 300, 301, 305-308

Burchard, Chr. 27, 30-34, 38, 40, 42, 43, 45-47, 49

Burgess, Th.C. 9

Campenhausen, v.H. 95

Clère, J.J. 251

Cohn, L, 272

Colpe, C. 270

Conzelmann, H. 193, 208-211, 213, 214, 216

Cullmann, O. 95

Dahl, N.A. 128

Dalfen, J. 20

Dassmann, E. 49, 50

Daube, D. 126

Deissmann, A. 210, 267

Delcor, M. 258

Delling, G. 139, 203, 299

Dibelius, M. 27, 28, 35, 37, 40, 42, 43, 49, 51, 58, 66, 68, 69, 116

Dihle, A. 1, 3-5, 7, 10, 11, 15, 273

Dülmen, v.A. 300, 306, 307

Eckert, J. 129

Eichholz, G. 27, 33

Erman, A. 252

Fahlgren, K. 143

Fecht, G. 248-250

Fichtner, J. 161

Fischer, U. 11

Fishburne, C.W. 261

Flückinger, N.G. 283

Förster, W. 37

Frankemölle, H. 61

Friedrich, G. 107, 111, 301

Gemser, B. 257

Gerlach, G. 9

Gese, H. 144

Gesenius, W. 225

Gnilka, J. 6

Godet, F. 187

Goguel, M. 49

Goppelt, L. 124

Gräßer, E. 84, 87

Gressmann, H. 256

Grieshammer, R. 249, 250, 252, 254, 256

Grundmann, W. 115, 116, 121

Gülzow, H, 45

Gunkel, H. 143

Haenchen, E. 59, 60

Harnack, v.A. 49, 115, 210

Hauck, F. 210

Heiligenthal, R. 92, 93, 265, 278, 290

Heinrichs, F. 60

Helck, W. 250

Hengel, M. 46

Hoheisel, K. 168

Hoppe, R. 33, 35, 37, 40, 51

Horst, F. 144

Hübner, H. 288, 298-301, 303

James, M.R. 261

Janssen, E, 258

Jeremias, J. 187

Joest, W. 170

Jülicher, A. 116

Jüngel, E. 197

Junker, H. 252, 253

Käsemann, E. 93, 95, 96. 110. 128, 165, 169. 172, 187, 196, 215, 216, 280, 281, 288, 296, 300, 301

Kaiser, H. 199

Kallas, J. 96

Kamlah, E. 203-205

Keybner, K. 13, 14

Kittel, G. 49

Klauck, H.J. 130

Klostermann, E. 7

Koch, K. 143, 144, 148, 239, 241

Koep, L. 237

Kraus, H.J. 161

Kretzenbacher, L. 254, 257

Kroll, W. 9

Kuß, O. 166, 170, 172, 300

Lackmann, M. 283

Lampe, G.W.H. 131

Lietzmann, H. 165, 166, 170, 187, 193, 200, 211, 213, 299, 300

Lindemann, A. 27, 33, 34, 49, 69, 70, 71, 292, 293

Lohmeyer, E. 115, 117, 287

Lohse, E. 33, 206, 293, 296

Luck, U. 51

Lüddeckens, E. 251

Lührmann, D. 27, 28

Luther, M. 27

Luz, U. 70, 71

Mannheim, K. 111

Mamorstein, A. 74, 77

Mattern, L. 168, 172, 195, 198, 210, 213, 214

Meinhold, P. 293

Meyer, A. 33

Michel, O. 93, 96, 98, 102, 110, 165, 172, 187, 188, 195, 280, 295, 297, 299, 300

Morenz, S. 249, 251, 252

Müller, D. 250, 262

Mundle, W. 200, 279, 306

Mußner, F. 27-29, 33, 40, 42, 43, 49, 58, 203

Norden, E. 278

Nygren, A. 166, 172

Oepke, A. 203

Oldfather, W.A. 16

Osten-Sacken, v.d.P. 193, 194

Payr, Th. 9

Pesch, W. 59-62

Peterson, E. 37, 137

Pfleiderer, O. 86, 170

Pohlenz, M. 2, 5, 79, 274, 275, 284

Preisker, H. 33

Rau, E. 222, 237-239, 296

Reithmayr, F.X. 165, 169

Reitzenstein, R. 193

Reventlow, v.H. 144

Riedl, J. 136

Schabert, J. 144

Schammberger, H. 49

Schelke, K.A. 95, 124

Schenkel, W. 251

Schlier, H. 165, 169, 171, 172, 203

Schnackenburg, R. 136, 225

Schneider, G. 93

Schmidt, J.M. 38, 165, 234, 258

Schmithals, W. 109

Schrage, W. 26-28, 96, 195

Schrenk, G. 51

Schweitzer, A. 196

Seeger, Chr. 253

Soffel, J. 9

Soucek, J.B. 42, 43, 45

Spiegel, J. 250, 252, 253

Spitta, F. 37

Steck, W.H. 167

Stendahl, K. 127, 134

Stock, K. 171, 190, 191, 195

Strathmann, H. 87

Strecker, G. 55, 60

Stuhlmacher, P. 196, 289, 296

Strobel, A. 93, 106, 107, 129

Struthers, L.B. 9

Synofzik, E. 172, 186, 212

Theißen, G. 2, 42-46, 90, 129, 140, 215

Thomas, J. 150

Thyen, H. 33

Titius, A. 188

Trilling, W. 60

Unnik, v.W.C. 93, 104, 106, 119, 120, 124

Vielhauer, Ph. 33, 49, 71, 84, 86, 208, 211, 310

Vögtle, A. 203

Volz, P. 237

Wahl, Chr.A. 63

Walker, R. 27, 29, 33-35, 49

Ward, R.B. 40

Weiß, B. 99, 100

Weiß, J. 193, 240

Wellhausen, J. 87

Wendland, H.D. 43

Wendland, P. 24, 49, 118

Wengst, K. 66, 294, 296

Wetter, G.P. 192

Wibbing, S. 203

Wilckens, U. 15, 62-64, 107, 110, 157, 166-168, 171, 172, 184, 187-194, 196, 197, 230, 279, 280, 286-289, 295, 296, 298, 299, 301, 303, 304, 306-308, 310

Windisch, H. 37, 49, 198, 199

Wolff, A.   245

Wolff, Chr. 283

Wrede, W. 86, 127

Zandee, J. 251

Zeller, D. 127, 134

Zmijewski, J. 20, 96-98, 116

Zsifkovits, V. 94

IV. VERZEICHNIS DER STELLEN

I. Altes Testament

Genesis

4,2	275
4,3	274.275.280
4,10	17
15,6	39.51.280
17,1-14	284
22,1	39
22,9-12	39

Exodus

2,11-22	270
2,17-22	270
4,25.26	131
32,13	72

Leviticus

19,13-18	31
19,18	202
26,39	73

Deuteronomium

1,17	158
7,6-11	284
9,5	276
10,1	73
10,27f	158
16,18f	158
31,28-30	161
31,29	162

1 Samuel

2,3	156
8,8	225
28	272
28,15	176

1 Kön (=3 Kön LXX)

8,32	149.153
16,2-4	162
16,2	162
16,7	162

2 Kön (=4 Kön LXX)

22,17	162

2 Chronik

6,23	149
17,3f	147
31,21	147

1 Esra

8,83	147

2 Esra

16,3	137
16,16	137

Nehemia

6,14	225

Esther

4,17	130
8,17	131

Tobith

1,10	130
2,9f	239
4,9	181
4,14	149.273
13,5ff	183

Judith

8,23	39

1 Makkabäer

2,25	131
2,51ff	83
2,51f	39
2,52-60	83
2,52	51
2,62	83
7,42	149

2 Makkabäer

6,1.7.18	131
7,23.28f	91

Psalmen

17,21	149
17,25	149
27,3	152
27,4	149.152.159
33,13f	156
61,13	149.152.159.172.174
93,2	151
93,3	151
93,5	152
93,16	151
93,22	151
93,23	149.151
99,8	225

102,10	149	17,15ff	149.159
105,35	161	17,15	155
105,36-38	161	17,17	155
105,39	161	17,19ff	183.221
105,40	161	17,19	155.220.221
143,1	76	17,20	150.221
143,2	297	17,22	155
143,3	281.290	17,23	155.221
146,3	76	17,24	155
		17,25ff	155
Hiob		17,29ff	221
		23,18-21	220
11,11	156	31,22	145
13,27	156	35,11-24	158
24,14	156	35,11	158
31,5f	257	35,12-24	149.150.158
33,26	149	35,12ff	160
34,11	149	35,12	158
34,21	125.156	35,13-18	158
36,9	154	35,13-16	159
		35,18	158
Proverbien		35,19-23	158
		35,20.22	158.159
1,31	55	35,20	158
3,27-29	269	35,21	158
10,16	145	35,22	158
11,18	146.147	35,23	158.159
11,21	146	35,24	158.159
16,2	257	38,28	137
19,17	149	39,19	156.220
20,28	11.119	42,18-20	220
21,2	257	48,14	139.141
24,12	149.156.159.257	48,15	141
31,16	55	51,30	157
Sapientia Salomonis		**Jesaja**	
1,13f	91	3,10	55
3,5ff	243	52,6	120
11,23	295	58,7	245
15	166	65,6f	146
		65,7	146
Sirach		66,18f	156
3,17	145		
7,28	272	**Jeremia**	
11,23-28	156		
11,23f	156	16,18	149
11,25-28	159	17,10	55
11,25	156	21,14	55
11,26-28	157	27,29	149
11,26	149.156	31,31ff	283
11,27f	157	32,13	152.153
11,27	156.157	32,14	152
11,28	157	38,16	157
14,11	273	38,29	150
14,13	269	38,33	283
15,19	156	39,19A	149
16,12-14	160	39,30	162
16,17-23	220	51,8	161
17,15-24	155		

Threni

| 3,46 | 151 |
| 3,64 | 149.151.159 |

Baruch

| 2,19.23 | 76 |
| 2,33 | 83 |

Hesekiel

18	150
18,30	149.154.160
20,43f	225
21,29	225
24,14	225
33,17-20	154
33,20	149.160
36,17	225
36,19	149.153

Daniel

1,8ff	130
4,27	11.119
7,10	237
7,13ff	222

Hosea

10,13	55
12,2(3)	160
12,3	153.154
12,7	154
12,15	149

Amos

| 4,11 | 213 |

Jona

| 3,10 | 156 |

Habakuk

| 2,2 | 51 |

Zephanja

| 1,18 | 261 |
| 3,11 | 225 |

Sacharja

| 3,2 | 213 |

Maleachi

| 3,2-3 | 261 |

II. Frühjüdisches Schrifttum

1. Apokalypsen

Baruch-Apokalypsen
griech

11-17	234.235
11,8f	242
12-16	285
12-15	242
12,1-5	242
12,6-8	243
13,1-5	242
13,1	241
13,2	243
14,1f	242
15,1	242
16,1-4	242

syr

14,12	181.239
19,3f	232
24,1	238
44,15	261
46,4f	265
48,17f	310
48,18-20	285.295
48,18ff	294
48,24	284
48,39	262
51,3	300
54,5	304
54,21	39.174.176
57,2	280.284
59,2	281
67,6	300
75,6ff	285.295
81,2ff	285.295
83,1-3	221
83,2f	220
84,10f	285.295
85,12	76.183

Syr.Daniel-Apk

| 1,6 | 145 |

Kopt.Elias-Apokalypse

| 3.4 | 237 |
| 11,1-12,1 | 237 |

Esra-Apokalypsen

4 Esra

5,27.29	304
6,18	222
6,20	237.238
7,24.34f	39

7,32-38	234.235	91,7	222
7,33ff	198	100,7	172.180.181.183
7,34f	174	100,9	261
7,35	246.261	102,1	261
7,36	261	102,8	261
7,72f	285	108,4-6	261
7,77	181.239.295		
7,102-115	76	**Griech Henoch**	
8	291		
8,31	77	5,7	304
8,32f	285.294	5,20	304
8,32	291	98,11	183
8,33	181.292	100,8	183
8,34	305		
8,35f	305	**Slav Henoch**	
8,35	292		
8,36	239	10,4	302
8,48	302	24,2	91
9,7-12	183	44-54	235
9,7f	39	45,3	278
		46,3	232
Griech Esra		49	240
		49,2	259
IV	294	50,1.4	235
		50,1	238.259
Lat Visio Beati Esdrae		50,4	234
		50,5	240
37-39	63	51	240
46	63	53,1	76
61-66	182.183	152,15	240
61	174		
		Kopt. Henoch	
Henoch-Literatur			
		fol.7	235.260
Äth Henoch			
		Griech Sibyllinen	
1,3-7	222		
1,7.9	222	I 125	183
1,8	223	I 150-198	183
10,12f	261	I 171	183
38,1-3	223	II 252ff	213
38,2	223	II 310ff	184
38,3	223	II 313ff	226
41,1f	259	IV 159f	261
46,7	39		
47-50	223	**2. Geschichtsbücher**	
47,1.2.4	237		
48,2	223	**Jubiläenbuch**	
48,8	223		
49,4	223	1,23f	133
50,1f	223	5,10-20	183
50,4	223	5,10	181
53,3	223	5,13-17	180
61-63	223	5,15	172.174
61	259	5,19	170
61,9	223	7,34	302
61,10	223	9,15	261
62	259	10,15-17	83
63,8f	170	15,33ff	132
81,5	290.295	15,33f	132
84,3	220	15,33	131

15,34	284
17,18	39
19,8f	39
19,9	39
20,2f	133
21,4	170
26,16	129.130
33,18	170

Syr Jubiläen-Frgm

37,19	178.221

Ioseph et Asenath

7,1	129.130
20,7	91
28,3	172.182

Ps.-Philo, Lib Ant

6,9f	310
9,4	310
25,6	39
33,5	76
64,7	174.176

3. Testamente

Test Abraham
Griech Rez A

10-13	235
10	235
12f	259
12	258
13	175.260.261
20	259

Griech Rez B

9	181
10.11	258
10	238.263

Test Hiob

43,13	170

Testamente der 12 Patriarchen

Test Levi

16	304
19,1	226

Test Juda

20	220
23,5	183
24	310

Test Sebulon

9,7	183

Test Naphtali

1,10	85
2,8-3,2	229
2,8f	229
2,8	229
2,9f	226
2,9	229
2,10	226
3,4	166
3,1	229
3,2	229
3,7	229
3,10	229
8	126
8,3	121
8,4	121
8,6	121
8,7	121
19	229
19,1	229

Test Asser

1,1-9	205

Test Ioseph

20,63	269

Test Benjamin

5,1-5	122.126
5,1	126

4. Texte von Qumran

CD

16,6	131
20,2-5	232

1QH

1,7	156
1,23f	238
4,15	183
6,18	261
7,12f	156
9,14f	290.295
13,17	310
14,15	289

1QS

1,5	225
2,5.7	225
2,15	261
2,25	183
3,13-5,26	225.228
3,22	225
3,25	225.226
4,1	225
4,4	225

4,10.23	225		Te'ezaza Sanbat	
4,13	261			
4,17	225		234.235.241.246	
4,18-20	228			
4,21	225		Äth Test Abraham	
4,23	225			
5,1	228		84.238.263	
5,2	228			
5,18f	225		III. Jüdisch-Hellenistische Autoren	
5,21-23.24	225			
6,14.17f	225		Aristeasbrief	
8,5-7	176			
8,7	176		188	82
8,18	225		194	11
10,18	178		210	82
			229	88
			230	11.119
1QpHab			281	82
7,11	285			
8,1	285		Iosephus Flavius	
10,3	261			
10,13	261		1. Bellum	
			1,34	131
			2,454	131
4QPs 37			2,587	17
4,8-10	175.176		3,25	36
			5,376	80
			7,343	80
4Qflor				
1,6f	243		2. Antiquitates	
1,7	281			
			2,262	270
			2,272-274	139
4QpNah			2,276	140
3,3f	302		2,286	92
			4,137	130
11QPs^a Zion 6			5,30	270
	83.290		5,97	37
			6,285	119
5. Samaritanisches Schrifttum			6,337-339	271
			6,341	271
Memar Marqah			6,342	271
	76		7,111	269
			7,387	272
6. äth.-jüd. Schrifttum			8,111f	277
			8,111	278
Abba Eliah			8,278	74
	36.39.84.234.240		8,343.350	37
			9,168	74
Buch der Engel			9,182	139.140.141
	181.244.260		9,261	73
			10,47	73
Äth Esra			13,243	130
	170.179.180.181.234		14,152-155	271
			14,295	271
Gorgorios-Apk			15,18	271
	56.178.181.182.183.		17,47	21
	184.234.235		19,63	21
Kebra Nagast			3. Contra Apionem	
34	173.177.181			
69	73		2,12	15.62
114f	184			
114	183			

2,193   37
2,241   15

4. Vita

299   35

3 Makkabäer

3,4   129.130
7,11   130

4 Makkabäer

5,2.27   131
7,9   2.119
8,1   131
16,14   20
18,5   131
18,18   91

Philo v. Alexandrien

1. De Abrahamo

6   21
169f   39
176   283

2. De Cerubim

16   5
99   273

3. De Confusione Linguarum

116   220

4. De Congressu Eruditionis cum
   Gratia

173   139

5. De Decalogo

111-117   272
111   272.273
112   272
119   272.273

6. De Fuga et Inventione

131   284

7. Quod deus sit immutabilis

75f   32
108   273

8. De Iosepho

46-48   268
202   130
267   270

9. Legum Allegoriae

1,48   82
1,63ff   273
3,27   140

3,77-79   278.291.305
3,77   291
3,78   290.291
3,210   21

10. De Legatione ad Gaium

7   105

11. De Migratione Abrahae

30   273
40   90
46   90

12. De Mutatione Nominum

243   14

13. De Opificio Mundi

23   273.290
66   290
77   290

14. Quod Deterius Potiori ins. sol.

14   137
23   284
56f   278
56   274
69-95   17
72-74   17
72f   17.62
104   21

15. Quod Omnis Probus Liber Sit

46   283
102   36

16. De Praem et Poen

97   11

17. Quaestiones in Genesim

4,21   140

18. De Sacrificiis Abelis et Caini

10   273
20-33   204
27   204
52-72   274.275.305
52-58   269
52-57   276
52   275
53   275.276
54   276
57-72   290
57f   291
57   276.290.297
58-63   275
58   275.276
63   296
64-68   275
64-67   294

68	275.277
69-71	275
70f	277
70	296
71	275.278

19. De Sobrietate

56f	85
58	274

20. De Somniis

2,302	14

21. De Specialibus Legibus

1,67	37
1,246	21
2,188	139
2,226	272

22. De Virtutibus

105	269
166	269
179ff	205.230
195-197	204
196	204
218	11.120

23. De Vita Mosis

1,71-77	142
1,71	142
1,74	142
1,80	141
1,90f	141
1,180	139
1,259	273
1,318	41
2,207f	272

Or Manasse

5	183
7	183
8	294
9	183
13	183

Oden Salomos

11,1-3	133

Psalmen Salomos

2,7	220
2,12-18	220
2,15-18	170.175
2,15	175
2,16	174.220
2,17	175.220
2,18	175
2,33-37	175.182

2,36	174
4,5	220
4,7	220
8,22	83
9,2f	220
9,4-6	310
9,6-11	285
15,4-6	261
15,4f	261
17,8f	175.182
18,8f	310

Syr Psalmen

3,8	295
3,10	295

IV. Rabbinisches Schrifttum

pSan
f.35b	74

BQ
8,6	85

bT Ar
17a	76

Aboth
1,17	285
3,9	285
3,15	285
3,17	285
4,5	285
6,4	285

Gen R
48,6	62

Ex R
44,9	72

Lev R
29	75
36,5	77

Dtn R
3,15	73

Pes R
45,2	235.259

Sm Koh
8,14	145

Tg Jes
45,8	289
56,1	285.289
61,11	289
64,4f	76
64,4	72

Tg Jon zu Gen 4
	235

Tg Jon zu Gen 18
                221
Tg Jon zu Gen 19
                221
Tg Ps.-Jon zu Dtn 32
                241
Tg O zu Lev 26,39
                73
Tg O zu Num 23
                72
Tg O zu Dtn 32
                221.241
Tg Jerush. II zu Dtn 32
                241

Midr Tehil
zu Ps 137,5   77
zu Ps 141,1   77
zu Ps 143,1   76
zu Ps 146,3   76

Midr Sir Ha-sirim
I,4   76

V. Neues Testament

Matthäus

3,1-12   55
5,11   126
5,13-16   12.115-123
5,15   67
5,16   48.124.126
6,19f   181.239
6,20   240
7,6   116
7,13-29   53
7,13f   52
7,15-23   52
7,15-20   54
7,15ff   58
7,16-20   53
7,16ff   57
7,20   1
7,21-23   54.55
7,21ff   53
7,21   47
7,24-29   52
8,12   116
11,2   139
12,33   55
13,24ff   55
16,6-19   54
16,24-28   222
16,27   172.177.181
19,9   202
19,18f   31

19,21   46
21,43   55
22,13   116
23,1-12   15.16.59.60.61.65
23,3   63
23,13   62.65
23,18   63

Markus

3,28f   216
4,21   115
4,24   211
7,1ff   7
7,14-23   6-8
9,50   115
10,13-31   239
10,21   239.240
12,38   211
13,9   211
13,13   211

Lukas

8,16   115
11,33   115
12,33   240
14,24f   115
18,22   240
24,19   20

Johannes

1,19   219
1,22f   123
2,11   88.139
2,23   88.139
3   224.231.315
3,8   222
3,9   222
3,13-15   218
3,16-21   217.219.223.224.231.233
3,16-18   218.219.231
3,16ff   227.230.232
3,16f   231
3,16   218.219.222.223
3,17   218.219.222.223
3,18   217.219
3,19-21   217-219.222.224.225.227.
            233
3,19   219.222.224
3,20f   219
3,20   222.224
3,21   140.219
4,31-38   135
4,34   135-137
4,36   210
4,38   210
4,42   135
4,48   88.139

4,53f	88.139	16,24	92
5,16	90	17,3	219
5,17	90	17,4	135-137
5,19-47	89	20,30f	88.139
5,19-30	141		
5,19f	87.89.90	**Acta**	
5,19	90.140		
5,20f	91	2,2	210
5,20	90.139.140	2,22	92
5,21	90	2,42-47	92
5,25	91	4,34f	240
5,27-29	224	5,29	113
5,29	91	6,13	304
5,30	91	7	304
5,36	136.139.140	7,8	129
6,28	139	7,23	20
6,30	88.139.140	9,36	242
7,3	139.140	10,4	242
7,4	140	10,14	129
7,19	131	14,13	210
7,21	139.140	15,1f	133
7,22	131	15,35-41	129
7,23	131	17,25	278
7,31	88.139.140	21,20	133
8,31-59	72.84		
8,31-47	84	**Römer**	
8,31	87		
8,37-47	86	1-11	166
8,37	84	1-4	294.307
8,39	72.84-86	1,16	70
8,41	72	1,17	70.166
8,42	45	1,18-3,20	186.288
8,44	85	1,18-32	186
8,46	87	1,18-21	186
9,3	140	1,18ff	165.166.185.186
10.1-18	87	1,18	186
10,8	138	1,23	166
10,19-39	87	1,28	66
10,31-39	88	2-4	127.169
10,31-38	87	2	169.188
10,32-38	139	2,1-11	165-170.181.182.285
10,32	88.89	2,1-5	165-167
10,33	140	2,1ff	107.108
10,34-36	86	2,1	165.181.186.190.282
10,37f	89	2,2	181
10,37	88	2,3	166.181.186
10,38	140	2,4	167.183
11,47f	88.139	2,5	181-185.241.286
12,37	139	2,6-11,16	287
12,49	138	2,6-11	50.167.169.171.182.185.
13,35	67		186.187.192.194.214.241.
13,37	88	2,6	165.168.170-172.184.192.
14,11	140		210.286
14,12f	92	2,7-11	165
14,13f	92	2,7-10	170.192
15,2	219	2,7	171
15,7	92	2,8	214
15,24	140	2,9f	171.181.182.184.186
16,16	92	2,11	166.171.181.282
		2,12-4,8	279

2,12-3,20	281.288	4,1-25	287
2,12-3,8	286	4,1-8	309
2,12f	282.286	4,3	301.310
2,13	282.284.286	4,4f	279.303.304.309.311
2,14-16	186.282.286	4,4	310
2,14	186.283.286	4,5	298.303.310
2,15	282.283	4,9ff	166
2,16	194.284.286	4,15f	310
2,17-3,8	282.284	4,16	303
2,17-29	285.286	4,17	91
2,17-24	166.167	4,24	197
2,17ff	302	5	125
2,17f	298	5,1-11	196
2,17	285	5,2	303
2,21-23	285	5,5	196
2,23	285.286.303	5,9-10	196
2,24	123	5,9	196
2,25-27	285	5,10	196
2,25	131.286.287	7,12	205
2,26-29	131	7,14	205
2,26	286	7,17	205
2,27	287	7,20	205
3-5	167	7,33-36	183
3.4	50.305	8,1-11	193
3	69.287.295	8,6f	205
3,1-8	285	8,9	205
3,1-4	286	8,10	196
3,5	196.289	8,11	193.196.205
3,8	286	8,14-17	193
3,10-18	280.287.301	8,14	193
3,12-20	187	8,17	194
3,12	280.281.287	8,18-30	194
3,17-31	280	8,18f	194
3,19-31	280.287	8,18	194.200
3,19	281	8,19	194
3,20-4,8	290.295-298	9-11	300
3,20-31	297	9,27-29	300
3,20ff	281.296	9,30	300
3,20	279-281.286.287	9,31f	300.301
	288.295.296.299.	10,3	298
	310	10,4	300
3,21-4,8	288.290.303.304	11,5f	194.295
3,21-31	287	11,5	294
3,21-26	309	11,20-22	196
3,21ff	189	12.13	109-111.230
3,21	187.288.289.299	12	96
	301.304.309	12,1-6	95
3,22ff	166	12,4ff	35
3,22	289.309	12,7	230
3,23	289	12,9	110
3,24-26	297	12,17	110.230
3,24	289.290.296.302.310	12,21	110.112.230
3,25	289.296.302.309	13	114
3,26	289.302.309.310	13,1-7	93.96.106-113.230
3,27f	302	13,1ff	96
3,27	299-301.304	13,1	98.99.102
3,29	166	13,2	99-102
3,31	299	13,3-5	107
4	51.52.280.287.301.309	13,3-4	100-102

13,3	230
13,4	230
13,5	102
13,6	102
13,7	102
13,8-10	230.231
13,8ff	110
13,9	230
13,10	230
13,11-14	112.230
13,11ff	227.230
13,11	226.231
13,12	110
13,13	231
14,10-12	196
15,8	20

1 Korinther

1,8	196
1,11	207
1,12	208
3	309.314
3,4	208
3,5-17	207.216.217
3,5-15	215
3,5-8	215
3,5	208-211
3,6-9	208.211
3,6-8	211
3,6	209
3,7	209
3,8	196.209-212
3,9	211
3,10-15	208.211
3,10	211.212.215
3,11	212
3,12f	212
3,12	309
3,13-15	212.261.262
3,13	181.194.213
3,14	210
3,15	187.213.214.262
3,16f	215.216
3,16	214.216
3,17	216
3,18	200
3,21	309
3,28	309
4,4	196
4,5	194.196
4,7	309
4,8	309
4,17	200
5,1f	214
5,1	214
5,5	196.197.213-215
9,1	212
9,21	30
9,23-27	196

10,11	196
10,12	196.211
11,29-32	214
11,30	197
11,31	214
11,32	214
12-14	35
15	210
15,12-34	192
15,23	193
15,42-44	200
15,43	200
15,44	193
15,58	210

2 Korinther

1,9	91
1,14	196
1,22	196
3,1-3	199
3,4-18	199
3,15ff	199
3,15f	199
4,16-5,10	198.199
4,16-5,3	200
4,16	199
4,17	199
4,18	199
5,1-10	193
5,1	199.200
5,2-10	198
5,2	200
5,4	200
5,5	200
5,9	198
5,10	194.196.198.200.201
5,21	289
6,1	196
10,14-15	210
11,14f	226
11,15	196

Galater

2.3	50.133.134.294
2	69.279
2,1ff	132
2,3	131
2,6-9	131
2,11-14	129
2,13f	129
2,14	131
2,15f	130
2,16	130
2,26-29	129.134
2,27	197
5	213.227.230.314
5,1-25	201.205
5,1	201.202

5,2	131
5,3	131
5,4-6	303
5,6	48.50.131.134
5,12f	132
5,13-6,10	201
5,13-26	206
5,13-15	201
5,13	201.202
5,14	202
5,15	202
5,16	202
5,17	205
5,19-6,10	216
5,19-26	201
5,19-23	204.205
5,19ff	50
5,19	202.205
5,21	202
5,22ff	197
5,22	206
5,23	202
5,24	202.203
5,25f	202
5,25	203.206
5,26-6,10	203
5,26-6,2	206
6	235
6,1-6	201
6,1	206
6,2	30
6,3-5	206
6,3f	181
6,7-10	196.201
6,12f	131
6,12	131.132
6,15	131

Philipper

1,6	137
3,5	131
3,9	298
3,17	67
3,21	200

1 Thessalonicher

1,3	210
3,2	211
3,5	210
3,13	196

Kolosser

1,10	56
2,13f	131
3,17	20
3,24f	174.180
3,24	181

3,25	170

Epheser

2,1-10	292
2,2	292
2,5	292
2,6	292
2,7	292
2,8	292.303
2,9	292
2,10	297
4,7	150
4,17-6,17	230
5,5-14	230
5,6-14	233
5,6f	231
5,6	232
5,8-14	231
5,8f	231
5,8	231.232
5,9	227.231
5,10f	231
5,10	232
5,11	227
5,12-14	231
5,13f	232
5,14	233
5,15	211
6,8f	170.174.180.181

Hebräer

11,6	178
12,25	211

1 Timotheus

1,5	28
4,14	35
6,1	67
6,17-19	239

2 Timotheus

1,3ff	70
1,6-12	70
1,8	70
1,9-11	70
1,9f	70.71
4,14	71
4,18	71
5,14f	246
5,25	71
6,18	71

Titus

1	67
1,16	47.65.67
2,1-10	66.67

2,7   68
2,11-14   67-69
2,11f   68
2,11   71
2,12   71
2,13   68
2,14   68
3,1-3   114
3,1ff   93
3,1   69
3,3-7   69.70
3,3   70
3,4-7   70
3,4ff   71
3,5-7   69
3,8   70

Jakobus

1,2-12   28
1,3   26
1,4   26
1,5   44
1,6   26
1,9f   45
1,19-27   27
1,21-27   29
1,21-25   32.33
1,27   43.45.46
2,1-13   30
2,1-5   45.46
2,1ff   15
2,2-3   43
2,6   44
2,7   67
2,13   43.46
2,14-26   26.33-44.46-49.52
2,14ff   32
2,15f   43.44.46
2,15   45
2,17f   4
2,21-24   137
2,22   137
3,1-12   58
3,1   57
3,13-18   44
3,13   58
3,17   46
3,18   56.57
4,1   48
4,3   44
4,13-17   43
4,13   45
5,4   45

1 Petrus

1,6f   194
1,17   170.174.180
2,12   12.67.122-124.126

2,13ff   108
2,20-24   125
3,18   125
4,7-19   125
4,8   125
4,18   125

2 Petrus

1,5   28
2,1   66
2,2   66.67.123
3,9   183

1 Johannes

2,5   232
2,9f   232
3,18   20

2 Johannes

7   66

Apokalypse

2,23   173.181.182
20,11-15   237
20,12f   234
20,12   237
20,15   237
22,12   173.177.181

VI. Frühchristliche Literatur

1. Apokalypsen

Anastasia-Apk
5   237.238

Kopt Anonym-Apk
               181.183.235.260

Ps.-Chrysostomus-Apk
               170

Esdrae-Apk
V,5-VI,516 63

Hipp. Antichr.
               170.180.181

Institutio Michael
               179

Griech Marien-Apk
               174

Paulus-Apokalypsen

griech
          56.173.175.179.181
          244

lat
          170.173.243.244

syr
          180.183.184.234.
          243.244.263

Petrus-Apokalypsen

arab II
          170.178.182

kopt
          56.57

äthiop
          173.177.180.181.
          184.234.245

Äth Schenute-Apk
          47.178.259

2. Apostelakten

Clem Homil

2,12   177

Clem Recogn

II 21,3   246
IV 34,5-35,3   48
V 34,5   280
VI 8,3-7   48

3. Evangelien

Thomas-Ev

32   115.117

Pistis Sophia

135   75

4. Martyrien

Martyr. des Mar Simon
          112

Martyr d. Sabas
          56

5. Kirchenordnungen

Constit Apost

II 14   174
II 14,15-20   77
II 34,27f   56
II 36   235.239
III 13-14   180.181

IV 9,1f   56
V 5,5-10   82
VI 13,6   57
VII 32   173
VII 32,14f   181
VIII 12   174.178
VIII 12,3-6   177.180.181.238

Syr Didaskalie
          109.244

Didache

8,1   62

6. Apostolische Väter

1 Clem

28,1   2
30-33   292
30   292
30,1   293
30,2   293
30,3   293
30,4-7   293
30,7   293
31   293
31,1   293
31,2ff   83
31,2f   293
31,22   83
32,1   293
32,4   293
33   294
33,1   84.137.294
33,3f   294
33,7   294
33,8   294
34,3   173.180.222
38,2   58

2 Clem

6,8f   77
11,5-12,1   177
11,6   174.180
12,4   57
13f   48
16,2   183.221
16,3   194.221
17,4   174.177.182

Polykarp 2 Phil

1,3   294

Barnabasbrief

4,12   170.173.180
19,1   227

21,1   175

Ignatius

Eph
10,1   126
14,1f   28.194
14,2   48.56

Magn
10,3   131

Smyr
11,2   137

Pol
6,2   241

Past Herm

vis
1,2,4   3
3,8,7   28

m
1,1   37
6,2   57

s
2,7,9   137
6,3,5f   176.180.182
6,3,6   173
8,11,1-4   183.184

7. Apologeten

Justin

Appendix
6,2   273

Dial
27,2   183
39,1   183
43,1   183
44,1   183
53,2   183
95,4   183
114,4   183
137,1   183

Tatian

Or Graec
9,2   273

8. Kirchenschriftsteller

Clemens v. A.
              23.131

Cyrill v. J.
              64

Ephraem d. S.
              36.56.183.200.221.
              238.241.245

Epiphanius
              133

Lactantius
              262

Makarios d. Ä.
              273

Origenes
              40

Theodor v. Heraclea
              64

Theophilus
              112

9. Sonstiges

Epistula Christi
              36.194.227

Ginza der Mandäer

L I 13   247
L III 99f   247

apokr. Jakobusbrief
              182.184

apokr. Liber Johannis
              226.237

Kölner Mani-Codex

87,16-19   130
87,19-21   130

Ps.-Clem De Virg

I 2,2   48.122.126
I 7,3   82

VII. Pagane Schriftsteller

Aelius Aristides

Or
168C   10
267   16

Aesop

Fab
22   15

Andocides

II,25	9.24

Antiphon

II 8	18.23
V 42	17
V 82	18
V 84	23.24

Aristoteles
Rhet

1067b 26-32	9.21.24
1388b 34	10

Rhet ad Alex

210	275
1447	266

Eth Nic

1101b 12	24
1101b 12,2	104
1101b 14-16	9
1101b 31-34	9
1103 17	3
1103a 19ff	3
1104a	3
1105a 17-	3
1105b 18	
1111b 6	4
1163b 17	272
1179a	18
1179a 18-21	23
1179a 19-21	1

Eth Eud

1219b 8	8.21
1228a	2.23

Cebes

2,2	20

Dio Cassius

32,34,10	105
44,3b,3	15
44,36-44,40	104
52,34,9-11	105
56,6,5	106

Dio Chrysostomos
Or

1,22f	10.35.116
1,22	35,82
1,66	138
2,26	2.10.11.35.82
2,36	79
2,77	12
3,11	22
3,51-53	243

3,52	23
4,26f	119
4,64f	10.119
4,64	82
17,2	19
31,16	105
37,23	82
55,4	61.67
70,3	14.23
70,6	16.18

Diodorus Siculus

15,1,1	104

Diogenes Laertius

I,50	20
I,58	14
II,136	15
III,30	23
VI,11	4
VI,70	22
VI,83	21
VII,83	12
VII,94	12.22
VII,100	23.24.40
VII,171	15
IX,37	14

Epictet
Diss

1,2,22	34
1,4,10	35
1,4,16	34
1,6,33	34
1,29,35	10.19
1,29,56	19
2,9,20f	15.24.62.64
3,7,17	16
3,24,51	34
3,24,110	34
3,24,113f	138
4,8,3	5
4,8,31f	138
4,11,5-8	6.204

Isocrates
Or

1,11	79
5,142	9
9,33	9
9,65	1
15,257	19
16,25-41	9

Julian
Epist

3 (404A)	23

27 (318A)   10
29 (445D)   20
55 (423D)   22

Kleanthes
Fragm 573 ⟨ 2

Menander
             14

Philostratus
VitAp

I,10   243
VI,31   180
VIII,7   139
VIII,12   139

Ep
69   21

Plato
Leg

IV 717b   310
XII 966b   19

Div
414a   266

Plutarch
Mor

56B   2
163D   139.141
172C-D   21
779B   20
1046F   28
1046E   24

Polybius

II 61,3f   105
VI 39,10   9.24
IX 21   104
X 21,8   24
XII 15,9   104

Quintillian

III 7,10-18 9
III 7,15   9
V 9,9   9

Seneca
Ep
41,2   276

Ira
III 36   284

Vita
7,3   204

Sextus Empiricus

XI,40   23

Sophocles
Phil
672   266.267

Stobaeus Johannes
Ecl
II   267
III   267

Sueton
Nero
10   110
44   110

Tacitus
Ann
13,50f   111
15,45   110

Theocritus
Idyll
17,6   23

Thucydides

II 40,4   310

Xenophon
Ag
1,6   1.2
11,9   15.22.23

Cyrop
I 2,2   13.23.24
I 5,8   22.80
I 5,11   23
I 6,20   106
II 2,18   18.23
II 2,21   2.23
II 2,30   10.15
II 4,10   19
III 3,39   19.22
IV 1,2   20
VI 3,27   20
VII 5,64   10
VIII 2,26   21.22.23

Hist
Z 1 VII 1,10   2.22.55
St 4 IV 4,22   23

Hier
VII,2   20
IX,2   105

Lac
X,4   22

Eq Mag
I,24   12

Oec
9,14   106

Mem
A I 2,19   22
B II 1,20   22.23
B II 1,21-97   204
B II 1,31f   204
B II 1,31   104
B II 1,32   21.23
B II 3,7   20
B II 6,35   23
B II 9,8   266
D IV 4,1   10.18
D IV 4,10   10.18
G III 5,3   23
G III 9,5   21-23
G III 11,10   19

VIII. Fragmente, Inschriften und
        Papyri

vArnim Fragmenta
III 75.76   22.24

III 97.114   24

DittOr
90,13   310

DittSyll³
354   266

KIT
8²,16   115

OGIS
I 339,90   68

PGM
3,227   37
42,541f   37

POxy
I 6   115.117

IPriene
110,11f   68

SEG
IV 247   130